顾明远文集

顾明远文集

第七卷

鲁迅教育思想研究
和平之桥

顾明远 著

高益民 丁瑞常 整理

北京师范大学出版集团
BEIJING NORMAL UNIVERSITY PUBLISHING GROUP
北京师范大学出版社

目 录

鲁迅教育思想研究

和平之桥

鲁迅教育思想研究

《鲁迅的教育思想和实践》（节选）[*]

日文版序（1983年）

鲁迅是日本人民熟悉的中国作家。但是，把鲁迅作为一个教育家介绍给日本读者，这本书恐怕算是第一次。

一位作家也往往是一位教育家。因为作家就是用文艺来教育人民、唤起人民的觉悟的。

但鲁迅除了用文艺这个工具外，他还曾经长期实实在在地站在教育工作的岗位上教育青年、培养青年。这是他和一般作家不同的地方。他始终把教育青年放在他工作和斗争中的重要位置上，这是因为他从革命利益出发，感到人民要求彻底的解放，需要培养真正的猛士。而要做到这一点，教育是万万不可缺少的。

日本藤野先生曾经是鲁迅的老师。藤野先生对中国人的友好和循循善诱给鲁迅留下深刻的印象。鲁迅在《藤野先生》一文中这样写道："……他的照相至今还挂在我北京寓居的东墙上，书桌对面。每当夜间疲倦，正想偷懒时，仰面在灯光中瞥见他黑瘦的面貌，似乎

---

* 本书是顾明远、俞芳、金锵、李恺合著的一部专著，人民教育出版社1981年出版第一版，2001年出版第二版。这里选自第二版顾明远撰写的部分，做了修订。

正要说出抑扬顿挫的话来，便使我忽又良心发现，而且增加勇气了，于是点上一支烟，再继续写些为'正人君子'之流所深恶痛疾的文字。"①字里行间充满了对藤野先生的深切情念。鲁迅对待青年的那种热情和耐心，不能不说与藤野先生的影响有关。后来鲁迅还以藤野先生对他的热情同样地对待了日本的青年学者增田涉先生。所以，把鲁迅作为教育家介绍给日本——和鲁迅结成友谊的藤野先生和增田涉先生的故乡，其意义远胜过这本书本身的价值。

这要归功于横山宏先生。由他来翻译这本书是再合适不过了，横山宏先生熟悉中国教育，精通中文，又曾经在中国较长地生活过。对他的热情和为增强中日两国人民的友谊而付出的辛勤劳动，我表示衷心的感谢。

愿藤野先生和鲁迅先生种下的中日友谊之树万古长青。

第一版前言（1980年）

鲁迅不仅是伟大的文学家，而且是伟大的教育家。他一生中有较长时间从事教育工作，积累了丰富的经验，对教育问题发表了一系列革新主张和许多精辟的见解。他的教育经验和教育思想是我国教育的宝贵财富，对于我们的教育工作至今仍有着重要的现实意义。

鲁迅来自旧社会，他对旧社会的教育有深刻的感受。他入过家塾、私塾，又进过"洋学堂"，留过学；读过"四书""五经"，也学过"西学"。他看透了封建专制教育的腐朽严酷，对其极为憎恶；亲见洋务派"洋学堂"的"乌烟瘴气"和空疏无用。在路矿学堂，他开始接触了西方的自然科学和社会政治学说，但对国内的"新学"很为失望。在日本

---

① 《鲁迅全集》第2卷，318~319页，人民文学出版社，2005。

留学期间，他大量地学习西方文明，也厌弃资本主义教育反动偏枯的一面。他深感弱国人民的痛苦，救国救民的爱国热情因此更加炽烈而深沉。《朝花夕拾》一书的部分内容描绘了鲁迅求学的经历，表现了他是一个"经过千辛万苦，向西方国家寻找真理"的"先进的中国人"。从一定意义上来说，鲁迅的求学经历就是中国近代教育史的缩影。鲁迅看透了旧教育的弊病，坚决主张全盘改造旧教育，这个主张与他的亲身感受有着密切的关系。

鲁迅从年轻时就重视教育工作。在他出国留日前，清政府已腐败透顶，帝国主义势力步步进逼，瓜分危机迫在眉睫。对此爱国志士充满忧愤。1903年年初，鲁迅与陶成章等27个留日学生给绍兴人民写了一封公开信，对比中日两国情况，痛切地指出："我中国空疏陈迁之教育，必不能敌各国之教育；我中国腐败朽蠹之政治，必不能敌各国之政治；我中国枯窳拙劣之工艺，必不能敌各国之工艺。"①他们急切地呼吁故乡人民冲破障碍，出外留学，寻求救国救民的真理，要"愤思奋发""更新国政"。②他又在回国前一年发表的《文化偏至论》中说："是故将生存两间，角逐列国是务，其首在立人，人立而后凡事举。""立人"即培育人才。要国家强盛，首先要培育人才。由于事实的教训和对马列主义的学习，鲁迅后来还认识到，要取得民族革命的胜利和人民的解放，必须推翻反动阶级的统治。推翻剥削制度要靠革命、靠火与剑，但思想革命与革命人才的培养，在这里也是至关重要的。因此，他十分重视家庭教育、学校教育和社会教育。

1909年鲁迅留日回国后，就开始直接参加学校教育工作。此后近30年的战斗，他主要以文艺界和教育界为阵地。他从事的唯一的正式社会工作就是教育工作。通过多年的教育实践，他积累了非常丰富的教育经验。

---

①② 见绍兴鲁迅纪念馆藏《绍兴同乡公函》。

在"五四"以后的教育发展史上，鲁迅占有重要地位。在反对帝国主义、北洋军阀、国民党反动派奴化教育的斗争中，在反对"尊孔读经"、埋头"整理国故"的斗争中，在批判"教育救国"论的斗争中，都闪耀着鲁迅教育思想的光辉。

鲁迅的教育思想来源于实践，并充分体现在他的教育实践活动和教育论著之中。在他写的小说、杂文、讲演、书信中，直接论述教育问题和涉及教育问题的有七八十篇。他对反动的旧教育进行了无情的批判，对教育改革提出了许多精辟的见解。他后期的教育思想充满了有关马克思主义辩证法的内容，具有强烈的战斗性和深刻的说服力，给我们教育工作者巨大的热力和光亮。

鲁迅的教育思想是他的思想整体中不可分割的一个部分，是我国现代教育思想武库中的一份宝藏。鲁迅是我国文化革命的旗帜，是在教育战线上进行战斗的光辉榜样，在我国现代教育史上建立了不可磨灭的功绩。

本书力图根据目前掌握的比较可靠的材料，介绍鲁迅一生的教育实践活动，介绍他丰富的、精辟的教育思想，借以体现鲁迅作为人民教师光辉榜样的一面，以供读者学习和参考。

我们怀着崇敬的心情，谨以这本习作作为纪念鲁迅先生诞辰100周年的献礼，并以此就教于广大的教育工作者。

第二版前言（2000年）

"文化大革命"期间，没有什么专业书可读，我就读起《鲁迅全集》来，读着读着，为他的爱国忧民的思想所感动，为他的彻底革命精神所震憾。我作为一名教育理论工作者，特别感到他对教育有许多精辟的见解。于是"文化大革命"一结束，我就萌发了写一本鲁迅教育思想研究的书的念头。再加上我与鲁迅有一点亲戚关系，周建老（即周建人，顾明远先生的岳父，鲁迅先生胞弟——编者注）当时还健在，有些事情请教起来也方便，因此感到有责任且有可能把鲁迅的教育思想作为我国一份优秀的教育遗产挖掘出来。正在这时候，杭州大学的金锵同志、杭州学军中学的俞芳同志也在做这方面的研究。有一天他们来拜访周建老，我们遇上了，于是就联合起来。当时我在师大教务处工作，我让处里的李恺同志帮助收集鲁迅在北师大、女师大的一段事迹，于是组成了第一版的写作班子。

俞芳同志是我们几人中唯一见过鲁迅的人，而且与鲁迅及其母亲有过密切的联系。她的参与为本书增色不少。特别是她和金锵走访了当时还健在的鲁迅的学生，做了访问记录，成为本书的一个重要部分。当年他们访问这些老同志的情况在第一版中写得很清楚，现在这些老同志中，除黄源同志以95岁高龄健在外，都已作古。因此这部分是本书最珍贵的资料。

利用再版的机会，我们对内容做了较大的调整。首先是把内容分为四大编。除第一版中鲁迅的教育实践、鲁迅的教育思想、鲁迅的学生忆鲁迅三部分分列三编外，增加了鲁迅教育论著选编。在这一编中，我们从教育的视角对每一篇著作做了简要解析，没有对作品进行全面分析，因为鲁迅的作品博大精深，做全面分析是我们力不能及的。就是这些简要的解析也未必恰当，仅供读者参考。其次是对鲁迅的教育思想研究部分做了较大的修改，并分了章节。最后是遵照俞芳同志的建议，她的两篇文章，即《在砖塔胡同与鲁迅先生相处的日子里》和《我记忆中的鲁迅先生》，因为已收入单行本，本书不再收录。

应该特别感谢俞芳和金锵两位老人。俞芳老人今年已是89岁高龄，由于共同研究鲁迅，我们成了忘年之交。她使我了解了许多当年鲁迅一家的事情。这次她对我承担的鲁迅教育思想部分的修改稿做了认真的审读，提出了许多宝贵意见。金锵同志也已年逾古稀，长年多病，最近又新添青光眼、干眼病（即眼干燥症），根本无法看书，但是他对我的修改稿还是一字一句地审读，提的意见写了两大张纸，细致到哪页哪行错了什么字。他又对鲁迅的教育实践部分和鲁迅教育活动大事年表进行通读，做了部分修改。他在住院期间刚好遇到黄源同志，黄源同志对访问记又做了补充，并整理成稿。他们在今年这样酷热的夏天，带着病痛，坚持帮我看稿、改稿，叫我如何不感动。

最后还应该感谢刘立德同志，是他提醒我2001年是鲁迅诞辰120周年，本书可以再版，并协助策划。这次再版促使我再一次阅读鲁迅的著作和他的故友的回忆录，使我再一次受到深刻教育。

第一编　鲁迅教育实践概览

鲁迅一生中前后有近20年一直从事教育工作，1927年10月定居上海后，虽然没有再在固定的学校任教，但仍然关心教育，曾多次到学校演讲，积极参加教育战线的斗争。在长期的教育实践中，他积累了丰富的教育经验，给我们留下了宝贵的精神财富。

下面，我们依照时间先后介绍鲁迅的教育实践，着重介绍他的教学活动和在教育界参加的反帝反封建斗争。

一、在浙江两级师范学堂

1909年农历六月，鲁迅从日本回国。当时他的好友许寿裳已在杭州浙江两级师范学堂担任监学（相当于今之教导主任）。经许寿裳推荐，鲁迅到该校任教，担任初级师范的化学教员和优级师范的生理卫生学教员，兼任日籍植物学教员铃木珪寿的助教，当他的课堂翻译。据许寿裳回忆：

"鲁迅教书是循循善诱的，所编的讲义简明扼要，为学生所信服。"[1]

鲁迅所教的两门课程都有自编的讲义。《化学讲义》至今没有找到。《生理学讲义》原分两册，鲁迅自留的一部，封面有许寿裳题字"人生象斆"，现藏于中国国家图书馆。这个讲义由唐弢同志编入《鲁迅全集补遗续编》，于1952年出版，共248页，长达11万字。讲义内容主要是生理学、解剖学和卫生保健的知识，论证有力，文字精练，从当时的科学水平来看，科学性和系统性都很强。讲义中附有鲁迅自绘的插图72幅，附表5个，末附14项实验。它是我国近代最早的生理卫生学讲义之一，有很大的科学价值和历史价值。

在讲授时，鲁迅给学生讲解当时最先进的科学知识。讲生理学时，应学生要求，他破例地讲了生殖系统。讲之前，他给学生提出了一个条件：在讲授过程中不许笑。学生们自始至终遵守这个约定，这次讲课的效果很好。他曾对同事们说："在这些时候，不许笑是个重要条件。因为讲的人态度是严肃的，如果有人笑，严肃的空气就破坏了。"大家都佩服他的卓见。[2]

在讲授和实验时，他鼓励学生要敢于解剖尸体。当时，一般人还缺乏现代医学知识，对尸体的解剖还很惊奇。他就给大家介绍自己学医时解剖尸体的体会。"据他说，他曾经解剖过不少的尸体，有老年的，壮年的，男的，女的。依他的经验，最初也曾感到不安，后来就不觉得什么了。"[3]

这样的讲解在当时是少见的。讲生殖系统不但是对封建礼教的挑

---

① 许寿裳：《亡友鲁迅印象记》，34页，上海，上海文化出版社，2006。
② 夏丏尊：《鲁迅翁杂记》，见《鲁迅先生纪念集·悼文》第1辑，85页，上海，上海书店，1979。
③ 夏丏尊：《鲁迅翁杂记》，见《鲁迅先生纪念集·悼文》第1辑，87页，上海，上海书店，1979。

战，而且通过讲解，传授了科学的胚胎学知识，批判了"转世轮回"的宿命论。鼓励解剖尸体，就是与"身体发肤，受之父母，不敢毁伤"的封建礼教唱反调。在被封建蒙昧笼罩着的清末，没有大无畏的革命精神和科学态度是做不到的。

在教学方法上，鲁迅力求理论联系实际，非常重视调查研究和科学实验。

在植物学的教学中，他经常带学生到野外实地观察植物的各种品种。星期六下午或星期天，他常与学生一道采集植物标本，星期天上午则经常用于制作标本，以备教学时应用。在杭州一中（其前身即浙江两级师范学堂）鲁迅纪念室中，保存着鲁迅1910年3月采集植物标本的记录。从3月1日到29日，鲁迅共外出采集12次，到过的地点有孤山、钱塘门内外、栖霞岭、灵隐山、吴山等地。该记录还记有他自己的统计："三日所采共七十三种。"当时的一个学生蒋谦保存下来的植物标本也被陈列在纪念室里。据鲁迅当时的同事杨乃康（莘耜）回忆，鲁迅当时曾计划写一本《西湖植物志》，后来因离开杭州没有写成。

教生理学时，鲁迅注重做实验。他的《生理学讲义》末附《生理实验术要略》，列出要做的14个实验项目，包括"骨之有机及无机成分""唾之糖化作用""生物失空气则死"，等等。[1]这个《要略》后来经过鲁迅自己的修订，作为一篇科学实验论文，正式发表于杭州出版的《教育周报》第55期（1914年10月4日出版）。这是目前发现的鲁迅在浙江两级师范学堂任教期间唯一的一篇佚文。[2]

鲁迅教课不看讲义，侃侃而谈，讲话生动有趣，通俗易懂，容易记住，同学们对他教的课非常欢迎。

---

[1] 唐弢：《鲁迅全集补遗续编》，上海，上海出版公司，1952。
[2] 熊融：《关于〈生理实验术要略〉的说明》，载《安徽师范大学学报》，1978（1）。

有一次鲁迅上化学课，讲硫酸。他告诉学生硫酸的腐蚀性强，若是皮肤上蘸到一点，就会感到像被蜂蜇了似的痛，大家要注意。后来分组实验时，突然有一个学生手按脖颈，连声叫痛，原来一个恶作剧的学生用竹签蘸了一点硫酸在他的后颈上点了一下，他痛得叫了起来。鲁迅马上过去给他搽药止痛，同时批评了那个恶作剧的学生。

另一次，鲁迅在课堂上做氢气点燃的演示实验，当鲁迅把烧瓶中的氢气和实验仪器拿进教室时，才发现没有带火柴，就赶紧回到办公室去拿。他离开教室时，关照学生不要让空气进入烧瓶，否则烧瓶要爆炸。鲁迅回来后，因为时间紧迫，立刻向烧瓶内点火，不料，烧瓶爆炸了，他的手被炸伤，鲜血溅在衣服和点名簿上。可是，鲁迅顾不上自己的伤痛，他想到的是学生，唯恐坐在前排的学生受伤，于是很快地扫视一下学生，发现前面两排的座位全都空着，学生没有受伤。鲁迅才放下心来。[1]

日籍教师铃木上课不发讲义，上课时他讲一句，鲁迅口译一句，学生根据鲁迅的口译记笔记。绍兴鲁迅纪念馆现在还保存着一本当时的植物学笔记，封面写明："铃木先生讲述，周树人先生通译，受业蒋谦笔记。"鲁迅中日文基础都很扎实，语言生动简练，深得学生好评。

有一次，铃木和鲁迅带领学生外出采集标本。在路上，学生看到一株开着黄花的植物，问铃木它叫什么名称。铃木答："一枝黄花。"学生们暗笑，以为铃木信口开河，追问道："这个花是黄色的，就叫一枝黄花，它的学名呢？"这时，鲁迅严肃地对学生说，要指出别人的错误，自己应该有把握。你们回去可以查查《植物大辞典》，这个植物属于菊科，中文名是叫"一枝黄花"；你们这样轻率地不相信教师的回答，是

---

① 俞芳：《我记忆中的鲁迅先生》，见《鲁迅在北京》第2卷，222～223页，山东师范学院聊城分院印行，1978。

不好的。①

鲁迅对其他教师十分热情。1909年暑假，鲁迅到校不久，就与当时的绍兴籍学生陈古遗一道，邀请日籍教员铃木珪寿、中桐确太郎等到绍兴游览兰亭，并中午在兰亭聚餐。②

鲁迅先生工作很忙。他教的课每周在20节以上，课前还要准备实验和绘制挂图，星期天上午一般用于制标本，星期天下午与每天的晚上都用于编译讲义、备课、批改作业。此外，他还挤时间学习，搞研究工作。《古小说钩沉》一书的资料辑录，就是在浙江两级师范学堂工作时开始的。③

鲁迅任教时的浙江两级师范学堂是一所新式学校。监督（相当于今之校长）是沈钧儒，教师中留日学生有10多人，许多人在国外都参加过革命活动，是当时教育界的先进分子，校内民主氛围比较浓厚。1909年10月，沈钧儒当选为浙江省咨议局副议长，辞去监督职务。浙江巡抚增韫为了防止学潮，扑灭学校的民主火苗，派夏震武担任监督。

夏震武是个"忠君""守孝"的封建顽固派。他主张用强硬手段对付进步教员和学生，"始终坚持，不为浮议所摇，教员反抗则辞教员，学生反抗则黜学生"。④在浙江巡抚增韫的支持下，他于1909年12月22日随带教育总会会员16人到学堂，声称要对学堂"调查""整顿"。

到校后，他对学生"训话"，大讲所谓"廉耻教育"，攻击革命，咒骂革命党。对于教员，他要用当时官场下属参见上司的"庭参"礼节，要他们按品级各穿礼服到礼堂向他"参见"。鲁迅等教师对夏震武的横

---

① 吴克刚、俞芳、金锵：《谈鲁迅先生在浙江两级师范学堂》，载《杭州大学学报》（哲学社会科学版），1979（1—2）。

② 裘士雄：《陈古遗与鲁迅》，载《辽宁师范学院学报》，1979（3）。

③《鲁迅全集》第3卷，243～245页，并据林辰同志1978年5月9日与本书作者的谈话。

④ 夏震武：《复曾子固中丞》，《灵峰先生集》卷四。

霸无理十分气愤，坚决拒绝"参见"，坚持要夏震武到会议室来见面；见面时又质问他何以无理"调查""整顿"。夏震武气急败坏地叫嚷："师校名誉甚坏，教育总会理应调查，并行整顿。"鲁迅等听他胡说什么"名誉甚坏"，立即起来严词诘问，要他拿出证据，夏震武理亏心虚，只是"力言'学校名誉甚坏，理应调查，理应整顿'。声色俱厉，不顾而出"。①教员们情绪激昂，立即停课。

第二天，夏震武连送三封信到校。给许寿裳一信，指责他反对"谒圣"，是"非圣无法"；反对"行礼"，是"蔑礼"；反对"调查"，是"侵权"。并辱骂许寿裳"顽悖无耻"，要许寿裳立即"辞去"，"无以污我师范"。给教员一信，责令立即上课。给学生一信，说教员如不上课，应全部自习。②夏震武这些横暴无理的蠢行，像火上浇油，使教员们的怒火烧得更烈，大家决定"教训"他一下。

14日，全体教员辞职出校，鲁迅等住校的10多个单身教员随带行李用品全部迁到湖州会馆住，以示决绝。教员辞职后，进步学生起来声援。省内教育界和京沪报刊也纷纷表示支持。夏震武施展种种诡计，都没有得逞。

增韫无计可施，最后只好同意让夏震武去职，由提学使袁嘉谷暂时兼任两级师范监督。1910年2月3日，袁嘉谷到学堂接任，夏震武被迫离校。

在这次斗争中，鲁迅与许寿裳等起了主要作用。鲁迅始终站在斗争的前列，因而被保夏派称为"拼命三郎"。③夏震武愚蠢而又强横，鲁迅等叫他"木瓜"。斗争胜利后，团结战斗在一起的25个教师合影留念，

---

① 许寿裳：《师范全体教员上增中丞书》，载《申报》，1909-12-27。
②《夏监督致许教务长书》《夏监督致各教员书》《夏监督致全体学生书》，载《申报》，1909-12-27。
③ 张宗祥：《回忆鲁迅先生》，载《东海》，1956（1）。

并回校开了一个"木瓜纪念会",大家称这次斗争为"木瓜之役"。

"木瓜之役"是一次反对封建奴化教育的斗争,矛头直指清王朝政府。它在辛亥革命前夜对教育界的民主运动有相当影响。这是鲁迅回国后在教育界参加的第一次斗争。

二、在绍兴府中学堂

1910年暑假,鲁迅回到绍兴,应绍兴府中学堂(简称府中)之聘,教"天物之学"。[①]"天物之学",即生物学。当年9月、10月间(农历八月),陈子英接任绍兴府中学堂监督。经他推荐,鲁迅担任该校监学,兼博物课教员。当时的府中,学制5年,博物课分5门课程,每年开设一门。鲁迅任博物课教员,教两门课程:三年级的植物学,四年级的生理卫生,每周各两小时。[②]

据当时绍兴府中学堂的学生宋崇厚回忆:1910年秋,鲁迅30岁,他留短发,没有像一般人拖在脑后的辫子。走起路来挺胸、直腰,很有精神;他的步子走得比较快,而且习惯于走在路中央;他的风度,同那些弯腰曲背,行走缓慢的教经学、修身的先生大不一样;在他身上好像有一股使不尽的力量。[③]

鲁迅讲课,态度从容,语言精练而风趣,条理清楚。他上课从不照本宣科,总是从容地讲述他自编的讲义,有时用图表,有时联系到自己的亲身经历,使学生听了感到特别亲切、通俗、易懂。此外,鲁迅还常常指导学生听课和学习的方法,他要求学生上课时专心听讲,课后对照讲义认真复习,不懂的要及时弄清楚,这样才能有学习效果。

---

① 据1910年8月15日鲁迅致许寿裳信,参见《鲁迅全集》11卷,333页,北京,人民文学出版社,2005。
② 据《绍兴府中学堂章程》,现藏绍兴鲁迅纪念馆;《吴耕民同志的谈话》,见绍兴纪念馆《鲁迅研究资料选辑》(四)。
③ 宋崇厚:《忆鲁迅先生》,见绍兴鲁迅纪念馆编《鲁迅研究资料选辑》(三)。

鲁迅讲授生理卫生，理论联系实际，深入浅出，使学生心领神会，几十年不忘记。当时的学生之一，后曾任浙江农业大学教授的吴耕民同志对本书作者回忆道："有一次上生理卫生课，讲到口腔，除讲口腔的构造外，在黑板上写了'细嚼缓咽''狼吞虎咽'8个字。他说，古人云，病从口入，意谓吃东西要当心，要有技术。口腔是吃东西的第一关，吃饭时要细嚼缓咽。所谓'细嚼'，是要善于利用牙齿。齿共有32个，有门齿、犬齿、臼齿三种。门齿扁而宽，正如刀，利于切断；犬齿尖锐，正如叉，利于吃肉；至于臼齿，宽厚而上面凹陷，正如一具磨或捣臼，利于把饭或馒头等物捣成浆状。三者分工合作，对食物进行物理的加工。所谓'缓咽'，就是食物进口后，须有一定时间加工，不可急于咽下。'狼吞虎咽'正与'细嚼缓咽'相反，容易引起消化不良，导致胃病，因为我们平常以米或面粉为主食，饭或馒头等进口后，除用齿嚼碎的物理作用外，还要通过口中的唾液内含的淀粉消化酶，和米麦的淀粉质拌和后，才能使淀粉转化为糖，入胃易于消化吸收。你们吃饭时愈细嚼愈觉其味变甜，就是淀粉转化为糖的证明。更如制甜酒酿须加白药（内含淀粉酶），制米糖须米饭加曲，道理都相同。经这样讲解后，我们十五六岁的小孩，都心领神会，印在脑中，至今也没有忘记。其后学期考时就有一个题目——吃饭细嚼缓咽有何利益？大家凭记忆，执笔直书，洋洋一大篇，都得到好成绩，考后皆大欢喜！"[1]

鲁迅担任监学，除了抓紧校内的教学工作外，还重视引导学生接触校外实际。

当时，帝国主义各国对我国肆意掠夺，洋货充斥市场，微弱的民族

---

[1]《吴耕民同志访问记》，见顾明远等：《鲁迅的教育思想和实践》，521页，北京，人民教育出版社，2001。

工业接近破产。有些官绅商董认为发展实业可以救亡图存，建议两江总督端方等出面奏请举办"南洋劝业会"，命令各省选送农工商特产及工艺品展览，并邀海外侨胞中从事工商业者参加，借以鼓励投资，发展实业。这个展览会于1910年6月5日在南京正式开幕。初开幕时，有教育、工艺、器械、武备、卫生、农业等六馆及直隶陈列馆。后来又陆续开放各省展览馆，除展出各自特产外，还展出名胜古迹的模型、文物及海外引进的新奇物品。这在当时是一个空前的博览会，是一个学习实际科学技术知识的好机会。

鲁迅知道这个消息后，认为这是一个好机会，与学校领导和教师商定，抓住时机，把这一年的秋季远足改为参观南洋劝业会，以扩大学生眼界，增长实际知识，进行热爱祖国和热爱科学的思想教育。绍兴离南京较远，所需经费较多，学校规定，前去参观的教职员、学生每人交纳10元大洋，不足数再由校方补贴。10元大洋在当时不是个小数目，但学生们热情极高，多方筹措。全校32个教职员和220个学生中，除留守学校等人外，有200多名师生赴宁参观。

鲁迅是这次参观大队的领队。他带领大队于一个秋高气爽的日子出发，过了3天才到南京。在南京参观劝业会，为期共约一周。往返费时近半个月。鲁迅先生极尽辛劳，但领导得法，整个参观过程非常顺利。当时的府中学生多半是十六七岁的小青年，最小的只有14岁，最大的23岁。他们一向株守乡里，从没有远行过，没有看见过轮船、火车、汽车、电灯、电筒；第一次看到电灯，称它为"自来灯"，不知它何以能自明自暗；说到"铁路"，以为是要用铁筑路。10多天出外参观，师生个个满载而归。大家都赞扬鲁迅先生有远见，有气魄，说"百闻不如一见"，南京"一行胜读十年书"，"我们这些绍兴'井底蛙'已由豫才先生带队游过汪洋大海了"。吴耕民老先生回忆说："我至今还认为那次旅行对我一生学习科学是一个启蒙……一生可以运用，得益匪浅！"①

在府中一年，鲁迅还曾带领学生到兰亭、快阁等地远足。1911年春，又带领学生去参观禹陵，并在百步金阶上摄影留念，目的也在于扩大学生的眼界，并进行热爱祖国的教育。他领队外出远足参观，常在肩上背着一只从日本带回来的绿色洋铁标本箱和一把日本式的洋桑剪。沿途看到有些可做标本的植物，他就剪了放入标本箱内。学生们问他那是什么箱，他幽默地回答："葫芦里卖药，小孩子不懂的，这是采植物做标本用的……"②

教学工作之余，鲁迅还辑录类书中已亡佚的古代小说和有关会稽的古代历史、地理逸书，并常与三弟建人等到会稽山采集植物，制成标本，还参照德国恩格勒、丹麦怀尔等人的植物分类法进行分类。

课余，鲁迅常与同事谈心，语言幽默风趣。有一次，一位同事因为看到他常把"豫才"写成"预才"，便问道："这个'豫'字和那个'预'字有没有不同？"另一位同事代答："这两个字是一样的，都可以写。"鲁迅说："这两字原是一样的，但在我是两样的，我的父亲为我取名的意思，是希望我成为'豫章之才'，而我呢，还在'预'备，我在杭州教书，教的也是'预科'，所以我总是写这个'预'，不写那个'豫'。"③

鲁迅与学生的关系很好。他多次为学生题写书籍封面，并把《几何辞典》等书赠送学生。"当时的学生胡愈之，年幼淘气，在课堂上写游戏文章《绰号赋》，并与同学们给鲁迅起了'假辫子'（因鲁迅已剪辫，戴假辫上课）的绰号。鲁迅发现后，并不苛责学生，依然在品行分数上

---

① 吴耕民：《鲁迅先生率领府中学生参观南洋劝业会记略》，见绍兴鲁迅纪念馆：《鲁迅研究资料选辑》（一）。

② 《吴耕民同志访问记》，见顾明远等：《鲁迅的教育思想和实践》，527页，北京，人民教育出版社，2001。

③ 祝静远：《回忆鲁迅先生》，载《浙江日报》，1956-09-23。

给予及格"，学生们对他都十分尊敬。①

在府中一年，鲁迅遇到两次学潮。他在1911年1月2日致许寿裳信中说："仆归里以来，经二大涛。"②第一次风潮发生在1910年8月下旬，因代理监督杜海生要学生参加考试，重新编班，学生"违抗考试，索费出堂"，结果学生得胜，杜海生被迫去职。第二次发生在同年11月10日左右，学生"复因考大哄"，监督陈子英开除为首分子。鲁迅对第一次"抗考"风潮表示支持，对后一次风潮后学生的处境也深表同情。③

当时，绍兴学界新旧思想斗争激烈，地域派系斗争不断，学生也常闹一些不必要的风潮（例如借故反对厨工等）。鲁迅在给许寿裳的信中，多次提及"越校甚不易治""越中学事，惟以横家乃大得法"，到校不久，就有"决去府校"易地谋职之意。④

1911年夏，鲁迅辞去了绍兴府中学堂的职务，原想到上海去当书店的编辑或译员，没有去成，就在家里继续做着整理和辑录古籍的工作。

三、迎接绍兴光复

鲁迅是怀着激动的心情来迎接辛亥革命的。1911年11月5日杭州光复的消息传到绍兴后，人民群众欢欣鼓舞。当天，以鲁迅的学生为主的越社（这是1908年同盟会会员陈去病在绍兴府中学堂任国文教员时组织的革命文学团体，府中的宋紫佩等是骨干），在绍兴开元寺召开了一个迎接光复的大会，鲁迅被推为大会主席，并发表了振奋人心的演说。

---

① 鲍昌、邱文治：《鲁迅年谱》（上），79页，天津，天津人民出版社，1979。
② 鲁迅1911年1月2日致许寿裳的信，见《鲁迅全集》第11卷，341页。
③ 鲁迅1910年11月15日致许寿裳信，见《鲁迅全集》第11卷，335页；并据鲁迅1911年1月2日致许寿裳信及《鲁迅研究资料选辑》（四）对此信的注释。
④ 鲁迅1911年1月2日致许寿裳的信，见《鲁迅全集》第11卷，341页；宋崇厚：《忆鲁迅先生》；李鸿梁：《绍兴府中学堂拒杜风潮》。并据鲁迅1910年11月15日至1911年7月31日致许寿裳的几封信，《鲁迅全集》第11卷，335～349页。

"鲁迅当下提议了若干临时办法，例如组织讲演团，分发各地去演说，阐明革命的意义和鼓动革命情绪等。关于人民的武装，他说明在革命时期，人民武装实属必要，讲演团亦须武装，必要时就有力量抵抗反对者。"①大家赞成，鲁迅的提议很快就被通过。

有一天，鲁迅发现街上有些店铺在上排门，有些人正在仓皇地从西往东奔走，一问，才知道是谣传有残败清兵要过江来绍兴骚扰，群众不明真相，很为慌张。鲁迅决定立即击退谣言，安定人心。他迅速赶到绍兴府中学堂，发动学生整队上街宣传。"手脚很快，一歇工夫就印好了许多张油印的传单，大概是报告省城克复的经过和说明绝没有清兵过来的事情。即刻打起钟来，学生立时集齐于操场，发了枪，教兵操的先生也跑来了……挂上一把较阔厚的可以砍刺的长刀，这无非是防备万一的。小心怕事的校长，抖怜怜地到操场上来讲话，想设法拦阻，但没有用处。在路上，鲁迅等一班人，分送传单，必要时更向人说明，让他们不要无端起慌。"②这次游行宣传很有效果。人心安定下来了，关上的店门又打开了，大家以为革命军已到，绍兴已经光复了。鲁迅对这段经历很是感奋，"每逢谈起，先生总带着不少的兴趣描述当时情景，就好像刚刚出发回来那么新鲜、感动。"③

人心安定了，反革命势力却乘隙而入。以杀人魔王绍兴知府程赞卿为首的一些人，趁革命军正式进入绍兴府前的几天，伪装拥护革命，成立了所谓"绍兴军政分府"。鲁迅与范爱农第二天到街上走了一通，发现"满眼是白旗。然而貌虽如此，内骨子是依旧的，因为还是几个旧乡绅所组织的军政府，什么铁路股东是行政司长，钱店掌柜是军械司

① 乔峰：《略讲关于鲁迅的事情》，14页，北京，人民文学出版社，1981。
② 周建人：《我心中的鲁迅》，长沙，湖南人民出版社，1979。
③ 王冶秋：《民元前的鲁迅先生》，185页，北京，生活·读书·新知三联书店，2012。

长……"①鲁迅对它充满蔑视和愤慨。

幸而传说当时革命军首领之一王金发真要率领革命军到绍兴了。鲁迅便率领学生，兴高采烈地去迎接。第一天等到深夜，没有来；第二天晚上又去等，终于来了。整个绍兴沸腾了。人民群众提着灯笼，举着火把，在街上热烈地欢迎王金发的军队。

程赞卿组织的挂羊头卖狗肉的所谓"军政分府"被解散了。王金发组织了新的绍兴军政分府，自任都督。鲁迅被任命为山会初级师范学堂（1912年初改称绍兴师范学校）监督。

四、在绍兴师范学校

鲁迅到绍兴师范学校那天，身穿一件灰色棉袍，头戴一顶陆军帽，英姿勃勃，学生们"欢迎新校长的态度，完全和欢迎新国家的态度一样"。②

鲁迅出任校长后，把留日时的同学范爱农请来担任教务主任，全校其他教职员工，一律不动，连会计也没更换，使大家很快就安下心来工作。这对当时"一朝天子一朝臣"的社会陋习是一个很大的改革。

过去的监督如同官僚，到校时也只坐办公室，不了解下情。鲁迅与他们不同。他经常深入教室、操场、厨房、寝室，了解情况，及时处理问题。

鲁迅工作认真，平易近人。有时教师请假，鲁迅就亲自为他们代课。学生反映鲁迅讲课简明扼要，通俗易懂，印象深，记得住。

例如，鲁迅代替请假的教师上作文课。有一次，他出的作文题目是"杨子为我，墨子兼爱，何者孰是？"他引导学生们通过独立思考写出文

---

① 鲁迅：《朝花夕拾·范爱农》，见《鲁迅全集》第2卷，324~325页。
② 孙伏元：《哭鲁迅先生》，见孙伏园、许钦文等：《鲁迅先生二三事：前期弟子忆鲁迅》，47页，石家庄，河北教育出版社，2001。

章。①他也帮助国文教师批改作文。据当时的学生孙伏园回忆，他写了一篇祝贺南京政府成立并改用阳历一类主题的文章，鲁迅批改后，在这篇文章的末尾写了"嬉笑怒骂，皆成文章"8个字，给予鼓励。事后孙伏园经常对人说起，鲁迅先生对他的这个鼓励使他毕生难忘，时刻鞭策着他的学习和工作。

每天晚上，鲁迅都去查看学生夜自修的情况。渐渐地，他发现学生们听到他的脚步声就立即安静下来，而且坐得端端正正的。他觉得这是不正常的现象，就和蔼地对学生们说，我又不是老虎，怕什么，只要大家认真自修就好了。

对一些只顾读书，不注意体育锻炼，健康状况不佳的学生，鲁迅教育他们要注意加强体育锻炼，使身体强壮起来。孙伏园回忆："我是什么事情也不会动手的人，身体又薄弱，经不起辛苦，鲁迅先生教我种种锻炼的方法。"②

鲁迅经常亲自做学生的思想教育工作，耐心细致又坚持原则。有一次，熄灯铃已经打过，鲁迅到学生宿舍查看就寝情况。凑巧，有几个贪玩的学生正在做"调狮子"游戏，一见校长来了，都很难为情，一时不知所措。鲁迅并没有斥责他们，而是和气地说，可以睡了，明天到操场去玩个痛快！同时指出应当按时作息，遵守制度。

还有一次，鲁迅发现有几个学生连续违反校规，夜间私自外出，就把他们叫到跟前，诚恳地对他们说，你们是师范生，将来要做学生的榜样，如果学校开除了你们，你们的名誉要受到影响。再说，过几个月你们就要毕业了，要是现在被开除，实在可惜。这几个学生为鲁迅的诚恳态度所感动，都老老实实讲出他们到亲戚家打小牌的事，并表示悔过，

---

① 金学曾：《鲁迅在绍兴师范片段》，载《文汇报》，1962-12-19。
② 孙伏园、许钦文等：《鲁迅先生二三事：前期弟子忆鲁迅》，49页，石家庄，河北教育出版社，2001。

以后绝不再犯。鲁迅就说，只要你们能改，这次就不给你们处分，你们回去把这次犯的错误记成一篇日记。学生们都心服口服。

由于鲁迅对学校工作兢兢业业，对教师、学生关怀备至，因而受到师生们的爱戴和尊敬。大家一致认为他是创校以来责任心最强的一任校长。

在任职期间，鲁迅抓紧时间学习和写作，1911年冬，他写了短篇文言小说《怀旧》。这篇小说的主题是揭露旧塾师虐杀儿童的罪恶和一些士绅、商贾在革命来临时的丑态。

鲁迅非常关心义务教育问题。1911年年底，鲁迅与其三弟周建人联名发表《维持小学教育之意见》一文。文章建议教育当局要重视国民义务教育，使绍兴的儿童都能上小学。

此外，鲁迅还参加有关教育的社会活动，如1912年2月，为纪念被反动派杀害的光复会领袖陶成章，越社人士筹备举办成章学校，鲁迅为发起人之一，该校开学后，学生数曾超过1000人。

王金发属资产阶级革命派，初到绍兴表现不坏，能顾大局，听舆论，推行过一些革命措施。后来，他被胜利冲昏了头脑，封建势力乘虚而入，对他进行包围，捧得他自己也忘乎所以，大做"王都督"。

鲁迅的一些学生主张办一份报纸来与封建势力做斗争，并"监督"军政分府。鲁迅同意了，并积极参与筹备。报纸被定名为《越铎日报》后，他亲自写了《〈越铎〉出世辞》，指出报纸的宗旨在于："促共和之进行，尺政治之得失，发社会之蒙覆，振勇毅之精神。"[1]后《越铎日报》被篡权变质，那时鲁迅已与该报没有关系。

辛亥革命后，以孙中山为代表的革命派与以袁世凯为代表的封建势力斗争得十分激烈。这一斗争在绍兴学界也有充分反映。鲁迅对绍兴教育界的黑暗面一直不满，加上师范学校经费困难，他于任校长3个月后

---

[1] 鲁迅：《〈越铎〉出世辞》，见《鲁迅大全集》，131页，武汉，长江文艺出版社，2011。

便决定辞职。

1912年2月16日至24日，他在《越铎日报》上发表了离开绍兴师范学校的声明，题为《周豫才告白》。全文如下："周豫才告白：仆已辞去山会学校校长。校内诸事业于本月十三日由学务科派科员朱君幼溪至校交代清楚。凡关于该校事务，以后均希向民事署学务科接洽，仆不更负责任，此白。"[1]

绍兴师范学校师生得知鲁迅辞去校长职务，深表惋惜。事后，当他们了解到鲁迅办理移交时学校经费只余下一角多钱时，对鲁迅艰苦办学的精神更加钦佩。

五、在教育部任职

1912年2月底至3月初，鲁迅应教育总长蔡元培邀请到南京临时政府教育部任部员，但政权随即被北洋军阀袁世凯篡夺，5月初，鲁迅随教育部北迁。1912年5月起在北洋政府教育部任部员，属社会教育司第二科，1912年8月起被任为佥事。8月26日，教育部公布了第一批经过任命的科长，鲁迅为社会教育司第一科科长。因原第一科此时已被并入内政部，鲁迅原属的第二科被改为第一科了。1925年8月，因积极支持北京女师大学生运动，鲁迅被章士钊非法免职，1926年1月始恢复佥事职务，但被派"在秘书处办事"。[2]

五四运动前夕，鲁迅的主要精力开始转向新文化运动，反帝反封建斗争成了鲁迅生活的主要内容。但当时他唯一的社会工作是在教育部任职。他领导的社会教育司第一科，算是当时关于文化方面的最高管理机构。

鲁迅很早就十分重视文学艺术的教育作用。他在1908年写的《摩罗

---

① 鲁迅：《周豫才告白》，见《鲁迅大全集》，132页。
② 据北京鲁迅博物馆收藏的1926年《教育部令第七十六号》。

诗力说》中，就着重提倡反侵略反压迫的抗争文艺，用以启发人民的觉悟，鼓舞人民的斗志。蔡元培提倡美育，鲁迅大力支持。1912年6月，教育部举办"夏期美术讲习会"，鲁迅负责讲《美术略论》，连续讲4次。蔡元培辞去教育总长职务后，守旧派就企图取消美育。接着，当时正在举行的全国临时教育会议果然做出删除美育的决议。鲁迅对顽固派的这一行为十分愤慨，他在7月12日的日记上写道："闻临时教育会议竟删美育，此种豚犬，可怜可怜！"①

1913年2月至5月，北洋政府教育部召开读音统一会，任务是审定字音、核定音素和制定字母。鲁迅与许寿裳等都被教育部选聘为会员，参加讨论。会上意见分歧很大，到讨论制定字母方案时出现三派，各执己见，互不相让。最后，由鲁迅与许寿裳、马裕藻等共同建议，主张以会上审定6500多字的字音时使用的记音符号作为字母，"迨表决后，竟得多数"。②这套字母，就是为中小学一直沿用到中华人民共和国成立的"注音字母"。在拉丁化的拼音字母制定和使用前，它在帮助学习文化方面起过很大的作用。

从1913年3月起，鲁迅具体负责全国儿童艺术展览会的筹备工作，到次年4月才告完成。1914年4月21日到6月20日，展览会共展出近两个月，展品主要是全国各地小学生的字画作业及他们的手工作品，如刺绣、编织、玩具等。展出期间，鲁迅经常到会场值班办公，甚至星期日也不休息。展览结束后，鲁迅等负责从展品中挑选出一批比较优秀的作品，送到巴拿马万国博览会展出。

1916年2月，鲁迅又被派参加筹备全国专门以上学校成绩展览会，忙碌了一两个月。这个展览会于当年3月15日至4月14日展出，参加展出

① 1912年7月12日鲁迅日记，见《鲁迅全集》第15卷，11页。
② 1913年3月12日鲁迅日记，见《鲁迅全集》第15卷，53页。

的有全国68所学校送来的展品。

1915年9月，鲁迅被派担任通俗教育研究会小说股主任。这个通俗教育研究会是秉承袁世凯的旨意组成的，规定小说股的任务是编译和审核"寓忠孝节义之意"的小说，目的在于进行奴化教育。鲁迅当然不听命于帝制派的策划，主张"有权在手，便当任意作之"，在当时可能的条件下，主持制定了另一套《审核小说之标准》，其中，教育小说的审核标准规定如下："关于教育之小说，理论真切，合于我国之国情者，为上等。词义平稳者，为中等。思想偏僻或毫无意义者，为下等。"其他种类小说的审核，也以"有益国民之常识""理想高尚纯洁"且具有科学思想和进步思想作为标准，把通俗教育研究会规定的什么"寓忠孝节义之意"的标准完全弃置不顾。

在北洋政府教育部工作期间，花了鲁迅很大精力的另一项工作是整顿、改组、建设京师图书馆，帮助建立供普通群众和儿童使用的通俗图书馆，建立中国历史博物馆。

京师图书馆创建于1909年，原设在广化寺内，地僻房旧，到馆读者不多。鲁迅经管后，极力设法迁馆，并在读者方便的地方设立分馆。费了许多功夫，终于迁馆到方家胡同原国子监南学的房舍中，于1917年1月26日举行开馆典礼。迁馆前一年多，鲁迅先在宣武门外设立了分馆，从总馆内分出一部分重复书籍放到分馆，分馆开始接待读者。之后是大力增加藏书，鲁迅把过去集存在清代翰林院和国子监南学的大批图书调到馆内，又从河北、辽宁、吉林、云南等许多省调来大批官书。另一件大事是把热河避暑山庄文津阁所藏的《四库全书》36 000多册调来，此事几经周折，从1914年起到1915年8月才最终办成，鲁迅费了许多心血。

通俗图书馆于1913年10月31日开馆，藏书分普通用书和儿童用书两大部分。该馆还附设了一个儿童体育场。这一图书馆藏书虽不多，但总算给普通群众和儿童提供了可以使用的图书。从建馆起，鲁迅经常去检查工作，给予指导和帮助。此馆后与京师图书馆分馆合并，成为现首都图书馆的前身。

筹建历史博物馆是鲁迅的又一贡献。从1912年起直到1925年，他不断为建馆而进行多方面的努力。从设立筹备处，调查、搜集历史文物，建馆、迁馆，到开馆后的工作检查，他都花了不少精力。1913年，莱比锡举行"万国博览会"。这次博览会以展出墨迹、书籍为主，我国因为纸墨印刷历史悠久，被列为展出首位。历史博物馆选送13种展品交教育部送展。鲁迅为了保护展品，头一夜"回寓取毡两枚，宿于部中……不眠至晓"①，直到第二天德国人前来取去。

京师图书馆与历史博物馆的整顿、建立，在当时是新鲜的、意义重大的文教事业。鲁迅献身于这一事业，并经常赠送自存的珍贵图书、文物给这两个馆。他的业绩至今还在发挥作用，今后还将继续保持它的影响。

北洋政府教育部是军阀统治下的典型的官僚机构，各派军阀势力不断地在这里争夺地盘和权势，得势时上台，失势时又下野。鲁迅任职的14年中，就先后更换过38个（次）总长，24个（次）次长。这些人大多数不是来办什么教育事业，而是来当官，来替主子掌权的。有一个总长来就职，竟"是因为某公司要来立案，表决时可以多一个赞成者"。②有的人对教育一窍不通，即使是普通常识也没有，经常闹笑话。总长、次长们如此，其下属大半也只是在这个官僚衙门里胡混日子。鲁迅第一天到部，就在日记里写着："枯坐终日，极无聊赖。"③在给许寿裳的一封信中，他写道："部中风气日趋日下，略有人状者已寥寥不多见。若夫新闻，则有工八之健将牛献周金事，在此取妻，未几，前娶闻风而

① 1913年11月20日鲁迅日记，见《鲁迅全集》第15卷，87~88页。
② 鲁迅：《而已集·反"漫谈"》，见《鲁迅全集》第3卷，485页。
③ 1912年5月10日鲁迅日记，见《鲁迅全集》第15卷，1页。

至，乃诱后妻至奉天，售之妓馆，已而被诉，今方在囹圄，但尚未判决也。作事如此，可谓极人间之奇观，达鲁道之极致，而居然出于教育部，宁非幸欤！"[1]对教育部的官场生活，鲁迅表达了极大的气愤与厌恶。在这样的环境中，鲁迅一面尽其所能做些有利于人民的工作，一面则充分利用时间，研究中国的社会与思想文化的历史，探索改造社会的道路。

在重大的原则问题上，鲁迅则绝不放弃与反动势力的斗争。袁世凯为了复辟称帝，极力提倡尊孔读经，颁布了《通令尊崇孔圣文》，规定孔子生日为"圣节"。1913年9月28日，教育部安排"祭孔"，鲁迅在当天的日记中嘲讽了这幕丑剧："星期休息。又云是孔子生日也。昨汪总长令部员往国子监，且须跪拜，众已哗然。晨七时往视之，则至者仅三四十人，或跪或立，或旁立而笑，钱念敏又从旁大声而骂，顷刻间便草率了事，真一笑话。闻此举由夏穗卿主动，阴鸷可畏也。"[2]1916年鲁迅又与其他几个同事联名给教育总长写公开信，反对提倡"读经祭孔"。鲁迅日记中也曾有多处记载"丁祭""演礼"。这是因为当时的教育部规定，部里的简任官员在"丁祭"时轮流充当"执事"，即被迫去为总长们"祭孔"当差。鲁迅说："我曾经是教育部的佥事，因为'区区'所以还不入于鞠躬或顿首之列的；但届春秋二祭，仍不免要被派去做执事。执事者，将所谓'帛'或'爵'递给鞠躬或顿首之诸公的听差之谓也。"[3]

在1926年8月南下去厦大任教前，鲁迅曾经三次离开教育部，每一次都是他坚守革命立场，不顾个人安危得失，与反动势力斗争的光辉纪录。第一次是1917年封建军阀张勋复辟，鲁迅愤而宣布离职，到复辟失

① 1918年8月20日鲁迅致许寿裳信，见《鲁迅全集》第11卷，366页。
② 1913年9月28日鲁迅日记，见《鲁迅全集》第15卷，80页。
③ 鲁迅:《坟·从胡须说到牙齿》，见《鲁迅全集》第1卷，264页。

败以后才重回教育部。第二次是1925年坚决支持女师大学生运动，反对教育总长章士钊的镇压，被免去佥事职务，鲁迅向平政院控告章士钊的非法行为，结果是在进步势力的支持下把章士钊轰下了台，胜诉复职。第三次是1926年8月离开教育部，这是因为他与封建军阀官僚进行不屈的斗争，一贯反对封建主义的教育思想和方针政策，被反动派公开列名通缉，被迫南下。

1927年后，蔡元培主持全国的教育工作，仿效法国的"大学院"制，不设教育部，而设大学院管理全国的学校及教育工作。"大学院时代，设特约著述员，聘国内在学术上有贡献而不兼有给职者，听其自由著作，每月酌送补助费。……周豫才诸君皆受聘。"[①]蔡元培出任大学院院长是在1927年10月1日。鲁迅同年10月3日到沪，在12月18日的日记中记道："晚收大学院聘书并本月份薪水泉三百。"[②]1928年10月3日，蔡元培获准辞去大学院院长职，由蒋梦麟接任；同月24日，改大学院为教育部，蒋梦麟任部长。自11月起，鲁迅日记改为收"教育部""薪水泉三百"或"编辑费三百"，至1931年12月止。[③]蔡元培先生聘鲁迅为特约著述员，是出于照顾鲁迅的生活，好让他自由写作。目睹了国民党反动派在广州发动的"四一五"大屠杀后，鲁迅对蒋介石的统治是极其反感的，由于蔡元培先生的好意，鲁迅接受了聘书，但自始至终未为大学院与其后的教育部做过任何工作，也一直未去过南京。后来，有人向蒋介石献媚告密，说教育部的特约编辑周豫才就是反对你最激烈、已通缉在案的左翼作家和中国自由运动大同盟的头子鲁迅。蒋介石极其狡猾，派人与鲁迅联系，劝他出国一时，企图收买、利用鲁迅，鲁迅坚决拒绝，

① 蔡元培：《我在教育界的经验》，参见高平叔：《蔡元培年谱长编》第3卷，北京，人民教育出版社，1998。
② 1927年12月18日鲁迅日记，见《鲁迅全集》第16卷，52页。
③ 《鲁迅全集》第16卷，101～283页。

并更加巧妙地与国民党反动派做斗争。1932年1月，国民政府教育部终于把鲁迅的特约编辑（即大学院时代的特约著述员）职务撤掉。鲁迅把得自于教育部的编辑费大量用于购买书籍，包括研究马克思主义的书籍和画册等，如1930年，收之于编辑费者共2 700元，购书就用去2 404.5元。此外，他还不断地资助中国共产党领导下的革命互济会和左联等的活动。[1]

六、在北京大学等学校兼职

鲁迅在北京教育部工作的同时，除整理碑帖、古籍和写作外，自1920年起，先后在北京8所大中学校兼课，至1926年8月离京南下时止。

这时正是五四运动以后文化革命的高潮时期。俄国十月革命后，马克思列宁主义开始在我国传播，西方的其他各种思想也纷纷传入。鲁迅看到了新世纪的曙光，精神振奋，遵奉"革命的前驱者的命令"[2]，在思想文化战线上向封建主义、帝国主义奋勇进攻。当时，为尽量开辟新阵地，传播新文化、新思想是斗争的急需。我国早期宣传马克思主义的李大钊、陈独秀等人，都亲自到大学任教，向青年学生介绍马克思主义和俄国十月革命后的新面貌。鲁迅与他们采取同一步调，以极大的热情满足广大青年的学习要求。于是在离开学校教学岗位8年之后，鲁迅又重新开始到学校从事教学工作，为培养革命青年贡献力量。

据《鲁迅日记》记载，鲁迅在北京兼课的第一个学校是北京大学。他于1920年6月8日收到北大的聘书，12月24号起到北大讲课，至1926年6月止。北大是当时文化革命最活跃的中心，校长是蔡元培。鲁迅先后在该校任中国小说史课讲师，并兼任北大研究所国学门委员会委员。在

---

[1] 高平叔：《蔡元培年谱长编》第4卷，北京，人民教育出版社，1998；锡金：《鲁迅为什么不去日本疗养》；潘德延：《走访江绍原同志》。

[2] 鲁迅：《〈自选集〉自序》，见《鲁迅全集》第4卷，469页。

北大任教期间，鲁迅还为北大的刊物写稿，扶植学生文学团体，培养了许多人才。许多著名的作家、教授，如冯至、曹靖华、章川岛等，当时都在北大听过鲁迅的课，得到他的培育。鲁迅一直支持北大进步学生的斗争，曾被一时还未能控制北大的"正人君子"之流指为"北大派"。1925年12月17日，北大举行建校27周年纪念会，鲁迅亲往出席，并撰写《我观北大》一文，热情赞扬北大进步师生"常与黑暗势力抗战"的"向上的精神"，批判企图"勒转马头"的逆流。针对"正人君子"之流射来的暗箭，鲁迅公开宣称，如果支持北大进步师生的改革就算是"北大派"，那我就以"北大派"自居："北大派么？就是北大派！怎么样呢？"当时，北大校长蔡元培在欧洲考察，校内新旧斗争激烈，鲁迅的行动给了北大进步师生有力的支持。

1920年9月起，鲁迅受聘到北京高等师范学校（1923年改为北京师范大学）兼任小说史讲师，至1926年8月止。[①]1923年10月至1926年1月，鲁迅又受聘于北京女子高等师范学校（1924年改为北京女子师范大学），兼任国文系讲师，开设小说史课程；1925年10月，被聘为教授，至1926年8月止。鲁迅在师大和女师大任教期间，积极支持学生们的进步活动。1925年，他亲自参加并指导了震惊全国的"女师大风潮"；1926年"三一八"惨案发生时，他连续发表文章，声讨反动军阀对青年学生的血腥屠杀，参加被害的女师大学生刘和珍、杨德群的追悼会，并写了《记念刘和珍君》这篇千古不朽的名文；1926年5月，他参加女师大召开的"五卅纪念会"，并在会上做了演讲，为女师大学生会出版的《五卅惨案周年纪念册》题字。此外，他还资助师大学生出版《国文学会丛刊》[②]，介绍外国进步作家到师大讲演。他经常在家里接待许多北大、师大、女师大等校的

---

① 据北京师范大学现存1922年3月报教育部的《北京高等师范学校教员一览表》。
② 据北京高等师范学校《国文学会丛刊》第一卷第一号。

学生，给予各种帮助。

鲁迅在北京兼课的第四所学校是世界语专门学校。他一向支持世界语运动，1923年9月至1925年3月，他应邀在该校讲授小说史并兼任董事。任教期间，该校各派政治力量斗争激烈。这所学校进步势力强大，学生中有共产党员，在1924年曾爆发学潮。为了防止学潮再起，校内反动势力曾企图拒绝接收加入党派的学生进校，鲁迅在讨论这一问题的会上坚决抵制了这一将进步学生逐出校门的阴谋。

据《鲁迅日记》，1924年5月至6月，鲁迅曾在集成国际语言学校兼课。5月8日记："午后往集成国际语言学校讲。"5月15日、22日、29日，6月5日、12日，均记有"往集成校讲"。6月19日记："上午寄集成学校信请假。"24日记："上午得集成学校信，即复。"26日记："午后往国际语言学校讲。"他在该校共讲7次。此后就不见记载。[①]这是一所什么性质的学校，鲁迅在该校讲过什么课，应谁邀请而去，何以离开，等等，这些问题至今未能弄清。这是鲁迅先后任教过的14所学校中唯一没有搞清的一所学校。本书作者曾先后请教过北京鲁迅博物馆及鲁迅研究室的同志，请教过当年与鲁迅来往较多的常惠、章川岛、许钦文等同志，请教过鲁迅研究专家唐弢、王瑶、林辰等同志，他们也都不了解。有的同志估计，这所学校可能也是世界语学校，因此我们曾去函请教我国长期从事世界语工作的方善境同志。他非常热情，1978年7月20日、21日连续来信，给我们提供弄清问题的线索。在7月20日的来信中，方善境同志说："世界语本来叫'国际语'，但在中国从未使用这一名称。其他国际语方案，一般也各有专名，而且也从未在国内流行。估计不会有专设的学校，如怕与世界语专门学校混淆，则不应有'集成'两字。但也不能因为我们未曾听说，便由此否定这个学校。"我们认为，这个意见很

---

① 参见《鲁迅全集》第15卷，511～513、515～518页。

值得注意。这所学校多次现于《鲁迅日记》，希望有朝一日有人能提供情况，弄清问题，补足鲁迅生平研究中的这一欠缺。

鲁迅兼课的第六所学校是黎明中学。1925年"五卅运动"爆发。在中国共产党的领导下，各地的反帝爱国运动蓬勃开展。北京、天津、通州、烟台等地觉悟起来的教会学校学生纷纷自动退学，在北京筹办的黎明中学除招收文商两科初高中学生外，也免试收容各地从教会学校自动退学的学生，让他们插入原有班次。为了支持学生的反帝爱国运动，鲁迅从1925年9月至12月到该校任高中文科小说教员，采用外国短篇小说集《点滴》为教材，每周讲课两小时。①

大中公学是为了"增大孙中山主义在北方的影响"于1924年创办的，被北洋军阀视为眼中钉。鲁迅于1925年9月至11月在该校兼任高中部新文艺学科教员。

1925年9月至1926年5月，鲁迅还在中国大学兼任大学部文科国文系小说学科讲师。这所大学原名为国民大学，创办人是孙中山。

表1是鲁迅在北京各校兼课的详细时间表。

表1　鲁迅在北京各校兼课时间

学校	任教时间	周课时
北京大学	1920年12月—1921年10月	星期五下午
	1921年10月—1922年12月	星期二下午
	1923年年初—1923年6月	星期二上午
	1923年10月—1925年5月	星期五下午
	1925年11月—1926年6月	星期一上午
北京师范大学	1921年1月—1922年10月	星期三下午
	1923年1月—1925年6月	星期五上午

---

① 陈漱渝：《鲁迅在北京》，天津，天津人民出版社，1978。

学校	任教时间	周课时
北京女子师范大学	1923年10月—1924年6月	星期六上午
	1924年10月—1925年6月	星期一下午
	1925年10月—1926年1月	星期二上午 星期五下午
	1926年3月—1926年4月	星期二上午
	1926年5月—1926年8月	星期五上午
世界语专门学校	1923年9月—1924年6月	星期一下午
	1924年10月—1925年3月	星期二下午
集成国际语言学校	1924年5月—1924年6月	星期四下午
黎明中学	1925年9月—1925年12月	星期四下午
大中公学	1925年9月—1925年11月	星期五上午
中国大学	1925年9月—1926年5月	星期三上午

资料来源：北京鲁迅博物馆
注：上表中北大、北师大任教开始时间是指开始讲课的时间，不是受聘时间

鲁迅兼课最多、最为繁忙的是1925年。这一年，"女师大风潮"正处在最紧张的阶段，鲁迅参加并领导斗争，经常废寝忘食。这一年，他写了《华盖集》《彷徨》《野草》，以及后来收集于《集外集》中的大量文章，还翻译了许多论文、散文。这一年，他同时在6个学校兼课。以11月为例，每周教课的情况如表2。

表2　鲁迅1925年11月每周教课情况

星期	一	二	三	四	五	六
上午	北京大学	北京女子师大	中国大学		大中公学	
下午				黎明中学	北京女子师大	

资料来源：北京鲁迅博物馆

这一年，鲁迅已迁住阜成门内西三条，到兼课的学校路程很远，如到女师大，有六七里[①]，到师大，则有10多里。当时的北京，交通十分不便，汽车虽有，但不是一般人所能坐的。鲁迅外出讲课，有时乘人力车，有时就步行。到女师大，来回步行约14里路，到师大，则达20多里。再加上路面差，低矮的平房夹着崎岖不平的土路，"无风三尺土，有雨一街泥"，赶上雨雪天，走起来更加艰难。鲁迅总是不顾辛劳，风尘仆仆地奔波，及时地赶到学校上课。有时上午到大中公学，下午又到女师大，中午来不及回家吃饭，就在饭铺或者是街上的饭摊上吃一些应付一餐。

在北京各校兼课期间，鲁迅的身体已不好。他早已染上了肋膜炎、肺结核等重病，身体时时发热；从小就有的齿痛也经常发作。1923年8月，由于与周作人的思想分歧及其日本妻子羽太信子的专横霸道，鲁迅搬到砖塔胡同暂住。工作的过分辛劳，加上委屈与气愤，使他生了一场大病。从10月1日起"大发热"，加以腹泻，两三天不能进食。此后一个多月，都以粥代饭，到11月8日，"始废粥进饭，距始病时三十九日矣"。[②]这是鲁迅在北京14年中病得最重的一次。然而正是在这"三十九日"之中的10月13日，他带病第一次到女高师上课。这一天，他"身子笔挺挺的走上了讲台"，目光"炯炯有神"，但"眼窝是下陷着的"[③]，没有人知道他正在大病中。在这抱病的39天里，鲁迅先生以忘我的精神和坚强的意志到北大、北师大、女师大等校授课，前后竟有16次！

鲁迅在北京许多学校兼课，主要是讲授中国小说史。

鲁迅先生讲课，听的人很多。小教室坐不下，换了大教室，还是很挤。本来坐两个人的座位，常常挤上三四个人，连门边、走道窗口和窗

---

① 1里=0.5千米，余同。

② 1923年11月8日鲁迅日记，《鲁迅全集》第15卷，487页。

③ 孙尧姑：《回忆北京时期的鲁迅先生》，载《山花》，1957（1）。

外都站满了校内和校外的、选修和旁听的学生。那时点名是专人负责的，他是看座位点名的。遇鲁迅先生上课，他只好画个"全到"。[①]

　　他讲课非常自然，不是滔滔不绝，也不是大声疾呼，但能使全场鸦雀无声。当时有不少同学听了一年鲁迅先生的课，第二年又继续去听，但一点也不觉得重复。[②]许钦文同志听了近3年，章川岛同志听了两遍，常惠同志则听了4遍。[③]

　　鲁迅先生讲课，总是先把讲义发给学生。用时油印讲义，上课时先校正个别错字，然后开始讲。他从不照本宣科，而是有重点地分析一些问题，有根据地阐明与别人不同的见解。[④]

　　他讲小说史，并不限于讲义，常常联系课文，宣传反对封建礼教，引导学生前进。"……有一次好像是讲到六朝鬼神志怪小说的时候，他曾经这样说：'魔鬼将向你扑来的时候，你若大惊小怪，它一定会把你吓倒，你若勇猛地向它扑去，它就吓得倒退，甚至于逃掉。'当时我和一个同学说：'他是要我们勇敢，要我们前进，不要我们畏惧怯懦。'"[⑤]

　　"有时一面讲一面又从科学的见地力斥古人的无稽，讲到《南荒经》的蚘虫，至今传说仍存小儿胃中，鲁迅就以医学头脑指出此说属谬，随时实事求是地分析问题。""《中荒经》载西王母每岁登翼上会东王公。鲁迅说：'西王母是地名，后人因母字附会为人名，因西有王母，更假设为东有王公，而谬说起来了，犹之牵牛织女星的假设为人，乌鹊填桥成天河，即与此说相仿，为六朝文人所作，游戏而无恶意。'他随即在黑板上绘出中央一栓状为'翼'、东王公西王母相遇于中央的状况，更

---

① 据常惠、章川岛同志与本书作者的谈话，见《鲁迅的教育思想和实践》，492、495页。
② 据冯至同志与本书作者的谈话，见《鲁迅的教育思想和实践》，502页。
③ 据许钦文、章川岛、常惠同志与本书作者的谈话，见《鲁迅的教育思想和实践》，508、495、492页。
④ 据常惠同志与本书作者的谈话，见《鲁迅的教育思想和实践》，492页。
⑤ 孙尧姑：《回忆北京时期的鲁迅先生》，载《山花》，1957（1）。

形象地使人们破除了流传西王母故事的疑团。"①著名史学家、教育家周予同说："西王母这一段，真是讲得'神采奕奕'。"②

"对于历史人物的评价，都是很中肯和剀切的，跟传统的说法很不同。譬如谈到秦始皇，他说：'许多史书人物的评价是靠不住的。历代王朝，统治时间长的，评价者都是本朝的人，他们对本朝皇帝多半是歌功颂德；统治时间短的，那朝代的皇帝就很容易被贬为暴君，因为评论者是另一个朝代的人了。秦始皇在历史上有贡献，但是吃了秦朝年代太短的亏。'谈到曹操时，他说：'曹操被《三国演义》糟蹋得不成样子。且不说他在政治改革方面有不少建树，就是他的为人，也不是小说和戏曲中歪曲的那样。像祢衡那样狂妄的人，我若是曹操，早把他杀掉了。'"③

他在讲小说史时，常常结合着写作方法。"如讲《儒林外史》时，着重分析作者的讽刺笔法；讲《水浒传》时，分析作者对人物的刻画，也联系当时写战斗文章的做法。他说，他不喜欢面面俱到的驳论文章，写战斗文章，要'攻其一点，破其全局'。正如他控诉章士钊非法免去他的佥事职务时，抓住章士钊'倒填日期'这个要害予以驳斥并得了胜诉一样。"④

讲小说史，他还结合着讲对小说、对人生应取的态度和方法。"鲁迅说，小说乃是写的人生，非真的人生。故看小说第一不应把自己跑入小说里面。又说看小说犹之看铁槛中的狮虎，有槛才可以细细地看，由细看推知其在山中生活情况。故文艺者，乃借小说——槛——以理会人生也。槛中的狮虎，非其全部状貌，但乃狮虎状貌之一片段。小说中的

---

① 许广平：《鲁迅回忆录》，北京，作家出版社，1961。
② 据周予同同志答本书作者的信。
③ 冯至：《笑谈虎尾记犹新》，见《鲁迅研究资料》第1辑，北京，文物出版社，1976。
④ 据许钦文同志与本书作者的谈话，见《鲁迅的教育思想和实践》，508页。

人生，亦一片段，故看小说看人生都应该站在槛外地位，切不可钻入，一钻入就要生病了。他这种对待古典文学的态度，在今天看来，也是很正确的。这个观点，在当时各种庸俗、荒诞小说麻醉青年灵魂的时候，尤有着清醒头脑的作用。这里鲁迅教导我们，不仅是看小说，就是对一些世事也应如看槛中的狮虎一般，应从这里推知全部状貌，不要为片段状况所蒙蔽，亦犹如马列主义教人全面看问题一样。"[1]

鲁迅讲小说史，非常风趣。他常常讲得大家发笑，但他自己却不笑，使学生在笑声中愉快地接受了教育。北大学生王儒卿在《回忆鲁迅》中写道："……鲁迅老师给我们讲课时，讲完《红楼梦》那一部分，他问道：'你们爱不爱林黛玉？'当时许多同学都不假思索，随口乱答。其中一个同学反问道：'周先生你爱不爱？'鲁迅老师毫不迟疑地答道：'我不爱。'又问：'为什么不爱？'答曰：'我嫌她哭哭啼啼。'这一次问答就此完结。我常推想这正是鲁迅先生教育青年改正数千年来以'工愁善病''弱不胜衣'的美态看妇女的错误思想。所以这一段话永远在我的脑中深印着。"[2]

通过小说史的教学，鲁迅先生在"每个听众的眼前赤裸裸地显示出美与丑，善与恶，真实与虚伪，光明与黑暗，过去、现在和未来。大家听他的中国小说史的讲述，仿佛听到了全人类的灵魂的历史，每一件事态的甚至是人心的重重叠叠的外套都被他连根撕掉了。于是教室里的人全笑了起来，笑声里混杂着欢乐与悲哀、爱恋与憎恨、羞惭与愤怒……于是大家的眼前浮露出来了一盏光耀的灯，灯光下映出了一条宽阔无边的大道"。[3]

---

① 许广平：《鲁迅回忆录》，北京，作家出版社，1961。
② 王儒卿：《回忆鲁迅》，见《鲁迅在西安》，西安，西北大学出版社，1978。
③ 鲁彦：《活在人类的心里》，见鲁迅先生纪念委员会编：《鲁迅先生纪念集·悼文》第1辑，84页，上海，上海书店，1979。

冯至同志说："他讲课超过一般的教育。回忆当年听的许多课，至今还起作用的，是鲁迅先生讲的课。"①

在北京各校兼课期间，鲁迅还给一些学校做过讲演。著名的如1923年12月26日在北京女师大文艺会上讲的《娜拉走后怎样？》。当时，易卜生的剧本《娜拉》被介绍到中国，对"五四运动"后开始觉醒、积极寻找解放道路的青年妇女有一定的影响。鲁迅清醒地看到，娜拉般的"出走"并不是妇女解放的根本出路，他在讲演中指出，要实现妇女解放、男女平等，首先要用"更剧烈的战斗"取得平等的经济权，进而进行改变整个旧的"经济制度"的社会革命。这个讲演，对听众产生了很大的影响。②1924年1月17日，应北京师大附中校友会邀请，又做了《未有天才之前》的演讲。在这篇演讲中，鲁迅对天才与民众、天才与实践的关系做了精辟的分析，提出了天才来自民众、好花一定要有好土的正确论断，并热烈赞扬甘于做泥土、甘于培育嫩苗的献身精神。

1924年暑假，鲁迅还应西北大学和陕西省教育厅合办的暑期学校的邀请到西安讲学，讲的是"中国小说的历史的变迁"。这次讲学从7月21日开始到29日结束，共讲8天。

据陪同鲁迅上课的刘依仁回忆，鲁迅讲课，将理论形象化，绝不抽象笼统，举出代表作品，找出恰当例证，具体发挥。鲁迅讲课，深入浅出，语言简练，有独到之处，深受听者欢迎。

鲁迅在西安讲课期间，曾到西安易俗社剧院看过几次戏。那时适逢易俗社成立12周年，鲁迅曾亲笔题"古调独弹"匾额赠送，表示祝贺。离开西安前，鲁迅和孙伏园各从自己的讲学酬金中取出50元，捐赠给该社。这是鲁迅"把陕西人的钱，在陕西用掉"③主张的具体体现，更是鲁

---

① 据冯至同志与本书作者的谈话，见《鲁迅的教育思想和实践》，501页。
② 据当时听讲的许羡苏同志告本书作者。
③ 樊志顺：《鲁迅对易俗社的关注与情谊》，见《中国艺术报》，2012-07-04。

迅提倡文艺改革的实际行动。

鲁迅讲课结束后，陕西省省长兼督军刘镇华想利用鲁迅扩大自己的影响，又托人要求鲁迅给士兵讲一次话。鲁迅回答：讲是可以的，只是仍讲小说史。让这个军阀碰了一个软钉子。

8月4日，鲁迅与孙伏园等辞别西安，同回北京。

在北京任教期间，鲁迅先生以极大的热情关怀爱护青年。他帮助和指导青年学生办刊物，尽力满足他们提出来的各种要求。李霁野同志在《鲁迅先生和青年》中写道："……他不仅喜欢青年来访问，也费尽苦心来鼓励他们、培养他们。他看改我的译稿时那种诚恳、认真的态度，使我很受感动，所以以后偶有写作，也寄给他去，我知道他是不会笑话青年人的幼稚的。在收到我的一篇题作《生活》的小说时，他立即回信道：'……我略改了几个字，都是无关紧要的。可是，结束一句说：这喊声里似乎有着双关的意义。我以为这双关二字，将全篇的意义说太清楚了，所有蕴蓄有被其打破之顾虑。我想将它改作含着别样，或含着几样，后一个比较的好，但也不觉得恰好。这一点关系较大些，所以要问问你的意思，以为怎样。'先生对一个初学写作的人竟这样周到，实在令人感愧。以后送去自己的或别人的写作时，常常觉得唐突，也诚实地写出自己的所感，但先生总说，哪有一生下来就完全成长好了的人呢？说到我们译文的生硬，先生总比喻说，能有不先涩苦的果实吗？遇有实在费解的地方，他总用小纸条注记，夹在译稿里面，等见到时商酌……"

鲁迅先生处处关心青年、体谅青年，对别人的困难体贴入微。但他绝无"恩赐"的思想。鲁迅先生的伟大，正在于他助人是完全出于赤诚。他付出的，从不记账，收入的，却一笔笔记上，即使受人赠一盒蛋糕，也必记于日记。青年学生总把鲁迅先生视为"伟大的导师"。由于受一向的"师道尊严"的影响，学生初次见他时总有些敬畏之心。

但他对平凡的青年学生从来没有一点"伟大"的架子。在《忆韦素园君》一文中，他希望自己"能化为青年，使大家忘掉彼我"。事实正是这样。青年们见了他之后，只要自己是要求上进的，总能很快地与他融洽相处，谈笑自若，毫不感到拘束。住在北京砖塔胡同时，他既是俞家三姊妹的好老师，又是好朋友，他叫俞家姊妹为"野猪""野牛"，姑娘们叫他"野蛇"。川岛等青年人要骑驴玩，拉了他去，他就同他们一道骑，一道谈笑。正像他自己后来所主张的，"绝无傲态，和蔼若朋友然"。

但是，鲁迅先生对青年的爱护是有原则的。当他发现青年们有错误时，往往严肃批评，希望他们改正；改正了，他就表示谅解。有时鲁迅没有弄清情况，批评错了，发现后，他便立即改正，把真实情况公布于众，不使被批评者蒙受不白之冤。

1923年7月，有位北大学生在文章中对俄国盲诗人爱罗先珂的生理缺陷加以奚落，鲁迅认为这种行为是不道德的，便写文章批评了他。后来这位学生认识并改正了错误，鲁迅便表示谅解。

1924年11月，北师大学生杨鄂生，妄称该校国文系主任杨树达之名来到鲁迅家，说了很多似疯非疯的话，并硬向鲁迅要钱，形迹十分可疑。鲁迅怀疑他是别处派来的流氓，于是写了一篇《记"杨树达"君的袭来》予以揭露，发表在《语丝》第二期。事后鲁迅收到北师大学生李遇安的来信，内有文稿《读了〈记"杨树达"君的袭来〉》，证明杨鄂生确系神经错乱。鲁迅收到这封信，十分惨然。为了消除对杨鄂生的误解，鲁迅又写了一篇《关于杨君袭来的事件的辩正》，并写信给《语丝》的编者，要求将自己的信与李遇安的文稿同时在《语丝》上发表。为了不使刊物因增加版面而提高售价，鲁迅主动提出负担所需的费用。他说："由我造出来的酸酒，当然应该由我自己来喝干。"

鲁迅先生爱护青年，但不姑息溺爱，对青年的缺点错误进行批评，但也是抱着"与人为善，治病救人"的态度，因此有的青年虽然受过鲁迅先生的指责，或者反对过鲁迅，但到后来明白了真相，便又衷心地敬佩他，甚至与他建立起很好的友谊。宋紫佩先生曾经反对过鲁迅先生，后来却成为与鲁迅最亲近的友人之一，是鲁迅可以委托在京照顾家务的少数人之一。闻一多先生也是一个例子，他后来说："现在我们要向他忏悔，我们骂错了，鲁迅对，我们错了。"

鲁迅先生是伟大的战士，但他从不因为私怨而战斗。他像真理自身一样朴实。在北京期间，他就用真理教育了年青一代。

七、参加北京女师大学生运动

（略）

八、在厦门大学

1926年9月，鲁迅到达厦门，任厦门大学文科教授兼国学院研究教授，开设中国文学史和中国小说史课，每周5节。此外，他还给国学院研究生做专题讲演，指导研究生学习，批改他们的作业，并为国学院专刊、校刊撰稿等，工作十分繁重。特别是编写中国文学史讲义，因校图书馆存书不多，鲁迅得自己设法到外地买书，向友人借书，相当费事。他在给许广平的信上说："看看这里的旧存讲义，则我随便讲讲就很够了，但我还想认真一点，编成一本较好的文学史。"[①]

鲁迅讲课，受到青年学生们的热烈欢迎。当时厦门大学的学生很少，文科生原来只有十几个，但鲁迅上课，除国文系的全部学生，还有英语系、教育系的学生听课。此外，法科、商科、理科的学生，校内的助教，校外的报馆记者、编辑，也都闻风而至。座位满了，许多人只得站着听讲，因为听课的人远远超出预计的数目，讲义不够，拿不到讲义的人便上课记笔记，下课赶紧借讲义抄。

---

① 鲁迅致许广平的信，见《鲁迅全集》第11卷，546页。

鲁迅在厦门大学讲的文学史，从文学起源到汉代司马迁，共分十章。他一开始便批判了"仓颉造字""文字得圣而传"等英雄创造历史的传统说法，认为文字创造"绵历岁时""且由众手"；还明确指出，"归功一圣，亦凭臆之说也"。[①]

鲁迅在厦大讲的中国小说史课，同中国文学史课一样，在校内外产生了强烈的反响。

据当时的学生俞荻回忆："鲁迅讲学，并不像一般'名教授'那样，只干巴巴地一句一句地读讲义，枯燥无味地下定义。他的讲话也和他的作品一样地丰富多彩。他讲到某时代的代表作家及其作品的时候，善于引用适当的、丰富的资料来详尽地加以分析，雄辩地加以批判，说明什么应当吸取，什么应当摒弃。听他讲学，好像小学生听老师讲有趣的故事那样，唯恐时间过得太快！"[②]

厦大的学生和鲁迅的感情很好，许多本地的学生有时星期天也不回家，留在学校里，鲁迅倘若上街，他们便随同去当翻译。鲁迅的宿舍里经常有学生来请教各种各样的问题，他们从鲁迅的充满热情的谈话中汲取了前进的力量。鲁迅支持并帮助进步学生先后成立了"泱泱社"和"鼓浪社"两个文艺团体，筹办《波艇》月刊和《鼓浪》周刊。

鲁迅在培养青年文学新军上"耗去生命不少"，但为了组织向旧社会进攻的宏大队伍，他从不吝惜自己的心血。鲁迅在厦大像在北京时一样，他为文学青年"打杂"，在百忙中为上述两个刊物改稿、审稿，还经常恳切地鼓励学生不要怕自己的作品幼稚。他说，成人都是从小孩变来的，初学的人也只能如此。有时他还把写稿的青年找来，提出自己的意见，启发、引导他们把作品写好。有一次他对一位学生说，你的这

---

① 鲁迅：《汉文学史纲要》，见《鲁迅全集》第9卷，354页。
② 俞荻：《回忆鲁迅先生在厦门大学》，载《文艺月报》，1956（10）。

一篇倒像一首抒情诗，只可惜带点学生腔，但是你现在也只能如此。不过，以后还得多多阅读各种名著，好扩大你的眼界，对社会生活也要多观察，这样你的题材就不会太狭窄了。

鲁迅在厦门大学，时间虽只有130多天，但他做了许多工作，除上面所提到的教学工作外，还写下了大量的作品，完成了好几部书的编辑、校订工作。他写了5篇《旧事重提》，两篇《故事新编》，还有《华盖集续编的续编》,《汉文学史纲要》,《华盖集续集》的《小引》,《坟》的《题记》及《后记》,《〈争自由的波浪〉小引》,《〈绛洞花主〉小引》,《〈走到出版界〉的"战略"》,《新的世故》等，共17万多字。

此外，鲁迅还编了《坟》《华盖集续编》，校阅了《争自由的波浪》《卷葹》等书……鲁迅的工作效率，实在是惊人的。

初到厦门，鲁迅对北伐的进展感到十分兴奋。但不久后他就发现，厦门的学校与社会和北京一样腐败。他在给许广平的信中说："我以北京为污浊，乃至厦门，现在想来，可谓妄想，大沟不干净，小沟就干净么？"[1]他放弃"休息几时"的打算，又举起投枪，向旧世界开战。

与鲁迅发生冲突的是厦大的校长和几个教授。[2]他们是当时又一伙代表封建文化和帝国主义文化的"正人君子"，鲁迅与他们的冲突，在当时是"不可调和"的"根本冲突"[3]，是"五四运动"以后新文化与封建文化、帝国主义文化的斗争在厦大的反映。

厦大当时的校长林文庆是个尊孔派，开口不离孔子。他把《大学》上的"止于至善"当作校训，以"人人为仁人君子"作为培养学生的宗旨，经常在学校的周会上讲"君子独善其身""治国平天下"，等等。在他的影响下，"五四运动"虽已过去7年，尊孔复古思潮还是笼罩着全校。

---

① 鲁迅:《两地书·六〇》，见《鲁迅全集》第11卷，172页。

② 鲁迅:《集外集拾遗补编·自传》，见《鲁迅全集》第8卷，172页。

③ 鲁迅:《两地书·一〇四》，见《鲁迅全集》第11卷，266页。

鲁迅一到学校，来看望他的学生就告诉他校长如何提倡复古、尊孔，学生如何背古书、弄古文。鲁迅对他们说"这应该改变一下""我会给你们一些帮助的"。到校刚过一个月，鲁迅与林文庆一班人就进行了一次反尊孔与尊孔的激烈交锋。1926年10月3日，厦大开"恭祝圣诞"大会，林文庆在演说中宣称"孔子学说实为千古不灭之学说"。[①]11天之后，鲁迅应邀在厦大周会上演讲，公开反对林文庆的尊孔读经思想。他的讲题是《少读中国书，做好事之徒》。他说："我在北京，就看到有些人主张读经，提倡复古。来这里后，又看见有些人老抱着《古文观止》不放。"他说："过去凡是主张读经的人，多是别有用心的。他们要人们读经，成为孝子顺民，成为烈女节妇，而自己倒可以得意恣志，高高骑在人民头上。"[②]鲁迅揭露了尊孔派的卑劣用心，号召青年学生要勇于做改革社会的"好事之徒"，从实际出发，从小事做起，推动社会一切事物的改造、前进。林文庆畏惧鲁迅反孔言论的流传，在发表演讲稿时把"少读中国书"部分断然删去。

林文庆的另一个特点是崇洋，在他的影响下，厦大又迷漫着崇洋思潮。尤为突出的是，资本主义社会的拜金主义在厦大特别吃香，学校如同一所高等"学店"。鲁迅说："厦大是一个秘密世界，外面谁也不明白内情。据我所觉得的，中枢是'钱'，绕着这东西的是争夺，骗取，斗宠，献媚，叩头。"[③]

学校以金钱为中心，学校当局便依仗金钱势力，把教职员当奴仆看待，唯恐花了钱雇的工不出力。鲁迅说他当时过的是"农奴生活""等于卖身"[④]。到校不几天就有人在问计划，问几时有成绩，希望从速做工

---

① 载《厦大周刊》，1926（160）。
② 鲁迅：《少读中国书，做好事之徒》，见《鲁迅大全集》第10卷，320页。
③ 鲁迅：《鲁迅书信集·致翟永坤》，见《鲁迅全集》第12卷，13页。
④ 鲁迅：《两地书·八三·五四》，见《鲁迅全集》第11卷，155、266页。

作，多多出成果，像养牛之每日挤乳一般。鲁迅对此十分厌烦。有一次，林文庆又催问有什么学术成果，鲁迅立即把足足可以抵三四年研究教授成绩的《古小说钩沉》稿子交出去，但是，"放了大约至多十分钟罢，拿回来了，从此没有后文"①。

在这金钱至上的"学店"里，店老板的头脑里有一条成规：有钱才有发言权。1926年11月22日，国学院召开经费问题的讨论会，林文庆借口学校基金缺乏，要裁减国学院的经费预算。计划出版的《国学院周刊》也要与《厦大周刊》合并。对这个只重金钱、漠视研究成果的措施，到会的人中有人表示赞成，有人提出异议，但更多的人则是心里不满，口上却不敢反对。林文庆看到应诺之声寥寥，十分恼火，立刻摆出老板的架势，傲慢地说："学校经费是有钱人拿出来的，只有有钱的人，才有发言权！"鲁迅按不住心中怒火，挺身而起，掏出两个银角子，"啪"的一声摔在桌上，说："我也有钱，我有发言权！"鲁迅这种不畏横霸的气势，使林文庆十分狼狈。会后，鲁迅又据理抗议，林文庆只好撤销自己的提议。②

主子摆架子，逞威风，一些"惟校长的喜怒是伺"的人则百般献媚争宠。有一次，鲁迅被拉去参加校内的"恳亲会"，学生指导长在会上发言，公然把校长比作"父亲"，说："首先是，我们要感谢林校长，给我们点心吃。其次是，我们教员吃得多好，住得多么舒服，薪水又这么多，应该大发良心，拼命做事，而校长如此体贴我们，真如父母一样……"鲁迅气得"真要立即跳起来"。哲学教授缪子才也起来驳斥，稀奇的是，一个"洋教授"竟然还起来为学生指导长辩护，说什么在西洋，"倘说谁和谁如父子，也就是谁和谁如朋友的意思"云云。对这些

---

① 鲁迅：《华盖集续编·厦门通信（三）》，见《鲁迅全集》第3卷，413页。
② 另一说，此事发生在林文庆送别鲁迅的宴会上，情节略有不同。参见罗常培：《从厦门解放引起的感想——为鲁迅逝世十三周年纪念作》，载《人民日报》，1949-10-26。

洋奴们的"大识见"，鲁迅厌恶透了，他愤然离席，并决计离开厦大，不与这些甘为奴才的"金钱下的人们"为伍。①

特别使鲁迅厌烦的是几个当时属于《现代评论》派的走卒，"学者皮而奴才骨"的人物。他们经常刁难鲁迅，给鲁迅"小刺戟"，想排挤鲁迅，把厦大变成他们宣传封建文化、帝国主义文化的天地。鲁迅断然地说："我是不与此辈共事的，否则，何必到厦门。"②

由于与校长尊孔崇洋的办学方针从根本上对立，由于《现代评论》派的势力在厦大有逐渐膨胀的趋势，鲁迅决定提早离开厦大。原来订约任教两年，结果半年未到，鲁迅就辞去一切职务。

鲁迅的辞职，使敬爱鲁迅并得到他巨大帮助与教育的进步学生对校方大为不满。以共产党员罗扬才为首的进步学生掀起了挽留鲁迅的热潮，后来又由挽留运动转为改革学校运动。鲁迅离开厦门前，一场大规模的改革学校的风潮终于爆发了。1月7日，厦大到处张贴出"打倒刘树杞，重建新厦大！"的标语。刘树杞当时是厦大教务长兼理科部主任，是厦大的当权派，学生把矛头首先指向他。后来，风潮又发展到罢课、罢考。学生们揭露了学校的种种黑暗现象，给林文庆等以猛烈攻击。林文庆一面假意设宴"惜别"鲁迅，一面又在背后造谣说鲁迅"并非预备在厦门教书的"，是来"捣乱"的，是"放火者"。鲁迅早就预料到这一手，他坦然地告诉许广平："放火者就放火者罢。"③

鲁迅于1月15日上船离开厦门，离开前一个月，他就下决心："……到广州后，对于'绅士'们仍然加以打击。"④

---

① 鲁迅：《两地书·七五》，见《鲁迅全集》第11卷，208～209页。
② 鲁迅：《两地书·四六》，见《鲁迅全集》第11卷，128页。
③ 鲁迅：《两地书·一〇九》，见《鲁迅全集》第11卷，274页。
④ 鲁迅《两地书·六九》，见《鲁迅全集》第11卷，195页。

九、在中山大学

1927年1月18日，鲁迅到达广州，在中山大学工作。当时的中山大学刚刚由广东大学改组而成，是纪念孙中山先生的大学。鲁迅在厦大时，在写给许广平的信中曾一再表示："到中大后，也许不难择一不空耗精力而较有益于学校或社会的事。"[1] "中大如有可为，我还想为之尽一点力……"[2]鲁迅是怀着这种热情和希望到中大来的。中山大学请他担任文学系主任、教务主任，还要开设中国文学史、中国小说史、文艺论等课，工作是极繁重的。

那个学期，中山大学3月1日开学，3月2日正式上课，可是鲁迅于2月10日就开始工作了。他除主持召开教务会议、文科教授会外，还忙于其他众多事务。因为鲁迅是中大第一任教务主任，所以一切教务工作都得从头做起。拟订教务处规章，着手改革预科的学制，精简预科的科目及教材，接纳朝鲜和国内包括台湾（当时台湾被日本强占着）等地的进步学生入校，主持校内学生及转学学生的编级试验，甚至排课表、发通知书、核算成绩、写榜、贴榜等具体工作，都得鲁迅亲自动手。繁重的工作压得他有时连吃饭都顾不上，他却毫无怨言。此外，鲁迅还要接见各种各样的来访者。正如鲁迅给李小峰的信所写的："……我到中山大学的本意，原不过是教书。然而有些青年大开欢迎会。我知道不妙，所以第一次演说，就声明我不是什么'战士''革命家'。倘若是的，就应该在北京、厦门奋斗；但我躲到'革命后方'的广州来了，这就是并非'战士'的证据。不料主席的某先生——他那时是委员——接着演说，说这是我太谦虚，就我过去的事实看来，确是一个战斗者，革命者。于是礼堂上劈劈拍拍一阵拍手，我的'战士'便做定了。拍手之后，大家

---

① 鲁迅：《两地书·七九》，见《鲁迅全集》第11卷，215页。
② 鲁迅：《两地书·一○二》，见《鲁迅全集》第11卷，263页。

都已走散，再向谁去推辞？我只好咬着牙关，背了'战士'的招牌走进房里去……没有法子，姑且由它去罢。然而苦矣！访问的，研究的，谈文学的，侦探思想的，要做序、题签的，请演说的，闹得个不亦乐乎……"①

许寿裳在《广州同住》中说："……晚餐后，鲁迅的方面每有来客络绎不绝，大抵至十一时才散。客散以后，鲁迅才开始写作，有时至于彻夜通宵。我已经起床了，见他还在伏案挥毫。《铸剑》等篇便是这样写成的……"②

鲁迅在中山大学所开设的课程如下。③

科目	时长	学生人数
文史科选修科目		
文艺论	3小时	204人
文学系中国文学组必修科目		
文艺论	3小时	204人
中国文学史（上古至隋）	3小时	50人
中国小说史	3小时	99人

鲁迅讲课时，除必修、选修的同学外，其他各系科的同学也都争先恐后地来旁听。

据当时听课的欧阳山回忆："鲁迅先生在中大讲课的次数不多，但因为上他的课不像上其他人的课那样沉闷，而是很活跃、很有生气，所以大家都愿意去听。听众之多，使得讲课也不能在教室讲，而要在大礼

① 鲁迅《而已集·通信》，见《鲁迅全集》第3卷，465页。
② 许寿裳：《亡友鲁迅印象记》，70页，上海，上海文化出版社，2006。
③《中山大学纪念册》，1927年3月。

堂讲了。一上课，不只大礼堂里坐满了人，连四周的窗台也坐满了人，还有更多人是站在窗子外、大门口……但每一次鲁迅先生讲课我都一定去听。他讲的都是中国文学史里的问题和知识，我们都是闻所未闻的，当时听了真如获至宝。同时他非常幽默，常常讲一些引人发笑的话，但自己却不笑。他的态度那么严肃，更引得课堂里的学生们哈哈大笑。"[①]

鲁迅任教时的中山大学，是革命派与反革命派激烈争夺的阵地。学校进步力量虽然雄厚，有共产党员、共青团员四五百人，但学校领导权掌握在国民党右派手里，反动学生团体"树的党"活动猖獗，到处挑衅。

鲁迅在到校后受到进步势力的热烈欢迎。他到中大，是由以陈延年同志为首的中共广东区委邀请的。在他到广州的前夕，区委就开会研究欢迎鲁迅的工作，陈延年同志亲自布置，由区委学生运动委员会副书记毕磊负责公开和鲁迅联系，帮助他尽快了解当时的政治形势，并制造舆论，用鲁迅的威望发动中大学生进一步开展斗争。鲁迅到后，毕磊、徐文雅、陈辅国等共产党员经常给他送《向导》《少年先锋》《做什么》等共产党、共青团刊物，并介绍情况，促膝谈心。鲁迅总是热情地招待他们和其他进步学生。对送来的党团刊物，更是高兴地认真地阅读。1927年3月的一个晚上，鲁迅到广东区委办公处，与陈延年同志秘密会见，进行了长时间的亲切的交谈。中国共产党的关怀使鲁迅十分感奋。在共产党的帮助下，他对复杂的斗争形势认识得更加清楚了，对共产党的方针政策和任务也有了明白的了解。他坚定地与共产党站在一起，与进步学生站在一起，在激烈的斗争中支持共产党的事业，支持进步事业。

国民党右派势力也企图利用鲁迅的声望来为他们装门面，极力吹

---

① 欧阳山：《南中国文学会及其它》，见《鲁迅和我们同在》，广东鲁迅研究小组编印，1978。

捧、拉拢他。国民党的上层人物朱家骅、陈公博、甘乃光、孔祥熙、戴季陶等官僚政客，或来拜访，或连续不断地"邀请赴宴"。鲁迅识破这些国民党右派"新贵"大献殷勤的用意。他把送来的请帖叠在一起，送到传达室，贴上一张条子，写了四个大字"概不赴宴"。

4月12日，蒋介石在上海发动了反革命政变。4月15日，广州的国民党反动派跟着发动了对共产党人和革命群众的大规模逮捕和屠杀，中山大学进步学生也被逮捕。白色恐怖笼罩了整个广州。

15日清晨，鲁迅得到中大被搜查的急报，他担心进步学生的安危，十分焦急。当天下午，他不顾交通断绝，冒着狂风暴雨，赶往中大出席各主任紧急会议，商量营救被捕学生。会议一开始，他就坚决要学校当局保释被捕学生，阻止军警继续到学校搜捕。曾经公开向全校宣布"我带领诸君往左走"的朱家骅，这时自己撕下了面具，大骂共产党，张牙舞爪地叫嚷："这是'党'校，凡在这里做事的人，都应该服从国民党的决定，不能有异言。"①鲁迅蔑视朱家骅的反革命淫威，单刀直入地质问他："请问朱先生，被抓去的学生都犯了什么罪？"朱家骅支支吾吾："这个，我不甚清楚。"鲁迅继续进击："学生被捕，已是公开的事实，他们究竟违背了孙中山总理三大政策的哪一条？既然不甚清楚，为什么要在座的诸位都要服从你们的决定呢？"②朱家骅气急败坏，只好横蛮叫喊。鲁迅义愤填膺，退席出校，并决定辞职，以示抗议。回到白云楼住处，他把经过一一向许寿裳细说，气得连晚饭也未进一口。

这一次，"中大学生被捕者有四十余人"③，平日与鲁迅有亲密来往的中大学生毕磊、陈辅国等都被逮捕。毕磊被捕后，坚强不屈，当面怒斥戴季陶、朱家骅无耻背叛，壮烈牺牲。鲁迅对毕磊的被害感到非常悲

---

① 许广平：《鲁迅回忆录》，北京，作家出版社，1961。
② 参见张竞：《鲁迅在广州》，广州，广东人民出版社，1977。
③ 鲁迅：《致李霁野》，见《鲁迅全集》第12卷，30页。

痛。后来，他写了《怎么写（夜记之一）》，对毕磊"这看去很瘦小精干的湖南青年"寄托深切的怀念。

4月16日，鲁迅继续为营救被捕学生奔走，并捐款慰问被捕学生。

鲁迅决定辞职，这使国民党右派十分惊慌，他们害怕鲁迅离校会爆发学生反对他们的风潮。朱家骅连续来"挽留"，鲁迅不理；他又指使学生"代表"来"挽留"，也被鲁迅拒绝。

4月29日，鲁迅正式向中大辞去一切职务并退还聘书。5月3日、11日又连续退还送来的聘书，与反动派彻底决裂。

辞职后，鲁迅暂留广州，编译并校对旧稿，有时通宵工作。《野草》《小约翰》《朝花夕拾》《唐宋传奇集》等书就是这个时候完成的。此外他还写了30多篇散文、杂文，写了有关教育的文章《读书杂谈》等。

9月27日，鲁迅离开广州去上海，许广平同行。

十、晚年在上海的教育活动

鲁迅与许广平于1927年10月3日到达上海，在此定居9年，直至去世。这时他深入地、系统地学习马列主义著作，在与国民党反动派的斗争中，和中国共产党的许多党员结下了深厚的革命情谊。在共产党的不断帮助下，在与国民党文化围剿的血战中，他彻底纠正了"只信进化论的偏颇"，逐渐成为伟大的共产主义者。他坚定地站在无产阶级立场上，以马列主义作为思想武器，与内外敌人英勇战斗，为中国革命毫无保留地献出自己的一切。他与毛泽东同志为首的中国共产党已完全结为一体。他庄严地宣布："那切切实实，足踏在地上，为着现在中国人的生存而流血奋斗者，我得引为同志，是自以为光荣的。"

在这9年里，鲁迅虽没有继续在学校专职任教，但他并没有脱离教育工作。他多次应邀到学校演讲，发表有关教育的文章，始终不渝地培养青年战士。在白色恐怖下，鲁迅掩护他们、教育他们、帮助他们，期望他们健康地成长。

定居上海后，鲁迅已下决心不再到学校任教。唯一的例外，是他曾到劳动大学讲过课。

劳动大学的校长是易培基，政治后台是李石曾、吴稚晖。这个学校以实行"半工半读，供给生活"招徕学生，用无政府主义迷惑青年，当时虽与国民党教育部有个别矛盾，但属于它们内部的摩擦。

1927年11月，鲁迅因易培基再三邀请，答应为劳动大学开设"文学讲座"课。许广平在《读〈永不磨灭的印象〉》一文中说："鲁迅到劳动大学讲课，确是被易培基两次三番亲自到寓恳请的。当时鲁迅初到上海，原想专事写作生活。教书的事，就不想了。不料易培基再三邀请，以'劳动'为招牌，而易与鲁迅，又经过在北京反抗黑暗统治、恢复女师大的一段生活，这时易还没有暴露出他的劣迹给鲁迅看到，又不知他请鲁迅去是有阴谋的，就上了敌人'可欺以其方'的大当，答应每周去讲学一次了。"

实际上，鲁迅只在11月7日、14日去讲课两次。[①]首先讲的是"关于文学与革命问题"。他讲了革命家与革命文学，革命与文学的关系，讲了创作方法，等等。第二次讲题不详。

后因了解到易培基迫害进步学生，他就不再去讲课了，并退还了薪水。1928年1月10日的日记记着："复易寅村信，并还薪水六十。"[②]

在上海期间，鲁迅指导许多青年进行学习，给予许多热情帮助。从1927年12月起，鲁迅开始教许广平学习日文。先是教单字。他教日文单字不用日本教本，而是用他自己编的讲义来教。这本讲义共有27课。除特殊情况外，他每天晚上总是按时地、严肃认真地进行教学。他的教学方法非常灵活，27课一个月就教完了。1928年1月至10月，改用一本浅

---

① 1927年11月7日、1927年11月14日鲁迅日记，见《鲁迅全集》第16卷，46～47页。
② 1928年1月10日鲁迅日记，见《鲁迅全集》第16卷，66页。

明地谈论艺术的日文书《尼罗河之草》为课本。这本书的内容包含有关欧洲文化的一些基本知识，鲁迅选用这本书作教本，目的在于使许广平学习日文的同时，多得些各方面的知识。给许广平选的第三个课本是日文本的《马克思读本》。这本书除序言外的内容分为10讲。鲁迅从1928年10月30日起至1929年4月7日止，共教了5个多月。许广平认为马克思的著作本来是比较艰深的，再经过日文转译，术语和句子对初学者是比较难懂的，但是鲁迅能深入浅出地说明道理，有时把句子拆开来讲解，使她学起来明白易懂。

增田涉是日籍青年，1929年毕业于东京帝国大学中国文学科。为了翻译中国文学，特别是鲁迅的作品，他需要了解中国的实际情况。1931年春，他来到上海，经内山完造介绍认识了鲁迅。据增田涉回忆，当鲁迅明白他的来意后，第二天就把一本《朝花夕拾》送给他，并对他说："须了解中国的情况，先看看这本书，与仙台有关的藤野先生的事，也收在这本书里。"增田涉看后，把看不懂的地方以及其他一些问题向鲁迅请教，鲁迅详尽地予以解答。这样的请教、解答问题等，都是在内山书店进行的。约莫过了一个星期，鲁迅邀请增田涉到自己家里去研究。此后每天下午约有3小时，鲁迅尽力排除一切外来干扰，在安静的环境中帮助增田涉学习《中国小说史略》，为他打好翻译这本书的基础。方法是先由增田涉把《中国小说史略》译成日语，逐句读给鲁迅听，听到不对的地方鲁迅就给予纠正，增田涉有不懂的地方就提出问题。据增田涉回忆，他当时提的问题不单是词句，也包括内容和当时的社会状况，涉及当时中国发生的各种重大事件时，他也提出问题来请教。鲁迅总是耐心地用日语把问题讲清楚。就这样用了整整3个月的时间，鲁迅把《中国小说史略》讲解完毕。待到鲁迅给增田涉讲完《呐喊》《彷徨》两本书时，已近当年年终。8个多月，鲁迅几乎是手把手地教导和帮助增田涉，使增田涉翻译鲁迅作品、中国小说的知识与技能的各方面都有了很大进步。8个多月的"教"与"学"，使他们之间建立了深厚的友情。当增田涉学完归国时，鲁迅作《送增田涉君归国》诗一首，诗云："扶桑正是秋光好，枫叶如丹照嫩寒。却折垂柳送归客，心随东棹忆华年。"[①]

增田涉回到日本即着手翻译《中国小说史略》等书，遇到问题时，经常写信请教鲁迅，鲁迅始终是有问必答，详尽地解答增田涉的疑难问题，充当译者的义务顾问。增田涉需要中国的有关书籍，鲁迅就代选、代购、代寄。

增田涉翻译的《中国小说史略》，译名为《中国小说史》，于1935年7月在日本出版，鲁迅在6月7日代为作序。

8个多月的时间，每天3小时，鲁迅毫不厌倦地帮助一位过去并不相识的日籍青年作家增田涉，来翻译自己的作品和其他小说。他为培养青年译者、为中日两国进步文化的交流做出了重大的贡献。

鲁迅一向重视木刻艺术，他认为木刻是最适宜于做宣传工作的，只要用简单的工具和普通的纸张，自画、自刻，就可以做成宣传品。即使战争到来，各种条件差了，运用木刻也可以继续进行宣传工作。

1931年8月17日至22日，鲁迅为"一八艺社"部分成员及个别爱好木刻的进步青年举办了为期6天的木刻艺术讲习班，地址设在不大引人注意的白鹅画社三楼。鲁迅邀请内山完造之弟内山嘉吉为学员讲解木刻的基本知识，并亲自担任翻译。据当时听讲的陈广回忆，讲习班开学那天，鲁迅对学员说："这次讲习班机会难逢，不好错过。内山嘉吉先生不远千里从东京来到上海，我经过内山老板的同意，又征得嘉吉先生的同意，请他来当义务的教员，我自己充当义务翻译……"鲁迅和嘉吉事前还为学员准备了部分木刻工具（木板、木刻刀），筹备讲习班时间上

---

① 鲁迅：《送增田涉君归国》，见《鲁迅全集》第16卷，280页。

虽很匆促，但考虑问题是周到的。

嘉吉上课边讲边刻，态度谦虚和气。鲁迅则十分认真地翻译、解释、耐心明白地解答学生提出的问题。学员们在鲁迅、嘉吉的热情鼓舞下，人人信心百倍，勤奋学习。前四天的讲习一共讲了四个木刻创作上的基本问题，后两天讲授套色木刻。

学习班结束时，鲁迅建议大家合影留念，每个学员把所做的木刻各拓印出较好的两幅，一幅送给嘉吉先生，另一幅送给鲁迅。送给鲁迅的为留作纪念，送给内山嘉吉先生的则是为答谢他义务讲授的隆情厚谊。

这次木刻讲习班是鲁迅扶植、培养中国年轻一代的木刻人才的一大贡献。参加木刻讲习班的学员中，有的后来成为我国版画界的优秀分子和艺术界的骨干。

鲁迅在此期间的另一教育事迹为指导许世瑛学习中国文学。

据许寿裳回忆："吾越乡风，儿子上学，必定替他挑选一位品学兼优的作开蒙先生，给他认方块字，把笔写字，并在教本面上替他写姓名，希望他能够得到这位老师品学的熏陶和传授。1914年，我的长儿世瑛年五岁。我便替他买了《文字蒙求》，敦请鲁迅作开蒙先生。鲁迅只给他认识两个方块字：一个是'天'字，一个是'人'字……这天人两个字的含义实在广大得很，举凡一切现象（自然和人文），一切道德（天道和人道）都包括无遗了。"[1]世瑛自己的志愿是学理工科，后来因为近视，考入清华大学，只好入中国文学系。许寿裳请鲁迅指导世瑛学习，鲁迅便给开了一张必读书单。[2]这张书单，是1930年鲁迅在上海开的，见许寿裳著的《亡友鲁迅印象记》，并已收入《鲁迅全集》。这张书单，开列了学习中国文学的基础书，有史，有论，有工具书，并附加解

① 许寿裳：《亡友鲁迅印象记》，86页，上海，上海文化出版社，2006。
② 据许世玮同志1978年5月12日与本书作者的谈话。

说，简明扼要，是青年学习中国文学的很好的入门指导。

另外鲁迅还曾指导唐弢等学习历史和外语。

20世纪30年代，现代著名作家唐弢当时还是二十几岁的青年，是文艺战线的新兵。唐弢因为向《申报》副刊《自由谈》投稿，与鲁迅结识。

鲁迅史学知识极其渊博，治史态度十分严谨。他整理古书，却不被古书整理。唐弢想学历史，鲁迅介绍他先看夏曾佑的《中国古代史》。有一次，他对唐弢说："弄古书，要没有道学气，以避免迂阔和拘泥；但也绝对不宜有才子气。"过了一会，又微微地叹息着说："要那样，即使求之于今人，也是很难得的。"唐弢当时在邮局当拣信生，鲁迅问他能否用点功夫整理一部文网史，唐弢表示困难，说自己"对于古书，不过随便翻翻"。鲁迅说："随便翻翻是可以的，但必须不随便乱写！"

唐弢和与他一道的几个青年想学习马克思主义的书，但很难买到中译本，因而想通过日文译本学习，于是又请教鲁迅如何学日语。鲁迅给予许多指导，并推荐《现代日语》给他作读本。[①]

在1934年7月27日、8月9日给唐弢的信中，对学习日语的问题，鲁迅又提出了很好的意见。他说："自修的方法，我想是不大好，因为没有督促，很容易随便放下，不如进夜校之类的稳当。"

"……放弃发音，却很不好，不如就近找一个学校（不管好坏）或个人，学字母正音及拼法，学完之后，才自修。"[②]

此外，鲁迅又给唐弢寄去内山书店日文书籍的目录，并指明哪些可买，哪些可缓买或不买，表现了对进步青年的关切。

在上海期间，鲁迅为大中学校做过多次讲演。例如，1927年10月25

---

① 以上据唐弢同志与本书作者的谈话。
② 鲁迅1934年7月27日、8月9日给唐弢的信，见《鲁迅全集》第13卷，184、195页。

日在劳动大学正式授课之前鲁迅曾去演讲，由黄河清（黄源）记录，题为《关于知识阶级》。1928年5月15日午后与陈望道同往江湾实验中学讲演，题为《老而不死论》。这次讲演的讲稿已佚，但鲁迅在《溃灭》第二部一至三章《译后附记》中曾谈及此次讲演的内容，说："欧洲的有一些'文明人'以为蛮族的杀害婴孩和老人，是因为残忍和野蛮，没有人心之故，但现在的实地考察的人类学者已经证明其误了！他们的杀害，是因为食物所逼，强敌所逼，出于万不得已。两相比较，与其委给虎狼，委之敌手，倒不如自己杀了去之较为妥当的缘故。所以这杀害里，仍有'爱'存。……西洋教士，常说中国人的'溺婴'是由于残忍，也可以由此知其谬。其实，他们是由于万不得已：穷。前年我在一个学校里讲演'老而不死论'，所发挥的也是这个意思。"①

陈望道在《纪念鲁迅先生》一文中说："那时教育界的黑暗势力极为猖狂，不但对于"五四"以后输入的马列主义思想进行'围剿'，就是对于"五四"以后盛行的白话文也极为仇视，企图加以消灭。鲁迅的讲演是为声援在复旦大学和实验中学作战的孤军而举行的。他当时的讲演极有声势……每逢讲到得意处，他就仰天大笑，听讲的人也都随着大笑，那满屋的大笑声直震荡了黑暗势力的神经。"

鲁迅定居上海后，曾两次回北京看望母亲。头一次是1929年5月15日至6月3日。在这期间，应各大学校学生邀请，鲁迅曾到4个大学做过演讲。

5月22日傍晚鲁迅前往燕京大学演讲，讲题为《现今的新文学的概观》。

5月29日上午7时，鲁迅到北京大学第三院礼堂演讲（原定第二院，因听众太多，临时改在第三院礼堂，可是连第三院礼堂也挤得水泄不

---

① 鲁迅：《溃灭·译后附记》，见《鲁迅全集》第10卷，372页。

通，鲁迅绕到后台才走上讲坛），演讲内容与《现今的新文学的概观》大体相同。

6月2日上午鲁迅在北平大学第二师范学院（此校前身即女师大）演讲。据有关同志回忆，这次主要是讲女子解放问题。

6月2日晚鲁迅在北平大学第一师范学院（此校前身即北师大）演讲。据陈楚桥回忆，这次演讲主要是批判"新月派"文人，并对革命文学的论争提出自己的看法。鲁迅指出，革命文学家必须首先是一个革命者，不必忙于挂招牌，其次要多从外国革命文学理论借点光来指点我们的创作道路。

鲁迅另一次到北京是1932年11月13日去探望母病。鲁迅回到北京，反动统治者惊恐万状，而青年学生却非常兴奋，热烈欢迎。鲁迅这次在北京只住了15天，忙得很。许多大学的学生来请他演讲，因为时间关系，他只接受了5个大学的邀请，做了著名的"北京五讲"。

1932年11月22日，鲁迅到北京大学第二院（即今沙滩后街55号人民教育出版社大院）演讲，讲题为《帮忙文学与帮闲文学》。同日，又前往辅仁大学演讲，讲题为《今春的两种感想》。以上两份记录稿均经鲁迅改订后收入《集外集拾遗》。

24日下午，鲁迅到北京女子文理学院讲演，题为《革命文学与遵命文学》。

27日下午，鲁迅到北师大讲演，题为《再论第三种人》。

28日上午，鲁迅到北京中国大学讲演，题为《文艺与武力》（另一说为《文学与武力》）。

这几次演讲听众都很多。特别是1932年11月27日在北师大讲演的那一次，正值星期日，校内校外听众人山人海，风雨操场容纳不下，改为露天演讲，有的听众竟爬到树上听。

当时正是"九一八事变"一年以后，是日本帝国主义强占了我国东北三省，并酝酿把战火扩大到关内的严重时刻。国民党反动派对外执行"不抵抗主义"，在日本帝国主义侵占我们的大好河山、蹂躏我们广大人民群众时，反动派对内执行"攘外必先安内"的反动政策，大肆镇压爱国运动。在国难临头、民族垂危的恶劣形势下，当时青年学生的思想是很紊乱的，不少人存在悲观、失望、没有出路、做亡国奴等糊涂思想。鲁迅这几次讲演，给青年指明了方向，起了唤起群众、宣传群众、鼓舞群众、教育群众的重大作用。

鲁迅在光辉一生的最后9年，成了伟大的共产主义者、成熟的马克思主义者。"鲁迅的骨头是最硬的"，面对内外敌人的疯狂进攻和残酷迫害，他英勇战斗，毫不退却。他说："只要我还活着，就要拿起笔，去回敬他们的手枪。"①

这9年，他虽然已不在学校担任教职，但仍然继续参与教育战线反帝反封建的斗争，并发挥了很大的作用。

1928年，鲁迅在自己主编的《语丝》第32期上发表了冯珧的《谈谈复旦大学》，揭露当时复旦大学的一些腐败现象。站在复旦大学当局一边的一些人表示不满。泮楚基虽然不得不承认复旦当时有"美国化商业化的趋势"，但又为校方辩护。章达生除了为校方辩护以外，还攻击鲁迅"袒护"冯珧。

鲁迅发表了泮楚基、章达生的来信，又另行发表宏芬进一步揭露复旦大学腐败现象的文章《我也来谈谈复旦大学》，对敢于揭露教育界黑暗面的青年学生予以支持。

不料，这件事竟触怒了已成为国民党党棍的复旦大学毕业生许绍棣，成了鲁迅不断遭受迫害的原因之一。鲁迅后来揭露了许绍棣的卑劣行径。他说："……例如我那《二心集》被删剩的东西，书店改名《拾

---

① 鲁迅：《致山本初枝》，见《鲁迅全集》第14卷，247页。

零集》，是经过检查的，但在杭州仍被没收。这种乱七八糟，自然是普通现象，并不足怪，但我想，也许是还带着一点私仇，因为杭州省党部的有力人物，久已是复旦大学毕业生许绍棣老爷之流，而当《语丝》登载攻击复旦大学的来函时，我正是编辑，开罪不少。为了自由大同盟而呈请中央通缉'堕落文人鲁迅'，也是浙江省党部发起的，但至今还没有呈请发掘祖坟，总算党恩高厚。"①

　　20世纪30年代，反日爱国学生运动一浪高过一浪，鲁迅写了大量杂文，给予有力的声援。

　　1931年9月18日，日本帝国主义侵占我国东北三省。9月22日，中共中央发表通电，号召全国人民奋起抗日。9月28日，鲁迅发表《答文艺新闻问——日本占领东北三省的意义》，揭露日本帝国主义的侵略野心。他指出，侵占东三省，"是日本帝国主义在'征膺'他的仆役——中国军阀。也就是'征膺'中国民众，因为中国民众又是军阀的奴隶"。②蒋介石却发出"不抵抗"令，鼓吹"忍辱含愤""逆来顺受"，激起全国人民的强烈反对，各地学生纷纷到南京请愿，要求出兵抗日。国民党反动政府先是下令严禁请愿，继而又疯狂屠杀请愿学生，并且污蔑爱国学生"捣毁机关阻断交通……"，说什么学生游行请愿的结果是"友邦人士，莫名惊诧，长此以往，国将不国"云云。12月25日，鲁迅发表了著名杂文《"友邦惊诧"论》，愤怒声讨帝国主义的侵略罪行，严词痛斥国民党反动政府的卖国投降政策，给爱国学生运动以热情的支持。两年后，鲁迅又写了杂文《冲》，揭露国民党贵州省教育厅长镇压贵阳学生纪念"九一八"爱国游行，造成死伤学生42人的惨案，指出国民党反动官员都是一批媚敌卖国、只会对10岁小学生"横冲直撞"肆意屠杀的刽子手。

---

① 鲁迅：《且介亭杂文二集·后记》，见《鲁迅全集》第16卷，476页。
② 鲁迅：《答文艺新闻问——日本占领东北三省的意义》，见《鲁迅全集》第4卷，318页。

在1935年2月9日给萧军、萧红的信中，鲁迅又揭露国民党反动派的卖国投降政策。他指出，以蒋介石为首的反动派一方面写文章把日本侵略者当作"友"，一方面又把爱国人民当作"敌"，加以讨伐，千方百计严禁青年学生的爱国运动。"今年就要将'一·二八''九一八'的纪念取消，报上登载的减少学校假期，就是这件事，不过他们说话改头换面，使大家不觉得。"①

1933年年初，日本帝国主义大举入侵关内。1月3日，榆关失守，平津告急。国民党反动派仓皇南逃，以"保护文化"为名，运走大批古董文物，却大肆指责北平各大学提前放假疏散学生是"妄自惊扰"，只许他们偷运古物，不准大学生逃难。有的文人也错误地责骂大学生"敌人未到，闻风远逸……即使不能赴难，最低最低的限度也不应逃难"云云。鲁迅义愤填膺，在半个多月中连续写了《逃的辩护》《崇实》《论"赴难"与"逃难"》《学生与玉佛》等文，声讨国民党反动派，并驳斥攻击学生的种种谬论。鲁迅指出，大学生只能"逃难"不能"赴难"的可怜局面，是国民党反动派奉行卖国投降政策，一贯镇压学生爱国救亡运动造成的。国民党反动派"迁移古物和不准大学生逃难"，是因为大学生"不值一文钱"，而古董文物"可以随身带着，随时卖出铜钱来"。国民党反动派一面劫持古物，弃城南逃，一面却对大学生临难疏散横加指责，目的在于转移视线，掩饰其在国难当头时不但卖国投降，而且不顾大学生死活，不要国土，不要人民，妄图乘机大发"国难财"的卑劣用心。鲁迅指出，当时北平还有大批大学生因开会被捕，罪名是"借口抗日，意图反动"，可见"不逃的也还有"。对"逃难"的大学生，他殷切地期望他们"脱出诗境，踏上实地"，投身到切实的抗日救亡斗争中去。

1935年12月9日，在中国共产党的领导下，北平爆发了青年学生的

---

① 鲁迅1935年2月9日给萧军、萧红的信，见《鲁迅全集》第13卷，379页。

抗日救亡爱国运动，即轰动全国的著名的"一二·九运动"。鲁迅立即给予热烈的赞扬和有力的支持。在当天写的《"题未定"草（九）》中，他说："刚刚接到本日的《大美晚报》，有'北平特约通讯'，记学生游行被警察水龙喷射，棍击刀砍，一部分则被闭于城外，使受冻馁，'此时燕冀中学、师大附中及附近居民纷纷组织慰劳队，送水、烧饼、馒头等食物，学生略解饥渴……'谁说中国的老百姓是庸愚的呢？被愚弄诓骗压迫到现在，还明白如此。"鲁迅坚信人民群众的爱国运动是反动派阻挡不了的，他说："石在，火种是不会绝的！"但他主张采取徒手请愿之外更加有效的方式来战斗，他说："但我要重申九年前的主张：不要再请愿！"①

"一二·九"爆发后，鲁迅对此一直极为关注。当年年底，东北大学学生共产党员陈蜕（邹鲁风）代表北平学联到上海参加全国学联的工作，鲁迅亲切地接待了他，给予热情的帮助，并关心地询问北平学生两次示威游行和学生被捕的情况。②

1936年6月，《救亡日报》记者芬君访问鲁迅。鲁迅在病中同他进行了长时间谈话，对"一二·九"学生爱国运动的意义做了高度评价。他称赞学生"特别是半殖民地民族解放斗争中感觉最敏锐的前哨战士"。他们的救亡运动"不难影响到全国，甚至影响到目前正徘徊于黑暗和光明交叉点上的世界"。"一二·九"和"一二·一六"示威游行后，共产党及时指出：单纯的学生运动是不能取得抗日战争的胜利的，青年学生必须到工农群众中去，发动千百万工农群众起来进行武装的民族自卫战争。在共产党的号召下，平津学生3 000多人组织了"南下扩大宣传团"，深入工农群众，宣传抗日。鲁迅对青年学生的这一巨大进步十分

---

① 鲁迅：《"题未定"草（九）》，见《鲁迅全集》第6卷，449页。
② 邹鲁风：《党最亲密的战友》，载《中国青年》，1956（20）。

高兴。他指出，青年学生"也知道深入下层，体验他们所需要体验的生活，组织农民、工人，加紧推动这些民族解放斗争的主力军"。他鼓励青年学生在以后的血的斗争中保持过去的胜利，学习一切有效的战术。

1933年5月，为了防止学生参加抗日反蒋爱国运动，国民党政府教育部借口"人才过剩"，责令各大学限制招收文法科大学生，并规定从1933年度开始，全国中小学学生除校内毕业考试以外还要参加会考，及格后才能毕业。这是一个要把大批学生赶出校门的反动措施。鲁迅为此写了杂文《智识过剩》，讽刺国民党的这些做法无异是在文盲占百分之八九十的中国叫嚷"智识的丰收成灾"。"嚷着文法科的大学生过剩""要用'严厉的'会考制度，像铁扫帚似的——刷、刷、刷，把大多数的知识青年刷回'民间'去"，[1]这正是国民党反动派效法希特勒"铲除知识"，为防止学生造反，推行法西斯文化专制主义的明证。

20世纪30年代，鲁迅还写了《新秋杂识》《难答的问题》《立此存照（七）》《我们怎样教育儿童的？》《上海的儿童》《〈看图识字〉》《难行与不信》等大量杂文，揭露反动派"从天真烂漫的孩子们入手"，制造"打仗的机器"，训练"愚忠的奴隶"；痛斥那些正当日本侵略者在血腥屠杀中国人民的时候，向孩子们灌输中国人杀了日本人应当"罪加一等"等民族投降思想的人是"真畜类也"。鲁迅批判那些充斥市场的反动儿童读物，批判那些培养"奴才"或"霸主"的教育方法，号召"打掉制造打仗机器的蚁冢，打掉毒害小儿的药饵，打掉陷没将来的阴谋"。在那民族斗争阶级斗争空前激烈的年代，鲁迅完全自觉地列身于中国共产党的队伍，以当中国共产党的"一名小兵"为荣。他寄希望于中国共产党，寄希望于人民大众，寄希望于人民大众的后代。[2]

---

[1] 鲁迅：《准风月谈·智识过剩》，见《鲁迅全集》第5卷，236页。
[2]《鲁迅全集》第5卷，286、287页；《鲁迅全集》第6卷，658页；《鲁迅全集》第14卷，157页。

晚年，鲁迅写过一首著名的诗《答客诮》。

无情未必真豪杰，怜子如何不丈夫。

知否兴风狂啸者，回眸时看小於菟。

鲁迅这位"空前的民族英雄"，伟大的共产主义战士，就是在激烈的民族斗争和阶级斗争中向敌人英勇冲杀的"兴风狂啸者"，却不忘"回眸时看小於菟"，他时时刻刻都在关怀着青少年的教育和成长。

第二编　鲁迅教育思想研究

第一章　绪论

一、鲁迅教育思想的特点

鲁迅是一位伟大的思想家、文学家和革命家，也是一位伟大的教育家。鲁迅曾经担任过浙江两级师范学堂、绍兴府中学堂教员，教育部佥事，还担任过北京大学、北京师范大学、北京女子师范大学、厦门大学、中山大学等大学的讲师或教授。教育工作是他一生中从事的唯一的社会工作。1927年定居上海以后，虽然没有再从事教育工作，专心于文学创作，但他丝毫没有减少对教育的热情和关心。他曾经多次到学校去讲演，发表了许多有关教育的杂文。他虽然没有专论教育的鸿篇巨制，但他的许多文学著作，包括小说、杂文、散文、诗歌、文艺评论以及书信，都蕴含着丰富的教育哲理。鲁迅的教育思想，既表现在他近20年的教育实践中，也表现在他的这些文学著作中。

研究鲁迅的教育思想必须运用辩证唯物主义的观点，结合鲁迅所处的时代和历史所赋予他的使命来认识。鲁迅所处的是什么时代呢？周恩来曾经说过："鲁迅的时代，是一半满清，一半民国的时代。他出身于破产的士大夫家庭，他受过封建社会很深的洗礼，他受过戊戌变法后的洋务教育，嗣后，留学东洋，又受教于章太炎先生，并参加了光复会。入民国后，他又做过多年北方官僚社会的小京官，也可说是闲差事。直到"五四"的前夜，他才得参加思想革命的运动，这就是新文化运动的骨干。从此以后，他就公开地成为宗法社会的逆子，士大夫阶级的叛徒，逐渐养成他在新文化运动中的领导地位，可是他自己却又那样谦诚地愿意做一个'革命军马前卒'。"①周恩来精辟地分析了鲁迅经历的时代和他的思想发展过程。

研究鲁迅的教育思想还必须和他的思想主线相联系。鲁迅的思想主线是要摧毁半殖民地半封建的旧社会，催生新社会。为了达到这个目的，就必须培养革命战士，进行思想革命。他到日本留学，开始学医，原想将来回国后解除病人的疾苦，以医学来拯救祖国。但是他在学校里受到具有狭隘民族主义思想的日本同学的歧视。在他们的眼里，中国是弱国，所以中国人当然是低能儿。鲁迅受到了这种侮辱，感到生为弱国人民的痛苦。特别是在一次观看日俄战争的影片时，看到替俄国当侦探的中国人被日本军队抓住斩首，而围观的一群中国人却神情麻木，视若无睹。他深受刺激，苦思数月，得出结论："我便觉得医学并非一件要紧事，凡是愚弱的国民，即使体格如何健全，如何茁壮，也只能做毫无意义的示众的材料和看客，病死多少是不必以为不幸的。所以我们的第一要着，是在改变他们的精神，而善于改变精神的是，我那时以为当然要推文艺，于是想提倡文艺运动了。"②鲁迅热爱祖国，热爱人民。正是这种挚爱使他容不得人民病态的存在。他在《我怎样做起小说来》一文中说："所以我的取材，多采自病态社会的不幸的人们中，意思是在揭

---

① 周恩来：《我要说的话》，载《新文学史料》，1979（2）。
② 鲁迅：《呐喊·自序》，见《鲁迅全集》第1卷，439页。

出病苦，引起疗救的注意。"①为此，鲁迅深入剖析了中国的国民性。早在日本，他就常常和好友许寿裳议论中国民族的缺点。"我们又常常谈着三个相联的问题：（一）怎样才是理想的人性？（二）中国民族中最缺乏的是什么？（三）它的病根何在？对于（一），因为古今中外哲人所孜孜追求的，其说浩瀚，我们尽善而从，并不多说。对于（二）的探索，当时我们觉得我们民族最缺乏的东西是诚和爱……至于（三）的症结，当然要在历史上去探究，因缘虽多，而两次奴于异族，认为是最大最深的病根。做奴隶的人还有什么地方可以说诚和爱呢？……惟一的救济方法是革命。"②他坚决地主张民族性必须改造，必须进行思想革命，否则招牌虽换，货色照旧；口号虽新，骨子里还是旧的，革命不能成功。他说："说到中国的改革，第一着自然是扫荡旧物，以造成一个使新生命得能诞生的机运。"③

鲁迅的教育思想是鲁迅思想体系的组成部分，它不仅带着他的时代特点，而且具有革命性和前瞻性。他热爱祖国、关心青年、扫荡旧思想、树立新观念的精神至今仍放射着时代的光芒，有着重要的现实意义。鲁迅的教育思想中最主要的有以下几点。

第一，彻底地批判封建教育和奴化教育，充满反帝反封建的战斗精神。鲁迅生活在半殖民地半封建的中国。他曾经感受过被压迫民族的屈辱，经历过家族败落的苦难，看到国民意识的麻木。他和孙中山先生一样，想唤起民众。他在学习中接受了新思想，后来又接受了马克思主义，从俄国的十月革命中受到鼓舞，看到了新世纪的曙光，觉得拆毁旧世界的"铁屋子"有了希望。他以新的姿态投入战斗，为彻底的反帝反封建的伟大斗争呐喊。因此他的教育主张中充满着反帝反封建的战斗精神。

---

① 鲁迅：《南腔北调集·我怎样做起小说来》，见《鲁迅全集》第4卷，526页。
② 许寿裳：《我所认识的鲁迅》，北京，人民文学出版社，1952。
③ 鲁迅：《出了象牙之塔·后记》，见《鲁迅全集》第10卷，270页。

第二，重视思想革命，热忱地传播新的科学文化。如果说孙中山是领导民众用武力推翻封建专制统治，鲁迅则是要从思想上与封建主义彻底决裂。打倒"孔家店"就是反封建的最强音。现在有人对打倒"孔家店"提出了异议，实际上是不了解当时的时代历史背景。科学与民主是"五四"时期的革命性口号，是当时思想革命的主要内容，要使国民摆脱愚昧，破除迷信，从封建思想的束缚中解放出来，就只有与宣扬封建思想的"孔孟之道"彻底决裂。应该说明，这里所说的"孔孟之道"并非指孔孟自己的学说，而是指被后人篡改过的、为封建统治阶级服务的那些封建伦理道德。鲁迅竭力主张多读科学读本、少读古书，主张学文科的也要学自然科学，极其重视科学知识。他认为封建社会的书本脱离人生，而新的社会科学则教人走向人生。

第三，重视培养新的战士。要和帝国主义、封建主义做斗争，就要有坚忍不拔的战士。他曾经相信青年人一定胜过老年人，但后来发现，同是青年，却分成革命与反革命两大阵营。这使他深深感到培养革命战士的重要性。他一生以引导、帮助青年为己任。

第四，极其重视儿童教育。他认为新人是从"没有吃过人"的孩子中培养出来的。半殖民地半封建的中国存在着两种人：一种是统治奴隶的人，一种是做惯了奴隶的人。他们都深受封建伦理道德的毒害。要想培养新世界的新人，只能从没有受过毒害的孩子做起。为此，受过毒害的父母亲，就应"自己背着因袭的重担，肩住了黑暗的闸门，放他们到宽阔光明的地方去；此后幸福的度日，合理的做人"。[①]

鲁迅教育思想中最突出的特点是他把教育战线当作整个革命战线的一部分。无论是对旧教育的批判，还是对造就新的革命战士的呼唤，都是以砸烂万恶的旧世界、建立前所未有的新世界为根本出发点。抓住这个

---

① 鲁迅：《坟·我们现在怎样做父亲》，见《鲁迅全集》第1卷，145页。

根本来学习研究鲁迅的教育思想，我们就能认识到鲁迅教育思想的本质。

二、鲁迅教育思想的发展过程

鲁迅的思想有一个发展过程，是从进化论到阶级论，从革命的民主主义到马克思主义的共产主义的发展过程。在南京读书的时候，鲁迅就接受了进化论思想，相信"将来必胜于过去，青年必胜于老人"。[①]但是，经历了辛亥革命、袁世凯称帝、张勋复辟，一次次的革命高潮和低潮、胜利和失败，他深刻地总结着经验教训，思想不断地变化。俄国十月革命以后，他从俄国革命中吸取了力量，积极地投入到伟大的"五四运动"中。革命的实践进一步促进了他的思想发展。特别是在国民党反动派发动的反革命政变中，鲁迅亲眼看到，同是青年，却分成两大阵营：有的投书告密，助官捕人；有的则被反动派装在麻袋里投入大江中。鲁迅总结新的经验教训，他说："我的一种妄想破灭了。我至今为止，时时有一种乐观，以为压迫、杀戮青年的，大概是老人。这种老人渐渐死去，中国总可以比较地有生气。现在我知道不然了，杀戮青年的，似乎倒大概是青年，而且对于别个的不能再造的生命和青春，更无顾惜。"[②]由于严酷的阶级斗争现实，加上他在斗争中刻苦地学习马克思列宁主义、总结斗争经验，他的思想发生了质的飞跃。阶级斗争的现实终于摧毁了他相信的进化论的"思路"。他开始用阶级观点来看问题、分析问题，同时坚定地指出："唯新兴的无产者才有将来。"他把革命的希望寄托在无产阶级身上，逐步地形成了共产主义世界观。

鲁迅的教育思想和他的世界观相一致，也有一个发展过程。"五四运动"前夕，鲁迅在《新青年》杂志上发表了第一篇白话文小说《狂人日记》。这是一篇声讨"孔家店"的檄文。在这篇小说的最后，鲁迅发

---

① 鲁迅：《三闲集·序言》，见《鲁迅全集》第4卷，5页。
② 鲁迅：《而已集·答有恒先生》，见《鲁迅全集》第3卷，473页。

出了"救救孩子"的强烈呼声。

"救救孩子",就是要把孩子从封建主义的淫威下解放出来,从愚昧无知中解放出来,从一切旧思想、旧习惯中解放出来。这个思想是和当时"五四运动"的精神相一致的。"五四运动"提出的口号就是科学和民主,就是反对帝国主义与封建主义。反映到教育上就是反对封建道德对儿童的毒害,提倡用新道德教育儿童;反对用旧文化禁锢人的头脑,提倡用科学的新文化启发人的思想;反对卖国主义的奴化教育,提倡学生的自主运动。

就在发表《狂人日记》的第二年,鲁迅发表了《我们现在怎样做父亲》一文,这篇文章可以说是《狂人日记》的补充,是"救救孩子"的注脚,它集中反映了鲁迅当时的社会观和教育观。在这篇文章中,鲁迅全面阐发了他对父与子的关系的认识,深刻地批判了封建家庭中父母的"恩威"思想。他运用生物发展的观点说明了父母对子女没有什么恩典,也就不应该施什么威风。他认为,人和其他生物一样,"一要保存生命,二要延续这生命,三要发展这生命(就是进化)"。[①]要保存生命就要摄取食品;要延续生命和发展生命就要寻找配偶,生儿育女。这是自然的规律,父母对于子女算不了什么恩。相反,生下来的子女还是幼者、弱者,作为长者、强者的父母有责任爱护他们、养育他们、教育他们,而不是把他们作为自己的奴隶、私有财产,可以任意蹂躏和摧残。生物界有一种天性,就是"爱"。动物除了由于生子数目太多而爱不周到者外,总是挚爱它的幼子的,不但绝无寻求利益的心态,甚至可以牺牲了自己,让幼子走上发展的长途。正是因为要发展、要进化,所以鲁迅认为:"后起的生命,总比以前的更有意义,更近完全,因此也更有价

---

① 鲁迅:《坟·我们现在怎样做父亲》,见《鲁迅全集》第1卷,135页。

值，更可宝贵；前者的生命，应该牺牲于他。"①他要求中国的父母长者本位、利己思想与权利思想少一点，义务思想和责任心重一点。"父母对于子女，应该健全的产生，尽力的教育，完全的解放。"②要做到这一点，就要：第一，理解孩子，孩子有自己的世界，与成人的截然不同，不能把他当作成人的预备或者缩小的成人，如不先行理解孩子，一味蛮做，便有碍于孩子的发展；第二，要加以指导，"养成他们有耐劳作的体力，纯洁高尚的道德，广博自由能容纳新潮流的精神，也就是能在世界新潮流中游泳，不被淹没的力量"③；第三，便是解放，教给他们自立的能力，成为一个独立的人。但是在当时要做到这几点是很不容易的，几千年的封建道德禁锢了人的思想，"圣人之徒"害怕会动摇了他们的伦常。因此要"改革家庭""改革社会"。依靠谁来改革呢？他把希望寄托在没有读过"圣贤书"的觉醒的人们身上。他呼吁："从觉醒的人开手，各自解放了自己的孩子。自己背着因袭的重担，肩住了黑暗的闸门，放他们到宽阔光明的地方去；此后幸福的度日，合理的做人。"④他希望，有着旧思想旧习惯的父母，不要再把旧的东西传给孩子了，把孩子解救出来，待到老年人逐渐死去，孩子长大了，就会有别样的生活。

这篇文章通篇充满了进化论思想和革命民主主义思想。他还不理解旧思想、旧习惯的根源在哪里，别样的生活怎样才能真正地到来。后来严酷的阶级斗争现实逐渐地使他认识到人是分为阶级的，旧思想、旧习惯的根源是阶级压迫和统治，不经过革命和斗争，彻底地推翻人压迫人的剥削制度，旧思想、旧习惯是不会自行消失的，"救救孩子"只能是一句空话。随着世界观的变化，他的教育思想也发生了根本的变化。1927

---

① 鲁迅：《坟·我们现在怎样做父亲》，见《鲁迅全集》第1卷，137页。
② 鲁迅：《坟·我们现在怎样做父亲》，见《鲁迅全集》第1卷，141页。
③ 鲁迅：《坟·我们现在怎样做父亲》，见《鲁迅全集》第1卷，141页。
④ 鲁迅：《坟·我们现在怎样做父亲》，见《鲁迅全集》第1卷，145页。

年10月，他在题为《答有恒先生》的信中说："现在倘再发那些四平八稳的'救救孩子'似的议论，连我自己听去，也觉得空空洞洞了。"①

虽然鲁迅后来认为"救救孩子"的议论有点"四平八稳""空空洞洞"，但在当时来说，这个呼声却有着极为深远的意义。在那充满封建压迫的黑暗年代，能够提出这样的口号是很了不起的。没有彻底的革命精神、没有对旧社会的深刻的认识是提不出来的。在吃人的社会里，忽然响起了"救救孩子"的呼声，多么形象，多么扣人心弦。它的影响之巨大，可以被比作一道闪电，在黑暗的天空中划出了一道光明，惊醒了怀有革命思想的青年，使他们看到了砸毁"铁屋子"的希望。它的意义远远超出了教育界。

孩子是中国的未来，"救救孩子"也就是救救中国，救救未来。"救救孩子"有着社会革命的意义。中国人民长期遭受封建专制主义的统治和压迫，鸦片战争以后，又增加了帝国主义的侵略和压迫，中国沦为一个半殖民地半封建的社会。中国的孩子们被压在这两座大山的最底层。"救救孩子"就是要中国人民站起来，推翻这两座大山，把孩子解救出来，过上别样的生活。"救救孩子"又有着思想革命的意义。中国的孩子们从小就受封建奴化教育，他们的思想僵化，精神麻木。"救救孩子"，就是要中国人民觉醒起来，挣脱殖民主义和封建主义的思想束缚，去革新，去进取，去创造新的未来。所以"救救孩子"就是救救社会，救救中国。这样一个口号比一般的革命口号更具体、更形象，也更能发人深省。

虽然鲁迅在后期觉得"救救孩子"的议论有点空洞，但是实际上他一刻也没有忘记"救救孩子"，不过他"救救孩子"的思想有了新的发展。在前期，鲁迅还不明确用什么方法、依靠什么社会力量来"救救孩

---

① 鲁迅：《而已集·答有恒先生》，见《鲁迅全集》第3卷，476～477页。

子",他只是把希望寄托在劝说人们觉悟上,因而显得无力而空洞。后期,他找到了改革社会的道路,明确了要依靠无产阶级和人民大众去推翻吃人的旧社会,并且自己为此做了许多工作。"救救孩子"可以说是鲁迅教育思想的出发点。因为要"救救孩子",所以要批判一切旧的教育思想;因为要"救救孩子",所以要端正教育思想,用革命的精神去教育他们,用丰富的精神食粮去培养他们;因为要"救救孩子",所以要把他们培养成战士,以便能与旧社会恶势力做长期的"韧"的斗争,求得自身的彻底解放。

鲁迅"救救孩子"的教育思想充满了"五四"时期的时代气息,但是直到今天仍然没有失去它的意义。今天,鲁迅所诅咒的旧世界已经被在中国共产党领导下的中国人民推翻,中华人民共和国为儿童创造了乐园。但是我们今天的教育仍然有不尽如人意的地方。旧的教育传统、升学的压力、过重的课业负担,压得孩子们透不过气来,我们不由得又发出"救救孩子"的呼声。虽然内容已有所不同,但不能不说也是为了摆脱旧思想的影响。我们还应该认识到,由于我国的封建时期太长,我们的文化科学水平不高,封建愚昧主义的思想不时影响到人们头脑,旧思想、旧习惯经常在影响着孩子们,"五四运动"的科学和民主精神仍然是我们现在所要大力提倡和发扬的。

第二章　论教育和社会的关系

一、教育不能脱离社会

一定的文化教育是一定的社会政治经济的反映,并为它服务。几千年来,学校教育总是被统治阶级垄断,成为他们统治人民的工具。正如马克思和恩格斯在《共产党宣言》中所指出的:"资产者唯恐其灭亡的那种教育,对绝大多数人来说不过是把人训练成机器罢了。""你们既然用你们资产阶级关于自由、教育、法等的观念来衡量废除资产阶级所有制的主张，那就请你们不要同我们争论了。你们的观念本身是资产阶级的生产关系和所有制关系的产物，正像你们的法不过是被奉为法律的你们这个阶级的意志一样，而这种意志的内容是由你们这个阶级的物质生活条件来决定的。"①鲁迅生活在半殖民地半封建的中国，并且有很长一段时间从事教育工作，对当时中国教育界的内幕知道得一清二楚，对教育界的一言一行看得入木三分，因此，他对旧教育的本质有极其彻底的揭露。

首先，他认为教育总是和政治状态与社会情况有关。他批判了那种教育可以脱离社会的谬论。他说："现在的所谓教育，世界上无论哪一国，其实都不过是制造许多适应环境的机器的方法罢了。"②但是，一切统治阶级为了掩盖他们统治人民的事实，总是虚伪地宣称，教育可以脱离政治，学校可以脱离社会，抹杀教育的社会本质。20世纪20年代前后，在中国流行一种教育理论，叫"教育无目的论"，或者叫"教育无宗旨论"。1919年10月，第五届全国教育会联合会通过一个议案，建议教育部废除教育宗旨；1922年，在全国教育会联合会建议下，北洋政府公布了《学校系统改革令》，具体体现了这一理论。当时北洋政府最害怕的是人民群众，当然也就不敢公开表明他们的教育目的，只能用废除教育宗旨来掩盖他所提倡的教育的资产阶级性质，抵制马克思主义的传播，反对教育为革命斗争服务。鲁迅竭力反对这种主张，他认为，教育总是有目的的，反动统治阶级办教育，就是为了维护他们的阶级统治，培养他们所需要的顺民和奴才；革命人民办教育，就是要使教育为反帝反封建的斗争服务，培养冲破旧思想、旧文化、旧习惯、旧势力的

---

① 马克思、恩格斯：《共产党宣言》，见《马克思，恩格斯全集》第4卷，461~504页。
② 鲁迅：《两地书·四》，见《鲁迅全集》第11卷，20页。

闯将，推翻吃人的筵席，建立新的生活。

当时也有一些"好心"的教育家，看到政治的腐败，妄想使教育脱离政治，谋自主的途径，因而产生了"教育独立"的思想。他们不去积极地参加改造社会的革命斗争，不去触动旧的制度，而只是消极地妄想脱离政治，逃避现实。有的甚至主张把学校搬到深山僻林中，去过隐居的生活。鲁迅尖锐地指出，那是不可能的，对学生来说也是没有什么好处的。他说："学风如何，我以为是和政治状态及社会情形相关的，倘在山林中，该可以比城市好一点，只要办事人员好。但若政治昏暗，好的人也不能做办事人员，学生在学校中，只是少听到一些可厌的新闻，待到出了校门，和社会相接触，仍然要苦痛，仍然要堕落，无非略有迟早之分。"[1]学校是离不开社会的，鲁迅曾经用自己的亲身经历说明了这一点。1926年，鲁迅离开了北洋军阀统治的黑暗的北京，来到厦门。他总以为在那里可以安心地做点学问，谁知道那里同样是黑暗。"我以北京为污浊，乃至厦门。现在想来，可谓妄想，大沟不干净，小沟就干净么？"[2]

20世纪20年代，还有一批文人，高唱着"教育清高"的论调，鲁迅对这种人更是深恶痛绝，一针见血地指出："教育界的称为清高，本是粉饰之谈，其实和别的什么界都一样……正如人身的血液一坏，体中的一部分决不能独保健康一样，教育界也不会在这样的民国里特别清高的。"[3]这些论述，深刻地揭示了教育和政治的关系，给了教育可以脱离政治之类的谎言以沉重的打击。

二、只有改造社会，才能改造教育

教育离不开社会，所以，改造社会是改造教育的前提。20世纪20

---

[1] 鲁迅：《两地书·二》，见《鲁迅全集》第11卷，13～14页。
[2] 鲁迅：《两地书·六○》，见《鲁迅全集》第11卷，172页。

年代还流行一种思潮，叫"教育救国论"，以为把教育办好了，就能国富民强。美国教育家孟禄在1921年来到中国，也提倡用教育救落后的中国，他说中国各种不好的现象唯有教育能够补救。这种思想当时在知识分子中十分流行。但是，当时中国人民正生活在水深火热之中，他们的愿望是要推翻压迫他们的旧制度。"五四运动"以后发展起来的反帝反封建的革命斗争正在蓬勃发展。提倡"教育救国论"，让学生埋头读书，只能削弱革命斗志，无益于中国革命。鲁迅对这个问题看得十分清楚，他坚定地认为，救国的根本办法不是靠教育，相反，要想把教育办好，首先必须彻底改造社会。他说："中国大约太老了，社会上事无大小，都恶劣不堪，像一只黑色的染缸，无论加进什么新东西去，都变成漆黑。可是除了再想法子来改革之外，也再没有别的路。"①只有改革才有出路，改良不行，修修补补更不行。1927年10月，鲁迅在上海劳动大学演讲时说道："在劳动大学一方读书，一方做工，这是新的境遇；或许可以造成新的局面，但是环境是老样子，看着逼人堕落，倘不与这老社会奋斗，还是要回到老路上去的。"②过去有人把这段话理解为鲁迅赞成教育与生产劳动相结合的主张，提倡一面读书一面做工。实际上鲁迅讲话的重点是说明知识阶级要有真正的新的境遇，首先要改革环境、改造社会，否则，知识阶级仍然要回到不满意和受痛苦的老路上去。

20世纪20年代，实用主义教育思想在中国十分流行。"教育即生活""学校即社会"等教育主张曾经被当时中国许多学者接受，并在一些学校实验过。有的学校内部布置了"社会环境"，如办起了小银行、小商店、自治市等，甚至还有学校模仿当时的政权组织设置了保甲组织、警察制。鲁迅对这种教育思想有所保留，他后来在《〈死魂灵〉第

---

① 鲁迅：《两地书·四》，见《鲁迅全集》第11卷，20页。
② 鲁迅：《集外集拾遗补编·关于知识阶级》，见《鲁迅全集》第8卷，227页。

二部第一章译后附记》中提到："第一章开首之处，借田退德尼科夫的童年景况叙述着作者所理想的教育法，那反对教师无端使劲，像填鸭似的来硬塞学生，固然并不错，但对于环境，不想改革，只求适应，却和十多年前，中国有一些教育家，主张学校应该教授看假洋，写呈文，做挽对春联之类的意见，不相上下的。"①这说明，鲁迅虽然主张反对旧教育的教育方法，但他更反对教育消极地适应社会的需要，主张教育应该肩负起改造社会的责任。

从以上鲁迅的许多论述中我们看到，鲁迅把握了教育与政治、教育与社会环境的辩证关系，科学地阐明了改造教育与改造社会的关系。他认为，改造教育首先要改造社会，但并不是说教育对改造社会没有作用，而是把改造教育作为改造社会的一部分。在20世纪70年代发现的一篇鲁迅的佚文《我们今日所需要的是什么？》对这个问题说得更清楚。②他说，中国人因为缺乏科学知识和技巧，弄得火车相撞，轮船沉没，因而被外国人认为是"最廉价的生命"。对于这种不平等的观念，中国人听了当然是很气愤的。但鲁迅说，我们虽然没有辨明的必要，但生活的能力终究是需要的，即知识和技巧，使我们能制造机器，使用机器，而自己不致撞死在机器里。这是现代社会一个民族生存最起码的条件。只有做到这一点，我们才能自立于世界有文化的民族之林，才能免受异族的欺侮。但要做到这一点，就要有"能辨认灯光和礁石"的人。他说："在这样生活艰难的时候，总非另有一批能明认事实和有工艺的手的人来负担谋民族的生存的责任不可！"可悲的是在当时的中国，尽有一些

---

① 鲁迅：《〈死魂灵〉第二部第一章译后附记》，见《鲁迅全集》第10卷，453页.
② 此文最初发表在《语丝》周刊第5卷第2期上，署名建人，后收入上海经纬书局出版的《现代百科文选》第4册中，署名鲁迅。西北大学单演义发现此文后，经与周建人和鲁迅研究室研究鉴定是鲁迅的佚文。佚文及佚文考均发表在《西北大学学报》1979年10月增刊上。

所谓"眼光远大"的人，"他们知道哪一派必定将来得势，以便预先依附"。这样的人多了，中国就不会有希望。所以他要求大多数中国人要"有科学的头脑和工艺的手"。所谓有科学头脑，就是要"能够尊重事实，切实观察和切实的做"。要做到这一点不是容易的，"第一须对于国民切实的训练和教育"。鲁迅的这些主张充分地说明了教育对于改造社会，促进国家、民族富强有重要作用。这些论述在今天读起来，不是仍然很有现实意义吗？可是当时中国的教育不可能做到这一点，所以鲁迅发出全盘改造旧学校的战斗号召。他把当时的中国比作不干净的大沟，把厦门比作不干净的小沟，厦大当时浸在不干净的小沟中。他说："这学校除全盘改造之外，没有第二法。"①这是他总结了长期的斗争经验之后得出的科学结论。

鲁迅在教育实践活动中身体力行，积极支持学生改造社会的反帝爱国运动，支持学生改革旧学校的种种合理要求。他在学校教书也好，给青年学生演讲、写信、谈话也好，总是教导青年学生要"留心世事"，读书不忘革命，在后方不要忘记前线。所以，鲁迅走到哪里，就给哪里带去了要求改革社会、改革学校的波浪，并在这个浪潮中培养了一代革命青年。

从以上可以看出，鲁迅认为要改造教育必须改造社会，但也主张改造教育以影响或推动社会的改革。

第三章　对旧教育的批判

鲁迅是旧社会的叛徒，他在著作中无情地批判旧社会时，用了不少文字批判当时中国的教育。他认为，当时中国的教育是半殖民地半封建

---

① 鲁迅：《两地书·一〇五》，见《鲁迅全集》第11卷，267页。

的政治经济的产物，是为帝国主义、封建地主阶级和买办资产阶级服务的。鲁迅主要从三个方面批判了旧教育：第一，反动统治阶级推行奴化教育；第二，旧教育的核心是封建礼教；第三，旧学校严重脱离实际。现在我们分别来看看鲁迅对此是怎样揭露和批判的。

一、对反动统治阶级推行奴化教育的批判

鲁迅认为，当时中国教育的根本特点是奴化教育，它反映了反动统治阶级勾结帝国主义和封建势力奴役人民的需要。毛泽东在《新民主主义论》中讲道："在中国，有帝国主义文化，这是反映帝国主义在政治上经济上统治或半统治中国的东西。这一部分文化，除了帝国主义在中国直接办理的文化机关之外，还有一些无耻的中国人也在提倡。一切包含奴化思想的文化，都属于这一类。在中国，又有半封建文化，这是反映半封建政治和半封建经济的东西，凡属主张尊孔读经、提倡旧礼教旧思想、反对新文化新思想的人们，都是这类文化的代表。帝国主义文化和半封建文化是非常亲热的两兄弟，它们结成文化上的反动同盟，反对中国的新文化。"[1]鲁迅亲眼看到，辛亥革命以后，蔡元培任教育总长，曾经提出过一系列教育改革的主张，但是还没有来得及实行，就被袁世凯的一套半殖民地半封建的教育代替。1913年袁世凯发布了《注意德育整饬学风令》，说什么"学生在校最重服从""学生有不守学规情事，应随时斥退，以免害群而示惩儆"。这实际上就是用来镇压学生参加革命活动。袁世凯垮台以后，在军阀混战时期以及后来国民党统治时期，统治阶级无不采取各种方式压制民主，禁止学生参加反帝爱国斗争，而且变本加厉，对革命青年进行残暴的迫害。特别是在日本帝国主义加紧侵略中国的严峻时刻，国民党反动政府在政治上采取投降主义，在军事上

---

① 毛泽东：《新民主主义论》，见《毛泽东选集》第2卷，694～695页，北京，人民出版社，1991。

节节退让，在教育上则加紧推行奴化教育，不许学生参加抗日活动。鲁迅写过许多文章，无情地揭露反动派实施奴化教育。他满腔怒火地指出："施以狮虎式的教育，他们就能用爪牙；施以牛羊式的教育，他们到万分危急时还会用一对可怜的角，然而我们所施的是什么式的教育呢，连小小的角也不能有，则大难临头，惟有兔子似的逃跑而已。"[1]这段生动的论述，精辟地揭穿了国民党反动派实施奴化教育和推行卖国主义政策的关系，深刻地揭露了奴化教育的反动本质。

国民党为了加强其一党专政的独裁统治，在国民教育上实行"党化教育"，在学校中设立"公民科"，并建立严格的军训制度。这种"党化教育"实际上是实行文化"围剿"的一部分。

1931年，鲁迅针对反动军阀何键在学校中实施法西斯奴化教育写了一首打油诗《公民科歌》，诗中这样写道："何键将军捏刀管教育，说道学校里边应该添什么。首先叫作公民科，不知这科教的是什么。……第一着，要能受，蛮如猪罗力如牛，杀了能吃活就做，瘟死还好熬熬油。第二着，先要磕头，先拜何大人，后拜孔阿丘，拜得不好就砍头，砍头之际莫讨命，要命便是反革命，大人有刀你有头，这点天职应该尽。第三着，莫讲爱，自由结婚放洋屁，最好是做第十第廿姨太太，如果爹娘要钱花，几百几千可以卖，正了风化又赚钱，这样好事还有吗？第四着，要听话，大人怎说你怎做……"[2]这首诗形象地刻画了法西斯军阀对待教育的态度。

鲁迅认为，在反动阶级统治的年代里是谈不上什么真正的教育事业的。当权者整天想的是争权夺利，搜刮民财，哪里还会想到人民的教育事业。他们不过是一方面利用教育来毒化人民的思想，另一方面把教育

---

① 鲁迅：《南腔北调集·论"赴难"和"逃难"》，见《鲁迅全集》第4卷，488页。
② 鲁迅：《公民科歌》，见《鲁迅全集》第7卷，398页。

作为升官发财的途径与地盘。鲁迅在《反"漫谈"》一文中写道："一、学校的会计员，可以做教育总长。二、教育总长，可以忽而化为内务总长。三、司法、海军总长，可以兼任教育总长。"这是针对《语丝》上一篇文章而发的。1927年张作霖为了进一步控制教育界，强行把北京九所国立大学合并为"京师大学"，当时曾有人就此在《语丝》上发表文章，一本正经地和军阀政府讨论教育问题。鲁迅认为，和这些军阀去谈教育，就是"发迂论"。他尖锐地指出，反动派要的不是办教育，他们不过是打着办教育的招牌当官僚而已。他说："对'教育当局'谈教育的根本误点，是在将这四个字的力点看错了：以为他要来办'教育'。其实不然，大抵是来做'当局'的。"[1]一语道破了反动派所谓办教育的真相，提醒人们对这些反动派绝不能抱任何幻想。

在旧社会，教育成为阶级统治的工具，总是和暴力手段相辅而使用的。北洋政府一方面推行服务于卖国主义的奴化教育，另一方面用刺刀迫害爱国青年学生。他们任意逮捕和杀戮进步青年，封闭和捣毁进步学校。1927年6月，国民党反动政权刚建立，即查封了中国共产党人创办的上海大学；1928年1月国民党在云南实行"清党"，通令停办中等以上学校；1929年5月查封了上海的大陆、华南和达华三所大学；1930年4月又以武力停办了民主教育家陶行知先生所办的晓庄师范，等等。国民党反动派的倒行逆施引起了爱国青年和进步人士的无比愤怒和反抗。鲁迅始终站在进步学生一边，同国民党反动派进行了针锋相对的斗争。1931年"九一八"事变后，民族危机日益深重，全国各地爱国学生冲破奴化教育的牢笼，陆续到南京请愿，反对蒋介石投降卖国的不抵抗政策，要求出兵抗日。对这些爱国学生，国民党反动政府竟然命令军警逮捕和屠杀，同时还诬蔑学生请愿使"社会秩序，悉被破坏""友邦人士，莫名惊

---

① 鲁迅：《而已集·反"漫谈"》，见《鲁迅全集》第3卷，484页。

诧"，声言杀人有理。鲁迅无畏地站出来，同残害青年的刽子手做英勇的斗争。他在一篇短文《"友邦惊诧"论》中写道："读书呀，读书呀，不错，学生是应该读书的，但一面也要大人老爷们不至于葬送土地，这才能够安心读书。"①文章愤怒地揭露了国民党反动派投降卖国的阴谋，戳穿了他们要学生回去"安心读书"的骗局，有力地支持了学生的爱国运动。

鲁迅在他的文章中指出，反动派推行奴化教育的目的是为他们的反动统治培养"奴才"或"鹰犬"，是要把人民训练成"打仗的机器"与"愚忠的奴隶"。这是任何漂亮的言辞都掩盖不了的事实。

二、对旧教育的核心——封建礼教的批判

鲁迅在揭露反动派推行奴化教育时，特别抓住它的核心问题进行攻击。鲁迅认为，鼓吹尊孔读经，灌输旧思想旧礼教是半殖民地半封建旧中国教育的核心。因此，鲁迅对旧教育的批判，特别是对封建礼教的批判，总是和批判孔孟之道联系在一起的。

孔子、孟子是我国古代的伟大思想家、教育家，儒家学派的代表人物。孔子为儒家学派的创始人。孔子的学说以"仁"为核心，以"礼"为准则，所谓"克己复礼为仁"。他在教育上有许多精辟的见解。他主张"有教无类"，除奴隶以外，不分贫富、贵贱、贤愚，凡致"束脩"之礼的，都可以收为弟子；他最早探讨人性和教育作用的问题，主张"性相近也，习相远也"；在教学内容上主张以"诗""书""礼""乐"为基本科目；在教学方法上重因材施教，注意发展学生的个性，等等。他的学说在中国文化教育史上有着重要的地位。孟子传孔子之道，在战国时期为儒家八派之一。孔孟的学说，如果运用唯物主义的历史辩证法的观点来认识，有积极的方面，也有消极的方面，是应该批判地继承的。但自汉武帝"罢黜百家，独尊儒术"以后，统治阶级扩大了它的消

---

① 鲁迅：《"友邦惊诧"论》，见《鲁迅全集》第4卷，369页。

极面，并经过他们的阐释，把它作为封建统治的思想基础。特别是宋代理学家朱熹合《大学》《中庸》《论语》《孟子》为《四书集注》，"四书""五经"经过他们注释成为宋代以后通行的教科书、科举考试的主要依据。孔孟之道就成为封建统治思想的代名词了。因此可以说，孔孟之道与孔孟的学说既有联系又有区别。孔孟之道对中国文化教育的消极影响是极大的。鲁迅批判的孔孟之道就是中国几千年封建统治的思想，并不是指的孔子、孟子的整个学说。

孔夫子之可以利用，主要是因为"孔夫子曾经计划过出色的治国的方法，但那都是为了治民众者，即权势者设想的方法，为民众本身的，却一点也没有"[①]。这一套，经过思孟学派，以及后来董仲舒、程颢、程颐、朱熹的改造，制定了适应封建专制统治需要的、以"三纲""五常""存天理、灭人欲"为中心的旧思想旧礼教，成为长期毒化青年、麻醉人民的鸦片，束缚人民的绳索。从汉代起，统治者就开始"尊孔"。以后历代统治者为了攫取与巩固自己的权势，都根据自己的需要抬出孔夫子。董仲舒把他神化为"通天教主"，"二程"、朱熹则把他神化为"道学先师"。唐代封建统治者于开元二十七年给孔子加了"文宣王"的谥号，后来宋元明各朝也都有过加谥，到了清朝顺治二年又谥孔子为"大成至圣文宣先师"。鲁迅在《在现代中国的孔夫子》一文中指出，孔夫子本人的一生中，交过"好"的运气，也交过"坏"的运气，"孔夫子做定了'摩登圣人'是死了以后的事，活着的时候是颇吃苦头的"。历代统治阶级根据不同的政治需要，利用孔子学说中消极的东西来麻醉群众，"孔夫子之在中国，是权势者捧起来的，是那些权势者或想做权势者们的圣人"。[②]他们"用种种的白粉给他来化妆，一直抬到吓人的

---

① 鲁迅：《且介亭杂文二集·在现代中国的孔夫子》，见《鲁迅全集》第6卷，329页。
② 鲁迅：《且介亭杂文二集·在现代中国的孔夫子》，见《鲁迅全集》第6卷，327页。

高度"。①

鲁迅批孔最杰出的地方，是他抓住了中国文化思想史和政治生活中极其重要的事实。"五四"时代"打倒孔家店"，主要是打倒被神化、道学化了的孔夫子及成为"杀人""吃人"的旧思想旧礼教的"孔孟之道"。反动派鼓吹"尊孔读经"，主要是要人们"尊"神化、道学化的"大成至圣""万世师表"的孔夫子，读以"三纲""五常"等为中心的宣扬"孔孟之道"的书。鲁迅打倒孔家店就是把矛头集中在"尊孔读经"上，把广大群众从孔孟之道的思想束缚中解放出来。②

历代封建统治阶级总是把"尊孔读经"作为教育的主要内容。辛亥革命以后，封建制度虽然在形式上被推翻了，但是从北洋军阀到国民党反动派仍然把维护封建制度的孔孟之道作为他们统治人民的根本信条，无不以"尊孔读经"作为办学方针和内容。1914年12月教育部公布的《教育部整理方案草案》规定："中小各学校修身国文教科书，采取经训，以保存固有之道德；大学院添设经学院，以发挥先哲之学说……各学校宜注重训育，以孔子为模范人物……"1915年2月，袁世凯又公布了《特定教育纲要》，规定："各学校均应崇奉古圣贤以为师法，宜尊孔以端其基，尚孟以致其用……中小学校均加读经一科，按照经书及学校程度分别讲读。"《特定教育纲要》还规定初等小学学《孟子》，高等小学学《论语》，中学学《礼记》，等等。③国民党反动派在"四一二"政变

① 鲁迅：《且介亭杂文二集·在现代中国的孔夫子》，见《鲁迅全集》第6卷，327页。
② 现在有些人认为，鲁迅的"打倒孔家店"是过激的、错误的观点，是对孔子乃对中国传统文化的全盘否定。我们认为这种观点是错误的。鲁迅并没有全盘否定孔子的学说，更没有全盘否定中国的传统文化。相反，鲁迅极其重视继承和发扬中国的优秀传统文化。从他那样认真地整理古今小说、汉画像拓片等工作中，可以看出他是多么热爱中国的传统文化。他批判的只是那些被封建统治阶级歪曲了的、为巩固封建专制统治服务的"孔孟之道"。
③ 陈学恂：《中国近代教育史教学参考资料》中册，227、228页，北京，人民教育出版社，1987。

以后，实行法西斯统治。他们在实行文化"围剿"的同时，在人民群众中大搞愚民政策，再一次乞援于封建礼教，鼓吹"尊孔读经"。蒋介石公开提出"四维八德"，要学生"明礼义、知廉耻""尽忠孝、行仁义、重仁爱、尚和平"，企图用封建道德来束缚学生的思想，使他们不"犯上作乱"。1934年国民党中央常委会特别通过"尊孔祀圣"的决议，后来还把孔子的生日定为"全国教师节"。"五四运动"以后已经废除了的"读经科"又恢复。这一切都充分说明，反动派要维护帝国主义和地主买办阶级的统治，就要在教育领域内散布孔孟之道——封建礼教。

鲁迅在"五四"时就是打倒孔家店的主将，在之后的战斗中，他对封建礼教的批判从来没有间断过。特别是鲁迅后期的作品，运用阶级分析的方法，紧密联系当时的政治斗争，深刻地揭露了封建礼教的阶级本质和它在历史上所起的反动作用。

封建礼教的中心内容就是所谓"三纲""五常"等一套"仁义道德"和"君君、臣臣、父父、子子"的"正名"论。董仲舒则根据他的"阳尊阴卑"的理论，确定了"君为臣纲，父为子纲，夫为妻纲"的封建等级道德观念。按照这种封建道德，君对臣、父对子、夫对妻有无上的权力。而臣对君、子对父、妻对夫只有无条件服从，否则就是不忠不孝，就要被视为不道德，就要"人所共诛之"。董仲舒并提出以仁、义、礼、智、信为"五常"，作为调整"三纲"的基本原则。鲁迅写道："……有贵贱，有大小，有上下。自己被人凌虐，但也可以凌虐别人；自己被人吃，但也可以吃别人。一级一级的制驭着，不能动弹，也不想动弹了。因为倘一动弹，虽或有利，然而也有弊。我们且看古人的良法美意罢——天有十日，人有十等；下所以事上，上所以共神也；故王臣公，公臣大夫，大夫臣士，士臣皂，皂臣舆，舆臣隶，隶臣僚，僚臣仆，仆臣台。（《左传》昭公七年）但是'台'没有臣，不是太苦了么？无须担心的，有比他更卑的妻，更弱的子在。而且其子也很有希望，他日长大，升而为'台'，便又有更卑更弱的妻子，供他驱使了。如此连环，各得其所，有敢非议者，其罪名曰不安分！"①几千年来这种封建道德吞噬了一代又一代的青年，所以鲁迅认为孔孟之道就是吃人之道。他在《狂人日记》中借助狂人的口说道："我翻开历史一查，这历史没有年代，歪歪斜斜的每叶上都写着'仁义道德'几个字。我横竖睡不着，仔细看了半夜，才从字缝里看出字来，满本都写着两个字是'吃人'！"②这就击中了孔孟之道的要害。鲁迅在20世纪20年代还写了《我之节烈观》《春末闲谈》《论雷峰塔的倒掉》《二十四孝图》等许多文章，戳穿孔孟之道的吃人本质。

鲁迅同时还指出，孔孟之道具有很大的欺骗性，也因其有欺骗性，它的害处就更大，人们失去警觉性，就更容易中毒。鲁迅还说："有些读书人说，我们看这些古东西，倒并不觉得于中国怎样有害，又何必这样决绝地抛弃呢？是的。然而古老东西的可怕就正在这里。倘使我们觉得有害，我们便能警戒了，正因为并不觉得怎样有害，我们这才总是觉不出这致死的毛病来。因为这是'软刀子'。"③

历来的反动统治阶级及其反动文人把以"三纲""五常"为内容的孔孟之道视为中国文化的精粹，奉为至宝。鲁迅说："什么叫'国粹'？照字面看来，必是一国独有，他国所无的事物了。换一句话，便是特别的东西。但特别未必定是好，何以应该保存？譬如一个人，脸上长了一个瘤，额上肿出一颗疮，的确是与众不同，显出他特别的样子，可以算他的'粹'。然而据我看来，还不如将这'粹'割去了，同别人一样的好。"④一群圣人之徒死抱住不放的"国粹"就是中国的毒瘤和脓

---

① 鲁迅：《坟·灯下漫笔》，见《鲁迅全集》第1卷，227~228页。
② 鲁迅：《狂人日记》，见《鲁迅全集》第1卷，447页。
③ 鲁迅：《集外集拾遗·老调子已唱完》，见《鲁迅全集》第7卷，325页。
④ 鲁迅：《热风·随感录三十五》，见《鲁迅全集》第1卷，321页。

疮，只有割除了它们，中国才有出路，才有光明。否则只能是反动，是倒退。"现在中国顽固派的复古，把孔子礼教都拉出来了，但是他们拉出来的是好的么？如果是不好的，就是反动，倒退，以后恐怕是倒退的时代了。"①

鲁迅指出，孔孟之道不仅有利于中国反动派对人民的统治，而且有利于帝国主义对中国的侵略，所以它们也都竭力地鼓吹起尊孔读经来了。民国初年"孔教会"的成立，就是得到许多外国人的大力支持的。这些外国人为"孔教会"出版的《孔教论》写文作序，喧噪一时。鲁迅写过许多文章揭露帝国主义鼓吹尊孔读经的阴谋。他说："中国废止读经了，教会学校不是还请腐儒做先生，教学生读'四书'么？民国废去跪拜了，犹太学校不是偏请遗老做先生，要学生磕头拜寿么？外国人办给中国人看的报纸，不是最反对'五四'以来的小改革么？而外国总主笔治下的中国小主笔，则倒是崇拜道学，保存国粹的！"②帝国主义为什么对孔孟之道那样热衷起来了呢？因为孔孟之道可以"征服中国民族的心"。日本军国主义侵略中国后提倡所谓"王道"，就是诱骗中国人民自觉自愿地做奴隶，到那个时候，不用一兵一卒，中国就被征服了。正如鲁迅所说的，"中国人倘被别人用钢刀来割，是觉得痛的，还有法子想；倘是软刀子，那可真是'割头不觉死，一定要完。"③所以鲁迅愤慨地说："我们的古圣先贤既给与我们保古守旧的格言，但同时也排好了用子女玉帛所做的奉献于征服者的大宴。"④过去，外国人总是嘲骂中国的腐朽，自从发现孔孟之道的妙用，他们也称赞起中国文化来了。正如中国的俗话所说：黄鼠狼给鸡拜年——没安好

① 鲁迅：《集外集拾遗补编·关于知识阶级》，见《鲁迅全集》第8卷，227～228页。
② 鲁迅：《华盖集·忽然想到（六）》，见《鲁迅全集》第3卷，46～47页。
③ 鲁迅：《集外集拾遗·老调子已唱完》，见《鲁迅全集》第7卷，325/326页。
④ 鲁迅：《坟·灯下漫笔》，见《鲁迅全集》第1卷，226～227页。

心。所以鲁迅说："我记得'拳乱'时候（庚子）的外人，多说中国坏，现在却常听到他们赞赏中国的古文明。中国成为他们恣意享乐的乐土的时候，似乎快要临头了；我深憎恶那些赞赏。"[1]帝国主义总是以我们的痛疽为他们的宝贝，就是要使"中国人永远做侍奉主子的材料，苦下去，苦下去"[2]。

孔子、孟子都是中国历史上重要的教育家，他们的教育思想值得认真总结。孔子的教学实践与其认识论相结合，有许多有价值的经验可供我们后人借鉴。但是，他们的教育思想中也有消极的一面。例如，孔子主张学习是为了"仕"与"禄"，孟子进而主张劳心、劳力的社会分工在历史上的不可避免性，把脑力劳动（劳心）与统治剥削（治人）等同，并把"治人""食人"宣扬为"天下之通义"。从此，"万般皆下品，唯有读书高"，学习只是为了爬到人民头上当官做老爷，为了官位和利禄成为旧教育思想的"通义"。鲁迅深刻地剖析了这种教育思想的本质，他说："中国自有中国的圣贤和学者。'劳心者治人，劳力者治于人；治于人者食人，治人者食于人'，说得多么简截明白。"[3]这本是一切剥削阶级旧教育的共同特点，不独中国如此。但是，中国的反动派为了使自己的子孙做"人上人"的劳心者，可以不惜卖国求荣，去帮助洋主子统治自己的人民。鲁迅曾经揭露过这样一件事：1934年5月，当时的"国学名家"冯明权为了配合蒋介石的反共卖国和尊孔读经的宣传，在上海无线电台"读经讲座"专题广播节目中，宣扬封建道德和奴才哲学。其中一段是颜之推《家训》中的《勉学篇》，说："自荒乱已来，诸见俘虏，虽百世小人，知读《论语》《孝经》者，尚为人师；虽千载冠冕，不晓书记者，莫不耕田养马。以此观之，汝可不自

---

① 鲁迅：《〈出了象牙之塔〉后记》，见《鲁迅全集》第10卷，271页。

② 鲁迅：《集外集拾遗·老调子已唱完》，见《鲁迅全集》第7卷，325/326页。

③ 鲁迅：《花边文学·知了世界》，见《鲁迅全集》第5卷，540页。

勉耶？若能常保数百卷书，千载终不为小人也……谚曰：'积财千万，不如薄伎在身。'伎之易习而可贵者，无过读书也。"鲁迅敏锐地看出，反动派是在为投降主义造舆论。他立即予以揭露，指出："这说得很透彻：易习之伎，莫如读书，但知读《论语》《孝经》，则虽被俘虏，犹能为人师，居一切别的俘虏之上。这种教训，是从当时的事实推断出来的，但施之于金元而准，按之于明清之际而亦准。现在忽由播音，以'训'听众，莫非选讲者已大有感于方来，遂绸缪于未雨么？"①鲁迅一针见血地指出统治阶级教子读经是为了做"人上人"，即使当了俘虏还可以帮助新的主子去治理别的俘虏。反动派在日本帝国主义加紧侵略中国的时刻，在国难当头之时，却传播诵读起这种圣人之徒的家训，不是教人准备做奴隶吗？

鲁迅的不少小说描写了旧教育制度下培养出来的读书人。小说《孔乙己》就是最典型的一篇。他运用艺术形象刻画了两个完全不同的读书人。一个是读了书，中了举，显赫一时，称霸一方的丁举人；另一个是虽然也读了书，但没有能挤进统治阶级的孔乙己。孔乙己没有能当官，却又念念不忘自己是读书人，瞧不起劳动人民，不愿意脱下作为读书人的标志的旧长衫去加入劳动人民的行列。尽管穷得没有饭吃，也不愿意去参加劳动，终于走上了偷窃的道路，并在丁举人的迫害下，贫病交困地死去。可见，旧教育制度培养出来的读书人，由于受到孔孟之道的思想毒害，如果不能挤入反动统治阶级，就只有死路一条。孔乙己就是这种教育制度的牺牲品。鲁迅在描写孔乙己的时候，尽情地鞭挞了旧的教育制度，并对受害的旧知识分子予以同情。

鲁迅一方面揭露孔孟之道的反动性、欺骗性，另一方面也深刻地揭露了反动统治阶级提倡孔孟之道的虚伪性。孔子的"圣徒"们和形

---

① 鲁迅：《且介亭杂文·儒术》，见《鲁迅全集》第6卷，34页。

形色色的尊孔派总是把孔孟之道视为救国救民的真理。他们鼓吹"尊孔读经",叫嚷"整理国故""保存国粹",好像这样一来就可以富国强兵。鲁迅无情抨击这些骗人之谈,指出那是"从古来,并无良效"①;相反,却把中国人送给外国人做奴隶。中国几千年来"尊孔读经",而在一场鸦片战争中,被"四书""五经"上并无记录的英国打败了。鲁迅还指出,鼓吹孔孟之道,主要是为了愚弄人民,统治者自己并不实行。他们不过把它当作夺取权势的"敲门砖"。"尊孔的时候已经怀着别样的目的"②,尊孔无非是一种"器具",目的一达到,器具就可以掷掉,目的达不到,器具也就没有用了。正当北洋军阀大力鼓吹"尊孔读经"时,鲁迅写了《十四年的"读经"》一文,揭露反动派不过是"假借大义,窃取美名",使他们可以在社会里"妄行",他说:"尊孔,崇儒,专经,复古,由来已经很久了。皇帝和大臣们,向来总要取其一端,或者'以孝治天下',或者'以忠诏天下',而且又'以贞节励天下'。"可是历史上到底出了多少孝子、忠臣、节妇和烈女呢?"这一类的主张读经者,是明知道读经不足以救国的……但是,要些把戏,将人们作笨牛看则有之。"③

鲁迅认为,孔孟之道是反动派套在人民头上的精神枷锁,只有砸烂这个枷锁,人民的思想才能得到解放,中国也才有希望。他说:"说到中国的改革,第一著自然是埽荡废物,以造成一个使新生命得能诞生的机运。"④所以鲁迅总是教育青年要与孔孟之道以及一切旧思想做斗争,敢于对旧社会、旧文明毫无忌惮地加以批评,做"冲破一切传统思想和

---

① 鲁迅:《坟·我们现在怎样做父亲》,见《鲁迅全集》第1卷,142页。
② 鲁迅:《且介亭杂文二集·在现代中国的孔夫子》,见《鲁迅全集》第6卷,327页。
③ 鲁迅:《十四年的"读经"》,见《鲁迅全集》第3卷,136、138页。
④ 鲁迅:《〈出了象牙之塔〉后记》,见《鲁迅全集》第10卷,270页。

手法的闯将"①。

三、对旧学校脱离实际弊病的批判

旧教育的另一个要害是严重脱离实际。对于脱离实际的旧教育，鲁迅曾经是深受其害的。他从小就被逼着背诵"一字也不懂"的《鉴略》，什么"粤自盘古"啊，"生于太荒"啊，以后又背"四书""五经"。鲁迅后来在文章里常常谈到小时候读的那些书，觉得枯燥无味，很没有兴趣。

旧中国的学校严重脱离实际，鲁迅严厉地谴责这种学校，把它称为"十足奴隶式教育的学校"，在这种学校里学几年以后，青年的思想会僵化，会未老先衰。

鲁迅一贯反对读死书、死读书。他批评那种读死书的人说："倘只看书，便变成书橱，即使自己觉得有趣，而那趣味其实是已在逐渐硬化，逐渐死去了。"②

对于那些读了几本书、自以为无所不晓的读书人，鲁迅曾给以无情的嘲笑。他说："古之秀才，自以为无所不晓，于是有'秀才不出门，而知天下事'这自负的漫天大谎……其实是'秀才虽出门，不知天下事'的。秀才只有秀才头脑和秀才眼睛，对于天下事，那里看得分明，想得清楚。"③古之秀才的头脑里充满了脱离实际的"四书""五经"，再加上升官发财的思想，秀才瞧不起劳动人民。有着这样的头脑和眼睛，对于天下大事怎么能看得分明、想得清楚？也就是说，一个充满着私利或者有着偏见的人怎么能正确认识世界？鲁迅对于脱离实际的旧教育的批判，真是深刻至极。

是理论联系实际，还是理论脱离实际，这是两种完全不同的教育

① 鲁迅：《坟·论睁了眼睛看》，见《鲁迅全集》第1卷，255页。
② 鲁迅：《而已集·读书杂谈》，见《鲁迅全集》第3卷，462页。
③ 鲁迅：《南腔北调集·谚语》，见《鲁迅全集》第4卷，558页。

思想，这两种教育思想之间长期存在着斗争。早在20世纪20年代初期，鲁迅和胡适、陈源在这个问题上就开展过激烈的争论。胡适曾是新文化运动的积极分子，但后来从新文化阵营中分化出来了。他放弃了与旧文化、旧势力的斗争，提出了"多研究些问题，少谈些主义"的口号，反对马克思主义在中国的传播，引诱青年脱离社会阶级斗争的实际，要青年"踱进研究室"去"整理国故"。在帝国主义加紧对中国侵略的国难当头之时，他提出"救国必先求学"的主张，引导青年学生钻到古书堆中，"两耳不闻窗外事，一心只读圣贤书"，客观上起到了麻醉青年的作用。他们还开出了以孔学、佛经为主要内容的《一个最低限度的国学书目》共1 000多册，供青年选读。[①]一时间，"埋头读书""保存国粹"的风气甚嚣尘上。鲁迅敏锐地看到了这种思潮的危害，严厉地批评了这种思潮，指出："前三四年有一派思潮，毁了事情颇不少。学者多劝人踱进研究室，文人说最好是搬入艺术之宫，直到现在都还不大出来。[②]鲁迅告诫青年，这是一种"圈套"。[③]针对胡适开出的国学书目，鲁迅借回答《京报副刊》征求青年必读书目时答道："从来没有留心过，所以现在说不出。"他又在"附注"栏里指出："我看中国书时，总觉得就沉静下去，与实人生离开。""少看中国书，其结果不过不能作文而已。但现在的青年最要紧的是'行'，不是'言'。"[④]鲁迅这个回答是对当时复古倒退的逆流的有力回击，也是对脱离实际、埋头读书的有力批判。

对鲁迅上述的回答，当然不能理解为不要读书，鲁迅反对的并不是读书，而是反对读宣扬封建思想的书，反对青年脱离现实斗争，钻到古

---

① 胡适：《一个最低限度的国学书目》，载《努力周报·读书杂志》，1923（7）。
② 鲁迅：《华盖集·通讯》，见《鲁迅全集》第3卷，26页。
③ 鲁迅：《华盖集·通讯》，见《鲁迅全集》第3卷，26页。
④ 鲁迅：《华盖集·青年必读书》，见《鲁迅全集》第3卷，12页。

书堆里读死书。鲁迅少读中国书的主张在《京报副刊》上刊出以后，触怒了一大群遗老遗少，"署名和匿名的豪杰之士的骂信，收了一大捆"①。当时就有一个名叫熊以谦的发表了一篇文章攻击鲁迅，题为《奇哉！所谓鲁迅先生的话》，诬蔑鲁迅"浅薄无知识""贻误青年""冤枉了中国书"，等等。②鲁迅写了《报〈奇哉所谓……〉》一文予以回击。鲁迅在文中揭露了"尊孔读经"的反动政治目的及其危害，指出"外国人来灭中国"是会"奖励你多读中国书"的。③有的人指责鲁迅，自己读了许多中国书，却偏不让别人读中国书。鲁迅回答说，正是因为自己读了一点中国书，知道其中的弊害，所以不愿再让青年去读它。

理解鲁迅上面一段话也应该结合当时的时代背景。其实，鲁迅并不是一般地反对读中国书，问题是在当时形势下应该读什么书，用什么态度、什么观点去读书。鲁迅主张多读一些有利于国家富强、民族振兴的书，读古书则要用批判的眼光去读，要去其糟粕，取其精华，要古为今用，决不能用读古书来抵制革命运动的发展。鲁迅的教导始终是我们读书的指南。

研究鲁迅的教育思想，特别是鲁迅对孔孟之道及旧教育的批判，需放到当时的历史背景中去。以孔孟为代表的儒家经典是中华文化的重要内容，今天我们提倡读点儒家经典，已经是在中国人民做主人的新时代背景下，为继承和弘扬中华民族文化、振兴民族精神服务。但仍需要有所选择，取其精华。

---

① 鲁迅：《华盖集·题记》，见《鲁迅全集》第3卷，4页。
② 鲁迅：《集外集拾遗·报〈奇哉所谓……〉》，见《鲁迅全集》第7卷，265～271页。
③ 鲁迅：《报〈奇哉所谓……〉》，见《鲁迅全集》第7卷，265页。

第四章　论培养和造就大群的革命战士

一、培养和造就革命战士的紧迫性

鲁迅在革命斗争的实践中，非常重视培养新的战士。因为他认识到，要与旧势力做斗争就要有斗士，而且旧势力又是那样顽固，非有很大的力不能动摇它，所以就需要有大群的具有新思想的战士。1934年6月9日他在给朋友的信中写道："这样的战斗，是要继续得很久的。所以当今急务之一，是在养成勇敢而明白的斗士，我向来即常常注意于这一点……"①这是确实的，他从参加战斗的第一天起就认识到培养战士的重要性。以后经过辛亥革命、"五四运动"等几场战斗以后，革命队伍几经分化，有的高升，有的退隐，有的落荒，有的颓唐，他时时感到革命战士的不足，有时简直布不起阵来。因此他呼吁革命者一定要注意培养战士，积蓄力量，以期能与旧社会恶势力决一死战。1930年左翼作家联盟成立，鲁迅在成立大会上的讲话中给左联明确提出三条任务，其中一条就是"我们应当造出大群的新的战士"。②

对于培养新的战士的思想，鲁迅在前期和后期有所不同，这是与他的整个思想发展相一致的，大致可以分为三个时期。

第一个时期是"五四运动"前后。他在《狂人日记》中发出了"救救孩子"的呼声，呼吁有觉悟的父母，把孩子从封建礼教中解放出来。他批评旧中国的父母只把孩子当作自己福气的材料，只要生，不管教，"小的时候，不把他当人，大了以后，也做不了人"。③他要求父母对于子女应该有"尽力的教育"，他说："凡动物较高等的，对于幼雏，除了养育保护以外，往往还教他们生存上必需的本领……人类更高几等，便也

---

① 鲁迅：《鲁迅书信集·致杨霁云》，见《鲁迅全集》第13卷，146～147页。
② 鲁迅：《二心集·对左翼作家联盟的意见》，见《鲁迅全集》第4卷，241页。
③ 鲁迅：《热风·随感录二十五》，见《鲁迅全集》第1卷，312页。

有愿意子孙更进一层的天性……只要思想未遭锢蔽的人，谁也喜欢子女比自己更强，更健康，更聪明高尚，更幸福；就是超越了自己，超过了过去。"他批评那种"三年无改于父之道可谓孝矣"的封建道德，"是曲说，是退婴的病根"；但是要真正做到解放子女，做父母的先要有一番预备，那就是觉醒的人们要肩负起改造社会的任务，"一面清结旧账，一面开辟新路"。

这一时期鲁迅对于青年的要求是：发奋图强，努力奋斗，不要因为看到社会的腐败而气馁，看到环境的黑暗而消沉。他要青年"都摆脱冷气，只是向上走，不必听自暴自弃者流的话。能做事的做事，能发声的发声。有一分热，发一分光，就令萤火一般，也可以在黑暗里发一点光，不必等候炬火"。①

前面已经谈到，在这一时期鲁迅还是从进化论的观点出发来阐述教育问题的，虽然也提到了改造社会的任务，但对于培养什么样的人，还没有提出明确的要求。

第二个时期是1925年前后，经过"五四运动"的洗礼，特别是从1920年开始到8个大中学校任教，直接与青年学生接触，参加了他们的斗争，鲁迅的思想有了进一步的发展。他对青年的要求逐渐明确起来，提出了培养"斗士""闯将"的思想。我们可以看看他在1925年至1926年写的几篇文章中的提法。

1925年4月14日他写道："世上如果还有真要活下去的人们，就先该敢说，敢笑，敢哭，敢怒，敢骂，敢打，在这可诅咒的地方击退了可诅咒的时代！"②

1925年4月29日他写道："这人肉的筵宴现在还排着，有许多人还想

---

① 鲁迅：《热风·随感录四十一》，见《鲁迅全集》第1卷，341页。
② 鲁迅：《华盖集·忽然想到（五至六）》，见《鲁迅全集》第3卷，45页。

一直排下去。扫荡这些食人者，掀掉这筵席，毁坏这厨房，则是现在的青年的使命！"①

1925年7月22日他写道："必须敢于正视，这才可望敢想，敢说，敢作，敢当。""没有冲破一切传统思想和手法的闯将，中国是不会有真的新文艺的。"②

1925年12月31日他写道："我早就很希望中国的青年站出来，对于中国的社会，文明，都毫无忌惮地加以批评……"③

1926年4月2日他写道："真的猛士，敢于直面惨淡的人生，敢于正视淋漓的鲜血。"④

鲁迅在这一时期对青年的要求比前期激烈得多、明确得多，充满了反帝反封建的反抗精神。如果说前期还只是要求孩子得到解放，青年不必理会旧势力的"冷笑和暗箭"，只是"向上走"，那么这个时期就要求青年主动地起来斗争，冲破传统思想和手法，掀掉吃人的筵席，提出了青年改革社会的使命。

第三个时期是1927年以后，鲁迅逐渐成为具有马列主义世界观的共产主义者。他的教育思想达到了新的高度。他明确地提出要培养革命人。他说："为革命起见，要有'革命人'，'革命文学'倒无须急急，革命人做出东西来，才是革命文学。"⑤他在谈到革命文学的时候又说道："我以为根本问题是在作者可是一个'革命人'，倘是的，则无论写的是什么事件，用的是什么材料，即都是'革命文学'。从喷泉里出来的都是水，从血管里出来的都是血。"⑥鲁迅在左联成立会上的讲话和给

---

① 鲁迅：《坟·灯下漫笔》，见《鲁迅全集》第1卷，229页。
② 鲁迅：《坟·论睁了眼看》，见《鲁迅全集》第1卷，251页。
③ 鲁迅：《华盖集·题记》，见《鲁迅全集》第3卷，4页。
④ 鲁迅：《华盖集续编·记念刘和珍君》，见《鲁迅全集》第3卷，290页。
⑤ 鲁迅：《而已集·革命时代的文学》，见《鲁迅全集》第3卷，437页。
⑥ 鲁迅：《而已集·革命文学》，见《鲁迅全集》第3卷，568页。

杨霁云的信中也提出了要培养革命战士的任务。这个时期，鲁迅深深感到培养和造就革命战士的紧迫性。

二、革命战士应该具备的素质

那么，一个革命战士需要具备什么素质呢？鲁迅没有直接阐述这个问题，但是在他的著作中到处都是答案。这里试着归纳成下列几点。

第一，他要求革命战士要有明确的是非观念和爱憎分明的阶级立场。"横眉冷对千夫指，俯首甘为孺子牛"是他自己坚守不移的信念，同时也是他所要求于青年的。鲁迅认为，一个革命者对于是非和爱憎都要从阶级的利益出发，敢于坚持所是，反对所非。他曾经说过："被压迫者对于压迫者，不是奴隶，就是敌人，决不能成为朋友。"[1]

鲁迅最反对超阶级的观点或者对是非问题持模棱两可的态度，认为这种态度貌似公允，不偏不倚，骨子里却掩盖了自己的真正立场和观点。因此，作为一个革命者，就要立场坚定，是非分明，在黑暗和暴力的袭击中，是一株独立支持的大树，不是向两边偏倒的小草。对待敌人是横眉冷对，毫不容情，对待人民则无限热情。鲁迅自己就是这样，正像他自己所说的："凡是为中国大众工作的，倘我力所及，我总希望（并非为了个人）能够略有帮助。"[2]这里鲁迅特别注明，不是为个人，是为了中国的大众及其解放事业。

第二，他要求革命战士要有彻底革命的精神。这就要求有正确的世界观。有了正确的世界观和远大的奋斗目标，才能勇往直前。

有了彻底革命的精神，对敌人就毫不妥协、决不宽容。鲁迅主张要有"痛打落水狗"的精神，这是他总结了长期革命斗争的血的教训而得出来的。他亲眼看到由于革命不彻底，让"落水狗"爬上岸来，咬死了

---

[1] 鲁迅：《且介亭杂文二集·后记》，见《鲁迅全集》第6卷，466页。
[2] 鲁迅：《鲁迅书信集·致曹白》，见《鲁迅全集》第14卷，121页。

许多革命人。因而他主张对敌人决不能讲宽容。正像毛泽东诗中所写的"宜将剩勇追穷寇，不可沽名学霸王"。他最反对中庸之道。他说，"中庸"的根基是"卑怯"，"遇见强者"，不敢反抗，便以'中庸'这些话来粉饰，聊以自慰"。[①]而在与反动势力斗争中宣扬"中庸之道"，恰恰是帮了敌人的忙。所以他在《死》一文中告诫子孙："损着别人的牙眼，却反对报复，主张宽容的人，万勿和他接近。"[②]

鲁迅还要求革命战士要有"韧"战的精神，与旧思想、旧文化做斗争时必须坚决，持久不懈。这是因为旧社会的根基非常坚固，新运动非有更大的力不能动摇它；旧社会的势力很顽固，它还有使新势力妥协的好办法，但它自己是决不妥协的；所以一个革命战士要有长期作战的思想，准备战斗30年，战斗到下一代，再下一代，这就要"韧"。

第三，他要求革命战士要有牺牲精神。革命是和敌人做殊死的战斗，战斗就会有牺牲，只有具有远大的革命目标、高度的革命乐观主义精神，才能不怕牺牲，去夺取革命的伟大胜利。他批评小资产阶级对待革命的浪漫的幻想和动摇性。他以俄国诗人叶遂宁[③]等为例，说明如果一个革命者不脚踏实地投身到革命斗争中去，很可能"碰死在自己所讴歌希望的现实上"[④]。他还指出，革命不仅是轰轰烈烈的事业，而且还有许多具体的工作要做。如果只想到轰轰烈烈，不想做具体麻烦的工作，革命是不会彻底成功的。他说："革命是痛苦，其中也必然混有污秽和血，决不是如诗人所想像的那般有趣，那般完美；革命尤其是现实的事，需要各种卑贱的、麻烦的工作，决不如诗人所想像的那般浪漫；革命当然有破坏，

---

① 鲁迅：《华盖集·通讯（二）》，见《鲁迅全集》第3卷，27页。
② 鲁迅：《死》，见《鲁迅全集》第6卷，635页。
③ 叶遂宁（1895—1925），苏联诗人。俄国十月革命时，他曾经热情地向往革命，讴歌革命，但他没有投身到新的革命和人民的生活中，不久又陷入苦闷，于1925年12月自杀。
④ 鲁迅：《三闲集·在钟楼上》，见《鲁迅全集》第4卷，36页。

然而更需要建设，破坏是痛快的，但建设却是麻烦的事。"①鲁迅说得多么深刻！只有对革命有着这样深刻的理解，才不会因遇到困难而退缩，因遇到失败而颓唐。鲁迅自己就是这样，为了革命，不惜做一切琐事。他曾经说过："我先前何尝不出于自愿，在生活的路上，将血一滴一滴地滴过去，以饲别人，更自觉渐渐瘦弱，也以为快活。"②鲁迅以上的话和他的牺牲精神对我们现在来讲也是有重大的现实意义和教育意义的。

第四，他要求革命战士要有自我批评的精神。革命者要努力学习马列主义，改造自己的世界观，这样才能够不落后，不掉队，不断革命，永远前进。鲁迅说："革命者决不怕批判自己，他知道得很清楚，他们敢于明言。"③他要求革命者严于解剖自己，不断地使自己进步。他有一句名言："我的确时时解剖别人，然而更多的是更无情面地解剖我自己。"④他告诫青年，不要听了别人的称赞便高兴，听了别人的批评便不快。他说这种态度只有小孩子与野蛮人才有，他希望将来要担当大任的青年不要如此。

第五，他要求革命战士永远生活在工农群众之中。革命者要有解放工农大众的远大革命目标，同时还要到工农中去，和他们结合，才能为大众做事情。他深刻地批评那种居功自傲，以为替大众做一点事就有功于大众，于是革命胜利了就该吃特等饭、坐特等车的思想。他特别指出，身为知识分子的革命者，更应该到工农中去，了解工农的疾苦，把自己看作工农群众的一分子，才能做出革命成绩来。他说："由历史所指示，凡有改革，最初，总是觉悟的智识者的任务。但这些智识者，却必须有研究，能思索，有决断，而且有毅力。他也用权，却不是骗人，

---

① 鲁迅：《二心集·对于左翼作家联盟的意见》，见《鲁迅全集》第4卷，238～239页。
② 鲁迅：《两地书·九五》，见《鲁迅全集》第11卷，253页。
③ 鲁迅：《三闲集·"醉眼"中的朦胧》，见《鲁迅全集》第4卷，第62页。
④ 鲁迅：《坟·写在〈坟〉后面》，见《鲁迅全集》第1卷，300页。

他利导，却并非迎合。他不看轻自己，以为是大家的戏子，也不看轻别人，当作自己的娄罗。他只是大众中的一个人，我想，这才可以做大众的事业。"①

鲁迅对革命战士或者青年要具备的素质的论述还有很多，以上只是归纳了几个主要方面。读过鲁迅著作的同志都有一种感觉，鲁迅讲述的是当时的具体事情，但它的内容含义深刻，有着无穷的教育力量，每个人都可以从中吸取到教育的营养。

第五章　论青年教育

要把青年培养成为革命的战士，就要引导青年努力学习，用科学文化知识武装自己。否则青年就不能担负起改造社会的任务。前面说到，对于鲁迅反对青年读中国的书，并不能笼统地理解为鲁迅反对青年读书，相反，鲁迅主张青年要刻苦学习，努力读书。他反对的只是有害于青年的充满了封建道德的中国古书，他把它们比作秕谷。他说，用秕谷来养青年，是决不会使之壮大的。他希望甘心为青年服务的作者和译者竭力运输些切实的精神食粮来培养青年，使他们壮大起来，将来获得较大的成就。②

鲁迅教育青年既要有远大的目标，又要有扎扎实实的本领。鲁迅常常批评那些空谈家，不去切切实实地求知识做学问，而是空喊什么"革命啊""爱国啊"等口号，实际既干不了革命，也救不了国。他有一次在给朋友的信中写道："仆以为一无根柢学问；爱国之类，俱是空谈；现在要图，实只在熬苦求学。"③后来，他告诫自己的子孙不要做"空头

---

① 鲁迅：《且介亭杂文·门外文谈》，见《鲁迅全集》第6卷，104～105页。
② 鲁迅：《准风月谈·由聋而哑》，见《鲁迅全集》第5卷，295页。
③ 鲁迅：《鲁迅书信集·致宋崇义》，见《鲁迅全集》第11卷，383页。

文学家"，也是这个道理。

做学问没有平坦的道路，学习是要下苦功夫的，绝不是一朝一夕就能把本领学到手的。鲁迅总是谆谆教导青年刻苦学习。他给青年写过上千封信，教育青年不要自暴自弃，要努力向上走，刻苦学习，而且要有恒心，不能朝三暮四，见异思迁。他批评有些青年，不乐于搞科学，便去搞文学；不会写文章，便去学美术，然而又不肯下苦功夫练画，结果只是留长了头发，放大了领结，装个艺术家的样子完事。鲁迅看到这种青年，对中国的前途就很担心，他感慨地说，"假使中国全是这类人，实在怕不免于糟"。①

鲁迅在1932年4月开列了自己的译著书目后写了一篇附记，在附记中谈到了自己对文学工作的严肃态度，并且以切身的经验忠告青年，要不断努力，切勿骄傲自满，停止不前，而要立下雄心壮志，努力超越前人，其中有一段话很有教育意义，现抄录如下："对于为了远大的目的，并非因个人之利而攻击我者，无论用怎样的方法，我全都没齿无怨言。但对于只想以笔墨问世的青年，我现在却敢据几年的经验，以诚恳的心，进一个苦口的忠告。那就是：不断的（！）努力一些，切勿想以一年半载，几篇文字和几本期刊，便立了空前绝后的大勋业。还有一点，是：不要只用力于抹杀别个，使他和自己一样的空无，而必须跨过那站着的前人，比前人更加高大。初初出阵的时候，幼稚和浅薄都不要紧，然而也须不断的（！）生长起来才好。"②这里提到两个"不断"，而且后面都加了着重号，要不断地努力，不断地生长。这是鲁迅对青年的殷切期望。这段话不仅讲到学风问题，也讲到做人的问题。这段话对今天的青年来说不也同样有着重大的意义吗？

---

① 鲁迅：《鲁迅书信集·致杨霁云》，见《鲁迅全集》第13卷，137页。
② 鲁迅：《三闲集·鲁迅译著书目》，见《鲁迅全集》第4卷，第188～189页。

鲁迅关于学习、读书的论述是很多的，现在分述如下。

一、青年要学习哲学社会科学

鲁迅教育青年要学习哲学社会科学，特别是要学习辩证唯物论和历史唯物论，因为它们是认识自然界和人类社会的宇宙观。只有树立了这样的宇宙观，才能对自然界、对人类社会有一个正确的看法和理解。鲁迅很早就接触过马列主义，但大量地学习则是在1927年前后。鲁迅刻苦钻研马列主义后就发现，马列主义的辩证唯物论和历史唯物论是伟大的科学的理论，它揭示了自然界和人类社会发展的规律，许多难于理解的问题，用它来解释就能明白。1928年7月他在给友人的信中特别讲了这个体会，他说："以史底唯物论批评文艺的书，我也曾看了一点，以为那是极直捷爽快的，有许多昧暧难解的问题，都可说明。"[1]自此以后他常常劝告青年读点唯物论的书，特别是一个革命青年，不能光迷恋于打着革命招牌的创作或批评，以为读了这些作品就懂得了革命，自己和社会就可以得救，便有出路。鲁迅说，其实这些都不是"滋养品"，是"新袋子里的酸酒，红纸包里的烂肉"，吃多了以后，胸口痒痒的，好像要呕吐。他说："得了这一种苦楚的教训之后，转而去求医于根本的、切实的社会科学，自然，是一个正当的前进。"但是，当时社会科学的译著中也有粗制滥造的。鲁迅强调，必须有"几个坚实的，明白的，真懂得社会科学及其文艺理论的批评家"。[2]

鲁迅认为，学习马列主义，就要读马列主义的原著，不要去看那些议论马列主义的小册子。他在给一位青年的信中写道："中国的书，乱骂唯物论之类的固然看不得，自己不懂而乱赞的也看不得，所以我以为最好先看一点基本书，庶不致为不负责任的论客所误。"[3]他还比喻读原

---

[1] 鲁迅：《鲁迅书信集·致韦素园》，见《鲁迅全集》第12卷，125页。
[2] 鲁迅：《二心集·我们要批评家》，见《鲁迅全集》第4卷，245、246页。
[3] 鲁迅：《鲁迅书信集·致徐懋庸》，见《鲁迅全集》第12卷，527页。

著等于看真金，免得受硫化铜的欺骗。

鲁迅认为，学习马列主义，要领会它的精神实质，学习无产阶级的立场、观点和方法，并用它来改造自己的思想。他把翻译和学习马列主义著作比作希腊神话中的普罗米修斯到上帝那里窃得火来造福于人类，而他自己，则是"窃得火来煮自己的肉"。的确，他就是用了马列主义的烈火，烧尽了自己身上的"鬼气和毒气"，脱胎换骨，变成了一个骨头最硬，没有丝毫奴颜和媚骨的彻底革命的无产阶级战士，为青年们树立了光辉的榜样。

鲁迅还主张青年要读点历史，因为"许多历史的教训，都是用极大的牺牲换来的"[①]。也就是说，学习历史的目的是从历史上找到经验教训，以便对现实的情况可以看得更为真切和深刻。"读史，就愈可以觉悟中国改革之不可缓了。"[②]这里，鲁迅正确地阐明了学习历史的目的和古为今用的原则。

但是，鲁迅认为读史要多看野史和杂记，因为正史往往是"官修"而加以"钦定"的，涂饰得太厚，废话太多，不可靠。野史和杂记自然也免不了有讹传，但不像正史那样装腔作势。因而可以从中看到一些当时的真实情况，可以得出较为正确的教训。

鲁迅认为，读史也要自己动脑子分析，独立思索，不能人云亦云。他说，许多史书对人物的评价是靠不住的。历代王朝，统治时间长的，评论者都是本朝的人，对他们本朝的皇帝多半是歌功颂德；统治时间短的，那朝代的皇帝就很容易被贬为"暴君"，因为评论者是另一个朝代的人了。他说，例如秦始皇就吃了秦朝年代太短的亏。[③]

---

① 鲁迅：《集外集拾遗补编·今春的两种感想》，见《鲁迅全集》第7卷，409页。
② 鲁迅：《华盖集·这个与那个》，见《鲁迅全集》第3卷，149页。
③ 冯至：《笑谈虎尾记犹新》，见《鲁迅回忆录·散篇》上册，331～332页。

二、青年要学习自然科学

鲁迅十分重视自然科学，他要求青年人学习自然科学。他认为，科学可以使人们的思想解放，社会进步。他说："科学能教道理明白，能教人思路清楚，不许鬼混。"[①]

为了说明鲁迅是如何重视自然科学的，这里先介绍一下鲁迅与自然科学的关系。这可以从他的童年时代说起。鲁迅从小就喜爱那些有关草木虫鱼的书。但是，当时科学的书籍很少，能够看到的是《释草小记》《释虫小记》《南方草木状》《广群芳谱》《毛诗草木鸟兽虫鱼疏》《花镜》等古书。鲁迅后来回忆说，他那时最喜爱的是《花镜》，上面有许多图。这本书是专讲园圃花木栽培的。鲁迅不仅读过、抄过、校对过几个本子，还通过实践改正了其中的错误。比如《花镜》上说，映山红"须以本山土壅始活"。鲁迅批注说，这种花"性喜燥，不宜多浇，即不以本山土栽亦活"。

1898年鲁迅在江南水师学堂和路矿学堂开始接触西方的现代自然科学，"才知道世上还有所谓格致，算学，地理，历史，绘图和体操"[②]。他对这些自然科学感到"非常新鲜"，学得津津有味。他并不满足于学校里的这些功课，课余时间总是到处找书、抄书、买书。他从《天演论》系统地接受了达尔文的进化论思想，吸取了其中唯物发展观的因素，对他以后的思想发展和革命活动有着重大的影响。以后鲁迅又到日本学医。当时，西方资产阶级文化的传入，使许多爱国知识分子从事自然科学的学习和研究，并幻想自然科学能够救中国。青年鲁迅也想用西方的医学来救国救民。但是后来他发现光靠科学并不能救国，要著还是在于唤起民众，所以弃医从文。但是他始终没有脱离自然科学。他热心于自

---

① 鲁迅：《热风·随感录三十三》，见《鲁迅全集》第1卷，314页。
② 鲁迅：《呐喊·自序》，见《鲁迅全集》第1卷，438页。

然科学的宣传普及工作。1903年开始他就写作了《说铒》《中国地质略论》两篇自然科学论文，与顾琅合编了《中国矿产志》，并花了很大的精力从日文译本转译了法国小说家儒勒·凡尔纳著的《月界旅行》和《地底旅行》两本科学幻想小说。他用中国人民喜闻乐见的章回小说形式把西方的自然科学知识介绍给祖国人民，用以普及科学知识。1907年他写了《人之历史》和《科学史教篇》两篇重要论文。《人之历史》介绍了达尔文的生物进化学说及其发展史略；《科学史教篇》介绍了西方自然科学发展的历史，说明了科学在改造自然和改造社会方面所起的作用。

鲁迅回国以后，曾在杭州的浙江两级师范学堂与绍兴府中学堂教书，担任的课程就是自然科学。他利用教学普及科学知识，启发学生破除迷信。假日，他还常常带领学生到野外去采集植物标本，培养学生对自然科学的兴趣。

后来他虽然没有再从事自然科学的教学和写作工作，但是一直没有停止过自然科学的普及工作。1930年他还翻译了日本药学家刘米达夫著的《药用植物》，1933年写作了《"蜜蜂"与"蜜"》，等等。他病重以后还念念不忘要翻译法国科学家法布尔的科学实验著作《昆虫记》。

他的三弟周建人，因为要在家里照顾母亲，不能外出求学，鲁迅就劝他自学自然科学。他认为，学习物理、化学之类需要实验设备，在当时的中国不好解决，学植物学最好，可以随处采集标本，于是他鼓励周建人学生物学。他在日本时就给周建人寄去好几本植物学的书，还寄给他一架解剖显微镜。正是在鲁迅的鼓励下，周建人后来成为我国著名的生物学家。

从鲁迅与自然科学的关系可以看出，鲁迅总是把自然科学和社会改造的事业联系在一起。把科学作为唤起民众、破除迷信的思想武器。他在《〈月界旅行〉辨言》中写道："我国说部，若言情谈故刺时志怪者，架栋汗牛，而独于科学小说，乃如麟角。智识荒隘，此实一端。故苟欲弥今日译界之缺点，导中国人群以进行，必自科学小说始。"[①]他要用科学小说来"破遗传之迷信，改良思想，补助文明"[②]。把科学知识介绍给中国读者以启发国人的思想是鲁迅很早就立下的志向，也是他一生工作的一部分。

鲁迅自己是这么重视自然科学，所以他也要求青年重视自然科学的学习。这当然不是说要求青年都去从事自然科学工作，而是不论从事什么工作都要学习一些自然科学知识，因为学习自然科学不仅能增长人们的知识，而且可以让人们尊重事实，培养实事求是的精神，树立科学观。自然科学有着巨大的教育意义。所以鲁迅认为搞文学的青年也应该学习自然科学，这样，研究文学才能明白，写文章也才能写得清楚。他在指导一位青年读书时写道："先前的文学青年，往往厌恶数学、理化、史地、生物学，以为这些都无足重轻，后来变成连常识也没有，研究文学固然不明白，自己做起文章来也糊涂，所以我希望你们不要放开科学，一味钻在文学里……"[③]鲁迅在20世纪的早期就强调文理科并重，是卓有远见的。现代教育的发展也正说明了这一点。现代科学技术的发展更需要宽广的知识面，许多先进学校已经要求学理科的学生学点文科知识，学文科的学生学点理科知识，以提高学生的全面素质。同时跨学科的专业越来越多，学科向综合性发展，自然科学与人文社会科学联盟是世界教育发展的总趋势。

三、青年要学习外国语言

鲁迅在给青年的通信中多次谈到青年要学习一两门外国语言。他

① 鲁迅：《译文序跋集〈月界旅行〉辨言》，见《鲁迅全集》第10卷，164页。
② 鲁迅：《译文序跋集〈月界旅行〉辨言》，见《鲁迅全集》第10卷，164页。
③ 鲁迅：《鲁迅书信集·致颜黎民》，见《鲁迅全集》第14卷，77页。

说："研究文学，不懂一种外国文，是非常不便的。"①他还认为，学习一门外语还不够，还要多掌握几门，才有利于研究工作，他给夏传经的信中说："关于研究文学的事，真是头绪纷繁，无从说起；外国文却非精通不可，至少一国，英法德日都可，俄更好。"②鲁迅强调"俄更好"是出于当时革命斗争形势的需要，苏俄有许多优秀的文艺作品和革命理论需要我们去研究和学习。

鲁迅把外语看作一种工具和武器，是学习和宣传外国革命理论和进步文化必不可少的。鲁迅自己就是运用外语进行战斗的光辉榜样。他精通日文和德文，学过英文和俄文。在他战斗的一生中他以外语为武器，翻译介绍了许多马克思列宁主义的文艺理论和被压迫民族的进步文学，用来提高中国人民的思想觉悟。他先后翻译过十几个国家的100多个作家的文学和自然科学作品，共310多万字，占了他全部译著的半数，给我们留下了宝贵的财富。

鲁迅对青年学习外语十分关心。青年写信向他请教，他总是热情地回答，给予明确的指导。怎样才能学好外语呢？

鲁迅有以下几个观点。

第一，要有信心。有的青年认为学习外语很难，没有信心。鲁迅鼓励他们说："这并不难，青年记性好，日记生字数个，常常看书，不要间断，积四五年，一定能到看书的程度的。"③

第二，要有恒心。就是上面讲的"要不间断"，遇到困难要坚持。他在给曹白的信中说："学外国文须每日不放下。"④为了坚持学习，鲁迅认为最好进学校，哪怕是夜校也好，自修因为没有督促，很容易被随便放下。

---

① 鲁迅：《鲁迅书信集·致曹白》，见《鲁迅全集》第14卷，94页。
② 鲁迅：《鲁迅书信集·致夏传经》，见《鲁迅全集》第14卷，33页。
③ 鲁迅：《鲁迅书信集·致夏传经》，见《鲁迅全集》第14卷，33页。
④ 鲁迅：《鲁迅书信集·致曹白》，见《鲁迅全集》第14卷，95页。

第三，要多读，"硬看"。他说："记生字和文法是不够的，要硬看。比如一本书，拿来硬看，一面翻生字，记文法；到看完，自然不大懂，便放下，再看别的。数月或半年之后，再看前一本，一定比第一次懂得多。这是小儿学语一样的方法。①

第四，初学外语，有好的教师很重要。他说："初学外语，教师的中国话或中国文不高明，于学生是很吃亏的。学生如果要像小孩一样，自然而然的学起来，那当然不要紧，但倘是要知道外国的那一句，就是中国的那一句，则教师愈会比较，就愈有益处。否则，发音即使准确，所得的每每不过一点皮毛。②

第五，要有一部好的字典。他在东京和蔡元培的从弟蔡国亲谈到学习德语时说："最要紧的是有一部好字典。"③

鲁迅对外语学习的论述是十分精辟的，是经过实践证明了的，凡是学过外国语的人都能感觉到这几点的重要。鲁迅不仅有自己学习的经验，而且有教别人学习的经验。鲁迅教许广平学习日文就是一个例子。

四、青年的知识面要宽广

鲁迅主张青年学习的面要宽一些，要吸取各方面的知识，然后再钻研一门学问，这样才能学得深、钻得透。正如盖楼房一样，基础宽了，底子打厚了，楼房才能盖得高。这就是所谓博大精深的辩证关系。同时，知识面宽了，见识广了，眼界就开阔，思想就解放。下面有两段话，充分体现了鲁迅的这个思想。

其一，鲁迅说："爱看书的青年，大可以看看本分以外的书，即课外的书，不要只将课内的书抱住。但请不要误解，我并非说，譬如在

---

① 鲁迅：《鲁迅书信集·致曹白》，见《鲁迅全集》第14卷，95页。
② 鲁迅：《鲁迅书信集·致唐弢》，见《鲁迅全集》第13卷，439～440页。
③ 蔡元培：《记鲁迅先生轶事》，见《鲁迅先生纪念集·悼文》第1辑，1页，上海，上海书店，1979。

国文讲堂上，应该在抽屉里暗看《红楼梦》之类；乃是说，应做的功课已完而有余暇，大可以看看各样的书，即使和本业毫不相干的，也要泛览。譬如学理科的，偏看看文学书，学文学的，偏看看科学书，看看别个在那里研究的，究竟是怎么一回事。这样子，对于别人，别事，可以有更深的了解。"①

其二，"可以看看世界旅行记，借此就知道各处的人情风俗和物产。我不知道你们看不看电影；我是看的，但不看什么'获美''得宝'之类，是看关于非洲和南北极之类的片子，因为我想自己将来未必到非洲成或南北极去，只好在影片上得到一点见识了。"②

鲁迅还主张读点反面教材，便于"知己知彼"。这里也有两段话说得很明白，抄录如下。

"讲扶乩的书，讲婊子的书，倘有机会遇见，不要皱起眉头，显示憎厌之状，也可以翻一翻；明知道和自己意见相反的书，已经过时的书，也用一样的办法……这也有一点危险，也就是怕被它诱过去。治法是多翻，翻来翻去，一多翻，就有比较，比较是医治受骗的好方子。"③

"我是主张青年也可以看看'帝国主义者'的作品的，这就是古语的所谓'知己知彼'。青年为了要看虎狼，赤手空拳的跑到深山里去固然是呆子，但因为虎狼可怕，连用铁栅围起来了的动物园里也不敢去，却也不能不说是一位可笑的愚人。有害的文学的铁栅是什么呢？批评家就是。"④

读反面材料，为的是战斗，更好地了解敌人，才能更有力地打击敌人。所以鲁迅说："我们看书，倘看反对的东西，总不如看同派的东西

① 鲁迅：《而已集·读书杂谈》，见《鲁迅全集》第3卷，458页。
② 鲁迅：《鲁迅书信集·致颜黎民》，见《鲁迅全集》第14卷，77页。
③ 鲁迅：《且介亭杂文·随便翻翻》，见《鲁迅全集》第6卷，141～142页。
④ 鲁迅：《准风月谈·关于翻译（上）》，见《鲁迅全集》第5卷，313～314页。

的舒服、爽快、有益，但倘是一个战斗者，我以为，在了解革命和敌人上，倒是必须更多的去解剖当面的敌人的。"①看反面材料是有危险的，但有防止危险的办法，这办法一是比较，二是批评。把错误的东西和正确的东西一比较，就会发现反面材料的谬误，特别是大家看了以后，共同来评论，运用马克思列宁主义这个显微镜加以分析，就可以把毒草化为肥料，从中取得有益的养料。

五、青年要学会独立思考

鲁迅不仅指导青年读什么书，而且指导青年怎样读书。他认为，读书要与观察和思考结合起来，要学会独立思考。

第一，读书要像蜜蜂酿蜜一样，要采许多花，同时通过自己消化，才能酿出蜜来。他反对青年简单地去读所谓名家的选本，以为读了选本就能得到古人文笔的精华，其实反而会被选者缩小眼界。他说："选本既经选者所滤过，就总只能吃他所给与的糟或醨。况且有时还加以批评，提醒了他之以为然，而默杀了他之以为不然处。"②这就是说求学问不是只靠读一两本书就能得到的，研究一个问题，须广泛地阅览关于这个问题的书籍，研究各派的意见，加以比较，去伪存真，吸取有用的资料，经过自己的研究，创立出独到的见解。

第二，要自己思索。鲁迅认为学习最要紧的是自己思索。看看别人写的批评文章是可以的，但是只看批评文章，不看原书，不自己思索，往往会越看越糊涂，弄得无所适从。同时也只有自己思索，才能消化，才能把别人的知识变为自己的知识。

第三，要自己观察。自己思索还不够，还要实地观察，才更确凿。他拿吃荔枝作比喻，吃过干荔枝，而推想新鲜荔枝的味道，等到吃到新

---

① 鲁迅：《二心集·上海文艺之一瞥》，见《鲁迅全集》第4卷，308页。
② 鲁迅：《集外集·选本》，见《鲁迅全集》第7卷，139页。

鲜蔡枝以后才知道与推想的完全不同。这个比喻充满了唯物主义的反映论、实践论的观点。鲁迅提倡的实地观察，就是要在实践中观察事物，并且经过自己的认真思索，上升为理论知识。

鲁迅讲到的观察、读书和思索是学生的学习过程，也是学生认识过程的重要环节。学生的学习过程与人类的认识过程有相同之点，也有不同之点。学生学习，从不知到知、从感性认识到理性认识的过程与人类的认识过程基本上是相同的。但是，学生学习的主要是间接经验，是前人通过实践已经认识了的知识。因此读书对学生学习来讲很重要。读书之所以重要，是因为学生不能事事都亲身去实践，文化知识是有继承性的，是一代代人逐步积累起来的。通过读书学习，青年可以用较短的时间较容易地掌握人类创造的文化财富。而且人类的一切创造也都是在原来的基础上发展起来的，不是凭空臆想的。但是，人的认识又是从感性认识开始的，以直接经验为基础。因此，学生也必须参加实践，要有一部分直接经验，才能进一步去想象，去思索，去理解书本知识。学生的实践可以是观察，也可以是直接参加生产劳动和社会实践。

观察、读书、思索三者又是辩证的关系，只观察不读书、不思索，就不能上升到理论，同时也不能观察得深刻。因此，要提高观察力，就又要读书和思索。鲁迅转述萧伯纳的话说："较好的是思索者。因为能用自己的生活力了，但还不免是空想，所以更好的是观察者，他用自己的眼睛去读世间这一部活书。""这是的确的；实地经验总比看，听，空想确凿。"这里所谓"用眼睛去读""实地经验"当然不是简单地用感官去感觉，而是包含着深深的思索。所以鲁迅又说："要观察，还是先要经过思索和读书。"①鲁迅在这里充分地说明了理论和实践，理性认识和感性认识的辩证关系。实践是理论的基础，但有了理论的指导可以更好地实践。

① 鲁迅：《而已集·读书杂谈》，见《鲁迅全集》第3卷，462页。

以上三点论述有一个共同点，这就是鲁迅十分强调学生自己的主体性、主动性，培养学生的发展能力。他要求学生自己去读书，自己去思索，自己去观察，自己去消化。也就是说，不仅把学生看作是教育的客体，而且看作是教育的主体。这也是符合辩证法的。事物的发展是通过内因起作用的。外因是条件，内因是根据。学生学习的过程，教师固然很重要，起着主导的作用。但是最根本的还是学生自己的努力，才能掌握教师所教的知识。一个好的教师，他的主导作用就在于启发学生的学习主动性。鲁迅就是这样的一个好教师。

第六章　论教育要联系实际

一、反对埋头读书　提倡留心世事

旧教育的特点就是理论和实际严重脱节，因为他们要培养的是照章办事的官吏，因而只能用脱离实际的教条来欺骗学生。和一切旧教育相对立，无产阶级革命要培养自觉的革命战士，所以就要求理论和实际相结合，知识分子和工农大众相结合。鲁迅为了培养大群为人民大众的解放事业而斗争的战士，总是教育青年不要把自己关在校门里面，要"和实社会接触，使所读的书活起来"，或者叫"用自己的眼睛去读世间这一部活书"。[①]鲁迅在厦门的时候，有一次集美学校请他去演讲，校长专门派了秘书事先去给鲁迅打招呼，意思是要讲讲学生应该专门埋头读书，但是鲁迅说："我却以为也应该留心世事，和校长的尊意正相反。"[②]反对埋头读书，提倡留心世事是鲁迅教育思想的核心。

是只"埋头读书"，还是既读书也"留心世事"，这是两种截然不同

---

① 鲁迅：《而已集·读书杂谈》，见《鲁迅全集》第3卷，462、463页。
② 鲁迅：《华盖集续编·海上通信》，见《鲁迅全集》第3卷，419页。

的教育思想，代表了两种世界观。前面已经提到过，早在20世纪20年代初，鲁迅和胡适、陈源等就曾经在这个问题上展开过激烈的争论。争论的实质是社会要不要改革，学生要不要参加革命。胡适、陈源等害怕青年学生参加革命运动，引导学生"踱进研究室"去埋头读书。鲁迅则相反，他要砸烂旧世界，要推翻吃人的筵席，他要培养旧社会的叛逆者，改革社会的革命者，因此他要求学生"留心世事"。"埋头读书"与"留心世事"两种思想争论的实质是要不要把读书和实际生活结合起来。并不是只要其一，反对读书，而是要把两者结合起来。"留心世事"，参加社会革命，是青年读书的目的，同时，也只有"留心世事"，在社会实际斗争中才能使所读的书活起来，才能读通，读懂，并真正在实际中运用。

二、深入工农大众　参加社会斗争

鲁迅号召青年要"留心世事"，就是要他们到社会的火热的斗争中去，去认识那个世界并和它做不妥协的斗争。1931年一家中学生杂志社记者问鲁迅："假如先生面前站着一个中学生，处此内忧外患交迫的非常时代，将对他讲怎样的话，作努力的方针？"鲁迅回答说："请先生也许我回问你一句，就是：我们现在有言论的自由么？假如先生说'不'，那么我知道一定也不会怪我不作声的。假如先生竟以'面前站着一个中学生'之名，一定要逼我说一点，那么，我说：第一步要努力争取言论的自由。"①鲁迅在这里说得很明白，学生要关心现实的斗争，参加到这个斗争中去。

鲁迅教育青年要"留心世事"，就是要青年到工农群众中去，向他们学习，和他们结合。鲁迅常常教育青年要同泥腿子（农民）在一起，不要忘记泥腿子。他说，陈独秀就是不要泥腿子，看不起泥腿子，不愿

---

① 鲁迅：《二心集·答中学生杂志社问》，见《鲁迅全集》第4卷，372页。

同国民党干的那些坏事进行斗争，导致大革命的失败。[1]鲁迅认为，知识分子如果不在实际斗争中改造自己，只能成为一个空谈家，关在玻璃窗里空喊革命，无论怎样地激烈，都是容易办到的，然而一碰到实际，便撞得粉碎。因为小资产阶级知识分子对于革命往往抱着不切实际的幻想，等到革命到来了，由于革命不是他们所想象的那般有趣、那般完美，就脱离革命，甚至反对革命。鲁迅强调指出，知识分子只有到民众中去，向他们学习，才能改造自己的世界观。"现在则已是大时代，动摇的时代，转换的时代……农工大众日日显得着重，倘要将自己从没落救出，当然应该向他们去了。"[2]鲁迅还指出，革命者要为工农大众服务，就要深入工农大众，了解工农大众，"先要'到民间去'，用过一番工夫"。1930年鲁迅写了《习惯与改革》一文，说明了改革和群众的关系。他说："多数的力量是伟大、要紧的，有志于改革者倘不深知民众的心，设法利导、改进，则无论怎样的高文宏议、浪漫古典，都和他们无干，仅止于几个人在书房中互相叹赏，得些自己满足。""倘不深入民众的大层中，于他们的风俗习惯，加以研究，解剖，分别好坏，立存废的标准，而于存于废，都慎选施行的方法，则无论怎样的改革，都将为习惯的岩石所压碎，或者只在表面上浮游一些时。"[3]

这里说的是风俗习惯，至于关系到群众切身利益的革命，更要发动群众、依靠群众才能成功。否则，尽管你的主观愿望非常好，想为群众办事，但群众并不理解，事情也就办不成。知识分子如果不和工农民众相结合，则将一事无成。所以鲁迅谆谆告诫青年，必须和实际社会接触，才能使所读的书活起来，才能懂得群众、懂得革命，才能做群众的事业。

---

① 陈沂：《向鲁迅先生的一次汇报》，载《人民日报》，1978-08-08。
② 鲁迅：《三闲集·"醉眼"中的朦胧》，见《鲁迅全集》第4卷，第63页。
③ 鲁迅：《二心集·习惯与改革》，见《鲁迅全集》第4卷，229页。

第七章　论儿童教育和儿童读物

儿童的教育问题是鲁迅最关切的问题之一，在他浩瀚的著作中，有一部分是专门论述儿童教育的。为什么鲁迅这样重视儿童教育呢？因为"将来是子孙的时代"①，所以儿童的命运也就是国家未来的命运，民族前途的命运。如果儿童从小不能受到良好的教育，长大了就会变成蠢材，国家和民族就会失去希望。鲁迅关于儿童教育的思想有下列几个方面。

一、批判旧社会对儿童的摧残

鲁迅首先感到的是，在旧社会，儿童受到封建思想的摧残，得不到应有的自由发展和健康成长。旧社会的儿童教育完全被禁锢在封建礼教的枷锁之中。那时的家庭教育就是"非礼勿视，非礼勿听，非礼勿言，非礼勿动"那一套；那时的教科书就是《三字经》《百家姓》，教儿童读的是"天子重英豪，文章教尔曹，万般皆下品，唯有读书高"；那时的课外读物就是骗人的《二十四孝图》之类的东西。结果是"孩子长大，不但失掉天真，还变得呆头呆脑"②。鲁迅的《狂人日记》就是对封建礼教的猛烈攻击。他在书中写道："我翻开历史一查，这历史没有年代，歪歪斜斜的每叶上都写着'仁义道德'几个字。我横竖睡不着，仔细看了半夜，才从字缝里看出字来，满本都写着两个字是'吃人'！"封建社会的"仁义道德"就是"吃人"的道德，摧残儿童的道德。鲁迅在文章最后喊出了"救救孩子"的呼声，并且断言"将来是容不得吃人的人"的。③

那么到了20世纪辛亥革命以后，民国政府成立了，是不是好一点呢？并没有。虽然科学已经发达，社会也在进步，但是当时中国的反动

---

① 鲁迅：《热风·随感录五十七》，见《鲁迅全集》第1卷，366页。
② 鲁迅：《热风·随感录五十七》，见《鲁迅全集》第1卷，366页。
③ 鲁迅：《呐喊·狂人日记》，见《鲁迅全集》第1卷，447、453、455页。

派仍然死抱住"古训"不放，变了样子毒害儿童。鲁迅说："中国是改革过的了，孩子们当然早已从'孟宗哭竹''王祥卧冰'的教训里蜕出，然而不料又来了一个崭新的'儿童年'，爱国之士，因此又想起了'小朋友'，或者用笔，或者用舌，不怕劳苦的来给他们教训。一个说要用功，古时候曾有'囊萤照读''凿壁偷光'的志士；一个说要爱国，古时候曾有十几岁突围请援，十四岁上阵杀敌的奇童。"鲁迅愤慨地指出："这些故事，作为闲谈来听听是不算很坏的，但万一有谁相信了，照办了，那就会成为乳臭未干的吉珂德。你想，每天要捉一袋照得见四号铅字的萤火虫，那岂是一件容易事？但这还只是不容易罢了，倘去凿壁，事情就更糟，无论在那里，至少是挨一顿骂之后，立刻由爸爸妈妈赔礼，雇人去修好。""到了20世纪，古人空想中的潜水艇，飞行机，是实地上成功了，但《龙文鞭影》或《幼学琼林》里的模范故事，却还有些难学。我想，便是说教的人，恐怕自己也未必相信罢。"①所以鲁迅要大声疾呼"救救孩子"！

二、要重视儿童的家庭教育

鲁迅认为，儿童教育首先要从家庭开始，父母就是最早的教育者，父母对儿童不仅有养育的责任，而且有教育的责任。鲁迅批评旧中国的父母不注意家庭教育。他说："中国的孩子，只要生，不管他好不好，只要多，不管他才不才。生他的人，不负教他的责任。虽然'人口众多'这一句话，很可以闭了眼睛自负，然而这许多人口，便只在尘土中辗转，小的时候，不把他当人，大了以后，也做不了人。"②

下面还有一段很有趣的话："前清末年，某省初开师范学堂的时候，有一位老先生听了，很为诧异，便发愤说：'师何以还须受教，如此看

---

① 鲁迅：《且介亭杂文·随便翻翻》，见《鲁迅全集》第6卷，52～53页。
② 鲁迅：《热风·随感录二十五》，见《鲁迅全集》第1卷，311、312页。

来，还该有父范学堂了！'这位老先生，便以为父的资格，只要能生。能生这件事，自然便会，何需受教呢。却不知中国现在，正须父范学堂：这位先生便须编入初等第一年级。""因为我们中国所多的是孩子之父；所以以后是只要'人'之父！"①这里鲁迅批评的旧社会的父母，可是今天读起来，不还是很有教育意义吗？

由于不重视家庭教育，孩子长大了就变成了蠢材，思想不会进步，社会也停滞不前。鲁迅批评一些父母忘却了自己曾为孩子时的情况，"将他们看作一个蠢才，什么都不放在眼里。即使因为时势所趋，只得施一点所谓教育，也以为只要付给蠢才去教就足够。于是他们长大起来，就真的成了蠢才，和我们一样了。"②这里指的是一些封建的旧式家庭的父母。那么一些"新人物"呢？总应该有一些新的思想吧。但是，许多"新人物"只"讲恋爱，讲小家庭，讲自立，讲享乐"。很少有人为儿女提出家庭教育的问题、学校教育的问题和社会改革的问题。"先前的人，只知道'为儿孙作马牛'，固然是错误的，但只顾现在，不想将来，'任儿孙作马牛'，却不能不说是一个更大的错误。"③他呼吁有觉悟的父母不要再犯这样的错误，大家都来注意儿童的教育。

教育者先要受教育，首先要懂得教育子女的重要性，其次要懂得用健康的思想教育子女。儿童生下来是纯洁的，而父母则是从旧社会中过来的，鲁迅希望父母不要再用自己所受到的旧思想去传染给下一代。所以他在《我们现在怎样做父亲》一文中反复强调："自己背着因袭的重担，肩住了黑暗的闸门，放他们到宽阔光明的地方去；此后幸福的度日，合理的做人。"④

---

① 鲁迅：《热风·随感录二十五》，见《鲁迅全集》第1卷，311、312页。
② 鲁迅：《且介亭杂文·〈看图识字〉》，见《鲁迅全集》第6卷，37页。
③ 鲁迅：《南腔北调集·上海的儿童》，见《鲁迅全集》第4卷，581页。
④ 鲁迅：《坟·我们现在怎样做父亲》，见《鲁迅全集》第1卷，135页。

但是要做到这一点，就要"改革家庭"。鲁迅认为"中国亲权重，父权更重"，中国的"圣人之徒"以为父对于子，有绝对的权力和威严，"若是老子说话，当然无所不可，儿子有话，却在未说之前早已错了"。①这种思想不改变，难以有正确的家庭教育。还有一种思想也必须从根本上改变，这就是"报恩"的思想。鲁迅认为，人和其他生物一样，"一、要保存生命；二、要延续这生命；三要发展这生命。"②父母生儿育女是为了生命的延续，对于子女当然也算不了恩。但中国的旧见解，恰恰与这道理相反。父母把子女当作私有财产，利己思想、权力思想很重，而义务思想和责任心却很轻。按照生物进化的观点，鲁迅认为："后起的生命，总比以前的更有意义，更近完全，因此也更有价值，更可宝贵；前者的生命，应该牺牲于他。"③因此，本位应在幼者，而不是在长者。"觉醒的父母，完全应该是义务的，利他的，牺牲的。"④但没有家庭的革命是做不到的。

三、要尊重儿童、相信儿童

鲁迅非常热爱儿童。因为他认为儿童是人类的未来，是我们自己生命的延续。在八道湾住的时候，他常常给侄儿们买些玩具、点心。他对朋友的孩子也很爱护。有一次在上海，"茅盾的儿子有小病在家休养，鲁迅很关切他，去看电影之前就特别向茅盾先生商量：要借他的孩子一下。弄得茅盾先生莫明其妙地允诺之后，才晓得原来是要带他的儿子阿霜去看电影"。⑤

鲁迅不仅非常热爱儿童，而且尊重儿童、相信儿童。他总是用民主、平等的态度对待儿童，不像当时一般家庭那样，大人总是摆起长辈

---

① 鲁迅：《坟·我们现在怎样做父亲》，见《鲁迅全集》第1卷，134页。
② 鲁迅：《坟·我们现在怎样做父亲》，见《鲁迅全集》第1卷，135页。
③ 鲁迅：《坟·我们现在怎样做父亲》，见《鲁迅全集》第1卷，137页。
④ 鲁迅：《坟·我们现在怎样做父亲》，见《鲁迅全集》第1卷，145页。
⑤ 许广平：《许广平忆鲁迅》，317页，广州，广东人民出版社，1979。

的架子对待孩子、教训孩子。

1923年8月2日，鲁迅因与周作人决裂，从八道湾11号寓所迁居到西城砖塔胡同61号。同院子住着俞氏三姐妹。据俞芳回忆，大姐俞芬20岁，她是老二，才12岁，小妹俞藻不到10岁。她们开始以为，鲁迅一定是很严肃的，"大概有些'凶'吧"，开始不敢接近，但鲁迅却主动接近她们。院子里种有一株"独叶芋艿"，有一次鲁迅问俞芳，为什么芋艿总是只有一片叶子，俞芳回答，老叶不好看，把它摘掉了。鲁迅告诉她，这样下去芋艿是种不好的，以后不要把老叶摘掉。"大姐已经熬不住，在骂我'呆'了，但大先生（俞芳姐妹对鲁迅的称呼——编者注）却微笑着对她说，小孩子总有小孩子的想法和做法的。"俞芳回忆："大先生对孩子从不摆架子，很民主。我的生肖是猪，三妹的生肖是牛，他就叫我们'野猪''野牛'。我们也没大没小地叫他'野蛇'（大先生的生肖是蛇）……而他不但不生气，反而笑着问我们：'蛇也有不是野的吗？'一句话逗得大家都笑了。"①

鲁迅对待海婴更是爱护倍加，对他的教育却是民主的。据许广平回忆，"鲁迅先生活着的时候，给予他（指海婴——编者注）的教育是顺其自然，极力不多给他打击，甚或不愿多拂逆他的喜爱，除非极不能容忍，极不合理的某一程度之内。""如果我们错了，海婴来反驳，他是笑笑地领受的。"②有一次吃鱼丸子，海婴说不新鲜，别人都不信。鲁迅把它拿过来尝尝，果然不新鲜。鲁迅说："他说不新鲜，一定也有他的道理，不加以查看就抹杀是不对的。"③

这种对待孩子民主的教育思想和作风，在当时我国封建思想还很浓

---

① 俞芳：《我记忆中的鲁迅先生》，见《鲁迅在北京》第2卷，217页，山东师范学院聊城分院印行，1978。
② 许广平：《许广平忆鲁迅》，465页，广州，广东人民出版社，1979。
③ 萧红：《回忆鲁迅先生》，北平（今北京），生活书店，1946。

厚的社会里是极为少见的。这与他在新文化运动中提倡科学和民主，与反动的封建势力做斗争是完全一致的。

鲁迅热爱孩子，但不娇惯孩子，他要求孩子敢想敢说，从小得到锻炼。据他的好友许寿裳回忆，鲁迅得悉他的夫人去世，给他发了唁函，"大意是说惊闻嫂夫人之丧，世兄们失掉慈母，固然是不幸，但也不尽然。我向来的意见，是以为倘有慈母，或是幸福，然若幼而失母，却也并非完全的不幸，因为他们也许倒成为更加勇猛，更无挂碍的男儿的……"[①]

四、要注意教育儿童的方法

儿童教育，还有一个方法问题，方法不对头，也不能把儿童教育好。鲁迅批评了旧中国的家庭教育的错误方法：一种是"任其跋扈，一点也不管，骂人固可，打人亦无不可，在门内或门前是暴主，是霸王，但到外面，便如失了网的蜘蛛一般，立刻毫无能力"[②]；另一种是"终日给以冷遇或呵斥，甚而至于打扑，使他畏葸退缩，仿佛一个奴才，一个傀儡"，父母往往认为是"听话"，以为是教育的成功，等到放他到外面去，"则如暂出樊笼的小禽，他决不会飞鸣，也不会跳跃"[③]其实这两种家庭教育方法至今还有不少父母在采用。鲁迅的批评不值得今日的我们深思吗？

要有正确的教育方法，就需要了解儿童，要照顾到儿童的特点，切忌用成年人的思想去理解儿童，更不应该用成年人的一套成法去要求儿童。儿童天真活泼，喜欢游戏，喜欢生动的有图画的书籍，有爱美的天性，有丰富的想象力。"孩子是可以敬服的，他常常想到星月以上的境界，想到地面下的情形，想到花卉的用处，想到昆虫的言语；他想飞

---

① 许寿裳：《亡友鲁迅印象记》，87~88页，上海，上海文化出版社，2006。
② 鲁迅：《南腔北调集·上海的儿童》，见《鲁迅全集》第4卷，580页。
③ 鲁迅：《南腔北调集·上海的儿童》，见《鲁迅全集》第4卷，580页。

上天空，他想潜入蚁穴。"①鲁迅在《风筝》一文中，曾经忏悔他年轻时拆毁弟弟制作的风筝，摧残了儿童的天性。他写道："偶尔看了一本外国讲论儿童的书，才知道游戏是儿童最正当的行为，玩具是儿童的天使。"②他在《从百草园到三味书屋》《二十四孝图》《故乡》《社戏》等文章中都描写了儿童的特点和喜好。

教育就是要遵循儿童的天性和发展的特点，对儿童进行正确的指导，发展他们的智力，养成健全的体魄、高尚的道德，教给他们独立自主的能力。

鲁迅很重视儿童的玩具。玩具、游戏都是儿童教育的重要手段。1934年鲁迅专门写了一篇文章《玩具》，批评旧中国的老爷太太们自己想了许多玩意儿，鸦片枪、麻雀牌、《毛毛雨》、科学灵乩、金刚法会，还有别的，但没有工夫想到孩子身上。虽是提倡什么儿童年，也没有因此给儿童创作一种小玩意儿。他特别赞赏劳苦的江北人（指流浪在上海的苏北灾区难民），他们是制造玩具的天才。他们制造的机关枪玩具，摇起来格格地响，虽然没有外国造的漂亮，但是它是真正的国货，是"创作"。鲁迅觉得，在国难当头的时候拿着中国人自己创作的玩具枪是自豪的。他说："我们摇着在路上走，毫不愧恶，因为这是创作。前年以来，很有些人骂着江北人……而江北人却创造了粗笨的机枪玩具，以坚强的自信和质朴的才能与文明的玩具争。他们，我以为是比从外国买了极新式的武器回来的人物，更其值得赞颂的。"③

在教学方法方面，鲁迅在20世纪30年代就提倡了要运用现代化的手段。他说："用活动电影来教学生，一定比教员的讲义好，将来恐怕要变

---

① 鲁迅：《且介亭杂文·〈看图识字〉》，见《鲁迅全集》第6卷，37页。
② 鲁迅：《野草·风筝》，见《鲁迅全集》第2卷，188页。
③ 鲁迅：《花边文学·玩具》，见《鲁迅全集》第5卷，524页。

成这样的。"①鲁迅在日本学医时，听过采用影片的细菌学课，见过全部是照片，只有几句说明的植物学书，觉得简明易懂。他深信不但生物学，就是历史地理，也可以这样办。鲁迅的预言，现在已经变成了现实。

儿童教育问题是一个十分重要的问题，应该有人专门研究。所以鲁迅说："倘有人作一部历史，将中国历来教育儿童的方法，用书作一个明确的记录，给人明白我们的古人以至我们，是怎样的被熏陶下来的，则其功德，当不在禹下。"②

五、要为儿童创作优秀读物

鲁迅热爱儿童、关怀儿童还表现在他对儿童文学的热心上。鲁迅把儿童文学视作儿童教育的重要手段。为了使儿童受到好的教育，就要给儿童丰富的优质精神食粮，这就是儿童文学工作者的任务。鲁迅呼吁文学工作者关心儿童文学，为儿童创作或翻译适合他们特点的优秀读物。鲁迅为什么这样热心于儿童文学呢？因为他看到中国的儿童读物太贫乏了。在当时儿童教育没有多少人关心，儿童文学更没有人关心。他回忆他的童年时代，没有什么书可看，只要略有图画的本子，就要被塾师禁止、呵斥，甚至打手心。每天读"人之初，性本善"的书，读得枯燥死了，"只好偷偷地翻开第一叶，看那题着'文星高照'四个字的恶鬼一般的魁星像，来满足他幼稚的爱美的天性。昨天看这个，今天也看这个，然而他们的眼睛里还闪出苏醒和欢喜的光辉来"③。鲁迅童年时最喜欢有图画的书，特别是对有图的《山海经》想得入迷，把它称为"最初得到，最为心爱的宝书"④。鲁迅后来还专门写了一篇散文《阿长与山海经》，描写童年时如何喜欢有图有画的书籍。

---

① 鲁迅：《南腔北调集·"连环画辩护"》，见《鲁迅全集》第4卷，457页。
② 鲁迅：《准风月谈·我们怎么教育儿童的？》，见《鲁迅全集》第5卷，271～272页。
③ 鲁迅：《朝花夕拾·二十四孝图》，见《鲁迅全集》第2卷。
④ 鲁迅：《朝花夕拾·阿长与〈山海经〉》，见《鲁迅全集》第2卷，255。

正因为这样，鲁迅后来特别重视儿童读物。他叹惜中国的儿童读物太少了，尤其好的读物太少。他在《译文集·〈表〉译者的话》中写道："《金时计》上有一篇译者的序言，虽然说的是针对着日本，但也很可以供中国读者参考的。译它如下。'……我想，为了新的孩子们，是一定要给他新作品，使他向着变化不停的新世界，不断的发荣滋长的……'译成中文时，自然也想到中国。"①他想到中国，就是希望中国的作家多给儿童创作优美的作品，希望科学家也为儿童创作有趣的科学故事。

鲁迅对旧社会毒害儿童和愚弄孩子的读物十分愤慨。他说："经济的凋敝，使出版界不肯印行大部的学术文艺书籍，不是教科书，便是儿童书，黄河决口似的向孩子们滚过去。但那里面讲的是什么呢？要将我们的孩子们造成什么东西呢？却还没有看见战斗的批评家论及，似乎已经不大有人注意将来了。"②又说："看现在新印出来的儿童书，依然是司马温公敲水缸，依然是岳武穆王脊梁上刺字；甚而至于'仙人下棋''山中方七日，世上已千年'；还有《龙文鞭影》里的故事的白话译。这些故事出世的时候，岂但儿童们的父母还没有出世呢，连高祖父母也没有出世，那么，那'有益'和'有味'之处，也就可想而知了。"③

鲁迅对儿童文学提出了正确的要求，他认为，儿童读物要注意儿童的特点，浅显易懂，而且有趣。儿童有儿童的世界，与成人的截然不同。他们的特点是求知欲强，想象丰富，他们会想到月亮怎么跟着人走，星星究竟是怎么嵌在天空中。"可是一班别有心肠的人们，便竭力来阻遏它，要使孩子的世界中，没有一丝乐趣。"④有的文武官员发表高见，指斥起童话来，有的说是猫狗不应该会说话，称作先生，有失人类

---

① 鲁迅：《译文集·〈表〉译者的话》，见《鲁迅全集》第10卷，436页。
② 鲁迅：《准风月谈·新秋杂识》，见《鲁迅全集》第5卷，287页。
③ 鲁迅：《译文集·〈表〉译者的话》，见《鲁迅全集》第10卷，437页。
④ 鲁迅：《朝花夕拾·二十四孝图》，见《鲁迅全集》第2卷，258页。

的体统；有的说是故事不应该讲成王作帝，违背共和的精神。鲁迅说，这是"杞天之虑"。他说："孩子的心和文武官员的不同，它会进化，决不至于永远停留在一点上，到得胡子老长了，还在想骑了巨人到仙人岛去做皇帝。因为他后来就要懂得一点科学了，知道世上并没有所谓巨人和仙人岛。倘还想，那是生来的低能儿，即使终生不读一篇童话，也还是毫无出息的。"①

鲁迅认为，写作给儿童看的图书必须十分慎重，要给儿童正确的印象和科学的概念。所以鲁迅认为写作儿童读物是很不容易的事。一篇文章，一幅图画，就可以看出作者意中的读者，以及作者自己的生活状态。鲁迅在批评了当时的《看图识字》读本以后说："即如《看图识字》这两本小书，就天文，地理，人事，物情，无所不有。其实是，倘不是对于上至宇宙之大，下至苍蝇之微，都有些切实的知识的画家，决难胜任的。"②

鲁迅提出，儿童读物要注意儿童的语言，要用"孩子的话"来写，不要用什么难字、生僻的字。他要求作者向儿童学习语言。"倘要明白，我以为第一是在作者先把似识非识的字放弃，从活人的嘴上，采取有生命的词汇，搬到纸上来；也就是学学孩子，只说些自己的确能懂的话。"③

鲁迅要求儿童读物要图文并茂，因为孩子爱图，有些孩子还因为图画才去看文章。所以鲁迅说："插图不但有趣，且亦有益。"④但图画要画得真切，要给儿童正确的美的形象，给儿童作范本。他批评当时出版的儿童读物，上面的图画太粗劣太死板，和实物不同，色彩也都很恶浊。他说："现在总算中国也有印给儿童看的画本了，其中的主角自然是儿童，然而画中人物，大抵倘不是带着横暴冥顽的气味，甚而至于流氓模

① 鲁迅：《集外集拾遗补编·〈勇敢的约翰〉校后记》，见《鲁迅全集》第8卷，353页。
② 鲁迅：《且介亭杂文·〈看图识字〉》，见《鲁迅全集》第6卷，37页。
③ 鲁迅：《且介亭杂文二集·人生识字胡涂始》，见《鲁迅全集》第6卷，306～307页。
④ 鲁迅：《鲁迅书信集·致孟十还》，见《鲁迅全集》第13卷，464页。

样的，过度的恶作剧的顽童，就是钩头耸背，低眉顺眼，一幅死板板的脸相的所谓'好孩子'。这虽然由于画家本领的欠缺，但也是取儿童为范本的，而从此又以作供给儿童仿效的范本。"①鲁迅认为，儿童画也反映了民族的教育和民风。所以要把儿童画画好，也首先要改变民风和儿童教育的思想。有了正确的教育思想，明确了要培养什么样的儿童，画出来的儿童才能真正做儿童的范本。鲁迅这里讲的是儿童画，却讲到了教育的根本问题，其意义是很深刻的。

鲁迅还特别提到应该给儿童创办一种通俗的科学杂志，用浅显易懂的文字向儿童介绍科学知识。这种杂志要有许多插图。当然编这种杂志是很不容易的。但是他说，只要科学家肯放低手眼，再看看文艺书，是不难做到的。②

鲁迅为了下一代的教育，热心提倡儿童文学，他自己则千方百计地翻译介绍了许多外国儿童文学作品，一方面是给儿童运输精神食粮，另一方面也是给中国的教育家、儿童文学家作借鉴，为中国的儿童文学开辟道路。他从1921年开始就在繁忙的教学工作和创作生活中挤出时间翻译儿童文学作品。他先后翻译了《爱罗先珂童话集》《桃色的云》《小约翰》《小彼得》《表》《俄罗斯的童话》等作品共40多万字。鲁迅为向中国儿童介绍《小约翰》这本书，在1926年离开北京的前夕，与友人一起，几乎每天下午都在中山公园，顶着夏日的酷热，挥汗译书。据鲁迅日记记载，1926年7月6日"下午往中央公园，与齐寿山开始译书"③。8月13日"往公园译《小约翰》毕"④。可见，鲁迅与友人正是在夏季最炎热的天气里花了一个多月的时间才译完《小约翰》，之后又经过加工整理

---

① 鲁迅：《南腔北调集·上海的儿童》，见《鲁迅全集》第4卷，580页。
② 鲁迅：《华盖集·通讯》，见《鲁迅全集》第3卷，26页。
③ 1926年7月6日鲁迅日记，见《鲁迅全集》第15卷，627页。
④ 1926年8月13日鲁迅日记，见《鲁迅全集》第15卷，633页。

然后出版。这本书凝结了鲁迅对儿童的爱，同时鲁迅也为儿童文学工作者树立了光辉榜样。

第八章　论美育

一、要重视美育

在鲁迅的教育思想中，美育思想占有重要的地位。鲁迅长期从事文艺工作，对文学艺术的教育作用有着深刻的见解。早在日本留学时期，鲁迅就弃医从文，"治文学和美术"，把文艺当作"改造国民性"的重要工具，当作激励中国人民起来反抗帝国主义和封建主义统治的战斗武器。

鲁迅认为，文学有巨大的教育作用。文学能"涵养人之神思"，培育人们的理想。文学对人的教育意义又非同一般，"而其教复非常教，自觉勇猛发扬精进，彼实示之"，它能启发人们自觉地勇往直前，奋发图强。[①]

文学的特殊教育作用决定于文学的特征。"盖世界大文，无不能启人生之阅机，而直语其事实法则，为科学所不能言者。"[②]因为伟大的文学作品，能揭示科学家所不能揭示的微妙深奥的人生真理，直接说出事物的本质，"虽缕判条分，理密不如学术，而人生诚理，直笼其辞句中，使闻其声音，灵府朗然，与人生即会。如热带人既见冰后，曩之竭研思索而弗喻者，今宛在矣。"[③]这就是说，文学作品分析事理虽然不如科学著作，而人生的真理却直接包含在它的词句当中，使听到声音的人心里明白，并和现实生活立即联系起来。这就像热带的人见到冰以后，以

---

① 鲁迅：《坟·摩罗诗力说》，见《鲁迅全集》第1卷，74页。
② 鲁迅：《坟·摩罗诗力说》，见《鲁迅全集》第1卷，74页。
③ 鲁迅：《坟·摩罗诗力说》，见《鲁迅全集》第1卷，74页。

前竭力研究思索而不能理解的道理，现在都明白了。

这个道理，鲁迅在跟随章太炎学习文字学时，有更浅显的说明。他说："文学和学说不同，学说所以启人思，文学所以增人感。"[1]

鲁迅十分重视文学的教育作用，也十分重视艺术特别是美术的教育作用。辛亥革命以后，蔡元培任第一任教育总长，就竭力提倡美育。他的主张受到鲁迅的积极响应和支持。但是，由于当时内阁中党派争权，不久蔡元培就辞去了教育总长的职务，他所提备的教育方针也就夭折了，美育也就随之被守旧派取消。蔡元培于1912年7月1日提出辞职，7月12日教育部召开的"临时教育会议"就决议"删除美育"。鲁迅对此在日记里愤然写道："闻临时教育会议，竟删美育，此种豚犬，可怜可怜！"[2]

鲁迅在教育部期间担任社会教育司第一科科长，负责文化、科学和美术诸事项。他利用当时的职权，不顾守旧派的阻挠，在宣传美育方面做了许多工作。

1912年6月教育部举办"夏期美术讲习会"，鲁迅讲《美术略论》，连续四讲。讲习会虽然因蔡元培的辞职和教育部删除美育的决议而受到影响，但鲁迅仍坚持到最后一讲。据鲁迅日记7月17日载："上午九时至十时在夏期讲会述《美术略论》，初止一人，终得十人，是日讲毕。"[3]这是鲁迅对守旧派的一次示威，即使只有一个人听，鲁迅仍坚持讲演。由此可见鲁迅对美育之热心，可惜讲稿失传。

二、论美术作品的教育作用

集中表现鲁迅早期美术与美育思想的是1913年2月发表在《教育部编纂处月刊》上的《儗播布美术意见书》。这篇文章是鲁迅为教育部拟的官方公文，阐述了美术的特点、种类、目的和效用，制定了传播美术

---

[1] 许寿裳：《亡友鲁迅印象记》，29页，上海，上海文化出版社，2006。
[2] 1912年7月12日鲁迅日记，见《鲁迅全集》第15卷，11页。
[3] 1912年7月12日鲁迅日记，见《鲁迅全集》第15卷，11页。

的方针和措施，通篇表明了鲁迅对美育的热情。

对于什么叫美术，鲁迅在文中写道："美术云者，即用思理以美化天物之谓。"[①]它包括绘画、雕塑、建筑、音乐、戏剧、碑碣等，即现在说的艺术。他说美术有三个要素："一曰天物，二曰思理，三曰美化。"[②]"天物"即现实生活。他认为，美术作品是人感受生活后创作的。鲁迅这种美学思想是唯物主义的，他肯定了生活美是第一性的，艺术美是第二性的。同时又说明美术作品不是对生活美的简单的再现，而是要经过作者的"思理"，即构思，然后进入"美化"，即具体创作。"倘其无思，即无美术。然所见天物，非必圆满，华或槁谢，林或荒秽，再现之际，当加改造，俾其的宜，是曰美化，倘其无是，亦非美术。"[③]

讲到美术的目的和效果，他指出有三个方面："表见文化""辅翼道德""救援经济"。[④]一是可以表现一个民族的思想和文化，一个时期一个朝代的文化可以通过美术作品而保存下来，一个民族的精神可以在美术作品中体现；二是可以有助于道德的成长，陶冶人的性情，使人的品德崇高；三是可以促进经济的发展，各国的资源材料是基本相同的，只要我们提倡美育，就可以创作出许多优美的富有民族特色的作品，国货就一定能够超过舶来品，促进民族经济的发展。鲁迅从文化、道德、经济三个方面论述了美术的功能，这三点见解是很有价值的，特别是促进道德教育，把诚作为美育的重要目的。

在这篇文章中，鲁迅还详细地论述了传播美术的方针与措施。他的意见对于我们保存和继承我国优秀的文化艺术传统、普及美育有着重要意义。

---

① 鲁迅：《集外集拾遗补编·儗播布美术意见书》，见《鲁迅全集》第8卷，51页。
② 鲁迅：《集外集拾遗补编·儗播布美术意见书》，见《鲁迅全集》第8卷，50页。
③ 鲁迅：《集外集拾遗补编·儗播布美术意见书》，见《鲁迅全集》第8卷，50页。
④ 鲁迅：《集外集拾遗补编·儗播布美术意见书》，见《鲁迅全集》第8卷，52页。

1914年4月，教育部在北京举办了全国儿童艺术展览会，鲁迅从一开始就参加了筹备工作，一直忙到结束。展览历时两个多月，展品主要是全国各地小学生的字画作业及他们所做的编织、刺绣、玩具和其他手工艺品等。教育部在发令征集展品时说："儿童艺术展览会之设，意在汇集儿童制作，藉觇其心意之趋向，智力发展之程度，暨其所处境地与外物之关系，因而研究其施教方法，以资比较而图改良。"举办这次展览会，体现了鲁迅提出的美育思想。

作为这次展览会的成果之一，鲁迅所在的教育部社会教育司于1915年3月编辑出版了《全国儿童艺术展览会纪要》一书。该书内收入的《儿童艺术展览会旨趣书》一文，据唐弢同志考证，应是鲁迅的手笔，至少也是经过他修改润色的，"因为思想、口气、文笔都是他的"。这份《旨趣书》，与《儗播布美术意见书》一样，也反映了鲁迅早期的美学观与美育思想。《旨趣书》也强调艺术的教育作用，认为"儿童之精神"应具有"德与智与美三者"，艺术能使儿童"观察渐密，见解渐确，知识渐进，美感渐高"，美育对儿童精神之发展有重大作用。[1]

鲁迅自幼爱好美术，后来他一方面从事文学工作，另一方面致力于美术方面的活动。在北京期间，他曾用了相当长的时间收集了汉魏六朝以来的画像，并手描了大量碑刻的画像和图案。他在整理这些古代碑刻拓片时，不仅对碑文和有关史实做了考订工作，而且注意到古代石刻图像的史料价值和美术价值。在北京、厦门、广州任教期间，在教书之余，他又曾研究中国古书中的插图和民间美术，从作品的思想性和技术两个方面进行批判和探讨。为了保存祖国的优秀的版画遗产，继承和发扬这些优秀的美术技巧，鲁迅在晚年和友人精心收集，复印了我国清代木刻家刻印的《北平笺谱》和《十竹斋笺谱》。

----

[1] 胡从径：《轶事与佚文》，见《鲁迅研究文丛》第1卷，长沙，湖南人民出版社，1980。

鲁迅收藏和复制的都是我国古代的版画作品，他对挂在客堂里的文人画并不感兴趣。这是因为版画的好处是易为大众所了解，而且便于复制，便于传播，有益于美术运动。

　　20世纪30年代，有些资产阶级文人极力反对文艺大众化，并将群众喜闻乐见的连环图画等文艺形式贬为"低级的形式"，产生不了"好的作品"。鲁迅写了《"连环图画"辩护》一文予以驳斥，列举了中外古今的大量事实，证明连环图画不但可以成为艺术，并且已经坐在"艺术之宫"里面了。①鲁迅维护连环图画，是因为群众"能懂、爱看"，易于从中受到教育。

　　鲁迅不仅收藏了大批中国的版画，而且收藏了大批外国著名艺术家的版画。为了介绍十月革命以后俄国美术家的革命版画，以发展我国的革命木刻运动，他通过曹靖华用中国的宣纸去换取革命版画作品，然后把它们展览出来或者复印出来。他自己筹款先后复印出版了德国革命版画家梅斐尔德的《士敏土之图》，以及《近代木刻画选》《新俄画选》《比亚兹莱画选》《藤谷虹儿画选》《凯绥·珂勒惠支版画选集》《引玉集》《死魂灵百图》《一个人的受难》《苏联版画集》等十几种画册，供中国美术青年学习和借鉴。

　　鲁迅为了在中国开展木刻运动，付出了很多心血。他请了内山完造的弟弟内山嘉吉给美术青年们办木刻讲习会，并亲自当翻译。讲习会以后，鲁迅又看了青年们的实习作业和其他一些木刻作品，并做了细致的评论，之后又帮助青年们选出比较好的作品出版，这就是《木刻纪程》的由来。所以，美术界一致认为，如果没有鲁迅的苦心栽培，中国的新兴木刻是很难有像今天这样大的成就的。

---

① 鲁迅：《南腔北调集·"连环画辩护"》，见《鲁迅全集》第4卷，460页。

三、要重视革命艺术理论的指导

鲁迅在推动革命美术运动中，非常重视艺术理论工作。因为他深刻地了解："没有革命的理论，就没有革命的运动。"特别是在当时的环境下，各种艺术思潮泛滥，如果没有正确的文艺理论作为指导，青年艺术家很可能误入歧途。所以鲁迅一刻也不放松地用革命文艺理论把中国文艺青年的思想武装起来。于是他用严格批判的态度翻译介绍了不少资本主义国家的进步文艺理论和社会主义苏联的文艺理论。其中有日本厨川白村的《出了象牙之塔》和《苦闷的象征》，板垣鹰穗的《近代美术史潮论》，苏联的《苏俄文艺政策》，卢那察尔斯基的《艺术论》和《文艺与批评》，普列汉诺夫的《艺术论》，等等。

鲁迅在提倡美育、教育美术青年时突出的艺术思想有以下几点。

第一，艺术必须为人生，反对"为艺术而艺术"。他在论述小说时这么说："我仍抱着十多年前的'启蒙主义'，以为必须是'为人生'，而且要改良这人生。我深恶先前的称小说为'闲书'，而且将'为艺术的艺术'，看作不过是'消闲'的新式的别号。所以我的取材，多采自病态社会的不幸的人们中，意思是在揭出病苦，引起疗救的注意。"[1]他认为，工人农民看画是要问意义的。"意义"在现代绘画上是一件很重要的事。装饰画自然例外，因为它的使命不过是调剂人们精神而已，但不能承认它是纯粹的艺术。他说，古人作画，除山水花卉而外，绝少画社会事件。但今天的画家作画，不应限于山水花鸟，而应是再现社会的情况于画幅之上。[2]

艺术是生活的反映，脱离了生活就创造不出感人的作品来。所以鲁迅常常劝告青年要深入生活，观察、研究生活。他给青年写信说："书

---

① 鲁迅：《南腔北调集·我怎么做起小说来》，见《鲁迅全集》第4卷，526页。

② 刘汝醴：《鲁迅在中华艺术大学演讲录》，见《学习鲁迅的美术思想》，北京，人民美术出版社，1979。

斋外面是应该走出去的，倘不在什么漩涡中，那么，只表现些所见的平常的社会状态也好。"①

第二，既要重视作品的战斗性，又要重视作品的艺术性。鲁迅十分重视美术的战斗性。他把版画艺术看作是教育人民最好的艺术形式。因为"当革命时，版画之用最广，虽极匆忙，顷刻能办"②。但是版画之所以能够成为战斗的工具，就在于它是艺术品。他说过："艺术自然是宣传，但宣传并不一定是艺术。"他在给版画家李桦的信中说："木刻是一种作某用的工具，是不错的，但万不要忘记它是艺术。它之所以是工具，就因为它是艺术的缘故。"③鲁迅把战斗性和艺术性统一起来了。

从这一点出发，鲁迅要求美术青年要有进步的思想和高尚的人格。他说："美术家固然须有精熟的技工，但尤须有进步的思想与高尚的人格。他的制作，表面上是一张画或一个雕像，其实是他的思想与人格的表现。令我们看了，不但欢喜赏玩，尤能发生感动，造成精神上的影响。"④

他要求青年美术家刻苦学习技术，尤其要在素描上下功夫。他对青年版画家寄给他的作品——加以批评，指出它的缺点和错误。在鲁迅的精心指导下，中国版画家的队伍迅速地成长起来。

第三，继承祖国优秀文化遗产，同时学习外国艺术的长处。他认为我国的版画有悠久的历史、优良的传统。他特别推崇唐朝的佛画像和线画，认为佛画的灿烂、线画的空实和明快，是可以取法的。他认为继承民族遗产是为了创造新的内容和形式，不是盲目地硬搬。

鲁迅也十分重视学习外国版画的长处。他特别欣赏当时苏联版画家的独特风格。他说："它不像法国木刻的多为纤美，也不像德国木刻

---

① 鲁迅：《鲁迅书信集·致李桦》，见《鲁迅全集》第13卷，372页。

② 鲁迅：《集外集拾遗·〈新俄画选〉小引》，见《鲁迅全集》第7卷，363页。

③ 鲁迅：《鲁迅书信集·致李桦》，见《鲁迅全集》第13卷，481页。

④ 鲁迅：《热风·随感录四十三》，见《鲁迅全集》第1卷，346页。

的多为豪放；然而它真挚，却非固执；美丽，却非淫艳；愉快，却非狂欢；有力，却非粗暴；但又不是静止的，它令人觉得一种震动——这震动，恰如用坚实的步法，一步一步，踏着坚实的广大的黑土进向建设的路的大队友军的足音。"[1]

总之，不论是古代的还是外国的，都采取"拿来主义"，为我所用，批判地吸取其中一切有益的东西，来创造新的艺术。他说："采用外国的良规，加以发挥，使我们的作品更加丰满是一条路；择取中国的遗产，融合新机，使将来的作品别开生面也是一条路。"[2]

鲁迅对美术的见解，是我们今天开展美育工作的宝贵的遗产。我们要像鲁迅那样重视美育、提倡美育，培养年轻一代的革命情操，树立高尚的社会风尚。

第九章　论教师

鲁迅没有专门论述教师的文章，但在他给曹植甫先生写的碑文以及他纪念他的三位老师的文章中，我们可以看到他对教师这个职业的崇敬和认识。我们可以这样来理解，他在文章中所赞扬的，也就是他所要求于教师应有的品质。他认为，教师要有崇高的品质，要有对教育工作的热情，要有和谐的师生感情。以下我们就来看看他在上述几篇文章中是如何认识教师的。

一、对教师的崇敬和对教师素养的认识

1934年11月19日，鲁迅给曹植甫先生写了一篇碑文，原稿题为《河南卢氏曹植甫先生教泽碑序》，收入《且介亭杂文集》时改为《河南卢

---

[1] 鲁迅：《且介亭杂文末编·记苏联版画展览会》，见《鲁迅全集》第6卷，500页。
[2] 鲁迅：《且介亭杂文·〈木刻纪程〉小引》，见《鲁迅全集》第6卷，50页。

氏曹先生教泽碑文》。这是一首对农村教师的热情的赞歌。它充分显示了鲁迅对教育的重视及对长期献身教育事业的农村教师的由衷敬仰。

曹植甫先生名培元,河南卢氏县人,生于1869年,卒于1958年,是著名翻译家、教育家曹靖华的父亲。培元先生长期在农村从事教育工作,一直到中华人民共和国成立以后。他埋头苦干,兢兢业业地培养年青一代,是教育界的模范。1934年,培元先生任教逾40年,他的学生一致认为对他的业绩要铭记不忘,决定立一块碑作纪念,以赞颂他对教育事业的热忱和他崇高的品德。他的儿子且是他的学生曹靖华把写碑文的任务托付给鲁迅,鲁迅欣然应诺,写了这篇碑文。

《碑文》热情地赞扬了培元先生的"教泽"。但从另一个角度来说,通过《碑文》,我们可以看到鲁迅对教师这个社会职业的崇敬和对如何做一个人民教师的论述。

鲁迅首先颂扬培元先生在动乱的时代能够立志在穷山僻村长期从事教育工作的伟大精神。《碑文》写道:"夫激荡之会,利于乘时""巧黠因时,鹞枪鹊起",但培元先生却"躬居山曲,设校授徒,专心一志,启迪后进"。培元先生生活的年代,先是风雨飘摇中的清王朝末期,继而是军阀混战、列强侵略压迫的国民政府时期,国无宁日,民不聊生。这种动乱的时代有利于投机分子的泛起,巧伪狡猾之徒利用时机巧取豪夺,追名逐利,无所不用其极。但是培元先生却嫌弃虚荣,注重实干,安于河南偏僻的山区,开设学校,把知识传授给学生,专心致志地教育和启发年青一代。在那黑暗的年代,他把荣华富贵置之度外,选择了当时被一般人视作知识分子的末路,而实际上是对社会很有益的工作。这哪里是有点小才能、小聪明的人所能做得到的呢?

培元先生之所以能做到这一点,是因为他"幼承义方,长怀大愿,秉性宽厚,立行贞明"。他从小就受过良好的家庭教育,年长后怀有远大的志愿,生性宽大厚道,操行坚定光明,是一位在当时很难得的、品德特别优异的人。培元先生几十年如一日，勤勤恳恳、一心一意地从事教育事业，"历久不渝，惠流遐迩。"鲁迅说，一个人做点好事并不难，但持之以恒却很难得，培元先生为发展祖国的教育事业，呕尽心血，确实是国家的杰出人才。

鲁迅在《碑文》中提到，培元先生对待学生是"诲人不倦，惟精惟一""或有未谛，循循诱之"。培元先生一生从事语文教学工作，把语文作为少年儿童学习的基本内容，认为学好了语文，才能够有条件学习别的学科。他精通汉语，教学时讲解得很形象，很清楚，着力培养学生的写作基础能力。他对学生循循善诱，不怕麻烦，不知疲倦。学生不了解的、领会错的，他总是耐心地有次序地反复讲解，直到学生弄懂为止。他对学生要求很严格，达不到要求绝不放松。他对自己做学问的要求也很严格，做到精益求精，他是学生敬佩的一位慈祥的严师。

鲁迅在《碑文》中提到，培元先生的另一个特点是"又不泥古，为学日新，作时世之与前驱，与童冠而俱迈"。培元先生身经三个历史时期，但他不守旧、不迁腐。他是一个好学的人，一个能够与青年人共同随时代潮流前进的人。早在清末，他就注意学习新事物，传授新知识。戊戌变法时期，他注意吸收外国的学术思想。梁启超在当时是风云人物，他的文章浩浩荡荡，有如长江大河，汹涌澎湃，打破了陈腐的八股，在当时是有启蒙作用的。《饮冰室文集》一传到，培元先生就认真阅读，选出文章教给学生，自己的文笔也跟着变化。19世纪末，开封出版了一本小册子叫《白话报》，宣传富国强兵，文章全部用白话写。培元先生知道后就买来看，教学生读。在当时，这是件"离经叛道"的事。他不顾腐儒的反对，极力给学生灌输新知识。袁世凯称帝，培元先生很愤激，用白话文写了文章，表示反对。所以鲁迅在《碑文》中赞扬他"开拓新流，恢弘文术""爰使旧乡丕变，日见昭明"。培元先生在地方上开学术风气之先，使古老的乡村面貌大变，一天天光明起来。

鲁迅在《碑文》中赞扬培元先生的这些品质，正是一个人民教师应当具备的。鲁迅的这篇《碑文》受到毛泽东的重视。1945年8月毛泽东到重庆同国民党和谈，会见曹靖华时，表示了对他的父亲培元先生的钦佩，他说："我从鲁迅先生的文章知道的。鲁迅先生给他写过《教泽碑序》……"①

二、论民主和谐的师生关系

鲁迅在著作里，还写过他自己的三位老师，从这些描述中我们可以看到鲁迅对老师的态度和评价，以及他们的师生关系。

第一位是三味书屋的寿镜吾先生。鲁迅从12岁时开始从寿镜吾先生读书，直到17岁才离去，进南京的学堂。对这一段读书生活，鲁迅在《从百草园到三味书屋》这篇散文中有详细的描写。鲁迅对当时的封建教育制度和呆读死记的教学方法是很不赞成的，在散文中进行了尽情批判。但是他对寿镜吾先生还是很尊敬的，认为他为人刚正、教学严格，是绍兴城里"极方正，质朴，博学的人"。②他对学生虽然要求严格，但从不体罚学生。"先生最初这几天对我很严厉，后来却好起来了，不过给我读的书渐渐加多……"③学生喜欢活动，不喜欢那种枯燥的内容，纷纷溜到后园去玩耍。寿镜吾先生便在书房里大叫起来："人都到哪里去了？"④但是他从不呵责学生。"他有一条戒尺，但是不常用，也有罚跪的规则，但也不常用，普通总不过瞪几眼，大声道：——'读书！'"⑤寿镜吾先生和鲁迅的关系也很好。据周建人回忆，鲁迅的父亲病了，有一次医生开的药方中要用十年的陈米做药引，鲁迅在三味书屋谈起，说

---

① 曹靖华：《红岩归来——川行漫记》，载《人民文学》，1978（10）。
② 鲁迅：《朝花夕拾·从百草园到三味书屋》，见《鲁迅全集》第2卷，289页。
③ 鲁迅：《朝花夕拾·从百草园到三味书屋》，见《鲁迅全集》第2卷，290页。
④ 鲁迅：《朝花夕拾·从百草园到三味书屋》，见《鲁迅全集》第2卷，290页。
⑤ 鲁迅：《朝花夕拾·从百草园到三味书屋》，见《鲁迅全集》第2卷，290页。

到哪里去找呢？寿镜吾先生听见了，说他有办法。不久，背了一袋陈米到鲁迅家里来，使鲁迅深受感动。寿镜吾先生生活很简朴，他和他的儿子两人只有一件长衫，而且肩背上已打上了补丁。在家里，长衫挂在书屋里，谁出门谁就穿上它，回来即脱下挂起来。他对劳动人民很同情，有一次坐船下乡，遇到大风，把船篷吹走了一块，船户要去捞，寿先生赶忙拦住，说太危险了。船户说，一个篷要两元钱呢！寿先生说："我赔你的。"回来后，果然赔了两元钱给船户，船户很感激。[①]这一切都是鲁迅尊敬寿镜吾先生的原因，在封建教育制度下，寿镜吾先生是一位难得的老师。

第二位是鲁迅最怀念的日本仙台医专的藤野先生。为了纪念他，鲁迅专门写了一篇散文《藤野先生》。这又是一首对教师的热情的颂歌。

藤野严九郎，日本仙台医学专门学校解剖学教授，是一个"黑瘦的先生，八字须，戴着眼镜"。[②]第一堂课讲述解剖学在日本发达的历史，向学生们展示了大大小小的书，起初有几本线装的，还有翻刻中国译本的。可以看出，他是一个治学严谨、没有偏见的正直的学者。

20世纪初叶，日本已经成为一个帝国主义国家，垄断资产阶级在日本国民中间煽动军国主义、沙文主义情绪。而当时的中国是一个弱国，中国人到处受到歧视。但是鲁迅在仙台却受到日本人民友好的接待，特别是从藤野先生那里得到了温暖。藤野先生没有任何民族偏见，对中国人民怀着十分友好的感情，对中国学生鲁迅的学习特别关切。为了使鲁迅更好地掌握解剖学知识，他第一周就把鲁迅叫到身边，仔细询问他的学习情况。以后每星期都要把鲁迅抄的讲义收去看，发回来的时候"讲义已经从头到末，都用红笔添改过了，不但增加了许多脱漏的地方，连

---

① 周建人：《回忆鲁迅的学习和教育活动》，见《鲁迅的教育思想和实践》代序。
② 鲁迅：《朝花夕拾·藤野先生》，见《鲁迅全集》第2卷，314页。

文法的错误，也都一一订正"①。这样一直持续到他教完了所担任的课程。有的时候还当面给他指正。有一次鲁迅把下臂的血管画错了位置，藤野先生和蔼地对他说："你看，你将这条血管移了一点位置了。——自然，这样一移，的确比较的好看些，然而解剖图不是美术，实物是那么样的，我们没法改换它。现在我给你改好了，以后你要全照着黑板上那样的画。"②他教育鲁迅要用严肃的、实事求是的态度对待科学。藤野先生对鲁迅是关怀入微的。在解剖实习时，他因为听说中国人敬鬼神，担心鲁迅不敢解剖尸体，当他看到鲁迅并不这样时才放心了，并且很高兴。鲁迅对藤野先生的教诲是铭刻在心的。他说："他所改正的讲义，我曾经订成三厚本，收藏着的：将作为永久的纪念。"③

鲁迅在仙台学习了两年，后来终于决意放弃医学，离开仙台。为了惜别，藤野先生送给鲁迅一张照片，后面写着"惜别"二字。鲁迅一直把它挂在书桌对面的墙上，时时用藤野先生的精神来勉励自己。他说："每当夜间疲倦，正想偷懒时，仰面在灯光中瞥见他黑瘦的面貌，似乎正要说出抑扬顿挫的话来，便使我忽又良心发现，而且增加勇气了。"④

鲁迅之所以这样尊敬和怀念藤野先生，把藤野先生作为鼓励自己的力量，是因为藤野先生有伟大的精神和高尚的品格，这是一个教师最宝贵的东西，鲁迅写道："但不知怎地，我总还时时记起他。在我所认为我师的之中，他是最使我感激，给我鼓励的一个。有时我常常想：他的对于我的热心的希望，不倦的教诲，小而言之，是为中国，就是希望中国有新的医学；大而言之，是为学术，就是希望新的医学传到中国去。他的性格，在我的眼里和心里是伟大的，虽然他的姓名并不为许多人所

---

① 鲁迅：《朝花夕拾·藤野先生》，见《鲁迅全集》第2卷，315页。
② 鲁迅：《朝花夕拾·藤野先生》，见《鲁迅全集》第2卷，315页。
③ 鲁迅：《朝花夕拾·藤野先生》，见《鲁迅全集》第2卷，318页。
④ 鲁迅：《朝花夕拾·藤野先生》，见《鲁迅全集》第2卷，319页。

知道。"①

鲁迅是怀着十分崇敬和怀念的感情写的这篇文章，读起来感人肺腑。在鲁迅的著作中，虽然没有直接议论师生关系的长篇论文，但是，这篇散文不是最好的抒发师生情谊的诗篇吗？

第三位是章太炎先生。鲁迅十分钦佩他反对清王朝的革命精神。他说，在日本之所以去听章太炎讲学，"并非因为他是学者，却为了他是有学问的革命家"。②就在《关于太炎先生二三事》这篇文章里，鲁迅热情地赞扬章太炎早年的革命业绩。章太炎为了驳斥保皇派康有为，为邹容的《革命军》作序，曾被清政府监禁于上海的西牢；出狱之后东渡日本，不久就主持《民报》，宣传革命；民国以后，袁世凯称帝，他曾临总统府之门，以袁世凯授给他的大勋章为扇坠，大骂袁世凯包藏祸心；他曾先后七次被追捕，三入牢狱，而革命之志终不屈挠。这是"先哲的精神，后生的楷范"。③

鲁迅还十分赞赏章太炎先生的平易近人、民主的作风和态度。在日本讲学时，在一间陋室之内，师生环绕一张矮矮的小桌席地而坐，"神解聪察，精力过人，逐字解释，滔滔不绝"；有时随便谈天，也是"诙谐间作，妙语解颐"。④鲁迅说他"对于弟子，向来也绝无傲态，和蔼若朋友然"。

鲁迅把爱老师和爱真理结合起来。在学术上有不同意见时绝不盲从。有一次章太炎先生和鲁迅讨论文学的定义，鲁迅认为章太炎先生"诠释文学，范围过于宽泛"，坚持了"爱吾师尤爱真理"的科学态度。⑤

---

① 鲁迅：《朝花夕拾·藤野先生》，见《鲁迅全集》第2卷，318页。
② 鲁迅：《且介亭杂文末编·关于太炎先生二三事》，见《鲁迅全集》第6卷，566页。
③ 鲁迅：《且介亭杂文末编·关于太炎先生二三事》，见《鲁迅全集》第6卷，567页。
④ 许寿裳：《亡友鲁迅印象记》，29页，上海，上海文化出版社，2006。
⑤ 许寿裳：《亡友鲁迅印象记》，29页，上海，上海文化出版社，2006。

对于章太炎先生后期脱离革命，鲁迅提出了严肃的批评，他说："太炎先生虽先前也以革命家现身，后来却退后于宁静的学者，用自己所手造的和别人所帮造的墙，和时代隔绝了。"①但是，鲁迅还是很全面地评价章太炎，认为他的错误"不过白圭之玷，并非晚节不终"②。对于当时有些文侩作文奚落章太炎，鲁迅表示了极大的愤慨，说："真可谓'小人不欲成人之美'而且'蚍蜉撼大树，可笑不自量'了！"③也正是为了这件事，鲁迅才写了《关于太炎先生二三事》来全面地评价章太炎先生，保护章太炎先生。鲁迅在一封信中讲道："古之师道，实在也太尊，我对此颇有反感。我以为师如荒谬，不妨叛之，但师如非罪而遭冤，却不可乘机下石，以图快敌人之意而自救。太炎先生曾教我小学，后来因为我主张白话，不敢再去见他了。后来他主张投壶，心窃非之，但当国民党要没收他的几间破屋，我实不能向当局作媚笑。以后如相见，仍当执礼甚恭（而太炎先生对于弟子，向来也绝无傲态，和蔼若朋友然），自以为师弟之道，如此已可矣。"④

这是鲁迅对师生关系最全面、最精辟的论述，从鲁迅对三位老师的态度可以看到，鲁迅既对老师尊敬、爱护、体谅，又坚持原则。

鲁迅对待老师是这样，对待自己的学生也如他所称颂的老师那样，以身作则，循循善诱，绝无傲态，和蔼若朋友。他说："我的确当过多年先生和教授，但我并没有忘记我是学生出身，所以并不管什么规矩不规矩。"⑤鲁迅对学生提出的问题，总是有问必答，对学生提出的要求，凡合理的，总是设法予以满足。他心甘情愿地为文学青年打杂，并为此

① 鲁迅：《且介亭杂文末编·关于太炎先生二三事》，见《鲁迅全集》第6卷，565页。
② 鲁迅：《且介亭杂文末编·关于太炎先生二三事》，见《鲁迅全集》第6卷，567页。
③ 鲁迅：《且介亭杂文末编·关于太炎先生二三事》，见《鲁迅全集》第6卷，567页。
④ 鲁迅：《鲁迅书信集·致曹聚仁》，见《鲁迅全集》第12卷，405页。
⑤ 鲁迅：《鲁迅书信集·致萧军、萧红》，见《鲁迅全集》第13卷，256页。

耗费了他的半生精力。

鲁迅还善于向学生学习，从革命的学生中吸取力量。1926年"三一八"惨案发生后，女师大学生刘和珍等英勇牺牲，鲁迅怀着沉痛的心情写了纪念文章。文章写道："刘和珍君是我的学生。学生云者，我向来这样想，这样说，现在却觉得有些踌躇了，我应该对她奉献我的悲哀与尊敬。她不是'苟活到现在的我'的学生，是为了中国而死的中国的青年。"①文章中充满了愤慨和崇敬的心情。他对敌人杀害他的学生表示无比的愤慨，对为国家为民族而牺牲的学生表示无限的崇敬。他称刘和珍等为"真的猛士"。他说："真的猛士，敢于直面惨淡的人生，敢于正视淋漓的鲜血。"②活着的人们要向她们学习，"真的猛士，更将奋然而前行"③。后来鲁迅对于被杀害的柔石等五烈士，也是怀着同样的深情写了《为了忘却的纪念》一文。

从以上提到的几篇文章中，我们可以清楚地看到鲁迅对老师、对学生的态度。他为我们树立了正确的师生关系的榜样。

第十章　论工农教育

1926年秋天，在厦门，鲁迅被邀请在厦大教育系学生为学校工友和附近农民子女举办的平民学校的开学典礼上演讲。他在演讲中说："你们都是工人和农民的子女，你们因为贫苦，所以失学，所以须到这样的学校来读书。但是，你们穷的是金钱，而不是聪明和智慧。你们贫民子弟，一样是聪明，一样有智慧。你们能下决心，能奋斗，一定会成功，有光明的前途。没有人有权力叫你们永远被奴役，没有命运会注定叫你

---

① 鲁迅：《华盖集续编·记念刘和珍君》，见《鲁迅全集》第3卷，290页。
② 鲁迅：《华盖集续编·记念刘和珍君》，见《鲁迅全集》第3卷，290页。
③ 鲁迅：《华盖集续编·记念刘和珍君》，见《鲁迅全集》第3卷，294页。

们永远做穷人。"①这一段话，充分反映了鲁迅关于工农教育的思想。

一、世界是由愚人造成的，文化是由工农创造的

历来的反动统治阶级都要欺骗人民，把自己打扮成创世者，胡说什么世界文明是他们那些高贵的有学问的人创造的，工农大众是愚昧无知的。早在100多年以前，先进的无产阶级及其杰出的代表马克思、恩格斯就已经站出来打破了这个神话，创立了历史唯物主义的学说。但是当时落后的中国的统治者，到了20世纪还在不断地宣传这个神话。鲁迅再一次站出来，运用马克思主义的唯物史观，批判这个神话，宣称世界是由愚人造成的，文化是由工农创造的。他说："古人说，不读书便成愚人，那自然也不错。然而世界却正由愚人造成，聪明人决不能支持世界，尤其是中国的聪明人。"②鲁迅在1934年写了《门外文谈》一文，用历史唯物主义的观点，阐明了文字的产生和发展的过程。他说，文字是在人民中间萌芽的，后来被特权者所收揽。过去总是说，文字是古时候一个叫仓颉的创造的。其实，在社会里，仓颉也不止一个，有的在刀柄上刻一点图，有的在门户上画一些画，口口相传，文字就多起来，史官一采集，就逐渐地有了文字。过去以为文学是文学家做出来的，其实，在不识字的文盲群里，作家却是有的。《诗经》的《国风》里的东西，好多也是不识字的无名氏的作品，因为比较优秀，大家口口相传，史官们记录下来，就流传到现在。鲁迅认为，剥削阶级的文人不仅不能创造文化，相反却摧残文化。他说："歌，诗，词，曲，我以为原是民间物，文人取为己有，越做越难懂，弄得变成僵石，他们就又去取一样，又来慢慢的绞死它。"③

针对剥削阶级诬蔑工农大众是愚人，鲁迅指出："……即使'目不

① 陈梦韶：《鲁迅在厦门的演讲》，载《中国现代资料丛刊》，1979（1）。
② 鲁迅：《坟·写在〈坟〉后面》，见《鲁迅全集》第1卷，302页。
③ 鲁迅：《鲁迅书信集·致姚克》，见《鲁迅全集》第13卷，28页。

识丁'的文盲，由我看来，其实也并不如读书人所推想的那么愚蠢。他们是要知识，要新的知识，要学习，能摄取的……那消化的力量，也许还赛过成见更多的读书人。"①鲁迅这里提到愚人、提到文盲，并不是说读了书的人反而不如不读书的人，有了知识反而不如没有知识，而是揭露当时有知识的统治阶级对工农大众的诬蔑。事实上，工农大众有丰富的实践经验，他们在同大自然和阶级敌人的搏斗中，能学习，善于总结经验，少保守思想，他们需要有用的知识、新的知识。文化本来是工农大众创造的，但是长期以来被剥削阶级垄断，创造文化的人却被剥夺了受教育的权利。在剥削阶级社会里，文化教育成了剥削阶级的世袭领地，他们把持着教育大权，不让劳动人民受教育，企图使劳动人民世世代代处于愚昧状态，以利于他们的统治和奴役。鲁迅在他的文章中抨击了这种不合理现象："我们的劳苦大众历来只被最剧烈的压迫和榨取，连识字教育的布施也得不到，惟有默默地身受着宰割和死亡。"②

剥削阶级为什么那样害怕劳动人民掌握文化呢？因为劳动人民有了文化就会明白革命的道理，就会戳穿统治阶级压迫人民、欺骗人民的谎言，就会起来造反，剥削阶级就不得安宁。鲁迅曾经针对国民党反动派破坏文化教育事业的罪行指出："智识太多了，不是心活，就是心软。心活就会胡思乱想，心软就不肯下辣手。结果，不是自己不镇静，就是妨害别人的镇静。于是灾祸就来了。所以知识非铲除不可。"③可见，知识对于一切反动派是多么可怕，所以他们总是要实行愚民政策，使老百姓都成为他们驯服的臣民。当然，剥削阶级为了他们的利益，有时也要给劳动人民一点点文化，但是正如恩格斯所说的："既然资产阶级所关心的只是工人的最起码的生活，那我们也就不必奇怪它给工人受的教育

---

① 鲁迅：《且介亭杂文·门外文谈》，见《鲁迅全集》第6卷，104页。
② 鲁迅：《二心集·中国无产阶级革命文学和先驱的血》，见《鲁迅全集》第4卷，289页。
③ 鲁迅：《准风月谈·智识过剩》，见《鲁迅全集》第5卷，236～237页。

只有合乎它本身利益的那一点点。"①鲁迅有一次在信中也曾经揭露过同样的事实。就是在那次厦门大学平民学校的成立大会上，鲁迅去演说了五分钟，"又恭听校长辈之胡说至十一时。有一曾经留学西洋之教授曰：'这学校之有益于平民也，例如底下人认识了字，送信不再会送错，主人就喜欢他，要用他，有饭吃……'我感佩之极，溜出会场……"②

二、工农教育与社会革命

怎样才能改变这种状况呢？只有社会革命。工人阶级在取得政权以后就一定会大力发展平民教育。鲁迅说："工人地位升高的时候，总还须有教育才行。"③社会不革命，工农不解放，纵使有好心肠的文学家、教育家为工农着想，也不可能使广大工农有文化。因为"中国的工农，被压榨到救死尚且不暇，怎能谈到教育"④。工农受不到教育，就不可能有工农出身的作家；没有工农出身的作家，也就不可能有真正的平民文学。鲁迅说："现在的文学家都是读书人，如果工人农民不解放，工人农民的思想，仍然是读书人的思想，必待工人农民得到真正的解放，然后才有真正的平民文学。"⑤

但是，是不是一切都要等到社会改革好了再去做呢？不是的。鲁迅认为，要根本改变工农教育的状况，只有通过社会革命，但并不是说在当时就不要改变工农教育的状况。在革命胜利前提高工农的知识水平，是夺取革命胜利的必要条件之一。鲁迅在《门外文谈》的"煞尾"中写道："总之，单是话不行，要紧的是做。要许多人做：大众和先驱；要各式的人做：教育家，文学家，言语学家……这已经迫于必要了，即

---

① 恩格斯：《英国工人阶级状况·结果》，见《马克思恩格斯全集》第2卷，395页，北京，人民出版社，1974。

② 鲁迅：《两地书·九三》，见《鲁迅全集》第11卷，244页。

③ 鲁迅：《两地书·一〇四》，见《鲁迅全集》第11卷，265页。

④ 鲁迅：《集外集拾遗·译本高尔基〈一月九日〉小引》，见《鲁迅全集》第7卷，417页。

⑤ 鲁迅：《而已集·革命时代的文学》，见《鲁迅全集》第3卷，441页。

使目下还有点逆水行舟，也只好拉纤；顺水固然好得很，然而还是少不得把舵的。""目的只是一个：向前。"[1]鲁迅要求觉悟的知识分子不要等待，要为工农大众切切实实做点事情。可见鲁迅对于工农教育问题，既指出了解决问题的根本途径，又指明了切实可行的办法。

三、将文字交给大众

鲁迅认为，中国文字之难是工农受教育的障碍。他说："我们中国的文字，对于大众，除了身份、经济这些限制之外，却还要加上一条高门槛：难。"[2]单是这条门槛，没有10年工夫就跨不过去。中国的文和大众说的话是脱节的。鲁迅说："我的臆测，是以为中国的言文，一向就并不一致的，大原因便是字难写，只好节省些。"[3]因为中国的象形文字难，所以文章用字很简练。再加上古时候只有特权阶级才能读书，或者读了书就进入特权阶级，因此，文字成了特权者的东西。"所以它就有了尊严性，并且有了神秘性。"[4]特权者不希望大众掌握文字，否则就会失去神秘和尊严。鲁迅却是要文字为大众服务，因此他提倡白话文、大众语，后来又提倡汉字拉丁化。所有这些都是为了便于工农大众学习，写出来的就是说出来的。现在有些人老是质难鲁迅提倡文字拉丁化，似乎鲁迅要毁灭中国文化。事实恰恰相反，鲁迅是要把本来是人民大众创造的文字还给大众，大众掌握了文字才能学习中国文化，也才能继承和发扬中国文化。鲁迅说："文字难，文章难，这还都是原来的；这些上面，又加以士大夫故意特制的难，却还想它和大众有缘，怎么办得到。"[5]

他认为，将文字交给大众的事实，早从清朝末年就已经有了的。如

---

① 鲁迅：《且介亭杂文·门外文谈》，见《鲁迅全集》第6卷，105页。
② 鲁迅：《且介亭杂文·门外文谈》，见《鲁迅全集》第6卷，105页。
③ 鲁迅：《且介亭杂文·门外文谈》，见《鲁迅全集》第6卷，93页。
④ 鲁迅：《且介亭杂文·门外文谈》，见《鲁迅全集》第6卷，94页。
⑤ 鲁迅：《且介亭杂文·门外文谈》，见《鲁迅全集》第6卷，95页。

"莫打鼓，莫打锣，听我唱个太平歌……"等俗歌。也有一些白话报，但办报人的主意也只大家听得懂，并不要求大众写出来。要想大众写得出、看得懂，就要让他们先识字。清末民初也曾经有人整理过简字，民国初年制定了"注音字母"，可以注在汉字的旁边。但是还不能代替汉字。鲁迅主张汉字拉丁化，那样，只要认识26个字母，学一点拼法和写法，谁都能够写得出、看得懂。但也遇到一个大问题：中国的言语，各地很不同。用拉丁文写，是写普通话还是土话？照鲁迅的意思，在开首启蒙的时期，各地各写土话，但一面又渐渐地加入普通的语法和词汇，逐渐做到全国的语文的大众化。当然，汉字拉丁化的问题，随着我国教育的普及，以及电子计算机汉字输入的改进，现在已经不是迫切的问题。但也不能不看到，它仍然制约着汉语文走向世界和中国文化走向世界的进程。现在又有少数人主张小学生不要学汉语拼音，甚至想取消汉语拼音，这只能是历史的倒退。

鲁迅认为，在语文大众化过程中，也要防止另一种倾向：俗。不要以为"说话作文，越俗，就越好"，他警告说："这意见发展开来，他就要不自觉的成为新国粹派。"[1]他反对"迎合大众""故意多骂几句，以博得大众的欢心"。[2]他主张要给大众新思想、新词汇。这些改革，都是知识者的责任。因为"由历史所指示，凡有改革，最初，总是觉悟的智识者的任务"，而智识者本身"必须有研究，能思索，有决断，而且有毅力"。[3]不骗人，不迎合；既不看轻自己，也不看轻别人；把自己作为大众中的一员，"这才可以做大众事业"[4]。从这些话里我们难道不能看到鲁迅那种平凡而伟大的精神吗？

① 鲁迅：《且介亭杂文·门外文谈》，见《鲁迅全集》第6卷，104页。
② 鲁迅：《且介亭杂文·门外文谈》，见《鲁迅全集》第6卷，104页。
③ 鲁迅：《且介亭杂文·门外文谈》，见《鲁迅全集》第6卷，104页。
④ 鲁迅：《且介亭杂文·门外文谈》，见《鲁迅全集》第6卷，105页。

第十一章　人民教师的光辉榜样

"青年的吸铁石"——许广平曾经这样来形容鲁迅。这是多么形象，多么真切！鲁迅上课的时候，吸引了大批青年去听讲，有国文系的，也有别的系的；课室里坐不下，就坐在窗台上和过道里。下课以后在教员休息室里，鲁迅的周围又有一群青年学生，问这问那。鲁迅走到哪里，哪里就有青年跟着他。无论是在北京的"老虎尾巴"，还是在厦门大学的图书馆楼上，抑或是在广州中山大学的钟楼上，都有许多青年千方百计去接近他，希望从他那里多少得到点雨露。据不完全统计，鲁迅一生曾经接待过来访的青年500多人，给国内外友人（其中大多是青年）的回信共5 600多封。鲁迅为什么有这么大的吸引力呢？这是因为他把教育和培养青年作为己任，把扶植弱小、抗御豪强作为自己的天职。他是青年的良师和益友，是教育工作者的光辉榜样。

我们从鲁迅的教育思想和实践中可以学到什么呢？

一、学习他献身教育事业的泥土精神

鲁迅的第一个社会职业就是教师。他的一生中大部分时间都是在教育工作岗位上，其中直接在学校教书的时间是10年；教过的学校共13所；教过的课程有化学、生理学、小说史、文学史、文艺论等；他还担任过学校的各种职务：中学和师范学校的监学（教务主任）、监督（校长）、大学的讲师、教授、系主任以及教务主任等。1927年定居上海以后，虽然没有再去学校里任课，但是他仍然十分关心教育工作，时时注意学校的动态。他两次探亲回到北京，都应青年学生的邀请到他任教过的学校和其他学校演讲。他还写作了许多论述儿童教育的杂文，以及支持革命学生运动的杂文。鲁迅这样关心教育事业不是偶然的，因为他把教育工作当作革命工作的一个重要组成部分。他总是把希望寄托在年青一代的身上，希望他们将来都成为革命的战士和闯将。1924年年初，鲁迅在北京师范大学附属中学校友会上演讲，题目叫《未有天才之前》，他说，要有天才，就要有使天才得到生长的民众，"——譬如想有乔木，想看好花，一定要有好土；没有土，便没有花木了；所以土实在较花木还重要"。①鲁迅希望青年都成为未来的花朵，而自己则甘愿做培植花朵的泥土。这种泥土精神不正是一个教育工作者最宝贵的品质吗？教育工作者可能自己成为天才，但更重要的是要培育千万个天才。

鲁迅为了培育青年，付出了辛勤的劳动。在北京，最多的时候他曾经同时在6所学校教书，每星期要从南城跑到北城，从东城跑到西城。不论是烈日炎炎的盛夏，还是北风凛冽的严冬，他都风雨无阻地去上课。他有时乘人力车，有时步行。他很少请假，有事一定事先写信或差人去请假，不让学生空等。为了支援学生的爱国运动，他在有的学校教课不拿薪金。鲁迅不愧是培育青年的辛勤的园丁。

鲁迅对待青年有一颗赤诚的心。他不仅在课堂上循循善诱，而且在任何时候都热情帮助青年，解决他们的困难。他为青年作序、改稿，甚至于抄稿、跑印刷厂，凡是对青年成长有益的事他都做。他还用自己的血汗钱无偿地帮助青年，在他的日记里我们常常可以看到给某某学费若干的记载，有时甚至于向别人借了钱来帮助青年。但是也有青年还不以此为满足，反过来攻击鲁迅。对此，鲁迅并不灰心，他说："我不能因为一个人做了贼，就疑心一切的人。"②他为了社会，爱才若渴，凡有可造之才，总不忍让他埋没。他对青年那样尽心，不是为了个人。他说："凡是为中国大众工作的，倘我力所及，我总希望（并非为了个人）能够略有帮助。"③这种热爱青年、教育青年的赤诚的心是一个教育工作者的灵魂。

---

① 鲁迅：《坟·未有天才之前》，见《鲁迅全集》第1卷，174～175页。
② 许广平：《鲁迅和青年们》，见《鲁迅生平史料汇编》第4辑，8页，天津，天津人民出版社。
③ 鲁迅：《鲁迅书信集·致曹白》，见《鲁迅全集》第14卷，121页。

就是因为鲁迅有这颗心，青年们才对他十分崇敬和爱戴。

二、学习他坚持真理、敢于与教育界不良现象做斗争的硬骨头精神

鲁迅从事教育工作的年代是我国历史上最黑暗的时期。他在清政府统治下的旧学堂里当过教员，在北洋政府的教育部里供过职，并在那时的大学里教过书，在洋奴买办的手下任过课，在国民党党棍统治的大学里做过事。他亲眼看到那时教育界的腐败，经受过"正人君子"们的排挤与压迫，同时也看到许多进步学生为了改革学校、改革社会而奋起的斗争。在这些新与旧的斗争中，他总是站在作为新生力量的学生一边，和他们同壕作战。无论是封建的顽固派还是暴戾的"老虎总长"，无论是崇洋媚外的买办还是国民党反动派的新贵，鲁迅都不把他们放在眼里。他不畏强暴，不受利诱，坚决地为真理而斗争。正是因为鲁迅支持学生的正义斗争，他才被北洋军阀列入通缉的黑名单，被迫离开北京；正是因为不满于学校的黑暗，他才离开宁静的厦门，跑到广州；正是为了抗议国民党反动派对青年学生的血腥镇压，他才毅然辞去了中山大学的职务，最后来到了上海。

鲁迅的硬骨头精神博得了青年学生的信任，同时鼓励着他们前进。鲁迅走到哪里，哪里就会掀起革命的浪花。就拿在厦门的短短4个月来说，自从鲁迅到了厦门，厦大研究文艺的风气就盛行起来。不久，学生创办了文艺社团，出版了文艺刊物。等到他要离校的时候，学生先是派代表挽留，要求鲁迅留下来继续指导他们学习和战斗；继而挽留运动变成了要求改革学校和改革社会的运动。鲁迅用他的革命精神在厦门播下了革命的火种。

有的人却恶意攻击鲁迅在学生中挑起风潮，骂他是"青年的绊脚石"。这绝不是事实。鲁迅是有原则的，他的斗争绝不是为了私仇，而是为了青年，为了大众，为了社会。

三、学习他认真教学、严谨治学的工作态度和作风

鲁迅对教学工作是十分严肃认真的。他教授的课都是自己编好讲义，预先发给学生。他在杭州浙江两级师范学堂授课时编的《生理学讲义》就是一部难得的好教材。它简明扼要，文字优美，从当时的科学水平来看，科学性和系统性都很强。这部讲义深得学生们的欢迎。鲁迅佚文《生理实验术要略》，原是《生理学讲义》的附录，它说明鲁迅在教学时十分重视科学实验，而且亲自动手做实验，总结实验方法，才能撰写成这份实验课教材。在当时我国科学很不发达、课堂教学方法十分陈旧的情况下，这无疑是一篇既有科学价值，又在教学上很有实际意义的教材和学术论文。

鲁迅为了编好讲义，总要查阅大量书籍，尽量找到一手材料，把所讲的问题搞得清清楚楚，从不含糊其词。鲁迅研究小说史，自日本回国以后就开始了，他广泛地搜集资料，细心地抄录并加考订，之后辑成《古小说钩沉》一书，打破了前人轻视小说的传统观念。后来到北京大学讲授小说史，为了编写《中国小说史略》这本教材，他走遍了京师图书馆、通俗图书馆、教育部图书室等，校阅了上千种原始资料，做了详细的笔记，有时为了一个字的不同，要考察好几个版本。正如鲁迅所说的："废寝辍食，锐意穷搜，时或得之，瞿然则喜，故凡所采掇，虽无异书，然以得之之难也，颇亦珍惜。"[1]因而除写成《中国小说史略》一书外，又将所集史料中的一部分辑成《小说旧闻钞》《唐宋传奇集》。鲁迅看书，并不迷信古版珍本，但凡是能够找到的书，他都要找来查阅比较，以辨事实的真伪。据周建人回忆，鲁迅住在绍兴县馆补树书屋和八道弯时，满屋子都堆满了小说和碑帖。正是这样辛勤的劳动，才换来了高质量的教材和教学效果。

---

① 鲁迅：《古籍序跋集·〈小说旧闻钞〉再版序言》，见《鲁迅全集》第10卷，158页。

鲁迅把讲课、编讲义和做学问联系在一起。他对小说史的研究就是教学和科研相结合的典范。鲁迅说过："中国之小说自来无史。"①小说向来被统治阶级及其文人所鄙薄，更没有人去研究它。鲁迅却选择了平民百姓喜闻乐见的小说作为研究的对象，在大学里开讲中国小说史，并编出了《中国小说史略》，对历史上各个阶段有代表性的作家的作品做了言简意赅的卓越的评述，并对鄙视小说的成见进行了有力的批判，为中国文学史开辟了新的篇章。

鲁迅做学问从来不迷信权威。他没有多少钱买书，更没有珍藏善本，但凡能搜集到的各种版本都要拿来比较，对前人论断不确切的地方，都大胆怀疑。关于《三藏取经记》刊印时代的争论就是一个明显的例子。清朝遗老罗振玉被认为是研究古籍的权威，他认定《三藏取经记》是宋刊本。鲁迅根据事实分析认为它疑为元刊本。这一下触犯了日本的所谓"支那"耆宿德富苏峰。他自恃藏有《大唐三藏取经记》的珍本，用滑稽轻薄的论调来讥讽鲁迅。但鲁迅不畏权威，写文章一一加以批驳，并坚持文史研究中的科学态度，反对以"单文孤证"来断定一种史实的错误方法。

收集资料还只是做学问的第一步，更重要的是要用正确的观点去分析研究这些资料，去伪存真，去粗取精，得出正确的结论，使读者确实有所收益。鲁迅编的讲义或者做的演讲，总是把科学性和战斗性紧密地结合起来，既尊重历史事实，又做到古为今用，从历史上吸取经验教训。国民党反动派"四一二"政变以后，广州市教育局举办夏期学术讲演会，请鲁迅去讲演，这分明是对鲁迅的一种试探。但鲁迅决然地接受了这次"邀请"，做了《魏晋风度及文章与药及酒之关系》的著名讲演。鲁迅利用这个机会，借古讽今，一面讲述学术问题，一面痛斥国民党反动派背

---

① 鲁迅：《中国小说史略》，见《鲁迅全集》第9卷，4页。

叛孙中山先生的三民主义、镇压共产党的罪行，使听众受到教育。

鲁迅对自己的作品总是精益求精。他对《中国小说史略》就曾经修订过多次，而且不断地虚心听取别人的意见，加以改进。1930年修订之后，《中国小说史略》在观点和资料的掌握上都又有提高；以后由于战斗的需要，鲁迅忙碌得无法再修改，"只能自叹有心无力了"①。1930年2月19日，鲁迅收到美国耶鲁大学学生柳无忌（柳亚子的儿子）的来信，反映中国小说《玉娇梨》为歌德所称道，但研究这方面的文字很少，希望鲁迅提供一些材料，或者把信公开，以引起大众的兴趣。鲁迅立即加上按语，把来信在《语丝》上发表。这件事充分反映了鲁迅对我国小说研究的热情和严肃认真的治学态度。

四、学习他丰富的教学经验和高超的教学艺术

鲁迅讲课时"没有一个人逃课，也没有一个人在听讲之外拿出什么东西来偷偷做"②。他讲的课对学生有着极大的吸引力。为什么？因为他讲述简明，寓意深刻，有一种"信念的力浸透在每个接近过他的青年的纯朴的胸怀"③。

鲁迅讲课总是先把讲义发给学生，上课时不是机械地照本宣科，重复讲义中的材料，而是用生动的语言、形象的譬喻分析课文的内容。他总是有重点地说明一些问题，特别是阐述他与别人不同的见解。他不单是在讲述小说史实，而且是在向听众揭示美与丑、善与恶、真实与虚伪、光明与黑暗，是在解剖中国的社会和历史。④

在教学中，鲁迅十分重视传播新思想，把科学性和思想性结合在一

---

① 鲁迅：《〈中国小说史略〉日译本序》，见《中国小说史略》（日译本），东京，东京赛棱社，1935.

② 许广平：《欣慰的纪念》，北京，人民文学出版社，1951。

③ 许广平：《欣慰的纪念》，北京，人民文学出版社，1951。

④ 鲁彦：《活在人类的心里》，见《鲁迅先生纪念集·悼文》第1辑，84页，上海，上海书店，1979。

起。在浙江两级师范学堂教化学和生理学时，他通过自然科学知识的传播，启发学生破除旧观念、旧传统。他用通俗浅显的例子讲授胚胎学，批判当时流行的"轮回转世"的封建迷信思想。之后在北京大学等校讲中国小说史、文学史时，他更是倡导民主主义的新文化，反对封建主义的旧文化，并启发学生去思索问题，敢于向旧社会进攻。许钦文同志在《跟鲁迅先生学写小说》一文中写道："鲁迅先生讲的课，虽然一个星期只有一小时，可是，他给学生的影响是不小的。他讲的虽然是《中国小说史略》，可是，他在阐述古典作品中，随时提到小说的作法……他是故意时常附带讲些作法和鼓励学生写作的话的，他以为单是讲讲小说史，即使教得烂熟，对于社会的改革上也起不了什么大作用。他是要通过小说史的讲课，培养些能够用笔向旧社会进攻的人。"[1]

鲁迅讲课重视理论联系实际。他在教化学和生理学时，根据理科的特点，非常重视科学实验和调查研究，使学生不仅能够听得懂，而且能亲眼观察到。他鼓励学生要敢于解剖人体，并向学生介绍他自己在学医时解剖尸体的体会。在担任植物学课程的翻译时，他常常利用课余时间带领学生到孤山、葛岭、北高峰一带去采集植物标本。以后在讲小说史和文学史时，他也总是把文艺放在当时的历史环境中来讲，而且注意联系学生的思想，引导学生深入事物的内部矛盾，探索事物的规律。

鲁迅的课之所以那样吸引青年，主要是因为他对所教的内容进行了深入的研究，有独特的见解，能够深入浅出地传授给学生。中国小说史他讲过多遍，但每一次讲都有新的内容，许多学生听过一遍以后，又听第二遍，并不觉得重复。他讲的课之所以有吸引力，还在于他能够启发学生的思考，既不是把教材生吞活剥地塞给学生，又不是嚼得稀烂后喂给学生。他讲课的语调虽不抑扬顿挫，也不慷慨激昂，但他讲的每一个

----

[1] 徐钦文：《学习鲁迅先生》，上海，上海文艺出版社，1959。

字、每一句话都充满着感情和威力，使学生觉得意味深长，引人入胜。

鲁迅的教学艺术是我们应该进一步认真总结和学习的。

五、学习他以身作则、为人师表的崇高品质

横眉冷对千夫指，俯首甘为孺子牛，这是鲁迅一生坚定不移的信念。他在敌人面前是那样顽强，那样坚忍不拔；对待青年又是那样热情和温柔，憎和爱汇集于他的一生。这是一点也不奇怪的，正是因为他热爱大众、热爱未来，他才憎恶敌人、憎恶过去。鲁迅是一个革命的乐观主义者，他相信将来总是胜于过去，有将来就有希望。所以，他为了将来，与旧社会恶势力顽强地战斗；为了将来，培育青年时呕心沥血。他说："只要能培一朵花，就不妨做做会朽的腐草。"①从鲁迅的教育实践活动中，我们可以体会到鲁迅为教育事业脚踏实地埋头苦干的精神。

鲁迅对青年有极大的吸引力，不仅在于他的课讲得好，而且在于他身先士卒，以身作则，通过他的言传身教感动着受他教诲的青年。

鲁迅教育青年要不畏强暴，做冲破旧势力的闯将。他自己在每一次斗争中都是站在最前线。无论是在北京的女师大事件和"三一八"惨案中，还是在广州"四一五"反革命屠杀的日子里，他都挺身而出，和反动派进行面对面的斗争。

鲁迅教育青年要努力学习。他自己就是学而不厌、刻苦钻研、知识广博的学者。他说："倘能生存，我当然仍要学习。"②

鲁迅教育青年要耐劳作，克勤克俭。他自己一生过着艰苦朴素的生活。他常常对青年讲，生活太舒适了，容易意志消沉。

鲁迅教育青年要认真地对待工作。他自己无论是写书还是抄稿，都是一丝不苟；特别是为青年改稿、选书，更是认真细致。他对青年人写

---

① 鲁迅：《三闲集·〈近代世界短篇小说集〉小引》，见《鲁迅全集》第4卷，第134页。

② 鲁迅：《且介亭杂文末编·答徐懋庸并关于抗日统一战线问题》，见《鲁迅全集》第6卷，558页。

字太潦草表示不满，他说："字不一定要写得好，但必须得使人一看了就认识。"[1]

鲁迅在教育工作中处处做到以身作则、为人师表。在绍兴教书时，他身为校长，除自己上课以外，还经常为别的教师代课，代改作文；晚上亲自到学生宿舍去查夜。遇到学生犯规，他不是不问情由地训斥处罚，而是循循善诱，启发学生自己认识错误，改正错误。鲁迅的为人师表还表现在他热爱儿童、尊重学生这一点上。他从来不因为儿童幼稚而看不起他们。凡是正确的意见，他总要采纳。鲁迅在北京从八道湾搬出以后，曾有一段时间住在砖塔胡同61号。宅内俞家三姐妹成了鲁迅的小伙伴。鲁迅经常给她们讲故事，教她们做体操，帮她们画图画、写卡片。鲁迅认为，好玩是孩子们的特点，不能强加禁止，而是要多方启发，积极引导。[2]

有一次吃鱼丸子，海婴说不新鲜，别人都不信。鲁迅把海婴碟里的拿来尝尝，果然是不新鲜。鲁迅说："他说不新鲜，一定也有他的道理，不加以查看就抹杀是不对的。"[3]鲁迅就是这样尊重儿童的。

为了社会，为了大众，鲁迅不惜做一切琐事。他说："在生活的路上，将血一滴一滴地滴过去，以饲别人，虽自觉渐渐瘦弱，也以为快活。"[4]从鲁迅的教育实践和思想中，我们看到了伟大的革命战士、道德的典范和人民教师的光辉榜样。

郭沫若《在鲁迅逝世二十周年纪念会上的开幕词》中有这样几段话："谁也不能忘记鲁迅同时还是一位卓越的教育家。从他早年结束学

---

[1] 萧红：《回忆鲁迅先生》，北平（今北京），生活书店，1946。
[2] 俞芳：《我记忆中的鲁迅先生》，见《鲁迅在北京》第2卷，222～223页，山东师范学院聊城分院印行，1978。
[3] 萧红：《回忆鲁迅先生》，北平（今北京），生活书店，1946。
[4] 鲁迅：《两地书·九五》，见《鲁迅全集》第11卷，253页。

生生活以后，他就一直从事教育工作。只有在1927年蒋介石出卖革命以后他受着反动派的追害，才离开了教育岗位。"

"鲁迅一直是爱护新生力量的，有名的《狂人日记》最后的一句话'救救孩子'，这是从黑暗时代中叫出的最沉痛的呼声。"

"'背着因袭的重担，肩住了黑暗的闸门，放他们到宽阔光明的地方去；以后幸福的度日，合理的做人'……这不仅表示着鲁迅教'我们现在怎样做父亲'，也表示着鲁迅教'我们现在怎样做老师'。"

"'横眉冷对千夫指，俯首甘为孺子牛'……是作为教育家的鲁迅的自画像。"

"他也说过这样十分浅显而又十分深刻的话：'牛，吃的是草，挤出的是牛奶'……"

"以自我牺牲精神创造性地从事创作，从事研究，从事教育，从事哺育新生一代，是鲁迅生平的高贵的生活实践。他的一生也正是做人的一个模范。他是一位以身作则的伟大的教育家。"[①]

鲁迅不但是伟大的文学家，而且是伟大的思想家和伟大的革命家。在教育战线上，他还是一位伟大的教育家。这一点得到了我们党和广大群众的充分肯定。毛泽东、周恩来等许多党和国家领导人都号召广大教师以鲁迅为"光辉的榜样"，这也反映了广大教育工作者的意愿。鲁迅的教育思想与实践的光辉，必将照耀着我国教育现代化的路程，鼓舞我们奋勇前进！

鲁迅于1936年就已经离开我们了，鲁迅的生活过的社会已经一去不复返了。鲁迅的教育思想充满了反抗压迫、扫荡废物、寻求革新的时代气息，他对旧教育的批判，对培养新型革命战士的论述，都是针对他那个时代的特点提出来的。今天我们来研究它、学习它，就要从当时的社

---

① 郭沫若：《在鲁迅逝世二十周年纪念会上的开幕词》，载《解放建日报》，1956-10-20。

会环境出发，不能拿到现在来生搬硬套。但是历史是一面镜子，而一个伟大思想家的思想是不朽的。鲁迅的教育思想给我们很大的启示。时代不同了，中华人民共和国建立以后，我国教育事业有了空前的发展。正像鲁迅早就预见的，工农掌握政权以后一定会重视教育。今天我们已经在全国范围内基本普及了九年义务教育，高等教育也有了很大的发展，教育制度、教育内容都有了很大的改革。但是旧的教育思想却还残存在许多人的头脑中；鲁迅曾经批判过的许多旧的教育观念依然时时阻碍着教育改革；我们老师的素质和敬业精神也有待进一步提高。因此，今天我们来学习鲁迅的教育思想，仍然有着极为重要的现实意义。

鲁迅作品里的教育（节选）*

一、立人为本，尊重个性

《文化偏至论》①

本篇写作于1907年，最初刊于1908年8月《河南》月刊第七号，署名迅行。1926年编入文集《坟》。同时编入的还有《人之历史》和《科学史教篇》。本篇是继二篇之后早年写作的第三篇论文。

本篇创作于清末半殖民地半封建时期，是中国知识分子正在寻求新路的时期。文章针对当时一部分知识分子盲目崇拜西方物质文明和政治制度的毛病，指出，一些留学于外国的知识分子，近不了解中国之国情，远不解欧美的实际，拾到一些微不足道的东西以为宝贝。提出学习西方"必洞达世界之大势，权衡较量，去其偏颇，得其神明"的原则。

文章开头就批评中国知识分子一向妄自尊大，抱残守缺，直到濒临亡国，近来听到了新学之说，如梦初醒，又"引以为愧，翻然思变"。于是又"言非西方之理弗道，事非合西方之术弗行"。但新思想虽兴，旧思想未废，所以所得并非真的新思想，而是至偏至伪。

---

* 本书由福建教育出版社2013年出版，这里节选解析部分，并做了修订。

① 《文化偏至论》原文参见《鲁迅全集》第1卷，45～64页，北京，人民文学出版社，2005。

文章分析了西方文化发展的历史，从中世纪的"束于教令""梏亡人心"到文艺复兴宗教改革的"思想自由""平一尊卑"，社会民主之风流行。但是到19世纪末，物质文明繁盛，重物质、重利益又成为当时一大思潮。鲁迅于是发出疑问，难道物质真是人生的根本吗？他认为，文明总是不断演变，矫枉而过正，至于偏至。自法国大革命以后，平等自由为凡事之首，继而普及教育，渐渐觉悟到人类的尊严，认识到个性的价值。然而后来自觉之精神，一转而至极端之主我；从社会民主之倾向，又发展到"使天下人人归于一致"，忽视个性发展。鲁迅说，他的这篇文章并没有论述西方思想之全部，也不为中国制定什么法则，只是加以评析。

鲁迅从评析中西方文明之演变中，感到需要别立新宗，这就是"非物质""重个人"。提出"争存天下，首在立人，人立而后凡事举"。遵循规律，"乃必尊个性而张精神"。

鲁迅这篇早年的作品，虽然受到尼采的影响，但他对西方文化的评析和对中国知识界的批评却极为深刻。而更重要的是他提出中国革命的出路在于立新宗走新路，最根本在于培养人才，尊重个性。因为社会的变革总是要有人才来引领，来实践。改变当时的中国需如此，建设富强的中国更离不开人才。今天我们仍然要"重立人，尊个性，张精神"。

二、只有改造社会，才能改造教育

《怀旧》[1]

本篇作于1911年冬，最初发表于1913年4月25日上海《小说月报》第四卷第一号，后编入《集外集拾遗》。

本篇是鲁迅最早的一篇文言小说。小说描写了辛亥革命时期社会各

---

[1]《怀旧》原文参见《鲁迅全集》第7卷，225～234页。

阶层对革命的反映，揭露了地主豪绅和封建知识分子对革命的恐慌以及农民阶级对辛亥革命的麻木。同时小说也批判了封建旧教育的迂腐。反映了社会什么样，教育也是什么样。只有改造了社会，才能改造教育。

《习惯与改革》①

本篇最初发表于1930年3月1日《萌芽月刊》第一卷第三期，后收入《二心集》。

本文论述习惯势力改革之难。鲁迅应用乌略诺夫（即列宁）的观点说，"风俗"和"习惯"都属于"文化"，它的改革是最难的。所以改革者如果不深入人民大众中去，了解他们的风俗习惯，并加以研究、解剖、分别好坏，立存废的标准，那么，改革是不能成功的。

当前我国有许多教育弊端，如父母把孩子作为自己的私有财产，互相攀比，认为知识学习越早越好、越多越好，等等，都与习惯有关。观念不改变，教育也难以改革。

《〈死魂灵〉第二部第一章译者附记》②

本篇连同《死魂灵》第二部第一章的译文，最初发表于1936年3月《译文》月刊第一卷第一期，后收入《译文序跋集》。

《死魂灵》是俄罗斯作家果戈理的作品，小说猛烈攻击俄罗斯的农奴制度。鲁迅翻译了这部著作，并写了附记。鲁迅在这个附记中不仅讲到《死魂灵》作者果戈理未能完成全部著作的缘由，而且特别指出作者对儿童教育的看法。他说，作者反对教师无端使劲、填鸭式的教育方法固然不错，但是对于环境，不想改革，只求适应，也没有什么用。鲁迅在这里还提到反对学校为了适应社会而教授学生看假洋币、写呈文、做春联等实用主义的教育方法。

---

① 《习惯与改革》原文参见《鲁迅全集》第4卷，228～230页。
② 《〈死魂灵〉第二部第一章译者附记》原文参见《鲁迅全集》第10卷，453～454页。

三、批判封建旧礼教和旧教育

《狂人日记》[①]

本篇最初发表于1918年5月《新青年》第四卷第五号，后收入《呐喊》。

这是鲁迅第一部用白话文写的小说，也是我国现代文学史上第一篇尖锐地攻击封建道德为"吃人的礼教"的短篇小说。

这篇小说的发表不是偶然的，而是有着深刻的时代背景，也有着鲁迅对当时社会、对封建道德毒害的深刻认识。鲁迅本来对辛亥革命抱有很大的希望和热情。但是辛亥革命并未成功，只赶跑了一个皇帝，剪掉了几根辫子，新政权落到军阀官僚的手中，其间又经过袁世凯称帝、张勋复辟，一些遗老遗少仍然在提倡尊孔读经。鲁迅感到失望和苦闷，于是躲到绍兴会馆里一面抄古碑，一面思索着中国的未来。鲁迅在《呐喊·自序》中说到创作这篇小说的缘由。一天老朋友钱玄同来，劝他为《新青年》写点文章。开始他不愿意写，便说："假如一间铁屋子，是绝无窗户而万难破毁的，里面有许多熟睡的人们，不久都要闷死了，然而是从昏睡入死灭，并不感到就死的悲哀。现在你大嚷起来，惊起了较为清醒的几个人，使这不幸的少数者来受无可挽救的临终的苦楚，你倒以为对得起他们么？"钱玄同则说："然而几个人既然起来，你不能说决没有毁坏这铁屋的希望。"鲁迅似乎被说服了："于是我终于答应他也做文章了，这便是最初的一篇《狂人日记》。"而且"便一发而不可收"，写了《孔乙己》等十几篇。

鲁迅在这篇小说中描写了一个封建社会叛逆者"狂人"的精神状态和反抗封建礼教的活动。借用"狂人"的癫狂尖锐而深刻地揭露和批判

---

① 《狂人日记》原文参见《鲁迅全集》第1卷，444～456页。

中国几千年来的封建道德和伦常，指出这是"吃人"的道德。不彻底打破这"吃人"的铁屋子，中国就没有希望。文章最后发出了"救救孩子"的强力呼声。

《孔乙己》[1]

本篇写于1918年12月22日，最初发表于1919年4月《新青年》第六卷第四号，后收入《呐喊》。

小说描写一位受过封建教育的知识分子潦倒的一生。封建教育是一种脱离社会实际，叫人读书做官的教育，但也只有少人能通过科举考试爬上统治阶级，大多数读书人榜上无名，他们又没有学到谋生的本领，除了能够依靠自家的原有家产过活外，只能潦倒一生。孔乙己就是这种典型。他深受旧教育的毒害，一心想中举，但连秀才也没有捞到。由于没有学到谋生的本领，又不愿意放下知识分子的架子，"脱下长衫"去劳动，只是"好喝懒做""不会营生"，最后在众人的讥笑中死去，成了封建旧教育的牺牲品。

小说深刻地揭露和批判了封建旧教育对人的摧残。

《我们现在怎样做父亲》[2]

本篇最初发表于1919年《新青年》第六卷第六号，后收入《坟》。

这是一篇批判封建伦常的檄文。封建伦常首先表现在家庭，因此鲁迅开宗明义："我作这一篇文的本意，其实是想研究怎样改革家庭；又因为中国亲权重，父权更重，所以尤想对于从来认为神圣不可侵犯的父子问题，发表一点意见。"改革家庭是为了改革社会，为了救救孩子，使孩子能够"幸福的度日，合理的做人"。

文章开头就说，"中国的'圣人之徒'最恨人动摇他的两样东

---

① 《孔乙己》原文请参见《鲁迅全集》第1卷，457～462页。
② 《我们现在怎样做父亲》原文参见《鲁迅全集》第1卷，134～149页。

西。……一样便是他的伦常……他们以为父对于子，有绝对的权力和威严；若是老子说话，当然无所不可，儿子有话，却在未说之前早已错了。"

为了破除封建伦常，就要破除父亲的权威观念。父亲的权威观念从哪里来？是从父亲"恩"而来。鲁迅就从解剖父亲有没有"恩"说起。

鲁迅指出，依据生物界的规律，"一，要保存生命；二，要延续这生命；三，要发展这生命（就是进化）。生物是这样做，父亲也就是这样做"。

生命要延续，要发展，就有男女之性爱，就要生儿育女。鲁迅在分析了生物界的发展规律后说："以后觉醒的人，应该先洗净了东方固有的不净思想，再纯洁明白一些，了解夫妇是伴侣，是共同劳动者，又是新生命创作者的意义。"因此，鲁迅明确指出："父子之间没有什么恩。"他说："食欲是保存自己，保存现在生命的事；性欲是保存后裔，保存永久生命的事。饮食的结果，养活了自己，对于自己没有恩；性交的结果，生出子女，对于子女当然也算不了恩。"所以，生物界的天性不是"恩"，而是"爱"。生物"总是挚爱他的幼子，不但绝无利益心情，甚或至于牺牲了自己，让他的将来的生命，去上那发展的长途"。

要破除封建伦常，还要破除父亲本位的思想，树立子女本位的思想。鲁迅批评中国的旧见解："本位应在幼者，却反在长者；置重应在将来，却反在过去。"把生物发展的道理颠倒过来了。他认为，生命要发展，后起的生命总是"更有价值，更可宝贵；前者的生命，应该牺牲于他"。他说："只要思想未遭锢蔽的人，谁也喜子女比自己更强，更健康，更聪明高尚，——更幸福。"

树立子女本位的思想，把天性的爱更加扩张，更加醇化。怎么做到这一点？鲁迅认为，"开宗第一，便是理解"，不要把孩子看成"缩小的成人""倘不先理解，一味蛮做，便大碍于孩子的发达。所以一切设施，都应该以孩子为本位"。"第二，便是指导。"要与时俱进，因势利导，"长者须是指导者协商者，却不该是命令者"。总之，"便是父母对于子女，应该健全的产生，尽力的教育，完全的解放"。

鲁迅这篇文章既是对封建伦常的深刻的批判，又是一部完整的教育教科书，具有深刻科学性、民主性，充满了人文精神。现在读起来，感到仍有很强的现实意义。当前有许多父母一方面把子女当作自己的私有财产，随便命令，一味蛮做；另一方面又要求子女报恩，把梳头洗脚算作报恩的表现。有些父母从子女幼儿时期就把一些无用的所谓知识塞进幼小的头脑，而忽视良好习惯的培养、人格的熏陶，以为是为了子女将来的幸福，其实却在毁掉他们的幸福。我希望每个做父母的认真读读鲁迅这篇文章。

《随感录二十五》[①]

本篇作于1918年8月29日，最初发表于同年8月15日《新青年》第五卷第三号，后收入《热风》。

论文抨击当时的家庭教育，认为中国缺乏正确的家庭教育，孩子成不了人才，他为50年后70年后的中国担忧。他批评中国的父母："只要生，不管他好不好；只要多，不管他才不才。生他的人，不负教他的责任。……小的时候，不把他当人，大了以后，也做不了人。"偶尔有的父母也把孩子送进学堂，然而社会风气和家庭的陋习，"多与教育反背，仍然使他与新时代不合"。

论文讽刺一位清末老学究反对设师范学堂的主张。这位老先生说："如此看来，还该有父范学堂了。"鲁迅认为中国当时正需要父范学堂，教育父母怎么正确地教育孩子。

现在许多家庭，倒是很重视教育了，但是不知道怎么正确地教育孩

[①]《随感录二十五》原文参见《鲁迅全集》第1卷，311～313页。

子。要教育孩子就要懂得儿童成长发育的规律。因此，家长应该学点教育学、心理学，要懂得孩子，理解孩子，因势利导，才能成功。

《致许寿裳》①

这是鲁迅在1918年8月20日写给老友许寿裳的信，后收入《书信集》。

许寿裳（1883—1948）字季黻，又作季茀、季市，浙江绍兴人，教育家，是鲁迅在日本东京弘文学院的同学，回国后又和鲁迅在浙江两级师范学堂、教育部、北京女子师范大学做同事。

1918年夏，许寿裳的夫人在南昌病故，鲁迅去信吊唁。他作为许寿裳的挚友，不是像常人那样表示哀痛慰问，而是首先谈到子女的教育问题。他指出，儿童失去母亲，非常值得挂念，但"孺子弱也，则失母而强"。这种话对一般人不能说，但他相信许寿裳能理解他的意思，对老友也是一种宽慰。

鲁迅在信中告诉他，《狂人日记》确是他的作品。说明写这篇小说是因为读了史书，对社会有了新的理解，而且读了《资治通鉴》，才知道"中国人尚是食人民族"（中国古代，常把犯人屠成羹，《资治通鉴》中有不少这样的记载），所以《狂人日记》中讲到礼教吃人。

鲁迅在信中还向老友揭露了教育部的许多丑闻。最后说到人类总是要进步的，中国改革不改革，都是人类的进步，到了真正的人道主义时代，想做奴隶也不会有人要。这里反映了鲁迅对社会改革的强烈愿望，也对人类的进步充满了信心。

《十四年的"读经"》②

本篇写于1925年11月18日，最初发表于同年11月27日《猛进》周刊

---

① 《致许寿裳》原文参见《鲁迅全集》第11卷，365～368页。
② 《十四年的"读经"》原文参见《鲁迅全集》第3卷，136～142页。

第三十九期，后收入《华盖集》。

1925年11月2日北洋政府教育部在章士钊主持的部务会议上议决，规定小学生读经，自初小四年级读起，每周一小时，至高小毕业止。

文章揭露"读经"的虚伪。鲁迅说："主张者的意思，大抵并不如反对者所想像的那么一回事。""尊孔，崇儒，专经，复古由来已经很久了。皇帝和大臣们，向来总要取其一端，或者'以孝治天下'，或者'以忠诏天下'，而且又'以贞节励天下'。但是，二十四史不现在么？其中有多少孝子，忠臣，节妇和烈女？"鲁迅说，翻看府县志，男的孝子和忠臣并不多见，倒是"节烈的妇女的名册却大抵有一大卷以至几卷"。所以鲁迅说："孔子之徒的经，真不知读到那里去了，倒是不识字的妇女们能实践。"所以主张读经的人"实在不过是空嚷嚷"。

文章指出，尊孔读经由来已久，但没有看到它能救中国。倒是一些"聪明人"读了经就学会"怎么敷衍，偷生，献媚，弄权，自私，然后能够假借大义，窃取美名。"

文章深刻批判主张"尊孔读经"的危害，认为这是对革命的一种倒退。

《这个与那个——读经与读史》①

本篇最初发表于1925年12月10日北京《国民新报副刊》，后收入《华盖集》。

鲁迅认为，读经不如读史，因为读史可以以史为鉴。尤其是读野史或者杂说，可以知道一些真实的事情。因为像《钦定四库全书》，"书的原式是改变了，错字是加添了，甚至于连文章都删改了"。野史和杂说自然也免不了有讹传，但看往事却可以较分明，"因为它究竟不像正史那样地装腔作势"。最后，鲁迅说："总之，读史，就愈可以觉悟中国改

---

① 《这个与那个——读经与读史》原文参见《鲁迅全集》第1卷，148～157页。

革之不可缓了。"

对一个人的成长来说，学习历史是很重要的，所谓"以史为鉴"。学了历史才知道我们今天是怎么过来的，有什么经验教训。其实所谓教育，就是年长一代把经验教训告诉年青一代，让他们生活得更顺利、更好。但历代的史书都是当代的史官写的，往往会对当代的统治者说好话，而且许多统治者都要篡改历史，例如《四库全书》就经过编纂者的删改，所以鲁迅主张还要看点野史和杂说，里面可能反映一些真实情况。

《〈二十四孝图〉》①

本篇作于1926年5月10日，最初发表于同年5月25日《莽原》半月刊第一卷第十期，后收入《朝花夕拾》。

文章开头就批评反对白话的人，后来讲到儿童读物，讲到儿童对图画书的喜爱，认为这是儿童的天性，但当时中国很少有图文并茂的儿童读物。但是中国也有一册流传很广的儿童图书《二十四孝图》，鲁迅认为，这是一部宣扬封建伦理的荒诞的书。他用讽刺的口吻来解读其中几个故事。他说："我请人讲完了二十四个故事之后，才知道'孝'有如此之难。"其中"子路负米""黄香扇枕""陆绩怀桔"也不难，只要阔人请吃饭，偷偷拿个桔，还能得到孝子的美名。"哭竹生笋"就可疑，怕自己的精神未必能感动天地，哭不出笋来；"卧冰求鲤"可有性命危险。其中鲁迅最反感的是"老莱娱亲"和"郭巨埋儿"。他说，摇咕咚不该拿在年已古稀的老莱的手里，他本应扶一个拐杖，现在这样，"简直是装佯，侮辱了孩子"。小孩子都不愿意"诈"，听故事也不喜欢是谣言，"这是凡有稍稍留心儿童心理的都知道的"。至于玩着"摇咕咚"的活泼可爱的郭巨的儿子要被埋掉，实在可怕。鲁迅说，看到这

---

① 《〈二十四孝图〉》原文参见《鲁迅全集》第2卷，258～268页。

里，自己不敢再想做孝子，并且也怕父亲做孝子，会把自己埋掉。

鲁迅最后又说，觉得自己实在有点傻气，"这是因为现在已经知道了这些老玩意，本来谁也不实行"。充分揭露了封建伦理道德的虚伪。

鲁迅在80多年以前就这样严厉地批判封建道德，可惜今天在某些学校里还在宣传《二十四孝图》，并且把它画在学校的墙壁上。我们这位校长的思想倒退了100年，实是可悲！

我们不是不要提倡孝，孝敬父母、敬老爱幼是中华民族的传统美德。但孝更多的是一种责任，一种爱，不能提倡封建礼教的那种以父权为中心的孝道，也不是那种只讲形式的孝。鲁迅本人就是一名孝子，他在许多文章中都提到他的母亲。

《坚壁清野主义》①

本篇写于1925年11月22日，最初发表于1926年1月《新女性》创刊号，后收入《坟》。

本文主要批判社会和教育当局歧视妇女的封建思想。1925年11月14日北京《京报》的一则新闻中报道："教部昨饬京师学务局，谓据各处报告，正阳门外香厂路城南游艺园，及城内东安市场中央公园北海公园等处，迭次发生有伤风化情事。各女学校学生游逛，亟应取缔。特由该局通知各级女学校，禁止游行各娱乐场，并由校通知各女家长知照云。"鲁迅看到这个新闻后特别气愤，认为这种封建道德"中国早就奉行的了"，中国古哲和今贤满口"正本清源""澄清天下"，但自己并不践行，而以为历来一切罪恶，都归之于妇女。霍渭厓的《家训》里，就有分隔男女的房子结构图。鲁迅讽刺说："便是自己的家里也应该看作游艺场和公园。"但是当时已经是20世纪了。鲁迅责问教育当局："也不明白教育当局之意，是因为娱乐场中的'有伤风化'情事，即从女生发生，所

---

① 《坚壁清野主义》原文参见《鲁迅全集》第1卷，272～277页。

以不许其去，还是只要女生不去，别人也不发生。"

鲁迅指出："要风化好，是在解放人性，普及教育，尤其是性教育。"这本来正是教育者应当做的事。而社会不改良，"收起来"也无用。

《寡妇主义》①

本篇最初发表于1925年12月20日《京报》附刊《妇女周刊》周年纪念特号，后收入《坟》。

中国封建社会历来歧视女子，直到民国以后，才有女子教育，大多限于师范学校。社会上对女子教育议论纷纷，出现了各种主义，当时最流行的是"贤母良妻主义"。鲁迅则认为，真正主流的则是"寡妇主义"。当时"女师大事件"则发生，正值女师大校长杨荫榆在学校实行封建教育，对教职员独断专横，对女学生像恶婆婆一样霸道。鲁迅支持学生反对校长的封建教育。文章虽然没有直接指向"女师大事件"，但内容中讲的事例都发生在女师大。

鲁迅首先批评社会对女校的毁谤，他说："中国也有了女校，却常听到读书人谈论女学生的事，并且照例是坏事。"鲁迅又竭力鞭挞女校中出现的"寡妇"或"拟寡妇"的校长及舍监。他认为，这些不得已过着独身生活者，"精神上常不免发生变化，有着执拗猜疑阴险的性质者居多"。用她们的眼光观察一切："见一封信，疑心是情书了；闻一声笑，以为是怀春了；只要男人来访，就是情夫；为什么上公园呢？总该是赴密约。"这出于学校当局者之口，对学生是多大的伤害！所以鲁迅说："在寡妇或拟寡妇所办的学校里，正当的青年是不能生活的。"鲁迅认为："青年应当天真烂漫，非如她们的阴沉。""青年应当有朝气，敢作为，非如她们的萎缩。"

鲁迅这篇文章深刻地揭露了民国初期社会上的"正人君子"们对

---

① 《寡妇主义》原文参见《鲁迅全集》第1卷，278～285页。

妇女的偏见和歧视、对女子教育的错误观念。他不仅提倡男女平等，而且指出青年教育的正确方向，青年应当天真烂漫，有朝气，敢作为，中国才有希望。

《公民科歌》[①]

本篇最初发表于1931年12月11日《十字街头》第一期，署名阿二，后收入《集外集拾遗》。

本篇讽刺批判国民党的奴化教育。当时蒋介石开展"新生活运动"，摆出封建"礼义廉耻"的面孔，实际上做的是男盗女娼。

何健（1887—1956）时任国民党湖南省政府主席，"九一八事变"时，他向国民党第四次代表大会提议，"中小课程应增设公民科"，以抵制"唯物史观普罗文学"；在公民科教材中"采纳中国固有道德"，进行所谓"忠孝仁爱信义和平等积极训练"。本文就是讽刺他的。

《智识过剩》[②]

本篇最初发表于1933年7月16日《申报·自由谈》，署名虞明，后收入《准风月谈》。

本文主要讽刺统治集团的愚民政策，生怕民众有了知识而造反。揭露德国法西斯要铲除智识，烧毁书籍，把大学生关在营房里做苦工。中国则是嚷着文法科大学生过剩。为什么统治者要嚷嚷智识过剩呢？因为"智识多了，不是心活，就是心软。心活就会胡思乱想，心软就不肯下辣手。结果，不是自己不镇静，就是妨害别人的镇静"。

《反"漫谈"》[③]

本篇最初发表于1927年10月8日《语丝》周刊第一五二期，后收入《而已集》。

---

①《公民科歌》原文参见《鲁迅全集》第7卷，398～399页。
②《智识过剩》原文参见《鲁迅全集》第5卷，236～238页。
③《反"漫谈"》原文参见《鲁迅全集》第3卷，484～487页。

北京大学教授徐祖正在《语丝》上发表《教育漫谈》一文，表示对北洋政府教育当局的不满。鲁迅看了发表感想，文为《反"漫谈"》，主要揭露和批评北洋政府的腐败，教育当局不是办教育，只是做官。他认为徐祖正在《教育漫谈》中，"对'教育当局'谈教育的根本误点，是在将这四个字的力点看错了：以为他要来办'教育'。其实不然，大抵是来做'当局'的"。他还以会计员、内务总长、司法海军总长都能当教育总长为例，说明他们只是当官，不是为办教育。鲁迅在教育部工作14年，遇到过十几位教育总长。他举例说，遇到的某教育总长喜欢下级写条陈，但他只看条陈，并不作为，把看条陈作为他"做官"的一部分。鲁迅的批评真是入木三分。

《在现代中国的孔夫子》[①]

本篇作于1935年4月29日，最初发表于日本《改造》月刊六月号，中译本最初发表于1935年7月《杂文》月刊第二期，后收入《且介亭杂文二集》。

本文是鲁迅应日本《改造》杂志社特约而用日文写的。中译文原名为"孔夫子在现代中国"。当时国民党正在大力推行"新生活运动"，鼓吹"忠孝仁爱信义和平"等一套封建道德。日本也在为侵略中国做准备，在日本修建孔庙，利用"孔子之教"鼓吹所谓"东亚新秩序"。鲁迅写此文来揭露中外反动派的阴谋。

本文论述的不是孔子本人，也不是孔子的学说，而是论述孔子怎么被历代统治者所利用，特别被现代（指20世纪抗日战争前夕）统治者所利用。鲁迅说："孔夫子之在中国，是权势者们捧起来的。"孔夫子在活着的时候是颇吃苦头的，成为圣人是死了以后的事。因为那时他已不会啰唆了，而权势者把他抬到吓人的高度。其实权势者也并不实行他的学

---

① 《在现代中国的孔夫子》原文参见《鲁迅全集》第6卷，324~333页。

说，不过把他当作敲门砖而已。鲁迅举了袁世凯、孙传芳、张宗昌三位军阀，都想用尊孔读经作敲门砖去敲开幸福之门。但时代不同了，终于没有敲开。

鲁迅说："孔夫子曾经计划过出色的治国的方法，但那都是为了治民众者，即权势者设想的方法，为民众本身的，却一点也没有。"所以中国一般的民众，虽然称孔子为圣人，对他是恭谨的，但不亲密。

本文并未全面分析评价孔子的学说，只指出他的政治主张是为战国时期的君主设计的，但到处碰壁，并未得到实施。他死了以后却一直被统治者利用，特别是在汉武帝采纳董仲舒"罢黜百家，独尊儒学"的文教政策以后，以孔子学说为代表的儒家经典成为封建社会历朝统治者禁锢人民思想的武器，直到民国时期仍是如此。

《关于废止〈教育纲要〉的签注》①

这则《签注》约写于1916年8月，存于中国第二历史档案馆，原题作《鲁迅主张废止袁世凯〈教育纲要〉签注一则》。1981年《鲁迅全集》据手稿收入《集外集拾遗补编》时，加上本题目。

《教育纲要》是袁世凯为配合他复辟称帝的需要，于1915年年初由政事堂根据他的"特定宗旨"制定的。内容分"总纲""教育要言""教科书""建设""学位奖励"5项共25款。它以"尊孔读经"为宗旨，规定"中小学校均加读经一科"，提倡"各省各处设立经学会"。袁世凯称帝失败后，教育部参事室为"厘定学制，确定方针起见"，讨论《教育纲要》的存废问题。1916年8月3日将《教育纲要》制定以来实际存在的问题和讨论中的分歧意见整理成"说帖"，分发各司和各视学征询意见。鲁迅在此"说帖"上签注了这个意见。

---

① 《关于废止〈教育纲要〉的签注》原文参见《鲁迅全集》第8卷，63～64页。

《海上通信》①

本篇最初发表在1927年2月12日《语丝》周刊第一一八期，后收入《华盖集·续编的续编》。

本篇是鲁迅离开厦门大学坐海轮到广州的途中写给李小峰的信。信中提到当时厦门大学内部的派系斗争，讲到鲁迅有一次到集美学校去演说时与校长秘书的一次对活："此公和我谈起，校长的意思是以为学生应该专门埋头读书的。我就说，那么我却以为也应该留心世事，和校长的尊意正相反，不如不去的好罢。"事后校长就说："集美学校的闹风潮，都是我不好，对青年人说话，那里可以说人是不必想来想去的呢？"说明鲁迅的教育思想和当时当权者的思想是完全不一样的，他主张学生不能死读书、读死书，要关心国家大事、社会问题。

四、让儿童活泼自由发展

《儗播布美术意见书》②

本篇最初发表于1913年2月《教育部编纂处月刊》第一卷第一册，后编入《集外集拾遗补编》。

本文是鲁迅为教育部拟的公文。当时他在教育部任职。教育总长蔡元培提出新的教育方针：军国民教育、实利主义教育、公民道德教育、世界观教育和美育。为了更好地实施美育，鲁迅拟定了这个意见书，全面阐述了美术的性质、种类、目的和效用。鲁迅认为，美术有三个要素：一是天物，即自然现象；二是思理，即作者的思考、领悟、设计；三是美化，即创作，不是把自然现象的简单再现，而是要创作，补天物

---

① 《海上通信》原文参见《鲁迅全集》第3卷，417～424页。
② 《儗播布美术意见书》原文参见《鲁迅全集》第8卷，50～55页。

之不足。他认为，没有创作，雕刻得再精细、逼真，也不能算美术。所以他说："美术云者，即用思理以美化天物之谓。"

鲁迅认为，美术的目的和功效有三：一是"可以表见文化"；二是"可以辅翼道德"；三是"可以救援经济"。

本文对学校推进美育具有重要意义。

《随感录六十三·"与幼者"》[①]

本篇最初发表在1919年《新青年》月刊第六卷第六号，后收入《热风》。

本文抄录了日本小说家有岛武郎《著作集》里《与幼者》中的一段，来补充《我们现在怎样做父亲》一文的意思。文章充满对子女的爱，鼓励他们超越父母，勇敢地走上人生的旅途。

《随感录六十六·生命的路》[②]

本篇最初发表于1919年《新青年》月刊第六卷第六号，后收入《热风》。

文章赞美生命的顽强，强调"生命的路是进步的"，是什么也阻挡不了的。生命的路是走出来的。鲁迅在这里写下了不朽的名言："什么是路？就是从没有路的地方践踏出来的，从只有荆棘的地方开辟出来的。"这句话常常鼓励人们克服困难去开辟新的道路，去创造新的事业。

《未有天才之前》[③]

本篇为鲁迅1924年1月17日在北京师范大学附属中学校友会的讲演，由葛超恒记录。最初发表于北京师大附中《校友会刊》第一期。同年12月22日经鲁迅校正，于12月27日刊于《京报副刊》，后收入《坟》。

讲演论述了怎样对待天才和怎样才能有天才出现。鲁迅认为，天才

---

① 《随感录六十三·"与幼者"》原文参见《鲁迅全集》第1卷，380～381页。
② 《随感录六十六·生命的路》原文参见《鲁迅全集》第8卷，386～388页。
③ 《未有天才之前》原文参见《鲁迅全集》第1卷，174～178页。

并非天生的，而是在民众中产生的。他说："天才并不是自生自长在深林荒野里的怪物，是由可以使天才生长的民众产生，长育出来的，所以没有这种民众，就没有天才。"鲁迅把民众比作"好土"。"譬如想有乔木，想看好花，一定要有好土，没有土，便没有花木了，所以土实在较花木还重要。"所以，我们的学校不应该天天想着培养天才，更重要的是要设计好培养天才的环境，把所有的学生教育好，使天才能在大众中脱颖而出。

鲁迅在讲演中批评当时社会上的一些论调和趋势，一方面要求天才，另一方面又在消灭天才，连预备的土也想扫尽。这里有两种倾向：一是"整理国故"，二是"崇拜创作"和恶意的批评。他批评"整理国故"叫人脱离实际，与世界隔绝，拒绝新思想、新事物。这样怎么能出天才？"崇拜创作"主要是针对有些人要求产生文学天才而言。但鲁迅说，在表面上看来似乎与要求天才的步调相一致，但实际上是拒绝吸收世界的优秀文学，排斥"外来思想""异域情调"，反对把外国的文学翻译介绍到中国来，"使中国和世界潮流相隔"。"于是眼界便渐渐的狭小，几乎要缩进旧圈套里去。"鲁迅认为，这样的风气，"民众是灰土，不是泥土，在他这里长不出好花和乔木来！"

鲁迅还讨厌恶意的批评。恶意的批评往往扼杀了天才的产生。作品才到面前，批评家就下结论："唉，幼稚得很，中国要天才！"鲁迅却说："其实即使天才，在生下来的时候的第一声啼哭，也和平常的儿童的一样，决不会就是一首好诗。"他严厉地批评那些所谓批评家："恶意的批评家在嫩苗的地上驰马，那当然是十分快意的事；然而遭殃的是嫩苗——平常的苗和天才的苗。"

鲁迅并不否认天才的存在，他在最后讲道："我想，天才大半是天赋的；独有这培养天才的泥土，似乎大家都可以做。做土的功效，比要求天才还切近；否则，纵有成千成百的天才，也因为没有泥土，不能发达，要像一碟子绿豆芽。"他呼吁，大家做做有利于花木生长的泥土，让天才得以出现。要做到这一点，就要扩大精神，吸纳新潮，脱离旧套；又要不怕做小事业，要"坚苦卓绝"。

读了这篇文章，我们的学校、老师、家长是不是有所领悟呢？我们今天不是也在呼喊天才吗？许多父母都认为自己的孩子就是天才，于是从娃娃抓起，上奥数班、艺术班、补习班；不是还有不少学校办起各种"尖子班""实验班"吗？但呼喊了几十年，各种班也办了几十年，至今还没有呼喊出几个天才来，反而喊出了"钱学森之问"。还是应该记住鲁迅说的："在要求天才的产生之前，应该先要求可以使天才生长的民众。让我们发扬泥土精神，把泥土培育好，将来可能就有天才产生。"

《风筝》①

本篇作于1925年1月24日，最初发表于同年2月2日《语丝》周刊第十二期，后收入《野草》。

本文是一篇小说，描写"我"年轻时反对小弟弟放风筝并捣毁他自制的风筝，等到年纪大了，特别是读了一本外国讲论儿童的书，"才知道游戏是儿童最正当的行为，玩具是儿童的天使"。于是向弟弟忏悔，请他原谅。

有人曾经问过鲁迅的胞弟周建人有没有这回事。周老回忆说："我不记得有这件事，他对弟弟们及后来对海婴及几个侄女都是爱护备至。我想，他所以这样写，主要是批判当时一些人对儿童不正确的态度和教育方法。"（周建人《回忆鲁迅的学习和教育活动》）

《从百草园到三味书屋》②

本篇作于1926年9月18日，最初发表于同年10月10日《莽原》半月

---

① 《风筝》原文参见《鲁迅全集》第2卷，187～189页。
② 《从百草园到三味书屋》原文参见《鲁迅全集》第2卷，287～293页。

刊第一卷第十九期，后收入《朝花夕拾》。

鲁迅描述儿时读书和玩耍的情况。他用对比的方法描述了百草园和三味书屋两种截然不同的环境。前者给儿童许多乐趣，后者则枯燥无味，从而揭露旧教育对儿童天性的扼杀。

百草园是鲁迅老屋后面的菜园，那里有各种树木花草，有鸟飞蝉鸣，特别是周围短短的泥墙根里有各种昆虫，给孩子带来无限的乐趣。作者的描写，文字优美，引人入胜，给人以无限的遐想。三味书屋是鲁迅儿时读书的地方，那里是另一个世界，老师是本城中"极方正，质朴，博学的人"。但教育方法是旧式的，就是让学生读书、背书、对课，要求很严厉，但非常枯燥。学生往往在老师不注意的时候溜到后面的小天井里玩。本文描写了儿童喜欢玩耍的天性。

本文文字优美，故事生动，内容丰富，是小学语文课本中儿童最喜爱的课文之一。

《上海的儿童》[①]

本篇作于1933年8月12日，最初发表于同年9月15日《申报月刊》第二卷第九号，后收入《南腔北调集》。

本文主要批评当时的家庭教育和对儿童不正确的认识。中国的家庭教育有两种极端的教育方法：一种对孩子自由放任，一点不管，任其跋扈，在家里是暴主，但到了外面就没有能力了；另一种对孩子终日冷遇或呵斥，甚至于打骂，使孩子畏葸退缩，仿佛一个奴才，父母还以为"听话"，待到了外面，像"暂出樊笼的小禽，他决不会飞鸣，也不会跳跃"。

鲁迅认为，这两种教育方法与中国人对儿童的观念分不开，这也反映在儿童画中。当时中国给儿童看的画本中画的儿童，"倘不是横暴

---

① 《上海的儿童》原文参见《鲁迅全集》第4卷，580~581页。

冥顽的气味",要不就是"低眉顺眼,一副死板板的脸相的所谓'好孩子'"。相比别国的画,"英国沉着,德国粗豪,俄国雄厚,法国漂亮,日本聪明,都没有一点中国似的衰惫的气象"。这也与中国的衰败和民风有关。作者说"童年的情形,便是将来的命运",所以要提出家庭教育问题、学校教育问题、社会改革问题。

《我们怎样教育儿童的?》[1]

本篇作于1933年8月14日,最初发表于同年8月18日《申报·自由谈》,后收入《准风月谈》。

本文批评当时村塾里使用的教科书还是《三字经》《百家姓》《神童诗》等老古董。当时民国已经建立20多年,教科书虽有所变化,却大多还是老古董。作者希望有人把历史上教育儿童的方法写出来,让大家明白怎样教育儿童,这真是功德无量。

《从孩子的照相说起》[2]

本篇作于1934年8月7日,最初发表于同年8月20日《新语林》半月刊第四期,后收入《且介亭杂文》。

本篇对比中国和日本照相馆摄像师对儿童照相的要求,看出两国对儿童要求和教育的不同。作者指出,中国和日本的小孩子是很难分辨的。但是有些人认为:"温文尔雅,不大言笑,不大动弹的,是中国孩子;健壮活泼,不怕生人,大叫大跳的,是日本孩子。"然而奇怪的是,鲁迅带海婴在日本照相馆照出来的一张相,满脸顽皮,也真像日本孩子;而在中国照相馆照的相,面貌很拘谨、驯良,又是一个地道的中国孩子。为什么有这样的不同?原因是两国摄像师对孩子的要求及取镜不同。鲁迅从而批评中国的教育,要求"只在向驯良之类——'静'的一

---

[1]《我们怎样教育儿童的?》原文参见《鲁迅全集》第5卷,271~273页。
[2]《从儿童的照相说起》原文参见《鲁迅全集》第6卷,82~85页。

方面发展，低眉顺眼，唯唯诺诺，才算一个好孩子"。鲁迅认为，儿童应该"活泼，健康，顽强，挺胸仰面……"，学点"洋气"。

这是一个教育观念问题，今天仍然值得我们思考。

《致杨晋豪》①

本篇写于1936年3月11日，后收入《书信集》。

本篇是鲁迅给杨晋豪的回信。杨晋豪（1910—1993），字寿清，江苏奉贤（今属上海）人，当时在北新书局编辑《小学生》半月刊。

鲁迅在信中讨论了关于少年读物的问题。鲁迅认为少年读物对他们的成长很重要，但觉得当时刊印出来的读物，"内容和文章，都没有生气"。但要做好这件事，需要专家。但是社会环境又不好，有意义的东西又无法发表。

《致颜黎民》②

本文是鲁迅于1936年4月2日和4月15日给颜黎民的回信，收入《书信集》。

颜黎民是北平的一名小学教师，他以孩子的口吻给鲁迅写信，提出一些教育方法和读书的问题。鲁迅一一做了回答，还寄了书和照片去。讲到看书，鲁迅认为市面上的书，只要无害的就算好，而有些书简直在讲昏话。鲁迅还认为，要看多方面的书，吸收多方面的优点，就像蜜蜂一样，采很多花，才能酿出蜜来。而且专看文学书也不好，数学、理化、史地、生物学都可以看看，知道自然科学常识；还可以看看世界旅行记，可以了解各地的风土人情。

鲁迅这两封回信不仅给青年指明看书的方向，而且以青年为对话的对象，写得特别亲切动人，不仅写到看什么书，而且写到北平、上海不

---

① 《致杨晋豪》原文参见《鲁迅全集》第14卷，43～44页。
② 《致颜黎民》原文参见《鲁迅全集》第14卷，65～67页，76～78页。

同的风光，表明作者很怀念北平。

《新秋杂识》[1]

本篇最初发表于1933年9月2日《申报·自由谈》，署名旅隼，后收入《准风月谈》。

本文从爱罗先珂担忧制造打仗的机器说起，揭露当时的儿童教育。作者以蚂蚁为比喻，蚂蚁中有一种武士蚁，专门攻击别种蚂蚁，把他们的幼虫俘虏去做为他们干活的奴隶，不俘虏成虫，因为已经不能驯服了。教育也一样，从小灌输乱七八糟的东西，使孩子长大了，"不但失掉天真，还变得呆头呆脑"。因此要"打掉制造打仗机器的蚁冢；打掉毒害小儿的药饵；打掉陷没将来的阴谋"。这是战士的任务。

《玩具》[2]

本篇作于1934年6月11日，最初发表于同年6月14日《申报·自由谈》，后收入《花边文学》。

文章歌颂中国江北人自制的机枪玩具，表现了中国人的"坚强的自信和质朴的才能"。

当时是抗日战争前夕，弥漫着战争的空气，又遇上上海市政府把这一年定为儿童年，因此上海的洋货店里挂着各式玩具，其中有武器的玩具——指挥刀、机关枪、坦克车等，都是外国孩子在玩。作者批评，中国是大人用的玩具多，儿童的玩具少，儿童不被重视。

但是作者看到江北人制作的玩具，用长短不同的竹筒，染成红绿，连作一排，筒内藏一个弹簧，旁边有一个把手，摇起来就咯咯地响，这就是机关枪。鲁迅认为，这玩具摇着在路上走，比起洋货来，毫不愧恶；这是江北人的天才的创作，中国民众的智慧和志气值得赞颂。

---

① 《新秋杂识》原文参见《鲁迅全集》第5卷，286～288页。
② 《玩具》原文参见《鲁迅全集》第5卷，523～524页。

很多人小时候就玩过这种竹制的机关枪，在抗日战争前夕，这种玩具正起到鼓励人民抵抗日本侵略的作用。

《难行和不信》[①]

本篇作于1934年7月1日，最初发表于同年7月20日《新语林》半月刊第二期，后收入《且介亭杂文》。

本文揭露批判国民党当局利用"儿童年"鼓吹封建教育，教训小朋友要用功，像古时候"囊萤照读""凿壁偷光"；甚至教育儿童要像古时候"十几岁突围请援，十四岁上阵杀敌"。"囊萤照读"或叫"囊萤照雪"，是一句成语，是说东晋车胤家境贫苦，夏日用口袋装萤火虫，借萤火虫的微光读书。"凿壁偷光"也是一句成语，是说西汉匡衡凿穿墙壁引邻居的烛光读书。都是教育儿童要刻苦读书。鲁迅认为，这都是不可信的、难行的故事。至于上阵杀敌，本来是成年人的责任，却推到儿童身上。儿童着重的是吃、玩、认字，健康地成长。

《〈看图识字〉》[②]

本篇最初发表于1934年7月《文学季刊》第三期，后收入《且介亭杂文》。

文章一方面论述了儿童喜欢图画的天性，另一方面批评当时市面上的恶浊的图书。

文章一开头就赞美儿童自由自在的世界，把它形容为"好象鱼之在水，游泳自如，忘其所以的"。为了满足儿童的好奇性，就要有教育，教育首先从识字开始。当时上海市面上有各国的儿童用书，但中国的书，在纸张、图画、色彩、印订上都远不及别国的。特别是，鲁迅买到一本民国二十一年十一月印行的《看图识字》，色彩恶浊，配图

---

① 《难行与不信》原文参见《鲁迅全集》第6卷，52～54页。
② 《〈看图识字〉》原文参见《鲁迅全集》第6卷，36～38页。

死板，图画内容不仅缺乏时代实用的东西，而且画得也不准确，和实物不符，还不如他小时候看过的《日用杂字》。一查版权页，才知道该书原来是清光绪三十四年，即1908年初版的，是27年以前的书。鲁迅说，这是在愚弄孩子。

他批评当时的教育，把孩子看作蠢材，交给蠢材去教育，将来长大了也成了蠢材。作者于是说到，"孩子是可以敬服的"，他们有丰富的想象力，"所以给儿童看的图书就必须十分慎重"。比如《看图识字》这样的书，包括了天文、地理、人事、物情，无所不有，没有切实知识的画家是难以胜任的。

当前我国还是缺乏儿童读物，这项工作需要我们的大科学家、大作家放下架子来完成，这关系到我们后代成长的问题，并非小事。

《"连环图画"辩护》[1]

本篇最初发表于1932年11月《文学月报》第一卷第四号，后收入《南腔北调集》。

本文批评有些人看不起连环图画，"以为是一种下等物事，不足以登'大雅之堂'的"。但作者认为，无论西方还是东方都有"伟大的壁画"，而且印在书上，读者并不觉得它是下等。作者认为，书籍的插图，原意是增加读者的兴趣，"但那力量，能补助文字之所不及"。作者举出许多世界名著的插图，以此"证明了连环画不但可以成为艺术，并且已经坐在'艺术之宫'的里面了"。

本文开头表明鲁迅赞成用活动电影来教学生，认为电影比教员的讲义好，并且预言将来会是这样的。鲁迅的预言现在早已变成现实，这也说明鲁迅对新技术的敏感和预见，对新事物的支持。

---

[1]《"连环图画"辩护》原文参见《鲁迅全集》第4卷，457~463页。

五、读有用的书，走自己的路

《随感录四十一》①

本篇写于1919年，最初发表于《新青年》，后收入《热风》。

文章感叹中国没有改革，而且还有一种人，主张没有本领便不必提倡改革。鲁迅讽刺地说，从前古猴子，不努力变人，所以现在只能变把戏给人看。他希望青年摆脱冷气，不要去听自暴自弃者的话，只是向上走，走自己的路；能做事的做事，能发声的发声，有一分热，发一分光，不必等待。

鲁迅希望青年走自己的路。他在《无声的中国》演讲中呼吁："青年们先可以将中国变成一个有声的中国。大胆地说话，勇敢地进行，忘掉一切利害，推开了古人，将自己的真心的话发表出来。"

《青年必读书》②

本篇写于1925年2月10日，最初发表于同年2月21日《京报副刊》，后收入《华盖集》。

1925年1月《京报副刊》"曾征求青年必读书十部"，请当时学术界名人开列书单。当时梁启超、胡适等一批学界名流开列了一批书单，无非是一些儒家典籍。"五四"新文化运动以后，中国需要的是科学和民主。所以，鲁迅反对青年读经，他认为儒家经典与实际人生脱离，叫人沉静。他用"少看中国书"来反对当时的读经复古派埋头于国故而不关心社会革新的现象。鲁迅曾经在给徐旭生的信中写道："前三四年有一派思潮，毁了事情颇不少。学者多劝人踱进研究室，文人说最好是搬入艺术之宫，直到现在都还不大出来，不知道他们在那里面情形怎样。这

---

① 《随感录四十一》原文参见《鲁迅全集》第1卷，340～342页。
② 《青年必读书》原文参见《鲁迅全集》第3卷，12～13页。

虽然是自己愿意，但一半也因新思想而仍中了'老法子'的计。我新近才看出这圈套，就是从'青年必读书'事件以来，很收些赞同和嘲骂的信……"

当然，我们要结合当时的时代背景来理解鲁迅"少看中国书"的主张。其实鲁迅自己读过很多古书，他曾说他几乎读过十三经。鲁迅在《古书与白话》一文中曾说："菲薄古书者，惟读过古书者最有力，这是的确的。因为他们洞知弊端，能'以子之矛攻子之盾'。"

他用历史的眼光、批判的思维，辩证地对待读古书。鲁迅曾经说过："但是不能革新的人种，也不能保古的。""我们目下的当务之急，是：一要生存，二要温饱，三要发展。苟有阻碍这前途者，无论是古是今，是人是鬼，是《三坟》《五典》，百宋千元，天球河图，金人玉佛，祖传丸散，秘制膏丹，全都踏倒他。"

我们读鲁迅的文章，常常发现他用很激烈的语言来批判旧事物，有时甚至感到有点矫枉过正。鲁迅在香港青年会的一次演讲《无声的中国》中有一段话说得很透彻，他说："中国人的性情总喜欢调和、折中的。譬如你说，这屋子太暗，须在这里开一个窗，大家一定不允许的。但如果你主张拆掉屋顶，他们就会来调和，愿意开窗了。"

鲁迅还反对青年导师的说法。有些自认为青年导师的人为青年开了一大堆必读书，未必对青年有用。所以他告诫青年："要前进的青年们大抵想寻求一个导师。然而我敢说：他们将永远寻不到。寻不到倒是运气，自知的谢不敏，自许的果真识路么？凡自以为识路者，总过了'而立'之年，灰色可掬了，老态可掬了，圆稳而已，自己却该以为识路。假如真识路，自己就早进向他的目标，何至于还在做导师。"

结合当时的历史背景可以看出，鲁迅当时主张"少读中国书"主要是反对两种倾向：一是反对钻进古书堆里，不关心世事；二是反对一些所谓的导师认为他们误导青年。

《鲁迅译著书目附记》①

此文作于1932年4月29日，收入《三闲集》。

台静农于1926年编有《关于鲁迅及其著作》一书，由未名社出版。但鲁迅认为并不完全，于是自己抄了一张书目，并写了说明。鲁迅在说明中讲述了他对翻译的态度，他是非常认真的，即使校对，也是"一个字一个字看下去，决不随便放过，敷衍作者和读者的"。他告诫青年，要"不断（！）努力，切勿想以一年半载，几篇文字和几本期刊，就以为立了空前绝后的大勋业"。还要"不断（！）生长起来才好"。在不断后面用了两个惊叹号，可见鲁迅对青年的用心。鲁迅这些话不是现在仍有现实意义吗？

《开给许世瑛的书单》②

大约在1928年至1930年，鲁迅好友许寿裳在儿子许世瑛考入清华大学中国文学系以后给鲁迅写信，请他指导许世瑛应该读些什么书。鲁迅即开了这个书单。这个书单摘自许寿裳著《亡友鲁迅印象记》第二十三章，1947年上海峨嵋出版社出版，收入《集外集拾遗》。

《"立此存照"（一）》③

本篇最初发表于1936年9月5日《中流》半月刊第一卷第一期，署名晓角，后收入《且介亭杂文末编》。

本文揭露当时大学考试用科举考试策论式的命题来刁难青年，嘲笑青年。

《"立此存照"（七）》④

本篇最初发表在1936年10月20日《中流》半月刊第一卷第五期，后

---

① 《鲁迅译著书目附记》原文参见《鲁迅全集》第4卷，187～190页。
② 《开给许世瑛的书单》原文参见《鲁迅全集》第8卷，497～498页。
③ 《"立此存照"（一）》原文参见《鲁迅全集》第6卷，627～628页。
④ 《"立此存照"（七）》原文参见《鲁迅全集》第6卷，657～659页。

收入《且介亭杂文末编》。

鲁迅看《申报》的《儿童专刊》上的一篇文章，竟主张中国人杀日本人应加倍治罪，非常气愤。严厉地批评该文对孩子的毒害。在当时日本正嚣张地侵略中国的时候，这样教育孩子，真是关乎中国民族的未来。

《〈书斋生活与其危险〉译者附记》[①]

本篇连同《书斋生活与其危险》译文，最初发表在1927年6月25日《莽原》半月刊第二卷第十二期，后收入《译文序跋集》。

鲁迅在本篇中再一次重申反对青年踱进书斋的主张。并借这篇译文说，书斋生活者应和社会接近，注意"世评"，来改正自己的思想。如果社会是腐败的，就不会同流合污。

《读书杂谈》[②]

本篇是1927年7月16日在广州知用中学的讲演，最初发表于同年8月18日至20日广州《民国日报》副刊《现代青年》第179期至第181期，后收入《而已集》。

本篇是在知用中学的讲演，谈到对读书的看法。鲁迅认为，读书有两类：一是职业的读书，二是嗜好的读书。他觉得，职业的读书"同木匠的磨斧头，裁缝的理针线并没有什么分别"，都是为了饭碗。嗜好的读书就不同了，"那是出于自愿，全不勉强，离开了利害关系的"。只有这种读书，才能有浓厚的兴趣，也才"可以扩大精神，增加智识"。因此他认为，在做完应做的功课之后，可以看看各样的书，即使与本业毫不相干的，也要泛览，"譬如学理科的，偏看看文学书，学文学的，偏看看科学书，看看别人在那里研究的，究竟是怎么一回事"。可见鲁迅

---

① 《〈书斋生活与其危险〉译者附记》原文参见《鲁迅全集》第10卷，304～305页。
② 《读书杂谈》原文参见《鲁迅全集》第3卷，457～464页。

早就主张通识教育，文理兼容，以提高个人的素养，这也是今天我们要提倡的。

鲁迅认为，文学与文章是两回事。文学是研究文章的历史和理论，研究者是文学家；文章是创作的，做文章的是创作家。

鲁迅认为，读书要自己思索，还要自己观察。看别人的批评文章是可以的，但还要看"本书"（即原著），更要"自己思索，自己做主"。因为"实地经验总比看，听，空想确凿"。孔子早就说过："学而不思则罔，思而不学则殆。"学思结合才能学到真知识。

《读几本书》[①]

本篇最初发表于1934年5月8日《申报·自由谈》，署名邓当世，后收入《花边文学》。

1934年4月21日《人吉》第一卷第十期上发表了胡雁的《谈读书》一文，搬用叔本华的话"读别人的著作，不过是在自己的脑里给作者跑马"，反对任何一种书，主要反对读外国书。鲁迅此文是批判这种错误的言论。鲁迅认为读死书固然不好，不读书也不好。中国文坛上缺乏好的书，对外国的几本名著也都没有译全，不如日本。但要想批评别人的作品，还是先要读读他的作品，不能盲目地排斥一切外国书。其实，知识是全人类的财富，有头脑、想进步的人一定会吸收人类一切文明成果。

《致许寿裳》[②]

本篇写于1919年1月16日。

本篇是鲁迅答老友许寿裳的信，许寿裳来信征求鲁迅意见，他的孩子读什么书为好。鲁迅回答，不必读古书，新书也都不太好，少年可读

---

① 《读几本书》原文参见《鲁迅全集》第5卷，495～498页。
② 《致许寿裳》原文参见《鲁迅全集》第11卷，369～371页。

的书，中国绝少。认为，第一要紧的是"养成适应时代之思想"。信中谈到主张白话文，又谈到大学的改革。

《致曹白》[1]

本文是鲁迅于1936年5月8日给青年作家曹白的信，收入《书信集》。

鲁迅在信中说，研究文学，需要懂外文，建议曹白学习外文。而且说，学外文必须坚持，每日不放下，要硬看，第一次看不懂就过几个月再看，慢慢就懂了，像小孩子学话一祥。

《拿来主义》[2]

本篇作于1934年6月4日，最初发表于同年6月7日《中华日报·动向》，后收入《且介亭杂文》。

文章论述了对待外来事物的态度，反对"闭关主义"，认为"我们要运用脑髓，放出眼光，自己来拿"。"拿来"不同于"送来"，过去帝国主义侵略我们，"送来"了洋枪大炮。但我们也不要为此而害怕拿来。"送来"是被动的，"拿来"是主动的，是我们自己选择的。即使"送来"的也可以要，只要对我们有用。问题在于我们的"挑选"，不必为了保存"国粹"而拒绝外来的事物。为此，"拿来"的主人应该是"新主人"，这人要"沉着，勇猛，有辨别，不自私"。而且作者还认为，不吸收外来的事物，"人不能自成为新人""文艺不能自成为新文艺"。

鲁迅还多处说到，一个健康的人是不怕吸收外来事物的，只有不健康的人才害怕外来事物。而且只有吸收各种营养，人才能更加健康。因此，拒绝外来的先进事物是愚蠢的，是会落后的。中国几百年的教训就是夜郎自大，闭关自守，等到别人打上门来，又自卑起来。因此中国人最重要的是要有自信、自强的精神。所以"拿来主义"的主人应该是新

---

① 《致曹白》原文参见《鲁迅全集》第14卷，94~95页。
② 《拿来主义》原文参见《鲁迅全集》第6卷，39~42页。

人，而要成为新人，又要善于吸收人类一切文明成果。

《导师》①

本篇最初发表于1925年5月15日《莽原》周刊第四期，后收入《华盖集》。

鲁迅一向不喜欢所谓导师，认为青年应该走自己的路。因为当时的所谓导师，不是叫你踱进研究室，就是叫你进入艺术之宫，脱离人生。所以他说，青年何须去找挂着金字招牌的导师，"不如寻朋友，联合起来，同向着似乎可以生存的方向走"。

本文可以和《青年必读书》联系起来理解。

《关于知识阶级》②

本篇是鲁迅于1927年10月25日在上海劳动大学的讲演，最初发表于1927年11月上海劳动大学《劳动周刊》第五期，后收入《集外集拾遗补编》。

上海劳动大学是以国民党西山会议派为背景，标榜无政府主义的一所半工半读学校，1927年创办，1933年停办。1927年10月25日，鲁迅应校长易培基的邀请到校讲演。鲁迅在讲演中分析了中国知识分子的几大弱点：动摇不定，容易脱离平民；文章四平八稳，面面顾到，胆小怕事；崇尚空谈，脱离实际等。鲁迅认为，"真正的知识阶级是不顾利害的"，要想到什么就说什么。凡是要改革，就要与老社会斗争。讲演一再批评中国顽固派的复古、倒退。

《琐记》③

本篇最初发表于1926年11月25日《莽原》半月刊第一卷第二十二期，后收入《朝花夕拾》。

---

① 《导师》原文参见《鲁迅全集》第3卷，58~60页。
② 《关于知识阶级》原文参见《鲁迅全集》第8卷，223~231页。
③ 《琐记》原文参见《鲁迅全集》第2卷，301~312页。

本文讲述了鲁迅青年时代家乡的人情世故，流言蜚语，决心离开，于是就到南京无需学费的学校去读书。文章详细讲述了他在南京水师学堂的情况，觉得那里"乌烟瘴气"，于是又转学到路矿学堂。在那里他读到了严复翻译的《天演论》，知道"物竞""天择"，从此开启了他的思想。进化论一直影响着他的思维方式。

鲁迅在南京学习的两所学堂都是清末洋务运动的产物，鲁迅描述的学习生活，也可以使读者了解当时在"中学为体，西学为用"的思想指导下的教育的一般情况。

《随便翻翻》①

本篇作于1934年11月2日，最初发表于当月《读书生活》月刊第一卷第二期，后收入《且介亭杂文》。

本篇讲述了鲁迅读书的经验和观点。作者认为，青年不必找什么导师，可以"随便翻翻"。作为消闲的读书，可以广泛一些，虽然"杂"，但可以增加许多知识。好的书、坏的书，都可以翻一翻，多翻了就会有比较，就能比出好坏和真假来。"比较是医治受骗的好方子。"

和《读书杂谈》联系起来，可以看出鲁迅主张多读一点书，来丰富自己见识，提升思维辨别能力，提高整体文化素养。

《不应该那么写》②

本篇最初发表于1935年6月《文学》月刊第四卷第六号"文学论坛"栏，署名洛，后收入《且介亭杂文二集》。

文章批评当时市场上的一些《小说作法》《小说法程》之类的书，认为看了这样的书是成不了作家的。青年创作时总会想"应该怎样写"，其实应该先知道"不应该那么写"，才会明白"应该怎么写"。要知道

---

① 《随便翻翻》原文参见《鲁迅全集》第6卷，140~145页。

② 《不应该那么写》原文参见《鲁迅全集》第6卷，321~323页。

"不应该那么写"，最好从知名作家的未成稿或修改稿中去学习。但很少能找到这样的本子，鲁迅说，想出一个补救法，就是从"新闻上的记事，拙劣的小说"中去找"不应该那么写"的标本。文章也顺便批评了当时社会上的恶劣的文风。

今天大家都用电脑写作，更看不到大作家是怎么千锤百炼地修改文稿的了。但是确如鲁迅所说的，可以看看报上发表的新闻稿，就能找到"不应该那么写"的标本。有的文章标题文理不通，让人摸不着头脑；有的生造词语，不知所云。

《致张琴孙》①

此文原稿由周作人起草，鲁迅逐句修改、圈断，并批有"致报馆文宜圈断"七字，曾刊于1912年1月19日绍兴《越铎日报》。

张琴孙（1878—1955），名钟源，浙江绍兴人。辛亥革命后任绍兴县议会议长。

信中建议普及小学教育，认为建设共和要靠公民的文化程度。教育关系到国民前途；讲了绍兴学校的情况，提议组织区学，造福地方。

《致唐弢》②

这是鲁迅于1934年7月27日给唐弢写的信。

鲁迅在信中提到，日本翻译的作品很多，但单靠日文是不够的。如要研究苏俄文学，总要懂俄文才好。可以先学日文，同时也学一点俄文。鲁迅认为，学外文，自修的方法不太好，因为没有督促，不如进夜校稳当。此文一是说明研究文学需要学外文；二是学外文要有毅力，要坚持。

---

① 《致张琴孙》原文参见《鲁迅全集》第11卷，350～352页。
② 《致唐弢》原文参见《鲁迅全集》第13卷，183～184页。

《藤野先生》^①

本篇作于1926年10月12日，最初发表于同年12月10日《莽原》半月刊第一卷第二十三期，后收入《朝花夕拾》。

这是一篇描写鲁迅初到日本，在仙台医专生活的情况的散文，同时也是怀念他的日本老师藤野先生。藤野先生是日本仙台医专解剖学教师，他为人正直、热诚，没有狭隘的民族偏见。当时中国是弱国，中国留学生常常受到日本同学的歧视。文章描写了一次日本同学给鲁迅的一封信，怀疑解剖学试验的题目是藤野先生预先泄露给他的，他才得到了好成绩。他把这事告诉了藤野先生，并在熟识的同学一同责问下，才把事情平息。藤野先生却不是这样，而是细心地帮助鲁迅。开始担心鲁迅听不懂，问他："我的讲义，你能抄下来么？"鲁迅回答可以抄一点，但是他不放心，让鲁迅每个星期把讲义送给他看一回。解剖学要画图，有一次藤野先生指着鲁迅讲义上画的下肢的血管，对他和蔼地说："你将这条血管移了一点位置了。……这样一移，的确比较的好看些，然而解剖图不是美术，实物是那么样的，我们没法改换它。"解剖实习时藤野先生认为"中国人是很敬重鬼的"，担心鲁迅不肯解剖尸体，但鲁迅做了，他说："现在总算放心了，没有这回事。"这几次对话，充分反映了藤野先生对鲁迅这位中国留学生的关心。

然而，事情有了变化，第二年上细菌学，休息时放时事电影，看到日本战胜俄国的情形，日本学生都拍掌欢呼。影片中"偏有中国人夹在里边：给俄国人做侦探，被日本军捕获，要枪毙了，围着看的也是一群中国人"。这个场面使鲁迅受到很大的刺激。鲁迅决意弃医从文了。他在《呐喊·自序》中写到这一段，他写道："从那一回以后，我便觉得医学并非一件紧要事，凡是愚弱的国民，即使体格如何健全，如何苗

---

① 《藤野先生》原文参见《鲁迅全集》第2卷，313～320页。

壮，也只能做毫无意义的示众的材料和看客，病死多少是不必以为不幸的。"

于是他向藤野先生告别，藤野先生送给他一张相片。鲁迅很怀念这位和蔼可亲的老师，把相片挂在北京寓居的东墙上，而且说："每当夜间疲倦，正想偷懒时，仰面在灯光中瞥见他黑瘦的面貌，似乎正要说出抑扬顿挫的话来，便使我忽又良心发现，而且增加勇气了。"鲁迅对藤野先生尊敬、怀念之情溢于言表。

鲁迅这篇文章是爱国主义和超越民族的师生情谊的结合。文章充满了对祖国的热爱，对同胞麻木不仁的悲哀；同时又表达了对日本民族主义的批判。但是文章又鲜明地表达了对超越狭隘民族主义的日本老师的无比尊敬。文章充分鲜明地表达了鲁迅的爱憎分明。

《关于太炎先生二三事》①

本篇作于1936年10月9日，是鲁迅在病中写的关于章太炎先生的两篇杂文之一，最初发表于1937年3月10日《工作与学习丛刊》，后收入《且介亭杂文末编》。

本文充分反映了鲁迅"我爱吾师，吾更爱真理"的精神。鲁迅在日本时曾随章太炎读《说文解字》，对章太炎先生非常敬重。文章讲到，之所以对章太炎先生敬重，是因为他是一个革命者，并为此坐了牢。但是章太炎晚年消沉了，尊孔复古了，鲁迅感到十分惋惜，指出："我以为先生的业绩，留在革命史上的，实在比在学术史上还要大。"并且说，在日本去听先生讲解《说文解字》也"并非因为他是学者，却为了他是有学问的革命家"。但是章太炎晚年"却退居于宁静的学者，用自己手造的和别人所帮造的墙，和时代隔绝了"，编刻《章氏丛书》也没有收录他早年革命的文章。鲁迅认为，"战斗的文章，乃是先生一生中最大，

---

① 《关于太炎先生二三事》原文参见《鲁迅全集》第6卷，565～571页。

最久的业绩"。

文章表明鲁迅时时关心国家的命运、民族的未来，革命者时时不能忘记自己的使命。

《河南卢氏曹先生教泽碑文》①

本文作于1934年11月29日，最初发表于1935年6月15日《细流》杂志第五、第六期合刊，后收入《且介亭杂文》。

本文是鲁迅应曹靖华之请，为他的父亲曹培元写的碑文。碑文用文言文体，优雅明了，歌颂了在农村任教逾40年的曹培元先生教书育人的事迹。赞扬曹先生"秉性宽厚，立行贞明"，在那动乱的年代，能够专心致志地培养青年，而且"又不泥古，为学日新，作时世之前驱，与童冠而俱迈"。这是对当时农村教师的一曲颂歌。

《我观北大》②

本篇是鲁迅应北大学生之邀于1925年12月13日写成，发表于12月17日《北大学生会周刊》创刊号，后收入《华盖集》。

北大是"五四运动"的发源地，有着光荣的革命传统。鲁迅在文中盛赞北大精神，认为：第一，北大常为新的、改进的运动的先锋；第二，北大是常与黑暗势力抗争的。北大是活的，是在生长的，所以"有着希望的前途。"

《中山大学开学致语》③

本篇最初发表于1927年3月广州出版的《国立中山大学纪念册》"论述"栏，后经修改收入《集外集拾遗补编》。

鲁迅1927年年初从厦门来到广州，在中山大学任教。广州是孙中山先生革命的策源地，北伐战争也是从此地开始。但此时随着北伐战争的

---

① 《河南卢氏曹先生教泽碑文》原文参见《鲁迅全集》第6卷，203～204页。
② 《我观北大》原文参见《鲁迅全集》第3卷，167～169页。
③ 《中山大学开学致语》原文参见《鲁迅全集》第8卷，194～195页。

胜利，广州已经变成后方了。所以鲁迅在开学致语中首先提出，革命尚未成功，要学习孙中山先生的书，学习"孙总理革命的精神"。不是读死书，而是"须有奋发革命的精神，增加革命的才绪，坚固革命的魄力的力量"。他说，孙中山先生总是站在前线的，我们现在在后方，也要时时记得前线。

《致许广平》[①]

这些篇是鲁迅与许广平的通信，收入《两地书》。

1926年夏天鲁迅和许广平离开北京，鲁迅到厦门大学教书，许广平则到广州，于是有了两地书信往来。鲁迅在《两地书》中，与许广平讨论的都是当时的社会和学校的情况，讲到学风与政治状态、社会情况是相关的，称教育界为清高是粉饰之谈，其实和别的什么界是一样的；本来认为厦门大学会好一些，但也一样。

鲁迅写道，对于人生，有两种方法：一是遇到"歧路"，就自己选一条似乎可以走的路走下去；二是对于社会的战斗，不要挺身而出，而是伏在战壕中向敌人开几枪。这表达了他对旧势力进行战斗的决心和策略。

《卢梭与胃口》[②]

本篇最初发表于1928年1月7日《语丝》周刊第四卷第四期，后收入《而已集》。

卢梭（1712—1778），18世纪法国启蒙思想家、哲学家、教育思想家。著有《社会契约论》（1762）、《爱弥儿》（1762）等，在政治、宗教和教育等方面抨击封建专制统治。《爱弥儿》也是一部教育著作，提倡

---

① 《致许广平》原文参见《鲁迅全集》第11卷，13～17，19～22，158～162，186～188，229～231，267～268，273～275页。
② 《卢梭与胃口》原文参见《鲁迅全集》第3卷，576～580页。

"自然教育论"，从人性是善良的观点出发，提出教育须顺应天性，自然教育。

鲁迅本篇文章主要是批判梁实秋曲解卢梭的顺应天性的自然教育，把人分成三六九等，反对教育的平等。鲁迅说，按照梁实秋的理论，"那么，所谓正当的教育者，也应该是使'弱不禁风'者，成为完全的'弱不禁风''蠢笨如牛'者，成为完全的'蠢笨如牛'，这才免于侮辱各人……的人格了"。

六、提倡白话文，让文学走向大众

《人生识字胡涂始》①

本篇作于1935年4月2日，最初发表于同年5月1日《文学》月刊第四卷第五期，后收入《且介亭杂文二集》。

本文批评文言文的难学难懂。文章写道，孩子们学话是不断地听取、记住、分析、比较，终于懂得每个词的意义。但等到识字以后，学古文，老师不讲解，只要求死读，自己去记住、分析、比较，有些能弄懂，但大多数都弄不懂。作者批评有些文人对古文也是似懂非懂，自己是糊涂的，写出来的文章自然也糊涂。要把事情说明白，还是要提倡白话文。而白话文也应该"明白如话"。要做到这一点，一是作者要放弃似识非识的字，"从活人的嘴上，采取有生命的词汇"；二是要有一部字典。

《"此生或彼生"》②

本篇作于1934年6月22日，最初发表于同年6月30日《中华日报·动

①《人生识字胡涂始》原文参见《鲁迅全集》第6卷，305~307页。
②《"此生或彼生"》原文参见《鲁迅全集》第5卷，527~528页。

向》，后收入《花边文学》。

当时苏州中学校长汪懋祖曾经鼓吹中小学尊孔读经和课本改用文言，并在《申报》上发表文章，举例"此生或彼生"，想说明文言文"明了""省力"。鲁迅就抓住这句话，说明"此生或彼生"可以有多种解释，可以理解这个学生或那个学生；也可以理解为今生或来世。只有用白话文注解、补足，才能明白它是什么意思，说明文言文反而费力，证明"文言的不中用"。文章巧妙地以其之矛，攻其之盾。

《奇怪（二）》①

本篇最初发表于1934年8月18日《中华日报·动向》，署名白道，后收入《花边文学》。

尤墨君（1888—1971），江苏吴县（现吴中区）人，当时任杭州师范学校教师。1934年8月5日《新语林》第三期发表了他的一篇文章《怎样使中学生练习大众语》。鲁迅反对这篇文章中禁用"时髦字眼"的提法，认为新名词是科学文化发展的需要，是大众语发展的必然趋势。而且中学生教育程度比较高，新名词能够给大家拓展知识，他们掌握了新名词，就能够促进大众语的发展。

《门外文谈》②

本篇作于1934年8月17日至20日，最初发表于同年8月24日至9月10日的《申报·自由谈》，后收入《且介亭杂文》。

本文论述了文字的起源、演变、改革等问题，鲁迅提出了下面一些观点。

第一，字不是一个人创造的，中国的字也不是传说中由仓颉一个人造出来的，是大众创造的。古代结绳而治，原始社会里，大约先有巫，

---

① 《奇怪（二）》原文参见《鲁迅全集》第5卷，574～575页。
② 《门外文谈》原文参见《鲁迅全集》第6卷，86～114页。

渐渐祭祀、狩猎、战争等事情多起来，就有记住的必要，于是出现了"史"的人物。文字就成了史官的必要工具。

第二，字是从图画演变而来的。照《易经》上说，有文字之前是结绳。但结子打多了，就会忘记，所以出现象形图画，中国在甲骨上、铜器上就可以看到"写实的图形，如鹿，如象"，从这里可以发现和文字相关的线索。鲁迅说中国文字的基础是"象形"。后来逐渐由史官增加，画就多起来。但是，有些事物是画不出来的。打开僵局的是"谐声"。意义和形象就离开了关系。形象也逐渐简化，从篆字、隶字到现在的楷书。

第三，古时候言文是不一致的。因为字难写，所以"只好节省些"。文是口语的摘要。

第四，因为言文不一致，文字就成了"特权者的东西"，也就有了"尊严性""神秘性"，脱离了人民大众。鲁迅认为，中国的文字对于大众来说，"除了身份，经济这些限制之外，却还要加上一条高门槛：难"。

第五，中国有许多"不识字的作家"。如《诗经》就是民间创作而后经文人整理的。民间有许多传说、故事都是不识字的作家创作出来的。

第六，主张文字改革，拉丁化。鲁迅主张要"将文字交给大众"，就要解决难学难写的问题。他主张拉丁化。并论述了拉丁化实施的困难和步骤。

第七，提倡大众语言，提倡白话文。而且提到"大众并不如读书人所想象的愚蠢"。他批评一些读书人看不起大众，认为较新、较难的字句，自己能懂，大众却不能懂。但也不是说作文越俗就越好，去"迎合大众"。鲁迅认为，不要看不起大众，即使"目不识丁"的文盲，"其实也并不如读书人所推想的那么愚蠢。他们是要智识，要新的智识，要学习，能摄取的"。

第八，改革是觉悟的智识者的任务。这些智识者"必须有研究，能思索，有决断，而且有毅力"，把自己作为"大众中的一个人，才可以做大众的事业"。

《点句的难》①

本篇最初发表于1934年10月5日《中华日报·动向》，署名张沛，后收入《花边文学》。

本文是说明文言文难读难懂。古文都没有标点符号，要想读懂它，先要能断句，但即使主张古文、反对白话文的人也未必能点得正确，也难以读得懂，说明白话文简明易懂。

七、提倡科学，反对迷信

《随感录三十三》②

本篇写于1918年9月26日，最初发表于同年10月15日《新青年》第五卷第四号，后收入《热风》。

本文批评当时社会上的各种反对科学、鼓噪迷信的现象。文章一开头就说，一般好讲鬼话的人，最恨科学，"因为科学能教道理明白，能教人思路清楚，不许鬼混"。

文章举了许多例子，揭露社会上的反科学的言论。鲁迅认为，要救治这"几至国亡种灭"的中国，只有依靠真正的科学。

《随感录四十九》③

本篇最初发表于1919年2月15日《新青年》第六卷第二号，署名俟，后收入《热风》。

本文以进化的发展观，阐述人类进化过程中必须新陈代谢，深刻地

---

① 《点句的难》原文参见《鲁迅全集》第5卷，603～605页。
② 《随感录三十三》原文参见《鲁迅全集》第1卷，314～320页。
③ 《随感录四十九》原文参见《鲁迅全集》第1卷，354～355页。

阐发了生与死的关系。新的变壮，旧的死去，这是自然规律。因此，老的要让开道，催促着、奖励着青年向前去。新的应该欢天喜地地向前走去。文章的主要思想是批判当时社会上阻碍青年成长的封建顽固思想和势力。

《中国人失掉自信力了吗》[1]

本篇最初发表于1934年10月20日《大白》半月刊第一卷第三期，署名公汗，后收入《且介亭杂文》。

文章批评一些中国人自暴自弃，"一味求神拜物，怀古伤今"。但是中国确有一部分人"有确信，不自欺，他们在前仆后继的战斗"，这就是中国的脊梁。但他们却常常受到反动派的摧残。

---

[1]《中国人失掉自信力了吗》原文参见《鲁迅全集》第6卷，121~123页。

鲁迅"立人"思想的现实意义[*]

　　鲁迅，大家都熟悉的文学家、思想家，但都没有称他为教育家。其实鲁迅一生从事的社会职业都在教育部门。1909年8月，鲁迅从日本回国后就在杭州浙江两级师范学校任教，担任优级的生理学和初级的化学教员。他1910年回到绍兴，应绍兴府中学堂之聘，教"天物之学"，即生物学课程。辛亥革命后，他担任绍兴师范学校校长。1912年2月他应教育总长蔡元培之邀到南京在中华民国临时政府教育部任部员，5月随教育部北迁，任北洋政府教育部部员、佥事、社会教育司第一科科长，直至1926年离京。在此期间，鲁迅曾在北京大学、北京高等师范学校、高等女子师范学校（1923年两校合并为北京师范大学）、世界语专门学校、集成国际语言学校、黎明中学、大中公学、中国大学等学校授课。1926年8月鲁迅到达厦门，任厦门大学文科教授兼国学院研究教授，半年以后到广州，任中山大学教务处主任兼中文系主任，并开设中国文学史、中国小说史略、文艺论等课程，直到1927年4月离开广州到上海。生命的最后10年鲁迅才没在教育部门，专门从事写作。可见，鲁迅一生工作的27年中，有17年是在教育部门和学校教书，教育工作是他唯一从事过的社会职业，而且他对教育有精辟的见解。所以说，鲁迅是实实在在的教育家。

* 　原载《北京师范大学学报》，2016年第6期。本书做了修订。

鲁迅一生写作和译作共数百万字，虽然没有专门的教育著作，但许多文章都讲到教育问题，他的文章大多是为了关心儿童、教育青年、指导青年，正如他自己所说的，为了培养青年，"耗去生命不少"。[1]他本来在日本学医，原想将来回国后解除病人的疾苦，以医学拯救祖国。但是他在学校里受到有狭隘民族主义思想的日本同学的歧视，特别是在一次观看日俄战争影片时，看到一名中国人被斩首示众，而围观的中国人却精神麻木，他受到很大刺激，苦思数月，得出结论："我便觉得医学并非一件要紧事，凡是愚弱的国民，即使体格如何健全，如何茁壮，也只能做毫无意义的示众的材料和看客，病死多少是不必以为不幸的。所以我们的第一要著，是在改变他们的精神，而善于改变精神的，我那时以为当然要推文艺，于是想提倡文艺运动了。"[2]通过文艺改变国民的精神，不就是文艺的教育功能吗？这不就是教育吗？当然这是大教育，不只是狭窄的学校教育。鲁迅的许多文章中，甚至只言片语中，都渗透了教育的思想，涉及家庭教育、社会教育、学校教育多个方面。

鲁迅早年的论文《文化偏至论》就是一篇教育著作。本篇创作于清末半殖民地半封建时期，是中国知识分子正在寻求新路的时期。文章针对当时一部分知识分子盲目崇拜西方物质文明和政治制度的毛病，指出，提出学习西方要坚持"必洞达世界之大势，权衡较量，去其偏颇，得其神明"的原则，不能拾到一些微不足道的东西便以为宝贝。文章分析了西方文化发展的历史，认为文明总是不断演变，矫枉而过正，至于偏至。他写道，自法国大革命以后，平等自由为凡事之首，继而普及教育，渐渐觉悟到人类的尊严，认识到个性的价值。然而后来自觉之

---

① 鲁迅1926年11月15日给许广平的信，见《鲁迅全集》第11卷，614页，北京，人民文学出版社，2005。

② 鲁迅：《呐喊·自序》，见《鲁迅大全集》第2卷，268页，武汉，长江文艺出版社，2011。

精神，一转而至极端之主我；从社会民主之倾向，又发展到"使天下人人归于一致"，忽视个性发展的偏至。鲁迅从评析中西方文明之演变中，感到需要别立新宗，这就是"非物质""重个人""争存天下，首在立人，人立而后凡事举"。遵循规律，"乃必尊个性而张精神"，这就说到了教育的根本。我们要在继承中华民族优秀文化传统的基础上，吸收世界一些优秀文化成果，别立新宗，建设有中国特色的社会主义教育制度。

鲁迅谈论的教育是从对民族的大爱出发，唤起民众，改造国民的思想，提高国民的觉悟。他在日本时就和许寿裳讨论国民性问题。他们经常谈三个相联系的问题：①怎样才是理想的人性？②中国国民性中最缺乏的是什么？③它的病根何在？他们认为中国国民性最缺乏的是诚与爱，唯一的救济方法是革命。鲁迅主张彻底改造民族性，必须进行思想革命。他说："说到中国的改革，第一要著自然是扫荡旧物，以造成一个新生命得能诞生的机运。"①他之揭露国民性的劣点，并非贬抑中华民族的伟大，而是因为实在是太爱这个民族了。正如许寿裳所说："他暴露了民族性的缺点，揭发了历史上的暗黑，为大众人民开光明自由之路，独自个首先冲锋突击。"②鲁迅在《我怎样做起小说来》一文中也说："所以我的取材，多采自病态社会的不幸的人们中，意思是在揭出病苦，引起疗救的注意。"鲁迅的这种大教育是在当时半殖民地半封建的中国社会提出的，在当时起到振聋发聩的作用。今天我也在呼唤民族的文化自觉，我认为，所谓文化自觉，就要像鲁迅那样，一方面认识到中华民族文化伟大，不要拾起西方"微不足道的东西当作宝贝"，树立中华民族优秀文化的自信；另一方面也要清楚地认识自身的弱点，民族

---

① 鲁迅：《出了象牙之塔·后记》，见《鲁迅大全集》第13卷，227页，武汉，长江文艺出版社，2011。

② 许寿裳：《我所认识的鲁迅》，30页，北京，人民文学出版社，1952。

文化中的落后的东西，随着时代的发展，不断纠正，不断创新。

改变国民的精神，唤起民众，要从教育着手，文艺也是教育的手段，所以鲁迅说首推文艺。《孔乙己》这篇小说就是用文艺的形式批判禁锢人们头脑的封建旧教育，孔乙己就是封建教育的牺牲品，他熟读"四书""五经"，但在科举考场上屡屡失败，没有学到什么谋生的本领，但又不愿意脱下长衫，放下知识分子的架子，因此一生穷困潦倒，"好喝懒做""不会营生"，最后在众人的讥笑中死去。孔乙己的悲剧是封建社会广大知识分子的悲剧，也是封建旧教育造成的恶果。

改革旧教育，需要从我们自己做起，解放后来的人。鲁迅在1919年发表的《我们现在怎样做父亲》一文中说："便只能先从觉醒的人开手，各自解放了自己的孩子。自己背着因袭的重担，肩住了黑暗的闸门，放他们到宽阔光明的地方去；此后幸福的度日，合理的做人。"①

改革旧教育首先要从儿童教育开始，所以鲁迅特别关心儿童的教育。1918年鲁迅在《新青年》上发表的《狂人日记》是一篇批判封建伦常的檄文，强烈地批评几千年来毒害儿童的封建礼教，要求把孩子从封建思想的压迫下解放出来，喊出了"救救孩子"的强烈呼声。《我们现在怎样做父亲》一文，是一篇论述家庭教育的重要论文。文章认为，封建伦常首先表现在家庭，因此，要把孩子从封建伦常中解放出来，首先要改革家庭。改革家庭是为了改革社会，为了救救孩子，使孩子能够"幸福的度日，合理的做人"。要求家庭树立子女本位的思想，把天性的爱更加扩大，更加醇化。"开宗第一，便是理解"，不要把孩子看成"缩小的成人""倘不先理解，一味蛮做，便大碍于孩子的发达。所以一切设施，都应该以孩子为本位"。"第二，便是指导。"要与时俱进，因势

---

① 鲁迅：《我们现在怎样做父亲》，见《鲁迅大全集》第2卷，65页，武汉，长江文艺出版社，2011。

利导，"长者须是指导者协商者，却不该是命令者"。总之，"便是父母对于子女，应该健全的产生，尽力的教育，完全的解决"。鲁迅这篇文章既是对封建礼教的深刻批判，又是一部完整的教育教科书，具有深刻科学性、民主性、教育性、前瞻性，充满了对儿童的爱。现在读起来，仍感到有很强的现实意义。

鲁迅在上海的10年，时时关心儿童教育。《上海的儿童》《我们怎样教育儿童的？》《从孩子的照相说起》等都是在这一时期写的。对于儿童教育，鲁迅一是批判旧教育对儿童的毒害；二是重视儿童的家庭教育，改革教育儿童的方法；三是树立儿童本位，相信儿童，尊重儿童，顺从儿童的天性；四是为儿童创作优秀的读物。总之，要让中国的儿童生动活泼地、满怀自信地发展起来。鲁迅为使中国儿童有优秀的读物，翻译了许多外国童话，如《小约翰》《小彼得》《表》《俄罗斯的童话集》《爱罗先珂童话集》等，并写了引言或序言。虽然这些引言和序言多半是讲翻译的事，但我们还是把它们收入教育文存中，以反映鲁迅对儿童读物的重视。他的这种以儿童为本的思想，比联合国提出"儿童第一"的观点要早了半个世纪。

鲁迅自己不承认是青年的导师，因为有些误导青年的人口口声声称自己是青年的导师，但鲁迅实实在在地关心青年，指导青年不走歧路，成为社会改革的战士。他主张青年既要有远大的目标，又要有扎实的本领。他的文章常常批评那些空谈家。他在写给宋崇义的信中写道："仆以为一无根柢学问，爱国之类，俱是空谈；现在要图，实只在熬苦求学。"为了指导青年，他给青年写过上千封书信，甚至帮助青年改文稿。他教育青年不要自暴自弃，要努力向前走；要刻苦学习，而且要有恒心，不要朝三暮四，见异思迁。他批评有些青年，不乐于搞科学，就去搞文学；不会写文章，就去学美术，然而又不肯下苦功夫练画，结果只是留长了头发，放大了领结，装个艺术家的样子了事。鲁迅看到这种青年，对中国的前途很担忧。

1932年鲁迅在《鲁迅译著书目》附记中写道："对于为了远大的目的，并非因个人之利而攻击我者，无论用怎样的方法，我全都没齿无怨言。但对于只想笔墨问世的青年，我现在却敢据几年的经验，以诚恳的心，进一个苦口的忠告。那就是，不断的（！）努力一些，切勿想以一年半载，几篇文章和几本期刊，便立了空前绝后的大勋业。还有一点，是：不要只用力于抹杀别个，使他和自己一样的空无，而必须跨过那站着的前人，比前人更加高大。初初出阵的时候，幼稚和浅薄都不要紧，然而也须不断的（！）生长起来才好。"说得多么诚恳而亲切，这是对青年最恳切的教导。

后人常常诟病鲁迅"不读中国书"的主张。其实鲁迅何尝真要青年不读中国书？他不仅自己读过许多中国古典，而且在给许寿裳的儿子许世瑛开的书单中也列了许多中国的文学经典。鲁迅主要是针对当时一些人主张钻到古书堆里、不问国事的情况说的。同时"五四运动"期间，学界都在批判封建礼教，而中国的许多经典却是维护封建礼教的，在这种时代背景下，鲁迅主张少读或不读中国书，是完全可以理解的，是和当时的"五四运动"精神一致的。

读鲁迅的著作，必须结合鲁迅当时所处的时代和历史赋予他的使命来思考。那是一个什么时代？那是中国处在半殖民地半封建的时代，是受列强欺凌的时代。为了拯救祖国，有识之士都会起来革命，寻求新路，唤醒民众。不打破束缚大众的封建礼教、封建思想，人民何能得解放？周恩来曾经这样描述鲁迅所处的时代和鲁迅思想发展的过程："鲁迅的时代，是一半满清，一半民国的时代，他出身于破产的士大夫家庭，他受过封建社会很深的洗礼，他受过戊戌政变后的洋务教育，最后，留学东洋，又受教于章太炎先生，并参加了光复会。入民国后，他又做过多年北方官僚社会的小京官，也可说是闲差事。直到'五四'的前夜，他才得参加思想革命的运动，这就是新文化运动的骨干。从此以后，他就公开地成为宗法社会的逆子，士大夫阶级的叛徒，逐渐养成他在新文化运动中的领导地位，可是他自己却又那样谦诚的愿意做一个'革命军马前卒'。"①

读鲁迅关于教育的主张更需要注意两点。一是时代背景，鲁迅讲教育，不是就教育论教育，而总是结合当时的社会。他总是说，教育离不开社会，离不开政治，他曾说："现在的所谓教育，世界上无论哪一国，其实都不过是制造许多适应环境的机器的方法罢了。"②所以，他专门写教育的文章很少，而是在谈论社会情事中谈到教育。二是鲁迅是文学家，他不是像教育理论家那样直写教育规律和原则，而是用文艺形式来谈论教育。因此文字带有艺术色彩，有的是嘲讽，有的是反语，有的只是片言只语，我们阅读时需要细细品味，领会其精神实质。例如他在《二十四孝图》中写了许多故事，其最本质的内容是要尊重儿童的天性，不要用那种谁也不会认真实行的谎话去欺骗儿童、蒙骗儿童。如果有人认为鲁迅批判《二十四孝图》就是反对孝道，那就大错而特错。鲁迅本人就是一个孝子，他所反对的是封建的而且是扼杀儿童个性的愚孝。《二十四孝图》中，哪一条是能够践行的？又有何人践行过？全篇都是荒诞的欺骗孩子的谎话。但时至今日，我曾经到过一所学校，学校墙壁上居然还塑画着《二十四孝图》，可见这所学校的校长并没有读过或者没有读懂鲁迅的文章。

至今年（2016年）鲁迅离开我们已经79年了，鲁迅的时代已经过去，但他的教育思想仍然有着现实意义，因为他的教育主张符合教育的一般规律，具有科学性、前瞻性。

---

① 周恩来：《我要说的话》，载《新文学史料》，1979（2）。
② 鲁迅：《两地书·四》，见《鲁迅书信选集》，4页，北京，民主与建设出版社，1996。

第一，他的儿童观至今仍是十分科学、十分先进的，值得我们学习。他说，想要有正确的教育方法，就需要了解儿童，要照顾到儿童的特点，切忌用成年人的思想去理解儿童，更不应该用成年人的方法去教育儿童。儿童天性活泼，喜欢游戏，喜欢生动的有图画的书籍，有爱美的天性、丰富的想象力。他在《看图识字》一文中写道："孩子是可以敬服的，他常常想到星月以上的境界，想到地面下的情形，想到花卉的用处，想到昆虫的言语；他想飞上天空，他想潜入蚁穴。"[①]现在我们提倡"儿童第一""儿童本位"的观念，就要遵循儿童的天性，顺势而教育。

第二，他的人才观始终把立人放在首位，认为教育儿童首先要教育他做一个真正的人。1914年他给好友许寿裳5岁的儿子许世瑛开蒙时，在许世瑛《文字蒙求》一书上写了两个方块字：一个是"天"字，一个是"人"字。许寿裳后来说："我们想一想，这天人两个字的含义实在广大得很，举凡一切现象（自然和人文），一切道德（天道和人道）都包括无遗了。"[②]认识天道，认识人道，就是立德树人，这是做人的根本。但是今天我们的教育仍然存在许多错误的观念。例如许多家长、许多教师只重视孩子的知识学习，不重视良好行为习惯的培养和人格的养成。

第三，在教育方法上，鲁迅主张顺应儿童的天性，既不能用暴力，又不能放任不管，要循循善诱，启发自觉，让学生自由发展。鲁迅在《上海的儿童》一文中，严厉批评错误的家庭教育：一种是"任其跋扈，一点也不管，骂人固可，打人亦无不可，在门内或门前是暴主，是霸王，但到外面，便如失了网的蜘蛛一般，立刻毫无能力"；另一种是

---

① 鲁迅：《看图识字》，《鲁迅大全集》第8卷，50页，武汉，长江文艺出版社，2011。

② 许寿裳：《和我的友谊》，见《亡友鲁迅印象记》，86页，上海，上海文化出版社，2006。

"终日给以冷遇或呵斥，甚而至于打扑，使他畏葸退缩，仿佛一个奴才，一个傀儡"，父母往往以为是"听话"，以为是教育的成功，等到放他到外面去，"则如暂出樊笼的小禽，他决不会飞鸣，也不会跳跃"。①这两种错误的教育方法在我们今天的家庭中也不少见，值得我们深思。

第四，鲁迅的青年观，是要求青年敢想、敢做、勇于战斗，认清了一条道路，勇往直前。鲁迅对青年寄予了很大希望，他认为，青年总将胜过老年。要"都摆脱冷气，只是向上走，不必听自暴自弃者流的话。能做事的做事，能发声的发声。有一分热，发一分光，就令萤火一般，也可以在黑暗里发一点光，不必等候炬火"。②他反对青年做空头文学家，并曾经告诫自己的儿孙将来不要做空头文学家。他希望青年努力学习，用科学文化知识武装自己，这样才能肩负起改造社会的任务。他希望青年读点哲学、社会科学的书，包括马克思主义的著作。他自己曾经在秘密藏书室研读过马克思的许多著作。所以他说："以史底唯物论批评文艺的书，我也曾看了一点，以为那是极直捷爽快的，有许多暧昧难解的问题，都可说明。"③但读马克思的书需要读原著，才能真正懂得它的本意。鲁迅希望青年学点自然科学。他认为，科学可以使人们的思想解放、社会进步。他说："科学能教道理明白，能教人思路清楚，不许鬼混。"④鲁迅还赞成青年读点历史，因为"许多历史的教训，都是用极大的牺牲换来的"。⑤学习历史可以以史为鉴，以便对现实的情况看得更为

---

① 鲁迅：《上海的儿童》，见《鲁迅大全集》第7卷，24页，武汉，长江文艺出版社，2011。
② 鲁迅：《随感录四十一》，见《鲁迅大全集》第2卷，8页，武汉，长江文艺出版社，2011。
③ 鲁迅：《致韦素园》，见《鲁迅书信选集》，75页，北京，民主与建设出版社，1996。
④ 鲁迅：《随感录三十三》，见《鲁迅大全集》第1卷，391页，武汉，长江文艺出版社，2011。
⑤ 鲁迅：《今春的两种感想》，见《鲁迅大全集》第6卷，155页，武汉，长江文艺出版社，2011。

真切和深刻。总之，他要求青年的知识面更宽广，对世事看得更深刻。对于学习、读书，他认为，第一要像蜜蜂酿蜜一样，采许多花，通过自己消化，才能酿出蜜来；第二要独立思索，只有独立思索，才能把书本知识变为自己的学识；第三要自己观察，把观察和思考结合起来，上升为思性知识。

鲁迅的教育思想是极其丰富和先进的，我们细细品味他的文章，就能够悟出教育的真谛，指导我们现实的教育工作。

语文课本中不能没有鲁迅[*]

　　我不是鲁迅研究者，也不是语文教师。因此我谈鲁迅语文教学，可能说不到点子上，但与鲁迅也有点关系。

　　1981年，我与原杭州学军中学校长俞芳、原杭州大学教授金锵共同编写了《鲁迅教育思想与实践》一书。俞芳校长和金锵教授访问了10多名当时还健在的鲁迅的学生。现在这些学生都已过世了，这份材料很有史料价值。近年来，我相继编了《鲁迅作品里的教育》和《鲁迅教育文存》。但我只是在鲁迅著作中寻觅鲁迅的教育思想，对鲁迅没有全面深入的研究，对于在中小学如何讲授鲁迅的作品更是外行，所以我只能谈一点粗浅的感想。

　　先从语文的功能说起。这个问题历来有争议，语文教学是强调它的工具性，还是强调它的文化性？现在这个争论好像基本上平息了，特别是新课标出来以后，强调不仅要传授知识、培养能力，而且要培养学生的情感和态度。但在实际教学中，这个问题还会表现出来。

　　语言是人们交流的工具，语文当然要教学生能听、能说、能写，能与人交流，但交流总要有内容，内容就反映了一定的文化，因此语文还有传承文化的功能。20世纪50年代初，我们曾经一度学习苏联，把语言

---

* 原载《中国教育报》，2017年9月20日。本书做了修订。

和文学分开了，后来感觉到不对，这不符合我国语文教学的传统，又把它们合起来了。俄语很特别，它有性的要求，还有6个格，主格、受格、所有格等，很麻烦，要特别进行语法教学。但是他们非常重视文学课，认为文学传承文化，俄语是传承俄罗斯文学的重要途径。讲一个小故事，20世纪50年代，我在苏联留学，有一次到书店买书，旁边一个老太太手里拿着一本书，问我书的封面上的画是谁画的，内容是什么。我答不出来。她训了我一顿，说："我们的中学生都知道，可你还是大学生呢！"

我国语文教学是合在一起，从范文中学语言文法。中华人民共和国成立前，我们学语文不教语法。什么主语、宾语，都是学英语时才讲到。我国语文课历来重视范文，通过范文，不仅学到了语文知识，而且学到了中国的文学艺术的历史脉络，知道古代有"四书""五经"，有唐诗、宋词、元曲、明清小说等。

我讲这些是想告诉大家中小学语文课本中为什么一定要有鲁迅的作品：因为鲁迅代表了一个时代，代表了一个时代的文化。就像唐诗中如果缺了李白、杜甫，就缺了那个时代的文学。中学语文教材中不能没有鲁迅。鲁迅生活的时代是中国半殖民地半封建的时代，是全面抗日战争爆发的前夕。鲁迅唤醒民众的呼声，是民族的心声。所以他死后，民众在他的灵柩上盖上民族魂的旗帜。

对中小学课本选取鲁迅文章的问题，历来有争论，包括选择多少篇，选哪些篇，等等，一度还出现难教、难学的问题。在学生中流传这样一句话："一怕写作文，二怕文言文，三怕周树人。"这就牵涉到如何选文、如何教学的问题。

我对鲁迅语文教学有几点粗浅的意见。

第一，语文课本中不能没有鲁迅。因为鲁迅代表了一个时代的文化精神。相对于中国传统文化经典，鲁迅作品已经成为中国现代的文化经典，是对学生进行民族精神教育、爱国主义教育、传统文化教育的重要内容。现在我们强调要弘扬中华民族优秀文化传统，内容就包括近现代优秀革命传统，而鲁迅代表了一个时代。正如郁达夫在《怀鲁迅》中说："没有伟大人物出现的民族，是世界上最可怜的生物之群；有了伟大的人物，而不知拥护、爱戴、崇仰的国家，是没有希望的奴隶之邦。"至于选多少篇，那是次要的问题，当然也应确保有一定数量。

第二，在语文教学中，除了学习鲁迅作品优美的文字以外，更重要的是让学生认识鲁迅。因此，要结合当时的时代特点来理解鲁迅的作品。有人说，鲁迅的时代离我们远了，现代的孩子不能理解了，这不对。孔子离现代更远，李白、杜甫离我们也很远，我们语文课本中总要有他们的作品，因为他们是中华优秀传统文化中的代表人物，他们的作品是经典。我们学外国文化，总也离不开莎士比亚、伏尔泰、歌德、托尔斯泰等人的作品，也是因为他们代表了一个时代、一个民族的文化。

第三，要结合学生的实际，由浅入深。过去总以为中小学生读不懂鲁迅的作品，实际上，鲁迅有不少作品非常适合中小学生阅读。许多作品文质兼美，具有典范性，富有文化内涵、生活气息和时代气息。如初中教材选的《从百草园到三味书屋》《藤野先生》《故乡》《中国人失掉自信力了吗》《孔乙己》《社戏》《风筝》《阿长与〈山海经〉》《雪》，高中教材选的《纪念刘和珍君》《祝福》《拿来主义》《未有天才之前》《药》《春末闲谈》等文章，文字优美，题材、体裁、风格丰富多样，很适合中小学生学习。

第四，除了教好课本中的课文，还应该引导学生课外多读一些鲁迅的作品，特别是在中学高年级。课本里选的作品总是有限的，要真正了解鲁迅，还应该广泛阅读他的作品。我上中学时还是旧社会，初中语文读《孟子》，高中读《古文观止》，但我们在课外读了鲁迅、巴金、冰心的许多作品，读了许多进步的文学作品和哲学、社会科学作品，这些作品引导一批批学生走上了复兴中华民族的道路。

今年启用的教育部统编语文新教材的一个特点就是倡导学生课外阅读。在前不久教育部举办的新闻发布会上，语文教材总主编温儒敏说："现在语文教学的问题是读书太少，很多学生只读教材、教辅，很少读课外书，语文素养无从谈起。"他说："整个教材，课文数量是有所减少的，但是衍生阅读的量大增，就是让语文课往课外阅读延伸，往学生的语文生活延伸。"①所以学鲁迅的作品时，教师要指导学生进行课外阅读。

第五，在教学中要启发学生思考。鲁迅的文章内容是很深邃、隽永的，需要细细去思考体会。有些内容不是通过一两个解释就可以准确把握的，会有多种解读。在课堂教学中，教师不要先下结论，而应引导学生多思考，从多个角度去理解和体会，引导学生各抒己见，这样才能更深入地理解鲁迅的作品、鲁迅的思想。

---

① 温儒敏：《语文教材主治不读书少读书》，载《光明日报》，2017-08-29。

和平之桥*

———————

* 【日】池田大作、顾明远著，高益民译，教育科学出版社2014年版。本书做了修订。

前　言

池田大作先生是著名的学者、社会活动家、教育家。2008年10月北京师范大学为我从教六十周年举行了纪念会和教育思想研讨会，池田大作先生专门派代表来参加并带了热情洋溢的贺信，使我深为感动。

池田先生和世界许多著名的学者、社会活动家都有过对话，出版了对话录。其中包括中国的小说家金庸、历史学者章开沅先生等。此次与池田先生对话，我感到十分荣幸。

池田先生热爱和平，坚持中日友好，其精神值得钦佩。2009年春天我访问了创价大学，承池田先生厚爱，创价大学授予我名誉博士学位。当然，我认为，这不只是我个人的荣誉，而是池田先生对中国教师的一种尊重。在访问创价大学期间，我参观了美丽的校园，特别瞻仰了纪念周恩来总理的"周樱"及其纪念碑，我深深感到池田先生对周恩来总理的敬爱和对中国人民的友好深情。

从2009年至今（2012年），我们对话已三年之久，虽然我们都因为年事已高，不能来往于北京、东京之间以促膝长谈，但借助现代信息技术，来往书信极为便捷。我们谈的都是和平与友好、东方传统文化以及青年教育的话题，每次通信都令我倍感亲切。

我和池田先生算是同龄人，在战争年代都受到过不同的创伤，因而我们都热爱和平。因此，和平是我们对话的主题。为了和平，就要友好交往。池田先生在20世纪60年代就提出中日要建立正常的睦邻关系，并为了促进中日友好，奔走于东京和北京之间。我也在中日邦交正常化后不久就踏上了日本的国土。三十多年来，我二十多次访问日本，参加各种会议，开展了多种教育合作，结交了许多日本教育界的朋友。可以说，我们都在为中日友好而奔波，为世界和平而努力。

为了世界的持久和平，为了中日友好长久持续发展，我们回顾了两国相同的文化渊源和悠久的友好历史。中日友好交往从隋唐算起，至今已经有一千五六百年历史，其间只有几十年不愉快的经历，那就是一小撮军国主义的野心家发动的侵华战争。因此我们要正视历史，既不能忘记近百年的痛苦，更不能忘记中日友好历史的悠长。我们都认同这样的观点。

青少年是我们的未来，而我们两人都是教育工作者，因此，教育问题就成为我们对话的重要主题。我们都关心青少年的教育，他们现在正处在传统与现代变革的交织点上，许多青年正失去前进的方向，生活在迷惘之中，我们为此很担心。我们都认为要加强东方优秀传统文化的教育。中日两国都有悠久的历史，相同的儒家文化背景。弘扬优秀文化传统，养心修身，志存高远，为民族、为国家、为世界和平而学习是我们教育青少年的宗旨，我们都在为此而努力。

这是一次非常愉快和有益的对话，我从池田先生那里学到许多东西。

在对话出版之际，我要再一次向池田先生致敬，向《东洋学术研究》杂志的编辑们致谢。要感谢创价大学驻北京办事处的朋友们，特别要感谢川上喜彦先生，他们为我和池田先生的交往做了许多工作。还要感谢北京师范大学国际与比较教育研究院的高益民先生，我们的对话全凭他娴熟的翻译才能如此顺利地进行。

顾明远

2012年6月1日

第1章　教育与人生[*]
——生活在激荡的时代

提倡中国教育的现代化——顾明远先生的先见之明

池田

此次能与中国教育界卓越的指导者顾明远先生以书信往还的形式进行对话，我感到万分欣喜。

回想起1974年的12月5日，那一天寒风凛冽，周恩来总理在北京305医院接见了我，展望了中日两国乃至全世界的友好未来。^①从那以来，三十五星霜过去，我继承了周总理的遗志，开辟了两国的教育交流和青年交流之路，想必周总理在天之灵也会为此而感到欣慰。我正是在如此

---

* 本章内容曾刊载于《东洋学术研究》第48卷第1号、第2号（2009年5月、12月）。

① 池田大作先生（时任创价学会会长）第二次访华时，周恩来总理（1898—1976）因癌症晚期而住院。但是周总理不顾治疗小组的反对，要求"无论如何，都要见见池田先生"（邓颖超女士的回忆）。池田先生因担心周总理病情而婉谢会见，但周总理的"强烈希望"促成了此次会谈。会见时双方确认了对中日早日缔结"和平友好条约"（1978年缔结）的期望。总理怀有"以民促官"的信念，自20世纪60年代初就开始关注民间组织创价学会。会见时，"文化大革命"尚未结束，为了促进已经大大落后的中国现代化及世界和平友好，周总理可谓竭尽全力。会见一年零一个月后，周恩来总理病逝，享年77岁。

浮想联翩之际，给顾先生提笔写信的。

去年（2008年）夏天，奥林匹克运动会以及残疾人奥运会在贵国北京召开，我也通过电视及报纸高兴地看了相关报道。在象征着贵国飞龙腾空般发展的和平盛典上，那幅长长的画卷深深地感动了世界。

2006年10月，顾先生所在的北京师范大学授予我"名誉教授"称号，我感到非常荣幸。借此机会，我再次向贵校表示衷心的感谢，贵校誉满天下，而将我纳为其中一员，此恩我将终生报答。

据说去年秋天贵校召开的研讨会也是为了纪念我发表《日中邦交正常化倡言》（1968年）四十周年①，对此我诚惶诚恐。顾先生的主题演讲洞察了促进人类相互理解的方向，我读后感佩不已。在演讲中，顾先生将去世不久的美国哈佛大学塞缪尔·亨廷顿博士在十六年前（1993年）提出的"文明的冲突"理论作为论述的基础，一方面指出"文明的冲突"理论已经无法正确地解释当前危机的原因，另一方面又对亨氏的"世界从一个文明对其他所有文明单方面地发生影响的阶段，已经开始过渡到所有文明之间激烈地、持续地、多方面地相互作用的阶段"这一观点表示首肯。②顾先生进而论述了在各国、各民族不可避免相互依存的现代构建"通过和平对话实现双赢关系"的必要性，并做出如下结论：要不断通过教育等多种

①　1968年9月8日，池田大作先生作为创价学会会长在创价学会第11次学生部总会上的发言。当时，在东西方冷战非常激烈的背景下，越南战争依然持续，中国援助越南北部政权与美军作战。追随美国的日本政府也采取敌视中国的政策。在这种情况下，倡言认为，如果有众多人口的中国在联合国没有自己的席位而长期被世界孤立，则亚洲稳定与世界和平也不可能实现，而只有文化、历史、地理上都相近的日本才掌握着打开这一局面的钥匙，并呼吁：（1）承认中华人民共和国；（2）恢复中国在联合国的席位；（3）实现中日首脑会谈；（4）扩大经济文化交流；（5）废除抑制中日贸易的《吉田书简》等。对于倡言，日本研究中国文化的专家竹内好在《有了光亮》一文中给予了赞许。当时中国正处于1966年开始的"文化大革命"的高潮期，对中国处于国际孤立状态和现代化进程缓慢满怀忧虑的周恩来总理也对倡言给予了高度评价。

②　『文明の衝突』第一部第二章。鈴木主税訳、集英社、71頁。

交流渠道，互相学习宽容与理解的精神。我亦持完全相同的信念。

正因如此，我作为创价大学的创始人，开辟了创价大学与世界各地的大学等各种教育机构的交流之路。现在（2009年），与创价大学缔结学术交流协定的学校已经扩展到44个国家的105所大学，其中也包括贵校。在创价大学与贵校的友谊不断加深的过程中，我期盼着能有更多青年加深信赖，使两国间架起的友好"金桥"更加熠熠生辉。

无论如何，教育才是时代发展的关键，教育是培养人和构筑未来的最高尚的神圣事业，因此教育的交流才是使人类团结起来创造永久和平与和谐的原动力。从这个意义上说，顾明远先生在"文化大革命"结束不久的混乱中就率先提出教育的现代化，并始终为贵国教育的发展殚精竭虑，这种先见之明是应当给予高度评价的。也因此，很多人对我与顾先生的这次对谈充满了期待。

我期望能与顾先生一道，着眼于人类未来的发展方向，就两国的教育、哲学、文化以及世界和平等问题坦率地交换意见。请多多关照。

很荣幸与和平勇者对话

顾

池田先生在中国是很知名的人士，也是我敬仰的人。早在20世纪六七十年代，我就听到过先生的名字，后来听说周恩来总理曾经接见过您。创价学会为中日友好、中日建交做了许多工作，池田先生在这方面起到了重要的作用。周恩来总理曾高度评价创价学会和您在中日建交中做出的贡献。我们也都佩服您当年的远见和勇气。与池田先生进行教育对话，我不胜荣幸。去年一年，我拜读了您的大作《新·人间革命》（尤其是《金桥》《友谊之道》等谈及中日友好的篇章）、《孩子们是"未来的宝贝"——教育箴言录》《我的世界交友录》，与世界著名美术史家尤伊古的对话录《黑夜寻求黎明》，以及与世界著名历史学家汤因比、中国小说家金庸的对话录等，深深为您的精神所感动。您毕生致力于世界和平、中日友好，令人钦佩。特别是您最早提出与中国恢复邦交，开展民间友好往来，正如您在《新·人间革命》中所写的，"搭起了中日友谊的金桥"，我非常佩服您的真知灼见，更佩服您的智慧和勇气。

这种勇气从何而来？我想就是从您亲身经历的苦难中来，从您追求真理的大无畏精神中来，从佛教倡导的善中来。

池田

您过奖了，顾先生才是教育的伟大先驱。我希望通过我们的对谈，从您的哲学与实践中学到更多的东西。

1　乡土与人格形成

扎实的认识来自自己脚下

池田

为使我们的对话更好地展开，同时也为方便读者，我想我们还是先相互做一下自我介绍，并聊一聊我们此前的人生道路吧。

我1928年1月2日出生在东京大田区一个临海街区，我家自江户时代起就经营海苔作坊。我至今不能忘记儿时的情景，那时我常在充满着潮水气息的沙滩上玩耍，也常早起把手浸在冰冷的海水中帮父母去捞海苔。所谓乡土，不但是个充满回忆的地方，更是养育了一个人的母亲般的环境。创价学会的第一任会长牧口常三郎是一位地理学大家①，他在综论人、社会与地理三者关系的《人生地理学》（1903年出版）中说，"吾人以乡土为产褥而生而育"②，指出了乡土对人格形成的重要影响，他还把乡土作为观察和理解世界地理的基点而予以高度重视。在这本书的绪论中，牧口先生这样说道："毋忘有一根本之观察方面，此者无他，各自乡里是也。"可见他主张在"世界"之前有"国"，而"国"之前则有"乡里"衣食住之营为。只有认识到这一点，才能获得"为一乡民，方为一国民、一世界民"的自觉，才会懂得"正当而切实的立脚点"③。从自己的脚下开始认识社会——这一方法指向"并非支离破碎地教授和注入知识，而是令学生以自己之力体会获取知识的方法，授以开启知识宝库的钥匙"④，这一主题与重视当地社会的牧口先生的教育方法是相通的。

　　顾先生的故里是江苏省江阴市，江阴北面长江，南临太湖，自古以来即一大要冲，是一方镌刻着悠久历史的土地。现在更是高楼林立，发展也非常迅速。长江极为壮阔，牧口先生虽未有机会造访贵国，但他记下了对长江的深深憧憬，说那是"规模狭小之岛国人，几不可想

---

① 牧口常三郎（1871—1944），生于新潟县，曾在北海道苦学，1893年毕业于札幌的北海道寻常师范学校（现在的北海道教育大学），1901年辞去教职前往东京。一年后，其著作《人生地理学》出版。他从事过面向妇女的通信教育，向中国留学生教授过地理学，并在文部省编纂过地理教科书等，之后曾任东京都内的小学校长，还曾参加柳田国男的"乡土会"。1912年发表《作为教学整合中心的乡土科研究》。1928年前后开始笃信佛教。1930年11月18日，《创价教育学体系》第一卷出版（此后至1934年共出版了四卷），同时创立了"创价教育学会"。他在战争时期因拒绝同国家神道合作，而于1943年7月以违反治安维持法及不敬罪的嫌疑被捕。他在狱中坚持自己的信念，不屈不挠，于1944年11月18日在东京的病监中去世。

② 『人生地理学』『緒論』第一章「地と人との関係の概観」。第三文明社刊『牧口常三郎全集』（以下、『牧口全集』と表記）第一巻、15頁。省略強調的圈点。

③ 同上。『牧口全集』第一巻、15—16頁。省略強調的圈点。

④ 『創価教育学体系』第四巻「教育方法論」第一篇第二章第四節「詰ぬ込み主義か啓発主義か知識の構成か興味の喚起か」。『牧口全集』第六巻、285頁。

象之处"①。唐代大诗人白居易在回想起曾任职的江南地方时这样咏道："江南好，风景旧曾谙。日出江花红胜火，春来江水绿如蓝。能不忆江南？"② "江南好"，这句话直截了当，浓缩了诗人的感动。我在1975年4月第三次访华时，中方安排我们乘船自上海的黄浦江驶到长江。被滔滔江水摇着，我在船上与当时中日友好协会秘书长孙平化和上海市的有关人士展望中国的未来。1978年9月，我第四次访华时，还访问了天下名湖——太湖，在船上看到了金光闪耀般的风景。吟咏起白居易的诗，我就不能不想起那山清水秀的绝景。《徐霞客游记》的作者、明代地理学家徐霞客非常有名③，他也是您的同乡。

我想请顾先生讲一讲故乡引以为自豪的事以及对故乡的回忆。从教育家、教育学家的观点看，您认为"乡土"对人格的形成有怎样的影响呢？

饱含思乡之情的人生格言

顾

我与您是同时代人。1929年10月，我出生在江苏长江边上的一个小城里，现在这个城市因为有"中国第一村"——华西村，也因为近二十年来经济发展在全国百强县（江阴市是县级市）中名列前茅而闻名于世。

---

① 『人生地理学』第一篇第十一章「河川」第二節。『牧口全集』第一卷、169頁。

② 白居易（772—846），中唐时期的诗人，字乐天。代表作有《长恨歌》《新乐府》。白居易的文集《白氏文集》在他生前就传到日本并产生了重要影响。引用自松枝茂夫编『中国名詩選』下卷、岩波文庫、222—223頁。

③ 徐霞客（1586—1641），明末地理学家、旅行家、纪行文学家。本名徐弘祖，号霞客，生于江苏江阴。年轻时即学习地理书，反感囿于解释古典的学问，决定用自己的脚、用自己的眼睛去认识这个世界。用了约三十年时间，走遍中国大地，并记录见闻，直至晚年。他写的《徐霞客游记》多达260万字，但现存的仅60多万字。这部书集地理学、地质学、社会学、文学于一体，堪称世所稀有，徐本人也被称为"游圣"。2011年，中国决定将徐霞客1613年从浙江宁海出发的5月19日定为"中国旅游日"。

但在我出生的时候，它还只是非常落后的一个小县城。城墙据说有9里13步（约4520米）[1]，算起来，城里的面积也就只有1平方公里多一点。[2]从东城门到西城门大概有十几分钟的路程。抗日战争爆发之前，城西有一家电厂、一家面粉厂、一家纺织厂，但战争爆发时，它们都被日军炸毁了。

从此，江阴就没有了电灯，直到我1948年离开江阴，电厂尚未恢复。我们开始在洋油灯下读书，太平洋战争爆发后，美孚洋行的洋油也没有了，只好用豆油灯，就是用一个小碟子盛上豆油，用一根棉绒或几根灯草把油引上来点着，其亮度可想而知。

离城不远就是扬子江，又称长江。它也是中国的母亲河，从青藏高原汹涌而下几千里，气势磅礴，直奔东海。历代文人都赋诗赞美长江的恢宏，唐朝李白诗云：“天门中断楚江开，碧水东流至此回。两岸青山相对出，孤帆一片日边来。”[3]宋朝苏轼诗云：“大江东去，浪淘尽，千古风流人物。”[4]滚滚长江到我的家乡的时候已经变得江宽波平，像少女那样柔静了。长江下游灌溉着三角洲约10万平方公里的土地，养育着亿万人民。

江阴有着悠久的历史，春秋战国时期就建立了，见诸文字记载的历史已有两千五百多年，古称暨阳。江阴在明末因抗清运动而出名，清兵

---

[1] 1里等于300步或360步。步数由于时代而有所变化。1930年以后的中国1里（市里）等于500米，1步约等于1.6米。江阴城墙一边约1 130米。

[2] 因顾先生生于20世纪20年代，习惯使用旧单位，为展现对话原貌特将其保留，并在其第一次出现时以括号加注。——编者注

[3] 李白（701—762），盛唐时期诗人，字太白。年轻时就游历各地，后来虽曾做官，但历经波折（包括遭遇“安史之乱”），怀才不遇。杜甫被称为“诗圣”，李白则被称为“诗仙”。相关引用请参照武部利男注『新修 中国詩人選集2 李白』岩波书店、46頁。

[4] 苏轼（1037—1101），北宋文人、政治家、书法家，亦称苏东坡。被人们认为是宋代最杰出的词人之一，也是唐宋八大家之一。

围城百日，江阴人民誓不投降。这说明江阴人养成了倔强的性格。后来这里又建起了长江要塞炮台，扼长江之门户（但抗战时期并未起到什么作用），这也成为江阴名扬天下的原因之一。

江阴是文化之乡，历史上有许多名人。正如您指出的，明代地理学家徐霞客就是江阴人。他走遍了中国的山山水水，考察了各地的地质地貌，撰写了旅行记《徐霞客游记》。在"五四运动"时期[1]，有著名文学家刘半农和民族音乐家刘天华[2]，他们兄弟二人都没有读完中学，都是刻苦钻研，自学成才，后来成为大学教授，且在文学方面、音乐方面做出了贡献，成为中国一代名人。江阴还出了一名佛教的爱国高僧——巨赞法师[3]。巨赞法师俗名潘楚桐，早年毕业于江阴县立师范学校，后就读于大夏大学，毕业后在江阴任小学校长。1929年到杭州灵隐寺出家，从却非和尚披剃，1931年改名巨赞。《灵隐小志》中有却非和尚《答巨赞来

---

① "五四运动"是1919年5月4日发端于北京学生游行的反日反帝国主义运动。这一时期，中国正处在政府无力控制全国的军阀割据状态，帝国主义乘中国混乱之机加速了将中国半殖民地化的进程。在第一次世界大战后举行的巴黎和会上，日本要求列强承认"二十一条"中的"向日本转让山东省权益"，引起中国学生不满，并发展成为全国性民众抗议运动。"五四运动"不仅是政治运动，它反对封建的旧制度和旧文化，同时也是追求民主和科学的广泛的新文化运动和社会现代化运动。

② 刘半农（1891—1934），中国新文化运动的先驱，诗人、语言学家。1912年，与其弟刘天华（1895—1932）一同从家乡江阴前往上海，后来成为编辑，发表小说和文学评论。参与《新青年》的编辑，与陈独秀（1879—1942，中国共产党第一任总书记）及鲁迅一道推进新文化运动。1920年开始留学英法。回国后任北京大学国文系教授、中央研究院历史语言研究所研究员等职。刘天华在上海学习音乐理论、钢琴、小提琴、钢管乐器等，之后回到故乡从事音乐教育，并开始作曲。他有志于振兴中国的民族音乐，寻访民间艺人和音乐家，学习二胡及琵琶等，特别是革新了二胡的演奏方法。1922年开始在北京大学任教。遗留下的作品表达了对家乡强烈的热爱。代表作有《病中吟》《光明行》《空山鸟语》等。最小的弟弟刘北茂（1903—1981）也是作曲家及二胡演奏家。三兄弟尽管出生于贫寒的读书人家，却都为中国文化的革新做出了贡献，被称为"刘氏三杰"。

③ 巨赞（1908—1984），佛教僧人。长年致力于佛教研究，留下多达500万字的著作。著有《巨赞法师全集》八卷（社会科学文献出版社2008年版）。曾任中国佛教学会副会长，培养佛教专门人才的机构——中国佛学院副院长。

书》诗云："浮生逢末劫，据事应三斟。破瓦伏惊鼠，瓜田避盗心。立身问美玉，择木似良禽。莫昧于来去，古人耻拾金。"巨赞出家后悉心研究佛学，攻读了8 000多卷各种经文，熟谙德、英、俄、日等多国外语，写下了数百万字的读经笔记。他不仅热心佛教活动，而且不忘救国，积极支持抗日运动。新中国成立后，他与赵朴初等一起领导中国佛教协会①。江阴这些文化名人奠定了江阴深厚的文化底蕴，我的童年和少年就是在这种文化氛围中度过的。

江阴的乡土使江阴人重视教育，重视人文素养，并且形成了一种坚强不屈的性格，但同时又具有开放、广阔的胸怀，像长江一样，有容纳百川的精神。所以我总结出四句人生格言。

像松树一样做人，坚挺不拔；

像小草一样学习，随处生根；

像大海一样待人，容纳百川；

像细雨一样做事，润物无声。

池田

谢谢顾先生流畅和文采飞扬的说明，这使我对江阴悠久的历史与风土有了更深的理解。但最重要的是，我深深感受到了顾先生的人格中生动地反映出一方乡土的特点。您的四句人生格言，也是绝妙的人生指南。

---

① 赵朴初（1907—2000），20世纪中国佛教领导人、书法家、诗人。在现代中国社会大变动中，始终坚持保护和发展佛教。追求"爱国与爱教"的和谐，呼吁保护信教自由，努力促进佛教对时代和社会的贡献。热心于佛教的国际交流，为与日本等国的佛教国际友好而四处奔走。曾任中国佛教协会会长、中国佛学院院长、中国人民政治协商会议全国委员会副主席、中国书法家协会副主席、中国作家协会理事、中日友好协会副会长等。池田大作先生第一次访问中国时，在北京颐和园与赵朴初会面（1974年6月4日），其后又多次与赵会谈。

您刚才提到了巨赞法师，与巨赞法师共同领导中国佛教协会的还有赵朴初先生，我很怀念他。我曾四次拜会赵朴初先生，与他探讨过《法华经》，谈论过天台大师智顗等事。

2　家庭教育铸就人生之基

早期的七年不亚于后来的人生

池田

现在，我们把眷顾家乡的目光转向家庭吧。

我的父亲子之吉在当时被称为"倔强先生"，他是个有韧劲儿、耿直的人，起初在东京湾经营海苔加工，规模也挺大，但关东大地震（1923年）后，因地壳变动等原因海苔越来越少，家业开始衰落，父亲也因患风湿病卧床。但他总说："即使吃盐也不要别人救济。"拒绝了别人的种种帮助。我父亲韧劲儿的背后，有一股傻劲儿贯穿着，他认为正确的事都会坚持到底，不管别人说什么。父亲无论自己多么穷，都会全心全意帮助和照顾别人。父亲生性寡言，当时我们这些孩子不知道他在想什么。但今天我们却由衷地尊敬他，认为他真是一位伟大的父亲。

母亲与父亲不同，她在生活困顿之中也能开朗地笑着说："我们家就是穷横纲！"①她总是把孩子的健康和幸福放在第一位，时刻为我们操心。她从早到晚，一天也不休息地做海苔，她需要边照顾不断长大的孩子边操持家务，当然是相当辛苦的，但她把我们八个孩子都养育成人

---

① "横纲"是日本相扑运动员资格的最高级，是日本大力士向往的殊荣，受到社会的广泛尊崇。用在这里，是以乐观的态度比喻贫困的程度已极为严重。

了。这让我想起每天吃饭的往事——母亲自己常常不吃午饭，总说"忙得忘了"，可总是为我们这些孩子精心准备便宜但有营养的饭菜。她给我们吃小杂鱼的时候，让我们把骨头也吃下，饭桌上常有我们家自己捞的生海苔做成的醋腌小菜。我想，母亲是不懂学校里教的那种营养学知识的，而且那时候也并没有"食育"这样的现代概念。但在贫困之中，母亲总是尽心尽力地运用饱含着深厚慈爱的智慧，很自然地把贤明而正确的生存之道教给了我们。

顾先生曾说，对儿童而言，家庭正是"最初的学校"，父母正是"最早的老师"。顾先生还在著作中指出："一个人在他成长过程中，总要接受来自三方面的教育，这就是家庭教育、学校教育和社会教育。它们互相联系、互相影响，而家庭教育在人的成长过程中起着重要的作用。"[1]家庭教育对孩子的人生所给予的影响非常深远。大历史学家汤因比博士在伦敦的家中与我对谈的时候，这样述怀道："在我的记忆中，我感觉人生最初的七年与后来的整个人生一样长。我的意思是，我八十五岁了，我感到人生的前七年和后来的七十八年一样长。""孩子在七岁以前学习很多对自己重要的东西，那比在以后几十年的人生中能学到的所有东西还要多。"[2]我对此深有同感，我想，最初的七年与父母接触的时间最多，是构筑人生基础的重要时期。人在后来到社会中经受暴风骤雨的时候，是会毫无胆怯地直面而上还是会早早地放弃退缩？这些人格"脊骨"的形成正是源于家庭教育的影响。

本来，并不存在天生就优秀的父母。父母也是在与孩子间的实际关系中加深了爱，重要的是不疾不徐地与孩子一道前进，所以教育可以说是共育。（在日语中，这两个词同音——译者注）。创价学会的妇女部中

---

① 顾明远：《杂草集——顾明远教育随笔》，205页，福州，福建教育出版社，2001。
② 『二十一世紀への対話』第三部第一章。聖教新聞社刊『池田大作全集』（以下『池田全集』と表記）第三卷、517～518頁。

有不少苦于育儿的年轻妈妈，我总想对这些人有所鼓励，因此几番就家庭教育发表过看法。我总强调，即便是亲子，也是一个个体与另一个个体的关系。

对孩子而言，家庭应该是可以安心和值得信赖的场所。我的一位从事教育的朋友告诉我，在日本，那些问题少年的内心深处有着很多不自信，自尊水平低。不可否认，由小至大的家庭环境在其中发挥了重要作用。美国的马丁·路德·金博士的盟友、教育家哈丁博士也这样论述道："有暴力行为的孩子，常认为别人不关注自己、不重视自己。从这个意义上，我认为'关心他人'无论是在家庭层次上，还是在社会层次上，都是不可或缺的课题。"① 在家庭中，父母与孩子接触的方式、倾注爱心的方式与孩子的人格形成直接相关。孩子是看着父母的生活方式长大的。父母处处为了他人、为了社会，努力工作，这都会引起孩子更深入的关切，他们会自然地从父母的身上学到人生的道理。

我就任创价学会会长时三十二岁，那时我已有三个孩子，老大七岁。我自己因为工作繁忙而没有时间照顾孩子，但在妻子的配合下，虽然时间不长，我也很注意创造机会与他们接触。我外出的时候，会给他们写信，托人带个话，回来时买些特产，总之也想了不少办法。从这些经历中，我体会到所谓倾注爱并不单纯是在一起的时间长短问题，重要的是父母对孩子考虑得是否很深入。

---

① 马丁·路德·金（Martin Luther King Jr.）（1929—1968），美国民权运动领袖，1964年获诺贝尔和平奖，1968年于演讲中被暗杀。文森特·哈丁（Vincent Harding），丹佛伊利夫神学院名誉教授，1931年出生，芝加哥大学历史学博士，1958年与马丁·路德·金会面，之后两人在民权运动和反对越南战争中并肩作战。作为历史学者、记者，哈丁表现活跃。他是马丁·路德·金纪念中心的首任所长，致力于将人权斗争精神传递给下一代的活动。他与池田会长的对谈以《希望的教育和平的行进——同金博士的梦想一道》（『第三文明社』誌、2011年2月号—2012年5月号）为题发表。引文引自「聖教新聞」1994年1月18日。

父母常常只按自己的想法培养孩子、对待孩子，但这容易让孩子畏缩，使他们本来拥有的个性和可能性难以发挥。相反，有时还会强化孩子"不被父母信任""不被父母爱"的心理。我想，父母应该把儿童当作一个独立的人来尊重，在与孩子的接触中提高孩子的自尊心，使他们自由地成长。

顾先生说："家庭教育是所有教育的基础。"请先生结合自己的实践，对家庭教育的重要性再做一番阐述。

母亲重身教

顾

我出生在一个平民家庭。祖父是一家茶叶店的伙计，父亲是中学教师。父亲长年在外省市教书，母亲遵循古训在家侍奉公婆，父母长期分居两地。在我八岁的时候，父亲就在外面与另外的女子结婚，从此我与母亲相依为命。母亲克服物质上的贫困，抚平心理上的创伤，抚育我长大成人，极不容易。

我母亲对我的教育是至深至切的。我母亲名周淑贞，是江阴大族周家的女儿，民国初期初开女禁，因而她读过几年小学，能够读书读报。父亲离我们而去以后，她一个人挑起了一家的重担，侍奉公婆至天年。特别是抗日战争时期，我祖父瘫痪在床约三年，就是这位被儿子抛弃的儿媳妇端屎端尿，服侍送终，极尽孝道。

我家没有房产，老家只有薄田三亩，由我的堂兄代耕，生活全靠祖父战前的少量积蓄和亲友的接济。但是家里一直供养我读书，希望我长大成才。

母亲总是对我说："你要争口气，将来一定要超过你父亲。"其实我父亲也就是一名中学教师，但是在她眼里似乎已了不起了。

我们住在江阴城里，租人家的房子。周围都是比我们富裕的家庭，即所谓大户人家。处在这种环境中，很容易被人家看不起，但我母亲不卑不亢，处理各种事情很得体，受到邻居的好评和尊敬。她从小教育我这种不卑不亢的精神，对富贵的人不低声下气，对贫穷的人富于同情，自己能做的事一定自己做，不轻易求人，从而养成我自力更生的精神，就像禅语中说的："但向己求，莫从他觅。"我从不会阿谀附势，乞求别人。

她教育我一粟一米来之不易，饭粒掉在地上都要把它捡起来，从而养成了我生活简朴节约的习惯。她常常为别人着想，特别为贫苦大众着想，例如叮嘱我千万不要把玻璃碎片掉在路上，以免赤足的农民割破脚皮，使我养成一种对农民的同情。她时时刻刻教导我要做一个正直的人。

她的为人还有一条对我的影响极深，就是她讲宽容，不要麻烦别人，要体贴别人。她身体力行，真是做到了这一点。她不仅和自己的公婆关系很好，和自己的儿媳妇关系也很好，和邻里关系都很好。她八十一岁突发心脏病去世，到临终时都没有给我们添一点麻烦。但是我心里却非常难过，她一辈子养育我、照顾我，但最后我都没尽到一点服侍她的孝道。

她从来没有打过我，只是在我不听话的时候伤心得流泪。我见到她流泪，心里比挨打还难受，因而总是立即改正自己的错误，努力读书。

1949年我考上北京师范大学。当时对我们江南人来讲，北京是一个遥远的冰天雪地的世界。小时候听说在北京的冬天，人的鼻子、耳朵都要冻掉的。让相依为命的独生子到这样遥远的地方，我想她内心是很不愿意的，但为了我的发展，为了我的前途，她毅然地鼓励我北上读书。

以后我又到了更远的地方莫斯科。因为经济困难，去苏联之前我都没有回过家，因此一连七年没有与母亲见面。可以想象，这七年中她是在日夜思念我的情况下度过的。我上学七年期间，她是完全靠借钱过来的。

1956年我学成回国，就想把她接到北京来，但是她坚决不肯，非要把欠的债务还清以后才出来，这样直到1959年我们才团聚。

来到北京以后，她并没有享闲福，又为孙子辈辛苦。我的母亲既生了我，又教育了我，她是最伟大的母亲，我永远怀念她。

从我的童年生活中，我深深体会到家庭教育的重要。父母是孩子最早的教师，他们给孩子的印象是最早最深刻也是最久远的。我个人的性格以及一切习惯，似乎都是在童年时就形成的，这就是为什么我后来在从事教育研究时特别强调家庭教育的重要性的原因。

家庭教育是非常重要的。儿童从出生第一天就开始接受家庭教育，父母就是他的第一任老师。他首先从父母那里学习语言，学习认识周围的事物，学习生活习惯。如果儿童从小在家里受到良好的教育，以后学校教育就能顺利地继续下去。如果儿童在家里受到不良的教育，从小养成不好的习惯，那么进入学校以后，学校就要对他进行再教育，矫正他们的错误。

在幼儿时期，教育儿童是不那么困难的，但是之后再教育就要困难得多，要付出更多的精力、更大的耐心。正如您引用大历史学家汤因比与您对谈中所说的："人生最初的七年与后来的整个人生一样长。"我也深有这个体会。

现在有些父母有一种误解，认为入小学以前才需要家庭教育，入小学以后要由学校来教育了。但是学生在校的时间是有限的，很大一部分时间是在家庭、在社会中度过的。家庭教育不会停止，直到他离开家庭。

家庭教育是潜移默化的，家长的一言一行时时刻刻在影响孩子。因此，做父母的要时时刻刻注意自己的言行，以身作则，做孩子的榜样。

现在常常听人说独生子女难教，单亲家庭的孩子难教。这也在于父母的教育思想，其实孩子的一切行为习惯都是父母培养出来的。

例如，现在有的孩子以自我为中心，存在自私心理，这是父母溺爱、无限制地满足孩子欲望的结果；有些孩子有暴力行为，这往往也是父母施暴的结果。

拿我来说，我就既是独生子女，又是单亲家庭的孩子，父亲在我八岁时就离开家了。我全靠母亲的教育，她没有教我如何识字、如何读书，但她的言传身教，使我成为一个有正义感、责任感、尚算勤奋的人。因此不能说独生子女、单亲家庭的孩子就难教，关键是用什么思想、用什么方法教育他们。

行孝之人方为人中胜者

池田

母亲养育顾先生，受了很多苦，也操了很多心，而您深爱着自己的母亲，也以她为豪。您的这些话令我流泪，令我刻骨铭心。我想，您能体会和展现您母亲那样的教育，能在贵国教育领域担任要职，努力工作，也是最大的孝道了，您的母亲一定会为此而高兴。

在想象着您母亲的样子的时候，我也想起了自己的母亲。我母亲是1976年9月6日去世的，其实7月初她的身体就相当虚弱，并一度危笃。那时我因忙于参加创价大学的许多活动，未能多去看望她，这是我内心感到非常遗憾的事。所幸母亲在病故前笑着说："我过得很快乐！"

1975年春，我曾和母亲一起难得地到富士山下放松休息过一次，我背着母亲走在开满樱花的坡路上，我想这算是尽了最起码的孝道吧。母亲去世前两个月，我怀着对病榻上的母亲的深厚感情，把以前发表过的自由诗《母亲》改编成了歌词。

母亲啊，您有着

多么不可思议的

伟大的力量

如果，这世上

没有了您

就像失去了故土家乡

人们将永远流浪

母亲啊，我的母亲

您在风雪中忍耐

您在悲痛中合掌

母亲啊，我期望

您的愿望化作翅膀

在天空中自由地飞翔

母亲啊，我用您的智慧和思想

祈祷春的芳香

愿地球之上

奏响平安的乐章

在那"人"的世纪

母亲永享安康

　　后来这首诗由两位年轻的女士谱了曲，至今仍被很多人传唱。

　　母亲是太阳，是大海，是大地。在任何时代，对任何人而言，母亲的恩情都是无限的。贵国有"孟母三迁"那样怀有自尊信念的良母的故事，在日本也是母亲们学习的榜样。我反复向青年们强调：一生不忘父母之恩，并怀报恩之心，才能度过真实的、胜利的人生。孝是教育的根本。这次听了顾先生的话，我的这种想法就更为强烈了。

3 战祸中的青春

这绝对是错误的!

池田

我家有七个男孩，一个女孩，我是第五个男孩。

对我来说，对长兄喜一的记忆最为深刻。大哥在1937年出征，远渡贵国。大哥回国后说："日本太不像话了，暴虐，傲慢。中国人不也是人吗？这样做绝对是错的！"当时大哥愤怒的样子，至今仍浮现在我的眼前。后来，大哥在缅甸阵亡。

回想起来，人生中总会有些能开辟新的人生起点的话和事件，它永远也不会褪色。

我敬慕的长兄战死，疏散地的房子被炸毁，几度在把天空映得通红的美军空袭中逃难……这些我都深深地记在心里。那时我忍受着肺病接受军事训练，还吐了血。

如果要列举战争的回忆，那是举不尽的。我在小说《人间革命》的开头写道："残酷莫如战争，悲惨莫如战争！"这也是我一生从事和平活动的出发点。不管在哪个时代，战争中最受苦的是民众，是女性，是母亲，是儿童。绝对不能让未来重蹈历史的覆辙，不能让未来被分裂与仇恨之火吞噬。

如果把目光转向现在的世界，冷战结束近二十年了，恐怖活动、核扩散、地区冲突等问题重复上演，而且愈加复杂。在2001年9月11日美国同时发生多起恐怖袭击事件的时候，我作为一个佛教徒曾发表了见解。我与世界上的有识者一道，向在美国出版的《烈火重生——对美国恐怖袭击的心灵回应》一书投了稿。我以《我们必须战胜的恶》为题，首先阐述了"恐怖活动无论高举何种大义或提出何种主张，都是绝对恶"的观点。我进而提出，要打破人类历史上长期以来的"仇恨—报复"循环，就应把"慈悲"与"创造"的能量从人的生命中激发和彰显出来，这两种能量与引发战争与冲突的能量——"仇恨"与"破坏"正相反。

具体而言，佛法说"人人具有佛性"，也就是要相信生命中的善性，进行文明间的对话。因为我确信，通过在所有领域和所有层次反复进行长期不懈的对话，即使需要时间，也一定会改变时代的方向，使"战争与暴力的世纪"转变为"和平与非暴力的世纪"。

我本人则不断扩大与世界上的领袖人物和贤人智者的对话，也不断培育与世界各国民众的友谊并从事文化交流。我确信生命中所具有的善性，为践行以人为本的"人间教育"倾注全力。

我相信，以教育之光照亮善性，压倒内在的破坏性与攻击性——这正是化仇恨为理解、化分裂为团结、化战争为和平的坚实之路。

我与顾先生是同时代人，顾先生也同样有许多关于战争的体验。顾先生的故乡江阴也曾遭罪恶的日军占领和蹂躏。我听说顾先生每每在日本兵入侵的时候就搬到别的村子去住，而且光小学就不得不转学六次。在此我想请顾先生谈谈在青春时代的战争记忆中印象最深刻的事。那是一段辛酸的往事，但为了下一代，就请您敞开心怀说一说吧。

对战乱的记忆至今仍是梦魇

顾

我的童年和少年时代是在战争的炮火下和贫困中度过的。1937年

"七七事变"，我正读完小学二年级。"七七事变"后不久，江阴县城就遭到日军飞机的轰炸。

我们一个远房亲戚本来在城里开一爿石灰行，战前还建了一个防空洞，但并未顶用，还是在这次轰炸中被炸死了。他的儿子走出防空洞到河边洗手，反而幸免于难。炮声一打响，大家纷纷逃难。

有钱人家逃到上海租界去了，有的逃到苏北泰州等地。我们则是逃到乡村，一年辗转多个村庄，先是贯庄，继而北漍、周庄、华墅。有时夜里住在村里，白天就逃到山上。

一年以后，时局稍为稳定，我们就搬到离城不远的小镇金童桥。但日军不时会下乡来清乡，一听说日本兵来了，我们就赶快逃到另外的村子里躲起来。这样躲躲藏藏一年多，学业也荒废了。这一年只上了几个月的私塾。所谓私塾，实际上是金童桥的一位郎中先生（即乡村医生），他一面给人看病，一面收了几个生徒。他的学生有四五个人，年龄不等，记得有比我年纪小的，也有年纪大一点的，最大的也不过十来岁。因为年龄不等，所以学习的内容也不同。

初入学的学《三字经》，最大的一个读《孟子》，老师让我读《大学》。①天天让我们背诵，也不讲解。读了几个月，最后只记得"大学之道，在明明德，在亲民，在止于至善"②。至于什么意思，完全不明白。

后来到城里去上小学，要走好几里地。城门有日本兵站岗，经过的

①《三字经》为蒙学教材。据传为南宋王应麟（1223—1269）所编，但也有他说。一般三字一小句，六字一大句，如"人之初，性本善。性相近，习相远。"行文押韵，容易记忆。可一边识字，一边学习历史、儒家道德、地理、天文及一些常识，是中国历史上最为普及的蒙学教材，此外还有《女儿三字经》《佛教三字经》《道教三字经》《医学三字经》等类书。朝鲜、越南也编有相似的教材，日本编有《本朝三字经》（1853年）。《本朝三字经》用三字句教日本的历史，为大桥玉（若水）所编。而《论语》《中庸》《大学》《孟子》则作为儒教经典（"四书"）被广泛阅读。

② 金谷治訳注『大学・中庸』岩波文庫，31頁，33頁。

中国人必须向他鞠躬，否则他便用枪托打中国人。

正如池田先生所说，抗战期间，由于流离失所，我上小学时就先后换了六所学校。到小学六年级时我们返回江阴县城，在实验小学读书。学校操场隔壁恰是日本宪兵队驻地，我们常常听到无辜的老百姓被拷打时的惨叫声。日本宪兵队常常在夜里出来查户口。我们晚上睡觉的时候，一听到远处犬吠或沉重的脚步声，就知道日本兵又来了，赶快吹熄灯火，屏住气，不敢出声。我们在物质上和精神上都受到了极大的苦难，直到现在，夜里如果做噩梦，还会遇上日本兵，这种苦难留下的印象太深了。

过去我从来没有对日本朋友讲过这些，如果不是您问起我这段经历，我也不会去讲它。因为我认为中日两国的老百姓都受到战争的苦难，当时的日本青年成了战争的炮灰，就像您的哥哥那样。许多日本家庭也是家破人亡。

1980年我第一次访日时，有许多日本友好学者向我道歉，说日本侵华战争给中国人民造成了苦难。我常对他们说，用不着你们来道歉，你们和我们一样受到极大的苦难。应该由日本政府来道歉，由那些政治家、侵略者来道歉。

其实中国老百姓是很宽容的，只要正视现实，以史为鉴，保证历史的悲剧不再重演，就达到了和平的目的。我想您也是这样想的。

由于童年经历了战争的苦难，所以我特别珍惜和平。我和您一样，2001年"9·11"恐怖事件使我十分震惊，中东的战争、民族的不和使我心里非常难过。人类为什么要互相残杀？这使人百思不得其解。我们要为世界永久和平而努力。

中日两国是一海相隔的邻国，历史上有许多友好的交往事迹，日本侵华战争仅仅是中日交往历史长河中的一小段。我们要珍惜长久的友谊，正视这一小段不愉快的历史，让中日友谊世世代代延续下去。这就需要我们认真地教育下一代，以史为鉴。

教育是培养未来社会的人才。只要我们年青一代懂得和平的意义，懂得人民之间的友好的重要性，世代友好就有了保障。

池田

衷心感谢您第一次为我们提供了重要的历史证言。日本曾对贵国施以多少残暴，我们日本人绝不能忘记！正因为有包括顾先生在内的中国人民的难以估量的宽大之心，才存在两国友好之路。怒向战争、愿向和平，这是世界人民共同的心声，把人民的心紧密地联结起来，才是实现世界不战与恒久和平的王道。为此，我衷心希望推进对话与交流，并不断地积累和拓展下去！

4　希望的源泉——年轻时的读书生活

与历史上伟人的对话是黑暗中的灯塔

池田

我十七岁那年（1945年）8月，日本战败了。那是一个一片荒凉和混乱的时代。那是个炎热的夏季，杜甫《春望》中的"国破山河在，城春草木深"两句尤其让人内心难以平静。

那时我十几岁，感情丰富，却是在这种激荡的年代中度过的青春。对我来说，有不少书成为我青春的希望和勇气的源泉。只要攒了一点钱，我就跑到东京神田的古旧书店去，买来心爱的书，贪婪地读起来。与历史伟人的心灵对话，成为我在黑夜中的灯塔。

想必顾先生也一定有相同的感受吧。听说顾先生在学生时代与同学们组织了文艺团体，还以一种"现在人民正处于黎明前黑暗的世界，但曙光必将来临"的信念创办了《曙光》杂志。我虽不及顾先生博学，但也与亲近的朋友组织了一个自主读书的团体，彼此交换各自的读后感。我们反复读了卢梭的教育小说《爱弥尔》以及歌德、席勒、拜伦等人的世界文学作品①，我把我的感动写到了日记之中。

我也喜欢读《三国志》等中国的古典。《三国志》是很受日本人欢迎的书，因为得到贵国文化部和国家文物局等各界的协助，我们在日本各地举办了"大三国志展"（东京富士美术馆策划），作为与中国有关的展览会，参观人数超过100万人，这是历史上参观人数最多的一次展览。

我也非常喜欢读鲁迅的作品。在我三十二岁时，在就任创价学会第三任会长三个月以前，我记过这样的日记："翻开《鲁迅评论集》——'什么是路？就是从没路的地方践踏出来的，从只有荆棘的地方开辟出来的。以前早有路了，以后也该永远有路。'"（1960年2月4日）这是鲁迅《生命之路》中有名的一段。②

一定要开辟出一条民众的胜利与幸福之路，与大文豪的呐喊一道！

---

① 让-雅克·卢梭（1712—1778），生于瑞士的法国哲学家。《爱弥尔》（1762年）用教育小说的形式描写了一位教师从爱弥尔出生到结婚这段时期对他的教育。卢梭认为人出生时是"善"的，但是在成长过程中将受到社会上"恶"的熏染，因此要根据儿童固有的成长规律发展儿童本来的善性，其主张常被称作"发现儿童"，《爱弥尔》也成为教育思想史上的经典。本书第四章第二节也引用了《爱弥尔》开篇中的句子。约翰·沃尔夫冈·冯·歌德（1749—1832），德国文学家、政治家、自然科学家。他的朋友约翰·克里斯托弗·弗里德里希·冯·席勒（1759—1805）是德国诗人、剧作家和历史学家。乔治·戈登·拜伦（1788—1824）是英国诗人，在参加希腊从奥斯曼帝国独立的战争中牺牲。

② 鲁迅（1881—1936），为中国近代文学奠基的作家、教育家。评论与翻译作品非常多。本名周树人，浙江绍兴人。其弟周作人（1885—1967）也是作家，是日本文化研究家。其弟周建人（1888—1984，顾明远先生的夫人周冀女士之父）是生物学家。鲁迅曾留学日本，并先后在弘文学院、仙台医学专门学校学习，后来认识到，要救中国，精神革命更重要，故弃医从文。回国后，成为"五四运动"时期新文化运动的旗手。后来参加中国左翼作家联盟。参与许多论争，其文风深刻尖锐，被评为"寸铁刺人，一刀见血"。代表作有《阿Q正传》《狂人日记》等。此处的《生命之路》引自第一短评集"熱風"（1925年）所收'随感録'六十六，竹内好訳。

这种信念正是我作为学会的"青年会长"在向世界和平迈进的日子里鲜明地悟到的，而这一信念至今也丝毫没变。

后来，我有缘与上海的鲁迅纪念馆和北京的鲁迅博物馆有了交流，并两次见到鲁迅的儿子周海婴先生。[①]周海婴先生曾在2004年访问了创价学园，并衷心地对学生寄以期望：未来由大家创造。[②]次年起，周先生还在每年的毕业生中评选颁发"鲁迅青少年文学奖"，这对学生们的向学是一个巨大鼓舞。

我听说顾先生做青年教师的时候，熟读过高尔基、陀思妥耶夫斯基等俄国文学家的作品。[③]我也曾热衷于阅读扎根于民众的土壤、深入地挖掘人性的俄国文学作品，读后的感动我至今不能忘怀。特别是在战争刚刚结束时我读了高尔基的《在底层》，其中"人，这个字眼听起来多么自豪"这一句有如一道闪光，那鲜明的感动一下涌遍我的全身。[④]1975年，我在莫斯科大学以《东西文化交流的新路》为题演讲的时候也谈到了这一段。我说，俄罗斯文学把焦点放在人民不屈的意志上，这种人性观与我们创价学会的民众运动理念是一致的。

---

① 周海婴（1929—2011），鲁迅与许广平（1898—1968）的儿子。名字的意思是"出生于上海的婴孩"，七岁丧父。曾在华北大学、辅仁大学学习，1952年进入北京大学物理系学习，研究无线电通信。1960年以后在当时的国家新闻出版广电总局工作，曾负责彩电和立体声播放的部门。曾任全国人民代表大会代表，全国政协委员，上海鲁迅文化发展中心理事长，中国鲁迅研究会名誉会长，北京鲁迅博物馆、绍兴鲁迅纪念馆、厦门鲁迅纪念馆名誉馆长，北京鲁迅中学、绍兴鲁迅中学名誉校长，上海鲁迅纪念馆顾问等。其著作译为日文的有『わが父　魯迅』集英社等。参见第四章。
② 「聖教新聞」2004年3月12日。
③ 玛克西姆·高尔基（1868—1936），俄国作家。以其贫苦的生活体验站在工人阶级的立场上进行创作，被认为是社会现实主义文学的奠基人。虽然他是俄罗斯文学向苏联文学过渡的代表性作家，但逐渐与政府保持距离。在斯大林清洗时期曾遭软禁，最后死因成谜。代表作有《母亲》《在底层》《海燕之歌》等。费奥多尔·米哈伊洛维奇·陀思妥耶夫斯基（1821—1881），俄罗斯最著名的文学家之一，还被称为世界文学史上最伟大的心理学家。代表作有《罪与罚》《白痴》《群魔》《卡拉马佐夫兄弟》等。
④ 此处提及的是《在底层》第四幕中赌徒萨金的台词。

读书，是人生一大宝。我确信，要培养真正的人，读书是不可或缺的要素。顾先生，您青春时期读过的最不能忘怀的书是什么？请您也为我们谈谈读书的重要性以及读书的若干心得。您年轻的时候，书是很难买到的吧？您在努力读书的过程中有过怎样的辛劳？还有，您也讲一讲您读鲁迅著作的往事吧。

为追求民主的曙光而学

顾

我小时候就很喜欢读书，小学五年级时读了中国四大名著之一《三国演义》。①那时书里许多字我还不认识，但囫囵吞枣地读了下来。印象最深的是刘（备）关（羽）张（飞）桃园三结义、三顾茅庐、赵子龙长坂坡救主等片段，但只注意故事的有趣情节，感到这些英雄特别讲义气，并没有从历史的角度去认识这部书。

中国儒家思想的核心就是礼和义，礼和义的思想贯穿了这部小说。《三国演义》完全是按照儒家正统思想编写出来的，对中国人的思想影响很大。孔子被中国人奉为圣人，关羽被奉为武圣，全国各地都有关帝庙，说明关羽讲义气的品质在中国影响之大。

到了中学我开始读现代小说，如鲁迅的《狂人日记》《阿Q正传》，

---

① 明代通俗历史小说，以从东汉末至西晋初这一急剧变迁的历史时期为背景，基于以蜀汉为正义代表的立场进行的创作。与正史《三国志》不同，《三国演义》是可读性很强的故事，所以称"演义"。被认为是流传于坊间的讲谈、谈话的集大成者，但作者不明，有人推断是元末明初的施耐庵或者其门下的罗贯中所著，与《水浒传》《西游记》和《金瓶梅》并称为中国四大奇书。

巴金的三部曲《家》《春》《秋》，老舍的《骆驼祥子》，等等。①我青年时代追求进步，忧国忧民，所以喜欢看进步作家的作品。

抗战胜利以后，民主运动高涨，我们中学生也受到民主思潮的影响，积极参加民主运动。我们几个活跃分子开办了"文艺社"。因为当时感到国民党统治的黑暗，期望光明早日到来，所以取名"曙光文艺社"。开始只是办墙报，用道林纸写好了贴在墙上，但设计很讲究，有文章，有插图，图文并茂。第二年我们又办起了油印刊物，后来又办起了铅印的正式杂志。办曙光文艺社只是为了搞文艺，但也是倾向于民主进步运动，期盼着民主的曙光。

我们当时还在寒暑假组织读书会。记得1947年暑假，在上海、南京上大学的学长们回乡，和我们共同在中山公园办了一个暑假图书馆，他们把自己的图书放到图书馆供市民阅读。

我第一次读到苏联奥斯特洛夫斯基的《钢铁是怎样炼成的》时，一下子被书中写到的革命热情吸引。特别是这一段话："人最宝贵的是生命，生命属于人只有一次。人的一生应当这样度过——当他回首往事的时候，不会因虚度年华而悔恨，也不会因碌碌无为而羞愧。在临死的时候，他能够说'我的整个生命和全部精力，都已献给了世界上最壮丽的

---

① 巴金（1904—2005），出生于四川成都大官僚地主家庭，受"五四运动"的影响，1927年到法国留学。回国后，以自己的家庭为原型创作了揭露封建社会家族制度的残酷、号召人类解放的长篇小说《激流三部曲》（《家》《春》《秋》）和《爱情三部曲》（《雾》《雨》《电》），获得了高度评价。在"文化大革命"中，遭遇严酷的批判。"文化大革命"结束后的第二年即1977年，就任中国作家协会主席。一百岁前夕，他被中国政府授予"人民作家"称号。巴金与池田大作先生曾见过四次（1980年先后会见于日本静冈和中国上海，1984年先后会见于日本东京和中国上海）。老舍（1899—1966），满族小说家、剧作家，北京师范学校毕业后曾任教员。留学伦敦期间开始从事创作活动，回国后，在抗日战争时期发表了描写在日军占领下北平市民痛苦生活的《四世同堂》（1946年完成）等以抗日为题材的作品。老舍以贫困的少年时代为原点，以温暖的胸怀描写平民的悲欢离合，被称为"人民艺术家""语言大师"。"文化大革命"期间悲惨地死去。话剧《茶馆》也是其代表作之一。

事业——为人类的解放而奋斗'。"①

这种豪迈的气概深深影响了我，我决心做一个这样的人。书中的主人翁名叫保尔·柯察金，我曾取"柯金"二字为我的笔名，可见当时此书对我的影响。

讲到解放全人类，一般人可能认为这是共产党的口号，其实这也是孙中山先生讲的世界大同②，就是让全人类都有饭吃，都有衣穿，都能过上幸福的生活。从今天来讲，首先要世界和平，有了和平才有幸福的生活。因此追求和平也是我毕生努力的方向。

我的经历使我感到读书对人的成长的重要性。

满怀激情的教育家——鲁迅

顾

在"文化大革命"中，闲来无事，想读点书。那时似乎什么书都是毒草，只有鲁迅的书被认为是最革命的，于是我就读起《鲁迅全集》来，越读越有兴趣。特别是在处境困难的时候，读鲁迅的书最有味道。

由于一个教师的"职业病"，我总要从教育的观点来看问题。我发

---

① 尼古拉·奥斯特洛夫斯基（1904—1936），苏联作家，生于乌克兰，一边做机车上的锅炉工和船夫一边完成了小学学业。1919年，他在俄国革命时期的内战中参加了红军，但因负重伤而退伍，退伍后一边做电机工人一边积极投入到布尔什维克党的活动之中。但其健康状况不断恶化，1927年瘫痪，卧床不起，第二年的年末双目失明。他有着不屈不挠的精神，希望通过文学继续为革命做贡献，从而开始了写作，创作了自传体长篇小说《钢铁是怎样炼成的》（1932—1933）。这部小说描写了一位贫穷的少年在反抗欺压弱者的社会体制、全身心地进行斗争的过程中的成长故事，不仅在社会主义阵营有重要影响，也为期盼社会变革的世界各国人民所喜爱。他在创作第二部长篇小说《暴风雨所诞生的》时去世。引自金子幸彦訳、岩波文庫、下卷102頁。这句话是主人公柯察金在给革命同志扫墓时的自言自语。

② 旨在实现《礼记》所说的"大同之治"的孙中山思想。

现鲁迅的作品不仅针砭时弊，而且很关心下一代的教育问题。其实这也很自然，任何一个关心社会问题的人都会关心教育问题，因为青年是社会的先锋、民族的未来。

鲁迅作品中有许多地方讲到教育，并且有几篇是专门讨论教育问题的，如《我们怎样做父亲》《我们怎样教育儿童？》《从孩子的照相说起》等。他的教育思想是一贯的，而且很先进，有些话说得很精辟。于是我就萌发了开展鲁迅教育思想研究的想法。而且我还是鲁迅先生的亲戚，我的妻子周蕖是他的亲侄女，似乎有一种家族情结，觉得有责任把他的教育思想总结出来。

过去鲁迅被人们视为文学家，"文化大革命"中又被奉为革命家。其实鲁迅还是一名教育家，他的第一份工作就是在浙江两级师范学堂做教师，后来又在教育部任佥事，在北京大学、北京师范大学、北京女子高等师范学校、厦门大学、中山大学等校任教，从事教育工作达十七年，是实实在在的教育家。

"文化大革命"以后我的研究鲁迅教育思想的愿望更为强烈。刚好，那时杭州大学教育系的金锵和鲁迅早年的学生、时任杭州学军中学校长的俞芳老人也正在做鲁迅教育思想研究，他们到北京来找我，我们一拍即合，联合起来一起研究。我们略做分工，我收集鲁迅从事教育工作的事迹并整理他的教育思想，他们去访问鲁迅当年的学生，请他们写回忆的文章。从1977年开始，一直到1981年，刚好在鲁迅诞辰一百周年前夕成稿，并由人民教育出版社出版，书名为《鲁迅的教育思想和实践》。此书1983年被日本国立教育研究所的横山宏先生翻译成日文，由同时代社出版。2001年在鲁迅诞辰一百二十周年时我又修订出了第二版。

鲁迅先生是日本朋友最熟悉的中国作家之一。他早年留学日本，他写的《藤野先生》一文感人至深。这篇文章种下了中日友谊的种子。现在种子已经长成大树了，我愿它万年常青。

池田先生对于鲁迅先生的作品有何感想呢？

池田

我读过您的大作《鲁迅的教育思想和实践》（日文版），感触很深，也受益良多。

关于鲁迅文学，我以前就曾找机会发表读后感。此外，我还跟我所深爱的创价大学、创价女子短期大学、创价学园、美国创价大学的学生们多次谈过鲁迅先生的思想与为人。作为我的这些想法的总结，我在学习了顾先生的研究成果的基础上，于2005年创价大学举行毕业典礼时做了一场题为《谈革命作家鲁迅先生》的特别文化讲座。

正像顾先生敏锐地指出的那样，鲁迅先生作为教育家，也留下了不朽的功绩。您在您的书中，用感人的笔触，描写了鲁迅先生抱病到很远的大学讲课，满足学生们的要求，真诚地帮助他们、鼓励他们，学生们则为鲁迅先生的伟大人格所吸引而围聚在先生身边。鲁迅先生是一位信任青年、爱青年、鼓舞青年的教育家，他丝毫没有形式主义和权威主义，对待青年是不惜生命地给予——给予那些崭新的、深邃的和有价值的东西，他为了肩负未来的青年奉献出整个自己，这就是真正的教育家。

顾先生所提到的鲁迅先生与藤野先生之间的师生佳话，也是大放异彩的"人间教育"。藤野严九郎先生①是日本仙台医学专门学校（现在成为东北大学医学部）的老师，鲁迅先生留学时，他通过批改课堂笔记对鲁迅先生进行了严格而热情的指导。他希望鲁迅成为大家，青年鲁迅很快就感觉

---

① 藤野严九郎（1874—1945），毕业于爱知医学校（现在的名古屋大学医学部）。1901年任仙台医学专门学校（现在的东北大学医学部）讲师。1904年7月升任解剖学讲座的教授。同年9月，比他小七岁的留学生周树人（鲁迅）入学，至1906年3月退学前接受藤野先生的指导。1915年，该校成为东北帝国大学医科大学，非帝国大学出身的藤野氏被剥夺教授资格，旋即辞职。之后回到故乡福井县当开业医生。作为仁医，他深受地方人民爱戴。第二次世界大战结束前的8月11日，他在去出诊的路上摔倒，不幸去世。福井县芦原市有依其旧居的样子所建的藤野严九郎纪念馆。

到了这种期望。有一段佳话是，在鲁迅为了服务中国人民而中途退学回国时，藤野先生送了鲁迅一张自己的照片，就题了"惜别"二字，后来这张照片一直挂在鲁迅先生的书桌旁边，成为唤起青年鲁迅良心与勇气的重要力量。我们创价大学也有很多贵国以及其他国家的留学生，我总希望与留学生们能有像藤野先生和青年鲁迅这样的心灵交汇。

顾先生在书中说，鲁迅先生在讲课时总是跟学生说要勇敢、要前进、要无所畏惧，让学生区分正义与邪恶，让学生要有与邪恶斗争之心、勇敢之心。我被鲁迅先生的勇敢与慈爱深深打动。创价学会第一任会长牧口先生比鲁迅先生大十岁，他年轻的时候在弘文学院[①]教地理学，包括青年鲁迅在内的很多中国留学生都在那里学习。当时从浙江来的留学生出了本月刊叫《浙江潮》，上面刊登了鲁迅先生的文章，同时也摘译了牧口先生的《人生地理学》。《人生地理学》中文版是1907年出版的，听说北京师范大学图书馆也藏有此书，我非常高兴。

牧口先生也是非常卓越的教育家，他常讲，非足以成恶人之敌之勇者，难成善人之友；教育者终究为善恶之判断者，且须为实行之勇者。[②]

---

① 急于近代化的清政府在1896年派遣十三名留学生到日本。受清政府公使委托，负责学生教育的西园寺公望文部大臣（兼任外务大臣）又将留学生委托给东京高等师范学校校长嘉纳治五郎（见第三章）。嘉纳以私塾的形式开始教育，1899年扩大规模，创立"亦乐书院"。即便如此也难以应对留学生的激增。他借用当时牛迂区的大住宅，1902年开设"弘文学院"（之后在东京各地增设分校）。据说后来改名为"宏文书院"，是由于许多留学生避讳乾隆帝"弘历"的"弘"字。清政府废除科举及日俄战争中日本胜利（都在1905年9月）后，留学生又增加了，1906年达到最多，在校生超过1600人。但是，清政府担心留学生在日进行革命运动，因而改变留学政策，再加上留学生对日本政府颁布的《清国留学生取缔规则》的反抗，导致留学生人数锐减，1909年学校停办。这7年间入学人数达7192人，毕业生为3810人。毕业生对于中国近代化的贡献很大。有关日本留学的内容见第三章第五节。

② "创价教育学体系"第三卷·第四篇'教育改造论'第三章第二节'教员の气质とその阶级'。引自"牧口全集"第六卷，71页。原文为："无法成为恶人之敌的勇者，则无法成为善人的朋友。被利益冲昏头脑，善恶不分者没有做教育者的资格。能分善恶却不能实践的教育者没有价值。教育者必是善恶分明且具有执行力的勇者。"

牧口先生从四十几岁开始先后在东京的六所小学当过近二十年的校长①，不管在哪里，他都是为了孩子们的幸福而教。在全社会都对国家权力阿谀曲从的时代中，牧口先生不畏权威，坚持信念，因而遭到当权者的反感并几度左迁。

无论在哪个时代，教育者都需要明辨是非并勇敢地对恶字说"不"。只有以这种高洁的人格在未来孩子们的清澈心灵中耕耘，才能使孩子们茁壮成长。

5　与难忘之师的相遇

师者一言，开启孩子的未来之门

池田

跟书一样，在年轻的时候遇到一位好老师，也是人生不可替代之宝。

我尤其记得我小学五、六年级时的带班老师桧山浩平先生。

有一天，桧山先生挂起世界地图，问全班同学："同学们想去哪里啊？"我就指了亚洲大陆的正中央，老师笑着对我说："是嘛！池田君，那里有一个叫作敦煌的大宝藏！"这是我对历史悠久的中国特别是对敦煌萌生憧憬的一件事，至今还印刻在我的脑海中。印度的佛教在4世纪通过丝绸之路传到中国，经过上千年后，佛教文化在敦煌开花结果了。

---

① 牧口常三郎在1913年至1931年的十九年间曾任东盛寻常小学、大正寻常小学、西町寻常小学、三笠寻常小学、白金寻常小学、麻布新堀寻常小学校长。其中，还兼任东盛、大正、三笠、麻布新堀的夜校校长。他为没能带便当的儿童准备面包和味噌汤。在白金寻常小学担任校长大约十年，在此期间发生了关东大地震（1923年），牧口曾呼吁并召集了250名学生进行救灾。

8世纪时，日本奈良也迎来了天平文化的繁盛期，因为它受到了丝绸之路文化的巨大影响。遗憾的是我至今未能实现去敦煌的愿望，不过我们创价学园的不少老师去过了，而且我还与"敦煌的守护人"常书鸿先生[①]出版了对话录《敦煌的光彩》（德间书店出版）。在与许多朋友的密切交往中，我了解了敦煌艺术的精湛绝妙，因此1985年我们在东京富士美术馆举办了"中国敦煌展"。

童年正是"人生的早晨"，此时播下的种子和照射的光会决定整个人生。老师一句简单的话会燃起孩子的希望，教师一个简单的动作也会开启孩子无限的可能性，相反，一些缺乏体谅的言行举止也会让孩子们放弃和悲伤。

我听说顾先生强烈地主张"教师要有爱"，严厉地告诫教师不能安心居于权威与权力之上，而且顾先生长期以来为提高教师素质倾注心血，推动了具体的改革。

同样是教育，教师并不是都能够相信孩子内在的可能性与创造性，教师如何对待学生也是有天壤之别的。当教育充满了爱与信任的时候，孩子才会有自信，即使他们陷入困境，也会把它变为成长的机会而不断向前迈进。这种力量虽是孩子自身具备的，但要把这种力量引发出来，好教师是不可或缺的。

不能认为孩子幼稚、不成熟而看轻他们、瞧不起他们。小看儿童就是小看人，应把儿童当作一个有完整人格的个体来尊重。而且，孩子是主角，要有意识地与他们一起成长、一起上进，这时孩子才会意识到自

---

① 常书鸿（1904—1994），敦煌文物研究所首任所长，敦煌研究院名誉院长。在巴黎留学期间，常书鸿在塞纳河畔的古书市场上看到敦煌图录，深感祖国的美。回国后，他1943年远赴边疆敦煌，在艰苦的环境中，为人类的瑰宝"沙漠大画廊"的研究和保护奉献了一生，奠定了敦煌学的基础。曾任中国美术家协会、中国考古学会、中国壁画学会、中国文学艺术代表大会的理事等。

身的伟大力量，才能茁壮地成长。

教育是人与人之间的一种传递，绝不是仅靠制度和教材就可以成功的。对孩子来说，最有影响力的教育环境因素正是教师。因此我一贯认为，教师的成长对孩子有非常重要的影响，教育革命应从教师革命开始。

顾先生在著作中回顾道："我的初中和高中时代处于中国的黑暗时期，但我幸运地遇到了几位好老师。"还说："我的成长是教师的功劳，我也要像老师们那样培育下一代。"[1]请为我们讲讲您与敬爱的老师相处的往事，讲讲印象深刻的老师，并谈一谈教师的作用吧。

教师的重要性远在设备及课程之上

顾

我的小学时代是在战乱中度过的，就像池田先生说的那样，六年小学换了六所学校，所以对小学老师的印象已经不深了。

上初中的时候已经是战争后期，沦陷区已较平静，我就进入了南菁中学，那时被改为江苏省立第九中学。虽然学校已被日军轰炸，破烂不堪，但我们的老师还是很好的。幸而学校中有几位好老师，我的青少年时光没有虚度。

我记忆最深的几位老师中，有初中一年级教算术课的章臣顺老师。她讲四则算术常常用图解，如讲"两车对开，时速不同，在一定距离内何时相遇"等此类问题，用图在黑板上画出来，就很容易懂了。

另外一位是教初三平面几何的胡静莲老师，她那时才二十多岁，患有肺结核，但给我们上课时总是精神抖擞，看不出是患有疾病的人。讲几何要画图，她图形画得又准又好，极富艺术性。考试时除普通的

---

[1] 李敏谊：《顾明远教育口述史》，6、10页，北京，北京师范大学出版社，2007。

考题外，她常常出一些附加的难题，同学可以做也可以不做，不计在一百分内，做对了另外加分，第一个交卷也能加分，她用这些办法来鼓励我们学数学。我非常喜欢数学课，常常把难题做出来了，而且第一个交卷，因此我的数学成绩总是可以达到一百多分。不幸的是，在抗战胜利那一年，她因肺结核不治去世了。这时候我们才知道她一直带病为我们上课。出殡那天，虽然天下着雨，但同学们都去为她送行。

我在南菁中学的六年生活中还有一点，就是不死读书，而是参加各种活动，生活极为丰富多彩，没有现在这种高考的竞争压力。我们学数学，不仅学数学知识，还把它当作一门艺术。如学立体几何时要画图，画的图还有阴阳面，大家比谁画的图最漂亮，比谁的作业做得最整齐。记得初中二年级时我弄到一本《芥子园画谱》①，于是大家就学起画来；班上有的同学喜欢书法，大家就都练起字来。在初中时我们就成立了足球队，还办墙报。刚才说到到了高中我们成立了曙光文艺社，办起了杂志，关心国事。种种活动锻炼了我们，使我们能够得到比较全面的发展。南菁中学的这种传统非常符合我们今天提倡的教育理念。

我非常赞成池田先生您说的这句话："儿童时代正是'人生的早晨'，此时播下的种子和照射的光会决定整个人生。"这说明老师在儿童成长中所起的重要作用。我自己深有体会，后来我报考北京师范大学，决心当教师，与中学老师对我的教育不无关系。我是在老师的爱护下长大的，所以我觉得，当一名教师首先要有爱心。

没有爱就没有教育，这是我坚信的教育信条。我认为，老师对学

---

① 清初编辑的手绘本，将秘藏的画师技法以木版多色印刷版画的作品及绘画论的形式介绍给读者，作为绘画教科书备受珍视，得到普及。三集中，第一集按剧作家、小说家、出版人李渔（1610—1680）的意思，于1679年刊行，以江南名士沈心友（李渔的女婿）所藏明代山水画谱为模板，增补整理而成，书名中的"芥子园"是李渔别墅名称或书店名。第二、第三集是花鸟画谱，1701年刊行。日本元禄时代传到日本，成为"南画·文人画"的一个来源。版画技术也影响日本浮世绘。也称《芥子园画传》。

生的爱是超乎血缘亲子的爱，是一种对民族的爱、对人类未来的爱。反过来，学生对老师的爱、对老师培养的恩情要始终铭记在心。中国有一句古话："一日为师，终身为父。"[①]这句话就是说要把老师当作自己的父亲来看待。

我从儿时的经历中深深体会到教师的重要性。教师不仅给学生知识，更重要的是教育学生做人。我经常说，办学校必须具备三个要素：校舍设备、课程教材、校长教师。而其中教师最为重要。孔子讲学，那时没有校舍，也没有教科书，他带着学生周游列国，一生培养了三千弟子，其中七十二贤人，凭的是什么？全凭孔子自身的知识和智慧。中国抗战时期的西南联大校舍设备十分简陋，我在20世纪90年代去那里参观过，只有几间破平房，但培养了像杨振宁等这样的人才。[②]靠什么？主要靠高水平的教师。我儿时的南菁中学校舍也是破旧不堪，设备更是谈不上，不也是培养了许多人才？当然时代不同了，现在缺了校舍设备不行，缺了课程教材不行，但这些硬件都需要教师来掌握和运用。在学校中，教师是最重要的不

---

① 语出古代蒙学教材《太公家教》中"一日为君，终日为主。一日为师，终身为父"。《太公家教》流传甚广，版本不一。一说出自《曲礼日》说明版本，即"《礼记》的《曲礼》中如此云云"的说明。但"现行《礼记·曲礼》中并没有这样的词句。这是民间谚语为寻求权威性而编造的"（伊藤美重子「敦煌写本『太公家教』と学校」、『お茶の水女子大学中国文学会報』第十二卷、78頁）。其他古代典籍也曾使用这个语句，例如元代关汉卿戏剧《玉镜台》第二折等。《太公家教》很早就传到日本，之后中日双方都遗失了，直到19世纪末在敦煌文书中被重新发现。《太公家教》被认为在敦煌的许多学校都使用过。

② 西南联合大学（1938—1946），抗日战争时期为避战火而设立于云南省昆明市，是由北京的北京大学、清华大学以及天津的南开大学组成的战时联合大学。1937年，三校曾避难于湖南省长沙市，但很快西迁至云南，改名为西南联合大学，于1938年5月开学。包括五院二十六系及两个专修科。虽然是在疏散地临时办学，但西南联合大学的教学和研究均极优异。如文学院院长闻一多（1899—1946），他曾写过长篇论文《伏羲考》，认为传统上所说的伏羲与其妻女娲均为多居住于云南的苗族的祖先神。这是在疏散地极不便利的情况下，反而因其地利而进行的研究。聞一多『中国神話』中島みどり訳注、平凡社、東洋文庫所收。杨振宁（1922年生），1942年毕业于西南联大，1945年留学美国，1957年获诺贝尔物理学奖。

可替代的资源。

　　我很想请教池田先生，在日本的军国主义时期，教师是用什么样的思想来教学生的？池田先生的青少年时光是在军国主义时期度过的，后来您是如何背弃了那种教育而走向和平教育之路的？您对教育的大彻大悟是经过了怎样的修行而得到的？我想您的经历一定会给大家很大启发。

片刻未忘恩师十年的熏陶

池田

　　日本在军国主义时期进行皇民化教育，鼓励孩子为了国家牺牲自己。当时日本全社会都是战争气氛，打出的口号竟是："冲啊，一亿只火球！"天皇和国家居于所有价值观的核心。我生在一个普通家庭，但在这种对战争一片赞美的风潮之中，我对此并不是发自内心地拥护，因为就像我刚才说到的，我所敬所爱的兄长跟我讲过日军在中国的暴行，而且幸运的是，我也遇到了好老师。

　　但我也总会受到当时教育的影响，军国主义教育的可怕之处就是要在少年这纯洁的画布上画上他们所需要的颜色。我自己一度想当海军少年航空兵（称"海军飞行预科练习生"），甚至想过在青春绽放的年纪就把自己的生命奉献给战场。当然，在我的内心深处，还是希望战争早日结束。我背着父母，偷偷递交了当少年航空兵的志愿书，但很快就被父母发现，父亲大骂了我一顿，他那怒气冲冲的样子，在我的记忆中似乎只有过一次。那时我们家已经有三个儿子入了伍，而且我三哥的部队不久就要出征了，父亲决意无论如何也不让我进部队。当时我很不情愿地放弃了自己的志愿，但今天却对父亲感激不尽。

　　后来我也问过那些当了海军飞行预科练习生的学长，他们真诚地对我说:"你身体比较弱,还是别来了,这儿并不像外边传的那样好。"对这些话我记忆犹新。记得在那个"不是军人就不是人"的鄙俗的时代,我也曾对那些蛮横自大的军人感到愤慨。看到我家的房子在空袭中被烧毁,看到母亲接到上战场的哥哥的死讯时的恸哭,我真是彻入骨髓般地理解了战争的残酷和悲惨。毫无疑问,这种活生生的体验,成了我走向和平教育道路的契机。

战后,以前的价值观都分崩离析了,大家都从战争中获得了解放。但今后将走向何方?生活应以何为根?当时人们对于未来还很彷徨,精神上处于饥渴的状态。我同样如此。

决定我的人生的,是与创价学会第二任会长户田城圣先生①的邂逅。那是1947年8月14日,户田先生47岁,而我只有19岁。我被朋友拉着,第一次参加在东京蒲田举行的创价学会的座谈会,当时创价学会的理事长户田先生也出席了。

虽然是第一次见面,但我感受到了户田先生温和的作风,我很坦率地提出了我以前反复思考的问题:"什么是正确的人生?"听了我的提问,先生非常诚实地、强有力且明快地作答,他还像一个老朋友那样微笑着问我:"池田君,多大了啊?"没有一点架子。

---

① 户田城圣(1900—1958),生于石川县。曾在北海道任教,1920年到东京。与终身之师牧口常三郎相见,接受其熏陶。1923年设立实践牧口教育理论的私塾——时习学馆。以私塾中使用的算数复印教材为基础,出版参考书《推理式指导算数》,此书成为畅销书。1928年左右,继牧口之后,信仰日莲正宗,负责牧口毕生著作《创价教育学体系》的编辑和费用,并将《创价教育学体系》第一卷出版的1930年11月18日作为"创价教育学会"的创立日。户田作为理事长,与牧口会长一起为教育改革、宗教改革奔走。但是,在战争情况下,政府对于宗教、思想的压迫加强,1943年7月学会干部全部被捕。户田也以违反治安维持法及不敬罪的嫌疑而遭逮捕。被迫在牢狱中度过两年。户田对老师牧口在此期间死于狱中感到非常痛心与激愤。户田在狱中读《法华经》,自觉"佛即生命"及自己是受佛委托于此世道的"地涌菩萨"之一。出狱后,将学会改称"创价学会",并加以重建。1951年就任会长,在不到七年时间里信众达七十五万。东西方冷战激化时,在1957年9月发表《禁止原子弹氢弹宣言》。

先生那毫不做作的作风，让我感受到了少见的高尚的人格。在战后急剧的变化中，渴望得到正确人生观的我，在他那里见到了一缕光明。现在看来，我是发现了一道永不磨灭的光芒。

后来，我才知道，户田先生在战时曾因对抗军部政府而遭到检举，并被投入监狱关了两年，但他始终坚持自己的信念。当时我对宗教还存有怀疑的态度，但先生大义凛然地与军国主义战斗，还被收监！这对我来说是一件决定性的事。我确信这样的人是可信的！我因此决心踏上师徒之道和信仰之路。

户田先生的狱中斗争，是他的恩师牧口先生的斗争的延续。1943年7月6日，反对军国主义的牧口先生在去静冈的伊豆下田传教时被捕，户田先生是在位于东京白金台的家里以"违反治安维持法"和"不敬罪"的嫌疑被逮捕的。当时牧口先生已经七十二岁，他在单人牢房中度过了严酷的岁月。在一连串的镇压下，学会另有十几名干部被捕。在严酷的审问下，很多人在当时就变节了。学会被完全摧毁，余下的弟子只有户田先生一人。

牧口先生在总共只有三张榻榻米大的黑暗的单人牢房中研读佛法圣典日莲大圣人的书，始终坚持自己的信仰。在审讯中，他堂堂正正地宣示和平与正义的信念，这在当时的审讯记录中均有记载。[1]第二年（1944年）11月18日，他在狱中结束了七十三年崇高的一生，今年（2009年）正是他殉教六十五周年。

牧口先生的弟子户田先生在1945年7月3日活着出狱，在战后的一片焦土中一个人站立起来。他从零开始重建创价学会。

---

[1]『牧口全集』第十卷收录了「創価教育学会会長牧口常三郎に对する訊問調書 抜萃」，它是「内務省警保局保安課『特高月報』昭和十八年（一九四三年）八月份（昭和十八年九月二十日発行）」末尾作为宗教运动研究资料的摘录。此外，『昭和特高弾圧史4 宗教人にたいする弾圧』（太平出版社）中也有收录。

我们不能忘记，当时的日军侵略了对我们有传播文化之恩的贵国和其他亚洲各国，不能忘记他们蹂躏他国的暴行，要以史为戒，为了和平的未来开拓友好之路。这是我从恩师那里继承的一贯的信念。

在与户田先生相遇一年零数月后，我就到了恩师经营的一家出版社工作，并担任少年杂志《冒险少年》（后改名为《少年日本》）的总编。我从小就想当新闻记者，所以我工作很努力。我作为编辑能见到很多知名的作家，也非常高兴。但那时的日本经济一片混乱，杂志只好停刊。恩师想从金融方面寻求出路，但不久又陷入困境，事业愈发困难。1950年正月，恩师对我说："你能不能放弃在夜校读书？"决心以弟子之道终生师从先生的我，当即答应从大世学院（现在的东京富士大学）夜校休学，并开始了为重建恩师的事业东奔西走的日子。

很多人都咒骂并离开了大恩之师，而我却跟着恩师孤军奋战。最后，当1951年5月户田先生就任创价学会第二任会长时，不仅先生的事业，而且在所有方面，我都开辟了先生的胜利之路，这是我人生的自豪。这时候，户田先生利用每天早上开业之前的时间，对我进行个人指导。户田先生在为事业进行恶战苦斗的旋涡之中，以一种不惜生命的刚毅的胆魄，为我讲了佛法的精髓，而且教了我经济、法学、化学、天文、历史、汉文、政治学等各种学问。我怀着对恩师的感谢，把这种一对一的个人教学称作"户田大学"。

户田先生很重视对话，他一边启发弟子不断发问，一边讲课。我想起有一天在上汉文课的时候，户田先生问我："大作，人类教师之一的孔子的弟子中，你最喜欢谁？"我当时二话没说就答道："颜回！"

颜回比孔子小三十岁，户田先生与我的年龄之差也大体如此，颜回是"孔门第一贤者"，他不屈服于迫害而始终尽弟子之道，颜回之志也寄托着我的想法。

颜回这样赞叹自己的老师："仰之弥高。"①恩师愈仰望愈高大，这的确是真实不虚的感受！

进而，颜回谈起老师的教学法，说："博我以文，约我以礼。"也就是通过学问和礼仪来锻炼弟子、培养学生。户田先生正是具有这句话所说的那种人格的人，他是睿智的人，是有信念的人，也是实干的人。

为了培养创价学会下一代领导人，户田先生建立了一个由青年男子参加的小组"水浒会"，这个名字源于贵国的古典小说《水浒传》。这表现了恩师的要培养众多肩负日本，不，是肩负东方和平事业的青年的宏大誓愿。

我在"水浒会"也读了许多经典作品，如《永恒之城》《九三年》《基督山伯爵》《美人如玉剑如虹》以及《三国志》等。②当时物资匮乏，一本书要在同志间来回传看。

在《十八史略》中有这样几句话："以古为镜，可以知兴替；以人为镜，可以明得失。"③对书中人物了如指掌的户田先生把英豪们织就的家国兴衰故事像电视连续剧一样绘声绘色地讲给我们听，教育我们怎样才是一个领导人。而且，户田先生经常强调"史观"的重要性，他曾呼吁要做站在民众立场上的领导人，"不要成霸道，而要成王道"。

恩师的教育是非常严格的，但他比任何人都爱青年，绝对信任青年，恩师是把未来的所有都托付给了我们青年。在这些难得的岁月中，

---

① 《论语》子罕篇第九。吉田賢抗『新訳漢文大系1　論語』明治書院，199頁。

② 《永恒之城》是英国霍尔·凯恩（1853—1932）之作。《九三年》是法国文豪雨果（1802—1885）之作。《基督山伯爵》是法国大仲马（1802—1870）之作。《美人如玉剑如虹》是出生于意大利的英国小说家撒巴契尼（1875—1950）之作。

③ 《十八史略》卷五，唐太宗李世民于贞观十七年（643年），悲叹谏臣魏征之死而发。他说："夫，以铜为镜，可以正衣冠；以史为镜，可以知兴替；以人为镜，可以明得失。魏征没，朕亡一镜矣！"林秀一『新訳漢文大系21　十八史略　下』明治書院，635～636頁。此版本对原话有部分改动。原话见太宗言行录《贞观政要》卷二·任贤第三（原田種成『新訳漢文大系95　貞観政要　上』明治書院、119頁）。

恩师的一言一行、一举手一投足所体现的全人教育在我生命的深处积聚起来。在刚才您的提问中，赠我以"对教育的大彻大悟"这种过奖的话。如果说我有其万分之一的话，那也都是十年间户田先生教育熏陶的结果。

顾老师应该也有不能忘怀的恩师，这位恩师是怎样的人呢？请您谈谈与恩师的相遇、恩师的为人、您所受到的恩师的熏陶、你们师徒间美好的往事吧。

决心培养为人民服务的人

顾

池田先生遇到了像户田城圣先生这样的智者，影响了池田先生一生。我虽然没有这样一位恩师，但也遇到了许多好老师，比如我前面说到的中学老师。对我一生影响最大的还是我的第一任老师——我的母亲。她教育我怎样做人、做什么样的人，这我在前面已经说过了。

中华人民共和国成立以后，我遇到许多老师。在北京师范大学学习的时候，侯外庐先生教我们社会发展史，汪奠基先生教我们康德哲学，董渭川先生教我们教育方针，林砺儒先生教我们中等教育，等等。这些先生都是中国有名的学者，他们不仅教给我们知识，而且指明我们的人生方向。

当时中华人民共和国刚刚成立，大家对建设新中国的热情很高。建设新中国就是要让中国的劳苦大众都过上幸福的生活。老师教育我们，教育就是要培养新中国的建设者，为人民服务，为中国劳动大众服务。这就决定了我的一生，要把毕生精力献给教育事业。

6 奉献给教育的人生

把恩师的遗愿作为自己的誓言

池田

创价学会原本是1930年发起的创价教育学会，它是教育者的团体。牧口先生是个地理学家，他当过小学教师和校长，他是一位罕见的教育家，著有毕生之作《创价教育学体系》。他的弟子户田先生也当过小学教师，还在私塾、时习学馆教过书，并通过出版教育图书培养了很多英才，也是一位世所稀有的教育家。他的著作《推理式指导算术》是一本销售达百万册的畅销书。

创办创价学园和创价大学，是牧口先生和户田先生相约而定的构想。

1950年11月，我从恩师那里第一次听到创办大学的构想，那时正是老师事业上最艰难的时候。他说："大作，办一所创价大学吧。我活着的时候能建成当然好，但也许不能。如果不能，大作，就拜托你了！"

恩师的愿望成为我的誓言。我把这个出发点放在心里，在"教育才是我最后的事业"的想法日益深入的过程中，我创办了创价大学、创价女子短期大学、美国创价大学、东京和关西的创价学园（包括小学、初中和高中），在很多国家创办了创价幼儿园，建构起了"创价一贯教育"体系。创价大学是以培养能为创造和平社会做贡献的人才为目标而发展起来的。它也是第二次世界大战后第一个接收中华人民共和国正式派遣的留学生的日本大学，这也令创价大学感到自豪。我作为创办人，只要时间允许，就会去创价大学或创价学园，与每个学生对话，努力地去鼓励他们。可以说我为教育倾注了心血，因为我相信，教育的精髓正在于与每一个体的碰撞。

美国创价大学属于文理学院，它实行小班授课制，师生一对一地研究，一贯重视"人"的教育，很多有识之士对此都颇为赞同。截至2009年，它已经送走了九届学生，毕业生也开始在各行各业获得引人注目的成绩。学生是大学建设的主体，顾先生认为提高教育质量的关键是教师，我也持有完全相同的观点。

顾先生作为大学教师和大学行政的一员有丰富的业绩，并在北京师范大学附中担任过教师，具有中等教育第一线的经验。您总结的"教育是师生间的相互作用""教师队伍是学校的灵魂"等观点令人叹服。[①]我想顾先生悟出的这些哲理也正是您有教育第一线经验的结果。您是否记得大学毕业后第一次当中学教师时的情景？请您谈谈与学生接触时印象最深刻的事情。顾先生参与了如"半工半读"等许多具有独创性的教育实验，请您谈谈其中成功和失败的例子。

一个新教师的摸索

顾

1956年我从苏联毕业回国，回到北京师范大学教育系当助教，当时系主任分配我到地理系教授教育学。虽然我常带领学生到中学见习、实习，但讲的课都是概念、原则、理论，都是纸上谈兵，不能联系实际，自己也觉得讲得很枯燥。

1957年教育系又派我到西城师范学校教书并做学生的班主任，这时我和学生进行密切的接触，了解到他们的想法，才有了真正的教书的感觉。

---

① 顾明远：《杂草集》，212页，福州，福建教育出版社，2001。

1958年我又被派到北京师范大学附属中学任教导处的副主任，相当于贵国中学的教头。当时中国正在搞"大跃进"，教育部门正在搞"教育大革命"。

我到附中后的第一件事就是大炼钢铁。在操场上搭起了小高炉、小平炉，高中的学生都参加劳动，用废铁炼钢。当然结果可想而知，炼出来的东西连废铁都不如。但有一点收获，就是知道了什么叫钢、含碳多少、钢在工业化中的地位，长了这方面的知识。

什么是"教育大革命"？"教育大革命"也是"大跃进"的一部分，要"大干快上"，要缩短学制，要与生产劳动相结合，学生要参加生产劳动。

我到附中的任务原本是帮助校长制订新的教育改革方案。当时搞了两个方案：一个是缩短学制的方案，把原来的三年初中三年高中改为四年一贯制；另一个方案是半工半读的方案，即用四天学习两天劳动来安排教学活动。

其实我当时初出茅庐，什么也不懂，既对各学科的内容不熟悉，又没有去请教专家，自己凭着教育学书本上的知识就随意制订了多个方案，现在想起来还是十分可笑。这种过"左"的试验，当然不会取得成功。

1959年困难时期开始，全国进入了一个"调整、巩固、充实、提高"的时期，我们的改革试验也就停了下来，1959年开始转到狠抓教育质量上来。

在那个年代，教育学习苏联的模式，很重视教育与生产劳动的结合。师大附中就设有劳动车间，有几台车床，还有铣床和钻床。学生每周都要到车间劳动一天。老师也跟着去劳动。我也学会了开车床。暑假要去农村帮助农民收割麦子，秋天也要到农村帮助秋收。

我是教导处的副主任，因此常常是由我组织全校一千多名学生到北京附近的农村去劳动。一千多名学生要分散在几个村庄，我每天都要骑着自行车到各村去巡视，生怕学生发生意外。

我当时年轻气盛，同时受到苏联教育中师道尊严的影响，对学生要求很严厉，动不动就训斥学生，因此学生背地叫我"凶主任"。现在想起来，那时做了很多不符合教育规律的事情。

除了教导处的工作外，我还承担了初中一个班俄语课的教学工作。我当时没有什么教学经验，备课的时候觉得教学大纲中的要求太低，词汇量太小，教学进度又太慢，学生学了后面的忘了前面的，怎么能学得好？因此我根本不管教学大纲中的要求，增加了识字量，加快了进度，加大了难度，结果效果还是不错的。

虽然在师大附中的几年里做了很多蠢事，但我的收获是很大的，我亲身体验了中国中学教育的实际，得到了很大的锻炼。我在实践中探索了教育教学的一些规律，特别是通过后来的反思，悟出了一些道理，为我后来的教育理论探索奠定了实践的基础。

我听了许多老教师的课，感悟到教学真是一门艺术，每个教师的教学风格、教学技巧都不同。比如数学组就有韩满庐、申介人、曹振山三位老师，他们不仅在师大附中很有名，在北京市的名气也很大，根据教学的特长，他们被人们称为"韩代数""申三角""曹几何"。

没有爱就没教育，没有兴趣就没有学习

顾

我在附中工作的最大收获是，我把学到的书本上的教育理论与教育实际联系起来，这使我对教育理论的理解更深了，特别是使我体会到两句话的真谛，即"没有爱就没有教育，没有兴趣就没有学习"。这两句话成为我一生的教育信条。

没有爱就没有教育，我在一个学生身上领悟得比较透彻。1958年秋

天，全国轰轰烈烈地大炼钢铁，学校也不例外。我所在的中学里，操场上小平炉林立，师生们彻夜奋战，欲夺取"大跃进"的胜利。一天清晨，我忽然发现在会议室里睡着一位女学生。第一天我没有在意，以为她炼钢炼得太晚了，无法回家。可是一连几天这个女孩子都没有回家，这引起了我的注意。我问她为什么不回家，她回答说不愿意回家。再三劝说，她都不愿意回家。经过调查了解，我才知道她是一位领导同志的孩子，生于革命战争的艰苦年代，出生后就被寄养在老百姓家里，1949年后才被接回家，因此与父母在思想感情上有一些距离。再加上母亲要求过严，据说姥姥还有点重男轻女的思想，对待她与对待她的哥哥不一样，孩子觉得缺乏家庭温暖，因此拒绝回家。对她再三进行劝说工作都无效，我只好把她安排在学生宿舍里。之后我曾多次和她母亲联系，劝她多给孩子一些温暖，有了感情才能对她提出要求。但是，她的父母却觉得学校对她的要求不严，因而使她的思想不稳定，学习成绩欠佳。我们在教育思想上发生了分歧。

这时我就想到马卡连柯①的一句话："只有尊重学生，才能要求学生。"对学生的爱，首先在于尊重他、相信他，满足他的合理要求也是对他的尊重和信任。只有在这种互相信任的基础上，才能互相理解，互相敬爱，达到教育的目的。

没有兴趣就没有学习，我是从许多学生的学习中看到这一点的。我发现有些学生喜欢数学，有些学生喜爱语文；凡是他们喜爱的课程学得就很好，不喜欢就学得不好，因为他们根本就不想学它。有些学生喜爱某门

---

① 马卡连柯（1888—1939），苏联时期著名的教育家，在少年院从事不良少年的矫正教育，认为人不是生活于无人岛，因此重视集体在儿童人格成长中的作用。其注重"忠诚""服从""合作"的"集体主义教育"理论对各国教育都产生了影响。晚年，其理论以诗和小说等形式出版，在新中国成立初期，他的《论共产主义教育》《父母必读》被译成中文。他的思想在日本也广受关注，《马卡连柯全集》全八卷（马卡连柯全集刊行委员会译）在日本由明治图书出版。

课程，开始的时候并不是因为对课程本身有什么了解、有什么兴趣，而是由于老师讲得好，引起了他的兴趣；还有些学生对某门课感到不喜欢，并非因为对该门课的厌恶，而是因为对任课老师不满，换了一位老师，学生的兴趣又能被调动起来。总之，没有兴趣就没有学习，这是颠扑不破的真理。

不过如何引起学生的兴趣，确是一门教育科学，也是一种教学艺术，值得去探究。从这里也可以看出教师的重要性，教师要善于启发学生的学习兴趣；教师还要用自己的知识和智慧、用自己的人格魅力去影响学生。

池田

您的每一句话都是宝贵的证言，非常感谢您的坦率。您作为一个伟大教育家的真实的人格、无比诚实的人格，着实令我感动。

7 经受考验

强大的内心变苦难为成长的机会

池田

在此，我想就"文化大革命"听听您的意见。

顾先生在"文化大革命"中被批判为"走资本主义道路的当权派"，我听说这也是一位您最亲近的朋友对您的批判，而这些批判的行为又源于害怕自己被批判。我很想了解，那时顾先生的心情是怎样的。

在遭遇历史大事的时候，人会分为真实的人和虚伪的人。只有身处逆境的时候，才会看到人的真实品质。这也是我自己看过几多人间冷暖以后的真情实感。

我听说，顾先生曾在1971年后的两年里经历了在农村的重体力劳动，但也在这个过程中加深了对农村的理解，并增长了知识，而且曾经虚弱的身体也因得到了锻炼而变得强健起来。我也曾在年轻时与疾病苦斗，那时我体质虚弱，患了结核，医生曾宣告我活不了多久。但我在恩师户田先生身边拼命工作的过程中病却好了。健康是赢得人生的重要条件。

以前，我从许多中国人那里听到过关于"文化大革命"的珍贵证言。顾先生说年轻时喜欢读人民作家巴金的书，我曾见过巴金先生四次，在1984年5月我第三次与他聊天的时候，他回顾了"文化大革命"的往事，强调他是以"真理总会战胜邪恶"的信念在那个风雨飘摇的时代活下来的，这些话我至今不能忘怀。巴金先生还说："虽然吃过很多苦，但那时我想的唯一的事，是战斗、战斗，战胜它们活下去。人总会死，但我作为一个作家，作为一个人，要为后世留下真实。"①我很为这句话所感动。这种不屈不挠的精神才是战胜困难的根本支柱。顾先生的把逆境看作进步契机的人生态度，对青年而言是一种多么好的鼓励啊！我从青年开始就喜欢"大浪遇阻，其势愈坚"这句话，直面严酷的逆境和苦难，它们正是自己成长的最好机会。只有这样生活的人才是真正的勇者，才是幸福之人。教育，就是赠人以这种强大的内心。

顾先生，您在"文化大革命"中是以怎样的心境活下来的呢？

最大的灾难——"文化大革命"的波澜

顾

一帆风顺的人生是不存在的，一个人一生总会遇到某些大大小小的

---

① 「聖教新聞」1984年5月12日。

劫难。我小时候遇到的劫难是日军侵略，使我几乎家破人亡，工作以后遇到的最大劫难就是"文化大革命"。外国朋友可能不大理解这是怎么一回事。

1966年6月到1976年10月中国经历了一场史无前例的"文化大革命"。现在的年轻人都不太了解，也不能理解这场运动的残酷和后果。直到1976年10月"四人帮"被打倒，"文化大革命"才结束，中国重新走向健康发展的道路。

1962年我从师大附中回到北京师范大学任教，1965年开始担任教育系副主任兼外国问题研究所副所长。当时教育系没有正主任，由我主持工作。因此"文化大革命"一开始就冲着我开炮，因为我是教育系的"当权派"。先是老师、学生贴大字报，责问我"为什么要执行北京市的黑帮路线"（当时把中共北京市委的领导批判为"黑帮"），外国问题研究所的造反派更是抓住了我的"把柄"。因为1965年开始，我按照学校党委领导的指示编辑出版《外国教育动态》杂志，介绍外国教育改革及发展的经验和动向。虽然杂志的发刊词早已申明，介绍外国的教育是为了知己知彼，为了供大家批判。但是造反派还是认为我是在散布资本主义国家、修正主义国家的教育思想，所以我是一个地地道道的"走资本主义道路的当权派"，应该被打倒。

1966年6月11日，我被外研所的造反派揪出去批斗，要我回答为什么要利用《外国教育动态》散布资本主义国家和修正主义国家的教育思想，用心何在。这是第一次批斗，因为运动刚刚开始，比较文明，还让我坐着挨批。到6月17日，教育系的批斗就没有那么客气了。不仅让我在前面站着，还不断有人喊"低头"（低头就是向大家认罪），而且把我的妻子周蕖揪上台陪斗。而把周蕖揪出来的，却是与我来往最密切的学生，她在附中时就是我的学生，在大学又是我的学生。但是我丝毫没有责怪她的意思，我很理解她，即使在当时也是这样。我认为她之所以对我批得最狠，正是因为同学们都知道她与我的关系最密切，在当时的形势下，她不这样做也是不行的，所以我从来就没有怪过她。"文化大革命"以后，我们来往仍然很密切。她现在长住在美国，去年秋天回来，还特地约了其他同学来看我。

但有一种人是不能被原谅的。我们外国问题研究所还有一位副所长，他为了保护自己，和造反派沆瀣一气，故意歪曲我的讲话。另外还有一位男老师，到三十多岁仍未结婚，同事们关心他，想帮他介绍女朋友，他却揭发说这是在拉拢他，用资产阶级思想腐蚀他。这就不是一般的想摆脱关系的想法了，这是一个人的人品问题。中国古话讲"疾风知劲草"[①]，只有在患难之中一个人的真实面貌才能暴露。

"文化大革命"中许多老师被迫害致死，因为忍受不了人格被辱。"文化大革命"初期，我也是惊惶万状，吃不下饭，睡不着觉，嘴里觉得发苦。我的妻子周蕖劝慰我，她说，听说延安整风时比现在还厉害，不是许多人都挺过来了吗？听了她的话我心里宽舒一些。后来，看到被批斗的人越来越多了，心里倒不害怕了，心想哪有那么多反革命！应该说，我在"文化大革命"中受的苦难不算太厉害。1966年8月18日，教育系的"红卫兵"[②]把我们这些"走资派"与"学术权威"（都是一批老知识分子）集中起来劳动改造，让我们每天在校园内拔草。

我很幸运，1962年就回到师大了，如果在附中可能会受皮肉之苦，因为中学生不懂事，常常把文斗变成武斗。

池田先生除了在孩童时代遭受过战争之苦，还在人生道路上经受过

---

① 《后汉书》列传第十，王霸传。王霸（？—59），东汉武将，助光武帝统一天下的"云台二十八将"之一。为兴复汉室而转战河北，苦战中逃兵不断，刘秀即后来的光武帝见王霸自始至终忠心不二而表称赞，并言"疾风知劲草"。吉川忠夫训注『後漢書』第三册、岩波书店、476頁。
② 在"文化大革命"中站在运动前沿从事活动的学生与青年组织，1966年5月成立。

哪些挫折？又是怎样克服的呢？

战胜逆境才有磐石之坚

池田

"文化大革命"的迫害是何等惨烈！再次感谢顾先生为我生动地再现苦苦斗争的历史。

您问我经受过哪些挫折、克服过哪些苦难，我不知道这算不算作是对问题的回答：战后我遇到了创价学会第二任会长、恩师户田城圣先生，此后所有苦难就都是我们师生同当了。

日本诗人土井晚翠写了一首歌叫作《星落秋风五丈原》，是称赞三国人物诸葛孔明一生的功绩的，户田老师非常喜欢它，总让我们青年人一遍又一遍地唱。恩师对孔明苦心孤诣的精神心驰神往，也经常落泪，但他却坚定地说："绝不允许自己挫折而归。"在进入了核时代的世界中，觉醒的民众开展和平运动是不可或缺的，一旦遭遇失败，造成的危害就不止在某一个人、某一个团体或某一个国家的层次上了，而是将导致整个人类、整个地球的未来陷入黑暗之中。所以，恩师常常以绝对不退让的决心，以佛法为基调，通过和平、文化和教育运动，点燃我们的斗志——坚定不移地建设绝无惨祸的世界。而我作为他的不二弟子，是与恩师共享这种精神自觉的。恩师在事业上遭遇困难的时候，或是遭遇到社会上所谓的挫折局面之时，我都坚定地守护着恩师，不使恩师的理想有所后退。不仅如此，我也决不辜负恩师的期望，以实现恩师所有理想的坚定决心克服困难。

在创价学会的建设期，我们渐渐地受到了社会的关注，而我却在1957年7月3日以所谓的违反选举法的罪名被逮捕，并被拘押了两个星期。尽管我反复辩明自己对选举法毫无违反，当局却栽赃说我在参议院大阪地区的补选中有指示他人做出违反选举法行为的嫌疑。酷暑中的监狱时光真是难熬，审讯也很残酷，他们阴险地威胁我说，如果拒不承认犯罪嫌疑，就将逮捕户田会长。权力伸出了它的魔掌。那时户田先生拖着虚弱的身体，为了保护自己的弟子亲自来到大阪地方法院，以激愤之情要求将我释放。他曾在战前坐过牢，却不怕再次入狱，甚至以不惜牺牲的决心展开了保护弟子的行动，这就是他对不当权力的满腔愤怒。弟子保护老师，老师保护弟子，这种坚定的信念成为牧口先生与户田先生、户田先生与我之间的师生精神。我出狱后，对我的审判又持续了四年半。当然，事实就是事实，1962年1月25日，我终于获得无罪判决，检方也未上诉。

1960年5月3日，我继户田先生之后成为创价学会第三任会长，此后的遭遇就更多了。1968年9月8日，我面对一万几千名学生发表日中邦交正常化倡言的时候，受到了内外反对势力的强烈指责，各种压迫接踵而至。但我始终坚持这样的信念：中国是日本的邻国，是日本的文化恩人，若两国关系总处在不正常的状态，无论于亚洲之安定，还是于两国青年之未来，都必会留下祸根。无论存在何种困难，都必须坚决开辟两国的友好之路。现在四十年已经过去，我仍决心为万代和平友好而竭尽全力。

1979年，我在辞去创价学会会长职务的时候，也遭遇了嫉妒的阴谋。当时创价学会的发展势头非常迅猛，这引起了那些守旧宗门的僧侣的不快，他们仰仗权威，不断地对我们进行毫无道理的攻击。还出现了一些怀着个人野心进行卑劣策划的人，他们对创价学会的组织进行破坏。后来，这些阴谋的中心人物因制造恶劣的恐吓事件而被逮捕判刑，人生落魄潦倒。

在那个时候，我不能在会上讲话，创价学会的机关报《圣教新闻》要登载关于我的报道时也受到严格限制。尽管如此，我作为户田先生的弟子，依然信守我的诺言——要为保护创价学会这个建设和平的平台、要为保护那些可贵的会员而战。我挨家挨户地走访我的战友、同志，激励他们每一个人。我与青年谈心，培育了后继人才。在辞去创价学会会长职务之前，我拜会了访日的周恩来总理的夫人邓颖超先生①。我跟她说我将辞去会长一职，而她却鼓励我说："（辞职）还太年轻了，更何况你还得到人民的很多支持。只要有人民支持，就决不能退缩。"的确，正是因为我们后来获得了越来越多的有心而无名的人民的支持，才使国际创价学会（SGI）遍布于当今世界的192个国家和地区。

我们所信仰的日莲大圣人②一生都遭受着来自当权者的危及生命的迫害，但他未曾退缩半步，始终高呼正义。他说："为愚人所誉，是谓第一耻。"创价学会第一任会长牧口先生与军部政府斗争而被投入监狱，他却说："为愚人所憎，是谓第一光荣。"③他还乐观地说："以大圣人之大难见之，我等之难为九牛之一毛耳。"④

创价学会正是因为不在任何逆境中屈服而不断向前才取得了胜利，开辟了坚定迈向进步的道路。如果创价学会没有经过任何斗争，全在顺

---

① 邓颖超（1904—1992），年轻时便从事妇女解放运动，于直隶第一女子师范学校（位于天津）就读期间参加了"五四运动"，并与南开大学学生周恩来相识，1925年结婚。参加过长征。曾任中国人民政治协商会议主席（1983—1988）。先后八次与池田大作会面。此处所介绍的是1979年4月12日在东京元赤坂迎宾馆的那一次见面。

② 日莲（1222—1282），镰仓时代僧人，安房（现千叶县）小涛人。十二岁入佛门，于各地尽习诸宗佛法。悟到只有《法华经》能令末法世间安稳和平，开始广为说法。以《立正安国论》进谏当时的幕府，险遭斩首，被数次流放。最后获赦，隐栖甲斐（现山梨县）身延山。著有《开目抄》《观心本尊抄》等文章和书信集，后经创价学会汇集为《日莲大圣人御书全集》。

③ 「開目抄」，创价学会版『新编　日蓮大聖人御書全集』（以下、『御書全集』与表记）237页，是牧口的座右铭，牧口是基于这句话的基本含义来谈自己的信条的。

④ 引自「獄中書簡」。这是1943年10月23日牧口常三郎在狱中写给牧口贞子（牧口的第三个儿子牧口洋三的妻子）的明信片中的话。『牧口全集』第十卷、278页。信中说："彼此信仰为第一。叫它作灾难，不过大圣人之九牛一毛耳。认清此点，便会更加坚定信仰。吾等生活于广大无边之大利益中，决不会对如斯之事心怀怨恨。"所谓"九牛一毛"，言其不足道。

境之中，就没有磐石般的建设。

虽然顾先生说"文化大革命"的苦难算不了什么，但我想十年的光阴中也充满了严酷的日子。我想请您回首往事，谈谈"文化大革命"对您、对贵国产生了什么样的影响，也算是为后世提供一个见证。

大浪淘沙——在迫害之中，看到了人的真实

顾

1968年，我被派到第三轧钢厂劳动。该厂在东直门外，是一个非常简陋的小工厂。我被分配到一个轧钢带的车间做小工，把轧钢工人轧下来的带钢，每个约50公斤①重，搬到一边堆放起来。到了轧钢厂，我才发现我国轧钢技术之落后，轧20公分宽的钢带，完全是手工操作，钢带从机器上轧过来，工人要戴着很厚的手套用手摁住钢带让它卷起来，一不小心，钢带会弹起来，其劳动强度和危险之大是难以想象的。钢厂离我家有十几公里，我每天清晨天不亮，顶着刺骨的寒风，骑车到厂里上班。就这样我在第三轧钢厂搬了一个多月的钢带，结果手指得了腱鞘炎，至今未愈。

1970年秋天，林彪一声号令，全部学校被疏散下乡，我们也都被赶下乡。我被派到北京郊区东方红炼油厂，即现在的北京燕化地区劳动。那时那里是一片荒地，国家在那里兴建化工基地。我起初是架子工，搭建工棚，工棚搭好了又去烧锅炉，用蒸汽做混凝土预制板。这项工作的劳动强度也是很大的，每天三班倒，因此常常要值夜班。我们在那里当了整整三个多月的工人。在我们工人班里有一位年轻工人，是当地农

---

① 顾明远先生为20世纪20年代生人，习惯使用旧制单位，为保持对话原貌，旧制单位均予以保留。——编者注

村人。他看到我身材瘦小，体力不强，常常帮助我，我们结为了朋友。"文化大革命"以后他在北京市政工程队工作，还曾带着他家乡生产的大米来看望我，我也送给他香烟或食品。可惜后来失去了联系。我祝愿他生活幸福！

从东方红炼油厂劳动回来，1971年春节以后，我又被分配到山西临汾劳动。"文化大革命"开始之前为了备战，北京师范大学在那里的吕梁山下建立起分校，"文化大革命"中就变成了我们劳动改造的"五七"干校。所谓"五七"干校，是根据毛泽东1966年5月7日提出的学生要"学军、学工、学农"而建立的干部劳动锻炼的学校。我们劳动的地方原是吕梁山的一个山坡荒地，那里从来没有种过庄稼，我们是去开荒。我们先要把斜坡上的荒地开发成梯田才能种庄稼，这是多么大的土方工程！当时没有机械，我们完全靠双手用铁锹把斜坡土地填平，种上小麦。但因为是生地，没有肥料，每亩播了25公斤种子，结果第二年只收了75公斤。于是第二年我们就养猪积肥，但第三年也只收到125公斤。除了种地，我们还在那里盖窑洞，打算在那里长期住下去。我们盖的不是老百姓的土窑洞，而是用砖盖了较现代化的窑洞。这种窑洞冬暖夏凉，当时已是农村最好的房子。

我在那里劳动了整整两年。劳动虽然很累，但我很开心，似乎抛开了世间的是是非非，心里比较平静。而且这一经历增进了我对中国农村的了解，增长了农业知识，增强了身体素质。我从小就很矮小瘦弱，没有想到不惑之年还能挑起一百多斤的水桶，割麦子也割得很快。第二年来了一批新"战友"，应该都是我的学生辈，他们比我年轻许多。有一次，我把一根输水钢管的一头提了起来，但新来的年轻"战友"却提不起来，割麦子也没有我割得快，可见锻炼的作用。

在劳动的队伍中还有许多老教师，如教育系老主任彭飞先生、历史系何兹全先生、中文系郭预衡先生、数学系吴宏迈先生等，他们当时都已年逾花甲，我们在劳动中增加了沟通，增进了友谊，到现在见面时还很亲切，常常以"五七战友"相称。

池田先生问我对"文化大革命"的感受。用一句话来说，我觉得它就是一场浩劫，无论对国家还是对个人都是一场浩劫。但是正如佛祖所说，浩劫对每个人都是洗礼，或者像周恩来总理所说的"大浪淘沙"，这场浩劫把白玉和污秽分得清清楚楚，把一些人的真实面目冲洗出来了。对我来说，也是一次洗礼，正如您说的"大浪遇阻，其势愈坚"。这十年的历练使我坚定了做人要正直、不能随风倒的信念，所以我总结出一条人生信念：要像松树一样做人，坚挺不拔。

藐视一切苦难的境界

池田

听了您的话，我非常感动！能说出这样的话，恰恰是因为克服了种种无以言状的苦难。顾先生的人生经验对于后辈而言是极好的借鉴。在佛法中，有"霜后之松，耸立为王"①的说法。顾先生历经磨难，可谓王者。

牧口常三郎先生是创价学会发展兴旺的永恒原点，为了纪念恩师殉教，我们创价学会在东京都八王子市建了东京牧口纪念会馆。纪念馆里挂着一幅高3米、宽5米的巨幅绘画，这幅画受赠于"敦煌的守护者"常书鸿夫妇，画的是世界最高峰珠穆朗玛峰。这幅作品是常书鸿夫妇在"文化大革命"中为了鼓励自己克服所有的艰难困苦、不断朝着文化的

---

① 原文是："松，霜后可见为木王。"「兵衛志殿御書」、『御書全集』1095頁。接下来的句子则是："菊，百草枯后可知为仙草。治世不见资人，乱世方显圣愚。"

最高峰迈进而创作的。常氏夫妇曾向我透露过作画时的心境："这幅画画的是登上海拔五六千米的高度时所看到的景象。只有登到高处，才能真正感受到厚厚的冰层与道路的险峻。然而即使如此，也要锐意前行，这就需要体力，更需要精神力量。当时我们处境艰难，但精神上却不受任何人的束缚，所以画的时候是怀着仰望珠峰的心情——希望是无限的，我们的希望正在于藐视一切苦难而前行。"[1]只有忍受得了极限的考验、怀有不屈不挠的勇气与希望的人，才能最后达到顶点。

顾先生在不断克服和超越苦难的过程中，登上了中国教育界的最高峰，并强有力地引领着贵国的教育，这便是最好的证明。

---

[1] 「聖教新聞」1990年11月7日。

第2章　教育与文化[*]
——追求多元的世界文明

为超越自我的局限而学

顾

去年（2009年）11月，我有幸访问了池田先生创办的创价大学，接受了大学给我的名誉博士学位。我深感这是池田先生和创价大学对我的厚爱，并把它看作日本学者与中国学者的友谊。我在创价大学处处看到池田先生的理念的光辉，尤其在"周樱"碑旁，在看到池田先生为纪念与周恩来总理会晤而栽种的樱花枝繁叶茂时，我感动不已。我想，中日人民友谊一定会和这棵繁茂的樱花树一样。

没有想到，池田先生还赠送给我一首满怀深情的汉诗，令我感铭至深。

> 功在教育六十载，
>
> 高比泰山思想新；

---

[*]　本章内容曾刊载于《东洋学术研究》第49卷第1号（2010年5月）。

明言兴趣成学业，

远瞻教育须爱心。

承蒙池田先生过奖，我由衷地表示感谢！创价大学如朝日出海，蓬勃发展，我得到创价大学的名誉学位，深感荣幸。在中国教育学会创立三十周年之际，这于我也是锦上添花。

池田

能授予尊敬的顾明远先生名誉博士学位，对于我们创价大学而言也是莫大的荣幸。顾先生身体力行，指导现代中国的教育，是一位不断探索的智者，创价大学以"人间主义的最高学府"自许，授予您名誉学位对于创价大学来说也是无上的荣誉。在授予仪式上，顾先生强调说："教育交流与合作利在当代，功在千秋。教育才是和平的种子，教育才能架起中日友好之桥。"我们深切地感到，表彰顾先生也将成为一道照亮未来的光芒。顾先生还说："在瞬息万变的当代社会，只有学习才能产生新的创造，才能立于不败之地。在今天，学习不仅仅是为了生存，而且是超越自我局限的重要手段。学习会提高我们自身的文化素养和思想品位，使我们享受幸福的生活。"顾先生从本源性的层次上深刻地阐述教育的意义，很多教职员和学生都感铭至深，他们在学习之道、创造之道与不败之道上前进的决心也更加坚定了。

前些日子，我也得到了顾先生送我的珍贵的汉诗。

大道之行天下公，

作诚至善为人民；

德重如山智仁勇，

高尚理想是和平。

顾先生对我的过誉高度地凝结在这诗的一字一句之中，令我诚惶诚恐。我对顾先生周到细致的用心表示最诚挚的感谢！

在著名的《中庸》里有"博学之，审问之，慎思之，明辨之，笃行之"①的句子，它是走向正确人生道路的行为规范，而顾先生则为我们做出了榜样。与顾先生的对话，对我而言，是一种宝贵的精神食粮，助我迈向新的发现和进步的大道。

1　汤因比史观的多元性

克服"自文化中心主义"

池田

说到"对话"，我想起了我与英国大历史学家阿诺德·汤因比博士令人难忘的对话。②博士是一位八十三岁高龄的大学者，我则是一个远远年轻于他的四十四岁的学生，我们就人类和世界所面临的各种问题进行了对话。那时正是"五月花时节"（May Flower Time），在一年中最美的伦敦之绿的映衬下，博士和夫人满面春风地接待了我，当时的情景令我至今不能忘怀。

两年过去，在四十小时对话的最后一天，博士意味深长地对我说："只有对话，才会对世界上各种文明、各个民族、各种宗教的融合发挥极大的作用。为了让人类全体团结起来，你这样的年轻人要把这种对话

---

① 赤塚忠『新釈漢文大系2　大学・中庸』明治書院，275頁。
② 1969年秋，汤因比（1889—1975）来信："希望能对现在人类面临的各种问题进行有意义的意见交换。"汤因比博士由于年事已高，希望对话能在伦敦进行，池田大作先生便于1972年5月访问了博士家。翌年5月又进行了一次对话。对话录《展望21世纪》得到各国的高度评价，截至2012年，被翻译成二十八种语言。

推广开去。和俄国人、和美国人、和中国人……"我就是按照这个约定，不断地与世界上的有识之士展开对话。

正如您所知道的那样，汤因比史学的一大特色就是摆脱"西方中心史观"。毋庸置疑，西方中心史观就是一种将现代西方文明定位成人类进步顶点的历史观。在这种史观中，现代西方文明独自成为启蒙与进步的胜利者，它被定义为文明的优越者，统治和教导着其他文明。对此，汤因比博士认为西方文明绝不是处于可睥睨其他文明的绝对地位上，而不过是人类发展的诸文明之一，从而将西方文明公平地相对化了。而且，他将文明定义为进行相互比较研究的一个可能的单位，通过描述从古至今各种文明的荣枯盛衰及相遇相接，来重新记述人类史。

顾

汤因比博士是我们高山仰止的大学问家，他有着大学者的宽阔胸怀，用比较客观的眼光来公正地评价东西方文化，真是了不起的人物。其实，据考古学和人类学研究的结果，人类文明的起源是多元的，并无所谓哪个文明是中心，只是有些文明开始得早一些，有些晚一些。只是到了近代资本主义崛起，而且通过殖民主义的征服和掠夺，西方文明得到迅速发展，西方的物质文明开始领先于东方。西方学者也因此用傲慢的眼光来看待东方文明。其实西方学者所认为的欧洲现代文明，比古代四大文明晚了几千年。

所以汤因比博士主张"所有文明社会在哲学上都是属于同时代的"，并认为，人类文明不过几千年，比起人类的产生，只是短暂的一瞬，所以"所有一切那些堪称'文明'的社会的历史，在某种意义上都是平行的并且是同时代的"。[1]他在《历史研究》一书中，还专门批评了"文明

---

① 『試練に立つ文明』第一章「わが歴史観」。深瀬基寛訳，現代教養文庫，社会思想社、10—13頁。

的统一"的思想。所以,不存在哪个文明是中心的问题。

但是汤因比博士最终并未真正摆脱西方中心主义的幽灵。他在《历史研究》一书中,认为世界二十一个文明或"停滞发展",或"僵化",或"解体",只有西方文明现在也许还活着。这种论断显然带有西方中心主义的烙印。

我们不承认西方文明中心,但也反对东方文明中心。中国过去夜郎自大,以为自己是世界的中心,不也是吃了大亏吗?汤因比博士曾引用中国清王朝乾隆皇帝给英王的信来说明清王朝的傲慢和无知。而清王朝最终在西方的坚船利炮下覆灭。

所以,任何以"我"为中心的思想都是不正确的。世界文明是多元的,民族文化是多种多样的,只有各国、各民族互相尊重、互相学习,世界才能和平,各民族的文化才能得到发展,世界才能丰富多彩。

东亚的八大历史遗产

池田

各国和各民族之间相互学习才能建设丰富的世界与和平的世界,我对此非常赞同。当学习停止时,人生、社会、文明都会因此而陷于停滞;只有在不断学习的氛围中,才会有新的前进,生动的创造力才会如泉似涌,取之不尽,用之不竭。汤因比博士在与我的对谈中非常坦率地承认,他也不得不站在了西欧的角度。但他对我这样一个年轻的东方人和大乘佛教的年轻信徒敞开了胸襟,力求学习东方的智慧。

在这个过程中,博士予以特别关注的就是中国文明。与此同时,他对印度文明、伊斯兰文明等其他各种文明也投以敬重的目光。特别在谈到贵国的时候,汤因比博士列举了八个方面,高度评价了以中国为核心的"东亚的历史遗产"。

第一，中华民族的经验——在几千年的历史中，中华民族为了建立世界性国家而维持了一种作为四方民族的区域性榜样的角色。

第二，中华民族所掌握的世界精神（ecumenical spirit）。

第三，儒教的世界观中所体现出的人文主义（humanism）。

第四，儒教和佛教所具有的理性主义。

第五，东亚人民对宇宙神秘性的认识，以及关于人若要主宰宇宙将招致自我毁灭的认识。

第六，"人的目的不是支配自然，而是与人以外的自然保持和谐共生"这一信条。

第七，东亚人在将科学应用于技术方面优于西欧人这一事实。

第八，敢于向西方挑战的勇气。[①]

我想，以上中的有些对21世纪的今天仍有重要启发。正如第一点和第二点所说的那样，贵国在反复的王朝治乱兴亡之中，将四方不同民族包容于文明之下，长期维持并发展了广阔的文化国家，这是贵国的经验。这一经验是其他文明所没有的，为了今后的世界和平，应该充分发挥这种经验的作用。是什么广泛地体现了"世界精神"的存在？这一问题让我想起了华侨。我的朋友当中有很多华侨，有的来自新加坡、马来西亚等东南亚国家，有的来自北美、澳洲，他们因自己的民族而自豪，同时也在当地成为奉献社会的典范。我想，华侨广泛散布在全球各地，不正可以从他们身上看到贵国所具有的一种世界精神吗？

另外，第三点至第六点指出儒教和佛教所内含的人文主义与理性精神，以及贯穿于道教等东亚宗教中的与自然和谐共生的人生观，也可以成为人类文明的精神支柱。

---

① 『二十一世紀への対話』第二部第四章第二節「東アジアの役割」。『池田全集』第三卷、436—437頁。

在第七点和第八点中，汤因比博士指出东方民族有卓越的智慧、勇气和力量。今天为了世界和平与人类繁荣，也应该发挥这种勇气和智慧的作用。无可争辩的事实是，在信息工具、汽车等领域，近年贵国、日本和韩国的产品已在全世界流通。汤因比博士期望，在下一个阶段，东亚这种卓越的资质应转向世界和平的建设。

无论如何，汤因比博士预见了人类将摒弃东方文明和西方文明（的二元对立），在物质上和精神上向高度的人类文明迈进，而他洞察到前进的主轴是东亚，特别是中国。我对此也深表赞同。

这条前所未有的道路绝不是平坦的。但东亚的经济圈和区域共同体构想已在多方讨论中出现，正如汤因比博士所预见的那样，在21世纪的世界中，东亚特别是贵国的作用已日益彰显。我想，这一事实本身，就显示出汤因比博士的文明论在克服西方中心主义——自文化中心主义（ethnocentrism）方面所表现出的前沿性、适宜性和卓越性。

中国文化的包容性及对和谐与中庸的尊重

顾

池田先生谈到汤因比博士对以中国为核心的"东方的历史遗产"的思考与论述，汤因比博士对之赞美有加。其实世界上许多著名思想家都十分关注中国，因为中国毕竟是东方最大的国家，而且有五千多年的历史，是世界四大文明的发源地之一。例如法国启蒙思想家伏尔泰就特别赞赏中国的文化，他在《风俗论》一书中用大量的篇幅论述了中国的历史、文化、政治制度等。[1]

---

① 伏尔泰（1694—1778）的《风俗论》也被译为日文，如『歴史哲学——「諸国民の風俗と精神神について」序論』安斎和雄訳、法政大学出版局。

英国哲学家罗素也对中国文化有较高的评价。他曾于20世纪20年代初访问过中国，写了《中国问题》一书。他赞美中国人说："白种人有强烈的支配别人的欲望，而中国人的美德是统治他国的欲望比较淡薄。"他指出中国传统文化有三个显著特征：一是使用表意符号来书写，而不是用拼音文字；二是在受教育阶层中，孔子的伦理学说取代了宗教；三是执掌政权的不是世袭贵族，而是通过科举选拔出来的文人学士。[1]他对中国的评价与汤因比博士有极相似之处。

池田先生对汤因比博士对中国的八点评价做了很好的概括。我基本上同意池田先生的观点。我只想补充几点来应和池田先生的观点。

中国文化的最大特点是具有包容性。中国俗话说"海纳百川"。中国古代由于地域宽广，各地环境不同，在公元前5000年至公元前2500年间就产生了华夏、东夷、南蛮三大文化集团，又可细分为中原的仰韶文化、东部的龙山文化、江浙一带的良渚文化、西部的巴蜀文化。[2]但

---

[1] 罗素（1872—1970），1920年受北京大学之邀作为客座教授来华讲学，在北京大学讲授哲学至1921年夏。在《中国问题》一书中，罗素称赞中国文明的伟大及中国人的美。希望中国将来真正独立，不是走英国那样的帝国主义而是发挥创造和平的力量的道路。孙中山读此书后说道："（罗素是）唯一真正理解中国的西方人。"日版为牧野力译，理想社刊行。引用的前半部分为《中国问题》218～219页的概要。后半部分为41页。

[2] 中原即中华文化的发祥地——黄河中下游地区。仰韶文化（公元前5000年至公元前2500年）因1921年发现于河南省仰韶村而得名，在这一时期已种植粟和黍，饲养猪等家畜，制造彩陶，其晚期还使用金属器。龙山文化（公元前2500年至公元前1700年）与仰韶文化共同构成中国新石器时代的两大文化，1936年被发现于山东省龙山镇。因出土了大量黑陶，亦称黑陶文化。晚期有铜器铸造，饲养山羊、牛等。良渚文化（公元前3300年至公元前2000年）属于长江流域新石器时代晚期的文化，因其遗迹1936年被发掘于浙江省良渚镇而得名。有制造水准很高的丰富的玉器，有养蚕、绢织与麻织。以鼎、壶或豆为一套的祭器见于后来的历代王朝，故被指有传承关系。此时社会阶层开始形成，估计有王的存在。巴蜀文化（公元前3000年至公元前316年，被秦所征服）繁荣于长江上游的巴州（今重庆一带）和蜀州（今四川成都一带）的文化，在广义上包含近年颇受关注的三星堆文化，青铜器上刻有与汉字系统不同的巴蜀文字（巴蜀记号）。有人将此三者称为黄河文明、长江文明和四川文明。

这些地区的文化互相交融，融入中华文明之中。几千年来，中华文化不断吸收外来的文化，使中华文明不仅经久不衰，而且日益丰富。正如梁启超所说："吾中国不受外学则已，苟既受之，则必能尽吸其所长以自营养，而且变其质，神其用，别造成一种我国之新文明，青出于蓝，冰寒于水。"[①]最明显的例子是佛教东传。本来佛教的理念与中国的传统文化有很大的矛盾，佛教主张出世，中国文化重视现世。但有一点是相通的——佛教劝人为善，中国儒学也总是教育百姓要做一个善良的人。佛教传入中国以后，受到儒学的影响，反而得到发扬。自汉朝以后，中国文化还通过丝绸之路吸收了中东地区阿拉伯文化的许多内容。中国文化的这种包容性正如池田先生所说，具有"世界精神"，是在今后推动世界和平的过程中应该被充分重视的经验。

中国文化另一个特点是"贵和尚中"。所谓"贵和"，就是重视和谐，主张"和而不同"；所谓"尚中"，就是主张中庸，不偏不倚，不走极端。世界事物是多种多样的，不同事物相配合而达到平衡就叫作"和"，"和"才能产生新事物。而相同的东西在一起会互相排斥，不会发展。例如音乐，各种声部合唱，得出和声，就很悦耳；鲜美的菜肴也需各种调味品。孔子把"和"与"中"联系在一起，反对极端，认为"持中"才能达到和谐。

"贵和尚中"的思想已经成为中国人协调各种人际关系的行为准则。中国人识大体，顾全局，重和谐，求稳定，促进了中国五十六个民族的大团结，也促进了中国人民与世界各国人民的友好交往。周恩来总理在

---

① 梁启超（1873—1929），为中国的近代化做出不懈努力，与康有为共同推动清朝的变革运动（变法运动），失败后逃往日本。辛亥革命后回国，晚年研究东西文明的融合。参见第三章第四节。

万隆会议上提出的"求同存异"的国际交往的"五项原则"①，我想也是"贵和尚中"思想在国际关系中的运用和发展。

这一点是否符合池田先生对汤因比博士所说的"东方民族有卓越的智慧、勇气和力量"的解读呢？

我非常同意池田先生的意见——儒学和佛教确实都内含有人文主义和理性精神，中国的道教和贵国的神道当中也蕴含着在东亚宗教中所贯穿的宇宙观、与自然和谐共生的人生观，也可以为人类的精神文明提供滋养。

汤因比博士非常看重东方文明。确实，东方文明有许多卓越的、睿智的东西。但是我想，任何文明都是发展的，它总是根据自己的条件不断发展。汤因比博士把这种发展过程表述为文明的发生、生长、衰落和再生的过程。中国文化也经过了发生、生长、衰落和复兴的过程，但中国文化几千年来虽有衰落的时期，但没有中断过，一直绵延至今。中国文化传统中有许多优秀的东西，但也有不少落后的东西，或者不符合当今时代要求的东西。所以中国人还是应该谦虚谨慎，虚心向世界先进的文化学习。

我想，东亚在近代受到西方列强的压迫，崛起的愿望非常强烈。今天我们发展起来了，东方文化再一次受到世界的重视。东亚国家应该团结起来，为世界和平做贡献。我们提倡和平发展，决不做欺侮别国或其他民族的事情。这就是中国文化"贵和尚中"的思想。

---

① 即1955年4月在印度尼西亚爪哇岛的万隆召开的第一届"亚非会议"。包括日本在内的二十九个国家参会，以和平共处五项原则（互相尊重主权和领土完整、互不侵犯、互不干涉内政、平等互利、和平共处）为基础制定了万隆会议十项原则。亚非会议没有召开第二届，故万隆会议等同于亚非会议。

佛教的"宽容性""缘起·中道"

池田

顾先生形容中国文化的特点是"海纳百川",并解释了这个词所象征的"包容性"及"贵和尚中",对此我有很深的感触。中国文化传统中的这两个特点其实也贯穿于佛教的思想。而且,这种融合与和谐的思想会对今后世界的发展做出很大贡献。

就第一点而言,佛教的很多经典在论述法的特征时都用海和河川做比喻。比如在日莲佛法中是这样论述大海的包容性的:"大海的一滴有五味。"[①]它的意思是说,江河的一滴只有一味,而大海的一滴却融入了五味,所谓五味,是指甜、酸、苦、辣、咸。五味俱全,说明具有包容性。佛典中还有"众河入大海,而大海不返河水"[②]的句子。意思是说,大海接纳了那么多的河川,却不会把它们再挤回河流之中,这也是在说大海的宽容性。日莲佛法通过这些比喻来通观佛教史,来论证《法华经》的包容性。

就第二点而言,相当于"贵和尚中"的佛教思想是"缘起"和"中道"。"缘起"是说一切存在的"相依相资",它是佛教的根本法理。一切存在都不是固定化的实体,而是在相互关联中生成和消灭的,它们形成整体而有力的和谐,这正是宇宙本然的面貌。基于"缘起"的基本真理观,佛教提出了"色心不二""依正不二"的共生哲学,并进一步发展了"空""诸法实相""三谛圆融"的终极真理观,真正的智慧应能领悟这种真理观,而"中道"正是基于这种智慧。比如释尊就指出了基于缘起观、不为苦乐左右、追求丰富精神的"中道"人生观。印度的龙树

---

① 「上野殿御書」、「御書全集」1567頁。
② 「椎地四郎殿御書」、『御書全集』1448頁。

则从八不（不生、不灭、不常、不断、不一、不异、不来、不去）的彻底的空观，论证不执于无（即空）也不执于有（即假）的"中道"自在智慧。[1]中国的天台大师智顗从空、假、中这三个相即不离的侧面来把握真理，提出了"圆融三谛说"，提出了基于圆融无碍、无所偏执的"中道"智慧的"一念三千"生命观。[2]因此，作为中国佛教精华的天台宗，是在吸收了佛教的"缘起""中道"的思想和哲学的基础上，又进行了发展，最后开花结果。我想，这里既包含了佛教的中道论，也包含了中国本土的"贵和尚中"精神。

2 文明与文化的定义与渊源

难以区分的"文明"与"文化"

池田

在谈论文明史以前，我想首先确认一下"文明"与"文化"的定义。顾先生说："文化的定义超过二百个。"[3]这说明弄清什么是文化是多么不易。为了方便我们对话的进行，我就暂且做一些简要的归纳。

---

① 龙树（约150—250），大乘佛教第一位伟大论师。集"空"的理论之大成。其后大乘佛教皆受其影响，故在日本有"八宗之祖"的说法。"有·无"中道（非有非无的中道）思想依是一切现象的缘起法，不生亦不灭，否定存在和非存在。这是认识论里肯定与否定二者的并存。

② 智顗（538—597），中国天台宗的开山鼻祖，以《法华经》为中心整合了中国佛教。三谛指"三个真理"。依据龙树的《中论》讲述诸法实相。空谛（真理的否定面）谓诸法空无自性，体不可得。假谛（真理的肯定面）谓诸法宛然而有，施设假立。统和空谛和假谛则是中谛。中谛谓诸法其体绝待，不可思议，全绝言思。各自观法的空观、假观、中观并称"三观"。

③ 顾明远：《教育：传统与变革》，176页，北京，人民教育出版社，2004。

汉字中的"文化"和"文明"源于贵国的传统。所谓"文化"即"文治教化",所谓"文明"即"文采飞扬"或"文化普遍"。但这两个词成为解释人类社会的关键词是近代以后的事。现在,日本使用的"文明""文化"译自英语的"civilization"和"culture"。它们都是在西欧近代启蒙主义和民族国家形成的背景下,在18世纪后期才开始大量使用的新词汇。特别是,表达与"未开化"和"野蛮"相对的含义,表达启蒙、进步、教养等含义时,法国主要用"文明"(civilisation),而德国主要用"文化"(kultur)。在日本,福泽谕吉的《文明论概略》所体现的英法"文明开化论"曾一度流行。[①]但在明治中期以后,随着德国思想和哲学的传入,更加强调内在精神性和艺术性的德语"文化"(kultur)概念开始浸透。由于这段历史,日语中的"文明"主要关乎物质进步,而"文化"则主要体现于精神活动的产物。当然,除了"科学文明""物质文明"以外,有时人们也说"精神文明""儒教文明""基督教文明"等,可见"文明"一词也不简单地对应于物质。无论如何,对"文明"与"文化"无法做出截然的区分,两个概念在意义上是有交叉的。不过在说"文明"的时候,常含有一种价值判断,有"进步""开化"的意涵。[②]

因此,是不是可以做这样的假设:"文明"是"文化"的总体,是整合了"文化"的框架性的东西;而宗教、思想、教育、艺术活动、科学技术等这些表现形式所反映的不同的人类活动的成果,则是"文化"。

[①] 福泽谕吉(1835—1901),活跃于幕末到明治时期的启蒙家、教育家。《文明论概略》于1875年刊行,具体探寻西洋和日本文明的发展,强调文明开化和个人自主独立的必要性。

[②] 文化、文明的概念参照『伊東俊太郎著作集7 比較文明論I』麗澤大学出版会、西川長夫『増補 国境の越え方 国民国家論序説』平凡社。

关于"文化"的定义，顾先生对张岱年先生这样的定义表示了赞同："文化是人类在处理人与世界关系中所采取的精神活动与实践活动的方式及其所创造出来的物质和精神成果的总和，是活动方式与活动成果的辩证统一。"[①]这里所说的"精神活动与实践活动的方式"应当包含了宗教、语言、习惯。这个定义还特别强调文化是"人类的活动及其成果"。我也认为这是一个必要而充分的定义。

顾

我非常赞同池田先生说的，"文化"和"文明"是有密切联系并有一定交叉的两个概念。其实文化也包含着人类活动的物质成果。目前中国学者普遍认为文化有三个层面：物质层面、制度层面、精神层面。也有人主张有四个层面，即加上行为习俗层面。文化也是在传播和接受中不断发展的。只能说，文明比文化更显性一些，物质性更强一些。

我个人的认识是，文明是相对于野蛮而言的。大约在新石器时代，距今四千年至一万年，人类摆脱蒙昧时代进入文明时代，于是世界上出现了古代四大文明。也就是从这个时期开始，人类开始有了文化。因此，文明实是文化的表现，是文化的一种状态，文明、文化有同一内涵。中国的《辞海》里"文明"这一词的释义，第一义就是"犹言文化"，第二义是"指人类社会进步的状态，与'野蛮'相对"。平时我们评议一个人的举止，说这个人不文明，就是指他的行为比较粗鲁。因此，如果说文明与文化有所区别的话，那么就是文明总是指文化的优秀的、积极的一面，而文化中会同时包含落后的、消极的一面。

池田先生的中国文化造诣很深，对汉字中"文化"和"文明"的含义理解得很透彻。汉语中"文化"二字在中国古代确实是从"文治

---

① 张岱年（1909—2004），中国著名哲学家、哲学史家、国学家。曾任北大教授。引自顾明远『中国教育の文化的基盤』大塚豊監訳、東信堂、15頁。原出自张岱年、程宜山：《中国文化论争》，3~4页，北京，中国人民大学出版社，1990。

教化"而来。按中华书局1936年出版的《辞海》解释，文化的第一义为"文化，谓文治教化也。《说苑·指武》'凡武之兴，为不服也，文化不改，然后加诛。'"①"文治教化"是封建王朝维护其统治的办法。当然现在不是这样来解释了。

从英语上来讲，"文明"（civilization）和"文化"（culture）两字相差甚远。英语的civilization是市民阶层出现以后常用的一个词，是指教化、开化的意思，也是相对于野蛮、黑暗而言。汉语中的"文明"和"文化"两个词都是以"文"为首，看起来两者更相似。

文明即使毁灭，其成果亦将残存

池田

有人说"文"这个汉字就是表示"人"的正面，所以我想，这也就是说无论"文明"还是"文化"，其根本都在于"人"。

下面我想就文明、文化的渊源回顾一下历史。

在古代，中国、美索不达米亚、埃及和印度这"四大灌溉文明"最为著名。受黄河与长江、底格里斯河与幼发拉底河、尼罗河、印度河的泽被，这些地区的农耕得到了发展，发展了较高的生产力，大约在公元前4000年至公元前3000年，形成了高度的城市文明和早期的王朝。在东方（埃及和美索不达米亚）的影响下，古代地中海文明产生，后来发展为古希腊文明。印度河流域文明衰落后，从西方入侵的雅利安人在恒河流域又创造了古代印度的文明。

---

① "圣人之治天下也，先文德而后武力"之后的句子。整段的意思是："有智慧的人治理天下，会先用文德教化天下，再用武力征服天下，因为用武力对方不会心服。先用文德治理但是却也改变不了的，就可以诛罚他了。"高木友之助『说苑』明德出版社、232頁。

在这些文明所在的富饶大地上，公元前8世纪至公元前2世纪，出现了世界史上非常重要的各种思想及其代表人物。如贵国有孔子、老子、墨子、庄子、列子等哲人，印度有《奥义书》哲人和释尊，伊朗有佐罗阿斯塔，巴勒斯坦有《旧约圣经》的先知们。在古希腊有自然哲学家们和体现了哲学深化的苏格拉底、柏拉图、亚里士多德师徒，还有雅典的民主主义。可以说高水平的文化之花在当时竞相绽放。

众所周知，德国的哲学家雅斯贝尔斯将这个时代称作"轴心时代"。[①]但我们不能忘记，公元前1000年前后的中美洲文明和公元前2000年前后南美的安第斯文明也已形成。因此，现在将"四大文明"扩大为"六大文明"的观点普及开来。

其后，在欧洲以古希腊、古罗马文明和基督教等为基础形成了西欧文明，在南亚形成了印度文明，在中东形成了伊斯兰文明，等等，各地独特的文明建立起来了。

汤因比博士认为，世界史上衰亡的和现存的各种文明共有二十一个（后来他修改为二十三个，最后修正为三十一个）。另外，曾给汤因比博

---

① 德国存在主义哲学家雅斯贝尔斯（1883—1969）在《历史的起源与目标》（1949）第一部分所提到的一个概念，意为"成为世界史基轴的时代"。这一时期在亚欧大陆各地同时出现了很多优秀的思想家来阐述"应该如何生存"。当时是人类精神觉醒的时代，其影响一直延续至今。中国有孔子和老子（同为公元前6世纪至公元前5世纪）、墨子（公元前5世纪至公元前4世纪）、庄子（公元前4世纪）、列子（公元前5世纪至公元前4世纪）等诸子百家；印度有讲述梵我如一的《奥义书》哲学家（公元前7世纪）、释迦牟尼（公元前6世纪至公元前5世纪）；伊朗有佐罗阿斯塔（公元前7世纪左右）、以利亚（公元前9世纪）、第一以赛亚（公元前8世纪）、耶利米（公元前7世纪至公元前6世纪）、第二以赛亚（公元前6世纪）等预言家；希腊有自然哲学家（公元前6世纪左右）、苏格拉底、柏拉图、亚里士多德（以上三者同为公元前5世纪至公元前4世纪）。这些人之间并没有直接的相互影响却同时出现。

士造成巨大影响的德国历史哲学家斯宾格勒提到过八大文明。[①]

在人类史上，很多大放异彩的文明共同存在，它们不断地交流、冲突、转变，既有像中国文明那样长期存续的文明，也有像安第斯文明那样因欧洲人的入侵而灭绝的文明。但在今天的世界，文化与文明都是多元的。在对话开始时我们谈到的美国塞缪尔·亨廷顿教授的《文明的冲突》，这本书的简单框架是不可行的，我想也是可以回避这种错误的。

顾

大家比较普遍地认为，古代世界有四大文明，即古埃及文明、古巴比伦文明、古印度文明和古中华文明。为什么有的文明消失了或者中断了呢？汤因比博士在《历史研究》一书中做了详细的论述。如果简单地说，主要是因为战争或其他天灾人祸，有些文明被别的文明替代，或逐渐消失了。当然正如汤因比博士讲的，文明的转换和消失总有文明内部的原因。而作为文明的成果（文化）总是会遗存下来。例如，古埃及文明几经变化——公元前332年遭马其顿入侵，曾经与希腊、罗马文明融合；639年阿拉伯人入侵以后，逐渐阿拉伯化——但埃及的古代文化至今仍然闪耀着光芒，而且古埃及文化对西方文明和非洲文明都产生过重大影响。

正如池田先生提到的，公元前8世纪至公元前2世纪，世界上出现了许多非常重要的哲人，如中国的孔子、老子、墨子等，印度的《奥义书》哲学家和释迦牟尼，巴勒斯坦的预言家们，古希腊的苏格拉底、柏拉图、亚里士多德等。他们所处时代的文明有的已经变化，有的已经消失，但他们的精神和思想至今犹存。

从某种文明的中断和消失来看，文明是人类族群活动的一种状态，

[①] 斯宾格勒（1880—1936）在《西方的没落》中提出，文化如同生物一样会经历生长和衰落。他列举了八个"高度的文化"：埃及文化、巴比伦文化、印度文化、中国文化、古希腊·罗马文化、阿拉伯文化、墨西哥文化（玛雅·阿兹特克）、西洋文化（欧美）。

而文化则是一种精神以及族群实践活动的产物，某种文明可以中断或消失，但族群创造的精神财富和物质财富还会遗存下来。

我之所以赞成中国哲学家张岱年先生对文化的定义，即"文化是人类在处理人与世界关系中所采取的精神活动与实践活动的方式及其所创造出来的物质和精神成果的总和，是活动方式与活动成果的辩证统一"，是因为这个定义强调了人类活动方式（动态的）和活动成果（静态的）的统一；人类的活动方式又包括了精神活动和实践活动两个方面；活动的成果既包含了物质成果，又包含了精神成果。这个定义说得非常全面。

儒教的复兴——近代的挑战与中国的应战

池田

即使文明消失或中断了，文化作为人类活动的精神的与物质的成果还将留存，顾先生的这一观点对于思考"传统与现代化"这个题目来说是颇值玩味的。

说到文化，我想一般人容易把它放到"传统"的范畴里面。但是，如果从不断变化这一角度来理解文化的话，那么也就不能说它与"现代化"的方向是相反的。可以说，文化有无生命力就在于能否在"传统"（持续力）和"现代化"（自我革新性）之间保持一种张力。如果借用汤因比博士的考察，可以说，回应现实中严峻挑战（考验）的坚强应战（克服），才是新文化（文明）的摇篮。[1]顾先生也提到，文化既有固定的民族性，也有与时俱进的时代性。[2]您明确地指出，文明的传播与变迁都有传递（导入）、选择、发现和创造四个环节，我觉得这是您对复杂过

---

[1] 在『歴史の研究』第二部「文明の発生」中有论述。收录于经济往来社版第二一四卷。
[2] 前揭『中国教育の文化的基盤』17、23頁。

程的一种高度概括。

不同文明间的相遇及文化在时间轴上的变化，都是（对文明的）一种挑战。这个时候，如果只是重视传递，只是强调自己不变的固定性，那么就会走上文化衰退之路。但另一方面，如果一种文化能够强有力地走在选择、发现和创造的应战之路上，那么就会使文化爆发出新的生命力。我想，汤因比博士的"挑战与应战"学说与顾先生的学说也是有相通的部分吧。

关于文明与文化的挑战与应战，或者说文化的发展，有一件事情令我格外关注，那就是现代社会中的儒学复兴。

儒学可以说是中国精神文化的精髓。近年来，日本经常报道说，贵国人民掀起了儒学的学习热。而且还报道说，去年（2009年）时值孔子诞辰2560年，9月《孔子世家谱》在时隔七十二年后完成了长达十年的续修。①

在经济发展的同时，拜金主义蔓延等伦理道德的衰退及其他社会问题是各国共同的难题。这可以说是对现代文明的一种挑战吧。把儒学作为精神支柱的贵国在精神复兴方面的努力，正是中国文明对现代社会严峻挑战的一种应战吧。如果运用顾先生的学说的话，那也是一种发现与创造的过程吧。

前些年，我与哈佛大学的杜维明教授围绕着贵国的儒学复兴进行了对话。杜教授说，1987年中国的国家教育委员会承认了儒教是学术研究的正统科目，同时也开始了研究儒教人文主义复兴的十年计划，他认为这是对儒教复兴具有划时代意义的事。②

---

① 「産経新聞」二〇〇九年九月二十七日付・大阪朝刊（香港時事）。
② 对谈集『対話の文明—平和の希望哲学を語る』第三文明社、112頁。杜维明，1940年生于中国云南，哈佛大学教授，曾任哈佛燕京研究所所长，现任哈佛大学亚洲中心高级研究员、北京大学哲学系终身教授、北京大学高等人文研究院院长等。2001年联合国"文明对话年"召开"知名人士小组"会议时，杜维明作为儒教文明的代表参加。

回顾历史，儒教虽然经历了秦始皇焚书坑儒①的残酷镇压，但依然顽强地存活下来，终于在西汉成了国家的指导思想。儒教虽然曾是中国的精神支柱，但在19世纪以后的现代化浪潮中，它作为旧时代的遗物遭到了猛烈的批判。众所周知，大文豪鲁迅也激烈地抨击以儒教为基础的封建社会。但在21世纪的今天，儒教这一中国文化的精神源泉再次受到广泛的关注，的确是颇值玩味的。

儒教穿越了二十几个世纪的惊涛骇浪，以其不灭之光照耀着现在，我从这个事实当中，看到了人类孕育出的文化精华的强大生命力。

对"传统与现代化"这个问题，顾先生是如何考虑的？特别是您对儒教复兴的成果及其问题、精神复兴的挑战给社会带来的影响有何种看法？

继承优秀传统，实现现代化

顾

关于传统和现代化的关系，我的看法是：传统是基础，现代化是发展。正像汤因比博士说的，任何一个文明都有发生、生长、衰落、再生的过程。现代化总是在传统的基础上发展起来的，不可能凭空出现一个现代化。即使是从别国引进现代化，也必须经过本土文化的改造，实现本土化，才能稳固地生长和发展。例如贵国的明治维新，引进了西方的君主立宪制度，但贵国的政体与西方的又有许多不同，有着日本民族的传统特点，日本的教育渗透着"和魂洋才"的精神。

但是传统又对现代化有阻碍的一面。文化传统是一个族群经过长期的历史积淀而形成的对现实社会仍产生巨大影响的文化模式。它包含了

---

① 秦始皇（公元前259至公元前210）根据宰相李斯的建议而实行的思想镇压政策。

民族的基本精神，但又有许多旧的内容。因此国家在实现现代化的过程中，总要对旧的文化传统进行鉴别、选择和改造，选择优秀文化和民族精神加以继承和发扬，否定和抛弃一些落后的不符合时代要求的内容；而且对过去优秀的要素也要根据现代的要求加以改造和丰富，从而建立符合时代要求的新文化。

正确处理传统和现代化的关系是国家现代化建设必须重视的问题。中国近年来的"国学热"，反映了中国人对传统和现代化的一种选择。众所周知，中国在走向现代化的过程中过多地看到传统的消极阻碍作用，一度有人否定一切传统，主张实现全盘西化。特别是在"文化大革命"中，所谓革命青年"破四旧"的行动，对传统文化起到了极大的破坏作用。"文化大革命"以后，拨乱反正，人们深感中国传统文化受到极大破坏，对于一个民族的文化素质的养成极为不利，也不利于中国的现代化建设。所以许多有识之士提出实现中华文化的伟大复兴，重视传统文化中的优秀精神，弘扬中华传统美德。

我的看法是，中国现在的"国学热"包含两方面的内容：一是普及国学知识，传播中华文化精神，提高国民对中华传统美德的认同感和他们的文明素养，例如现在许多地方提倡中小学生诵读经典；二是开展国学研究，培养国学大师，使中国的典籍文化得以传承和发展。

中国传统文化的核心是儒家学说。儒家学说也有一个发展变化过程。我认为，儒家文化的发展分三个阶段：第一个阶段是孔子、孟子、荀子的时代，是原始儒家文化的时期，以"仁"和"礼"为核心；①第二个阶段是汉武帝时代，董仲舒"罢黜百家，独尊儒术"，把儒学归于"三纲五常"，"三纲"即君为臣纲、父为子纲、夫为妇纲，"五常"即仁、义、礼、

---

① 公元前6世纪至公元前3世纪，即从春秋时代到战国时代。

智、信，确立了一套封建伦理道德；①第三个阶段是宋明理学的建立，主张"存天理、灭人欲"，使儒学愈趋僵化。②今天我们提倡国学，或者重视儒学的传承，不是为了复古，更不是重新宣扬封建道德，而是恢复、传承和弘扬中华传统文化的优秀精神，弘扬中华传统美德，振兴民族精神。而且在传承过程中要进行选择和改造，剔除一些封建糟粕，赋予现代意义，从而在传承文化传统的基础上，建设现代化的新文化。

最近十多年来，经过全社会的努力，包括教育的重视、媒体的宣传，中华文化传统受到各地政府和人民大众的重视。各地都大力保护文化遗迹，许多非物质遗产也得到重视和复兴。学校中开展各种弘扬传统文化的活动，如诵读经典名著、课程中增加中华文化的元素，使年青一代受到中华文化的熏陶。

对于提倡国学，我反对复古倾向，也希望防止形式主义。时代是发展的，社会是不断进步的，历史不可逆转，提倡国学也好，振兴儒学也好，需要传承的是一种基本精神。当然这种精神也渗透在各种物质文化遗产和人们的行为习俗中，但没有必要都恢复到古代的状态。

---

① 给战国时代画上句号的是秦朝对儒教的镇压，而西汉第七位皇帝即汉武帝（公元前141年至公元前87年在位）因董仲舒献策而将儒教作为国家的官学，此后儒教传统绵延不绝。

② 宋（10世纪至13世纪）和明（14世纪至17世纪）时期的儒学不注重训诂而注重探究天人之"理"，故称宋明理学。亦称理学、新儒学，分为很多流派。关于儒教文化的三个阶段，参见第三章第三节。

3　日本与中国的文化发展

从中国与西方导入、选择、发现、创造

池田

正如顾先生所说，任何传统文化，如不发展性地、创造性地继承，反而会带来弊害，因此与其他文化或文明的交流是不可或缺的。

追求"文化多元主义"的英国思想家以赛亚·伯林这样写道："人所追求的目的是多种多样的，但人们都是充分理性和人性的，是可以互相理解、共同感受和互相学习的。"[①]我想，这句话跟顾先生所说的各种文化应该互相交流、互相学习并使各自的文化更加繁荣的道理是相通的。

人一定能彼此心灵相通。"善的人性"存在于所有人的身上，并能互相起到启发作用——这就是我所坚信的东西，也是我能够超越文化与宗教上的差异而坚持在世界上对话的原因。

交流可使文化、文明获得发展。为了证明这个结论，我也想借用顾先生关于文化发展过程中的"导入、选择、发现、创造"的理论来回顾一下日本文化形成史上几个重要的时期。

2008年5月8日晚，我与来日访问的时任中国国家主席胡锦涛再次相见，就青年交流和文化交流进行了交谈。那天下午胡锦涛在早稻田大学的"日中青少年友好交流年"开幕仪式上这样说道："日本人民善于学习，善于创造，勤劳智慧，奋发向上。远在一千四百多年前，日本就先后二十多次向中国派出遣隋使、遣唐使，借鉴中国的制度、典

[①]『理想の追求』（バーリン選集4）、福田歓一他訳、岩波書店、15頁。以赛亚·伯林（1909—1997）出生于沙皇专制下的犹太人家庭，俄国革命胜利后移居英国。

章、律令，引入佛教、汉字、技术，结合自己的实际形成了独具特色的日本文化。明治维新以后，日本人民努力学习吸收世界先进文明成果，逐步发展成为亚洲第一个现代化国家。日本人民以有限的国土资源创造出举世瞩目的发展成就。"[1]我向胡锦涛同志以友好的目光看待日本表示了衷心的感谢，同时也向作为日本文化大恩人的贵国再次表达了最大的敬意。

正如胡锦涛同志所说，在古代日本，经由中国以及朝鲜半岛东渡到日本的人和日本派往中国的使节所传到日本的文物、技术和思想的影响是非常大的。其中，我特别看重日本在6世纪全面吸收佛教和儒教的史实，因为它具有文明开化的意义，正是文化的"导入"。

圣德太子制定了《十七条宪法》，作为日本国的精神支柱。[2]可以看到，其内容正是对佛教和儒教的接受（导入、选择和发现），并致力于"创造"国家的统一事业。如第一条"以和为贵，无忤为宗"就出典于《论语》第一篇的"礼之用，和为贵"；第二条"笃敬三宝，三宝者，佛、法、僧也"则是在阐明对佛教的"皈依"。

此外，虽然《三经义疏》（《胜鬘经义疏》《维摩经义疏》《法华经义疏》）是否为圣德太子所撰尚存疑问，但它对大乘佛教有深刻的理解，并涵养了日本民族的精神与伦理。此后，日本成为大乘佛教之国，通过与中国的交流，一方面逐渐接受了佛教思想，另一方面在奈良佛教、平安佛教的基础上使镰仓佛教这一日本佛教的独创性思想开花结果。其蕴含的传统一直传承到室町文化、江户文化。

在制度方面，古代中国的律令制在日本的大化改新中作为国家的统治制度而得到了移植，日本在接受过程中有非常巧妙的取舍与改变，最

---

① 见早稻田大学主页，http://www.waseda.jp/top/news08/080508_02_p.html。
② 圣德太子（574—622），作为推古天皇的摄政于604年制定《十七条宪法》。该法是主要针对官僚和贵族的道德规范。

终建立了适合日本的制度。这里也可以看到"选择"的过程。

在平安时期，日本人将汉字改创为独自的假名文字，日语多彩的表现形式由此形成。日本民族在导入中国汉字文化的过程中，一边再发现日本自古以来的传统文化，一边在选择和导入汉字文化的基础上创造了日本的国风文化。其中的一个精华，是以宫廷女性为主要写作者的世界最早的长篇小说《源氏物语》、随笔杰作《枕草子》以及敕撰歌集《古今和歌集》等，以"假名"为表现形式的日式文化和文艺日渐丰富起来。在这一精神土壤里，以《法华经》为首的大乘思想也贯穿其中。

后来，从中国传来的儒教加入了日本派往中国的留学生和中国到日本的学者们带来的知识，经过很长时期以后逐渐融入日本人的生活，培育了日本民族的深层伦理。

在这一历史当中最值一书的是近世日本由中国导入的朱子学。①朱子学成了江户幕府的官学，被各大名家接受，并通过寺子屋普及到一般民众当中。其缘由一是当时的中国（明清之际）把朱子学尊为官学；二是朱子学认为，如果能够明明德，便可成为与尧舜一样的道德高尚的人。从朱子学被日本接受的过程也可以看到选择、发现和创造的机制。在日本，虽然"仁"等明德的方面被大家接受了，但日本却对朱子学所倡导的根本性法理缺乏关注，只学了道德规范方面的内容。17世纪日本的儒

---

① 宋明理学（新儒学）的一部分。南宋朱熹（1130—1200，朱子为敬称）集大成。他在《理气论》中认为构成万物的"气"中必然有普遍性的理法"理"。通过学习能够获得"理"的人即可成为执政者（修己治人），之后可以平天下。其重视作为理的名分，即强调君臣父子等关系（即"名"）中应体现忠、孝等作用（即"分"）。"朱子学"后来作为维护现行秩序的意识形态而被利用。在朝鲜王朝（1392—1910）、日本的德川幕府时期（1603—1867）都作为官学。

学家中江藤树晚年倾心于阳明学[1]，同时提倡回归儒教古典的古学[2]确立起来，但它也是与日本人的精神风貌相适应的儒学思想。这也可以说是日本式儒教的创造。另外，在日本，科举制度最后未被采纳。

进入明治时期，日本受到来自西方科学技术文明的强烈冲击（挑战），现代日本在对它回应的过程中形成了。西方文明的影响涉及从科学技术到衣食住行等生活方面，以及法律、经济、军事、教育、医疗、福利以及思想哲学等精神层面。特别是第二次世界大战以后，在美国的影响下，日本在从重工业到电子学等广阔的领域内发展了科学技术。地下资源贫乏这一国土条件反而使日本的加工贸易获得成功。这里可以说也经历了传递（导入）、选择、发现和创造的过程。

但是，由于日本过于追求国家利益，忽视了民众的幸福，更发动了那场悲惨的战争，给贵国和亚洲带来了极大的灾难，这一历史也是不能忘却的。

冲突与融合——中华文明的"多元"与"一体"

顾

池田先生回顾了日本发展的历史，说明日本是吸收了别国民族的文化，经过选择和改造，创造了独特的日本民族文化。池田先生的论述也

---

[1] 宋明理学（新儒学）的一部分。明代王阳明（1472—1529）提倡。朱子学在明代作为官学已经僵化，王阳明批判了为了科举及第和维持体制的学问，提出要恢复原来的儒家"圣人之学"，主张"知行合一"的道德实践。在日本被称为"近江圣人"的中江藤树（1608—1648）及其弟子熊泽蕃山（1619—1691）是有名的阳明学大师。阳明学对大盐平八郎（1793—1837）的起义及幕末的倒幕运动影响很大。

[2] 儒教的一派。反对朱子学和阳明学等新儒教，主张不依靠后来的注释，直接研究原始的《论语》等经典。希望回到受佛教和老庄思想影响之前的古代中国的圣王之教。以山鹿素行（1622—1685）的圣学、伊藤仁斋（1627—1705）的古意学、荻生徂徕（1666—1728）的古文辞学为代表。将古学的方法运用到日本古代研究的即为日本的国学。

支持了我关于文化的传播、选择、发现和创造的理论，我感到十分高兴。日本的发展历史充分证明了胡锦涛同志在日本早稻田大学演讲时讲的"日本人民善于学习、善于创造，勤劳智慧、奋发向上"。我到过贵国二十多次，最长的一次住了四个月，深深体会到胡锦涛同志讲话的正确。我十分惊叹，贵国能把传统和现代化结合得如此完美。

池田先生讲到日本在历史上受到中国儒学的影响，接受了朱子学等思想，把中国视为日本文化的大恩人。其实，中国又何尝不是向日本学习的呢？中国近代化的许多东西都是向日本学来的。

别的不说，就拿教育来说，中国近代教育发轫于清朝末期传教士办的教会学堂，但第一个新学制却是从贵国引进的，连第一本教育学教材也是由王国维从日本立花铣三郎的《教育学》翻译过来的。①清末民初，中国大批留学生涌入贵国，他们带回了许多新思想。孙中山先生领导的民主革命，也得到贵国人民的帮助。日本也可以算作中国近代化的老师。所以，文化总是在交流中、在互相学习中发展起来的。而中国文化因为历史久远，而且在两千多年以前的先秦时代就基本形成完整的体系，所以它在东亚的影响比较大。

中国文化也有一个形成和演进的过程，也是通过多民族文化融合和吸收不同民族的文化元素而逐步形成的。中国史学界对这个过程有不同的看法和分期。2006年中国出版了一部由北京大学袁行霈等四位教授领衔主编的《中华文明史》（四卷本），该书在开篇中就提出："考

---

① 1901年发行的杂志《教育世界》（上海·教育世界社刊）第九至第十一号刊载了立花铣三郎讲述、王国维翻译的《教育学》。它是立花受聘于京师大学堂师范馆（北京师范大学的前身）时所做的讲述。立花铣三郎（1867—1901），福岛县出生的学者，最早将达尔文的《物种起源》译成日文。在伦敦、柏林进行过教育学研究，在回国船中病逝。王国维（1877—1927），清末民初的学者，在文学、美学、史学、哲学、考古学等领域均留下硕果，1901年秋至翌年夏天留学东京物理学校（东京理科大学的前身），这一翻译是留学前完成的。

察中华文明史，不能脱离世界文明的大格局。"该书认为，中华文明的演进包含多元一体格局的形成、多民族的融合、对外来文明的吸收、雅与俗的互动、以复古为革新等方面。据考古资料证明，中华文明的发祥地不只是黄河流域，还包括长江流域。而且中华文明不仅包括居于黄河、长江流域的农耕文明，也包括若干以游牧为主的少数民族文明。中华文明是多元的，在演进过程中，不是互相灭绝，而是互相整合。多元一体的格局最晚在西周①就建立起来了。该书指出，在中华文明演进过程中，有两方面值得特别注意：首先是民族的融合，其次是对外来文化的吸收。②

我在拙作《中国教育的文化基础》一书中，对中国文化的形成和演进做了概括，现在简要地介绍一下。

中国文化的诞生和初始阶段　约在公元前7000年至公元前2300年。那时在中国大陆上产生了华夏、东夷、南蛮三大文化集团，均属于氏族制度文化。据考古挖掘表明，这个时期的文化在物质方面主要是火的使用和石器、木器、骨器、陶器的制作和使用；在观念方面主要表现为原始宗教崇拜、祖先崇拜和图腾崇拜，那时已经出现了以龙为徽记的图腾画③。

周朝宗法制度的确立　许多学者把这个时期称为"从神本走向人本"的时代。这个时期中国社会由原始的氏族公社制社会逐步转变为贵

---

① 西周存在于公元前11世纪中叶至公元前771年。推翻殷王朝而建国的周定都于镐京（今西安附近），周后来逐渐衰微并陷入混乱，公元前770年迁都于洛邑（今洛阳附近）。迁都以前史称西周，东迁以后则称为东周，东周开始进入春秋时期。

② 袁行霈、严文明、张传玺、楼宇烈：《中华文明史》（全四卷），12～14页，北京，北京大学出版社，2006。

③ 图腾崇拜是指将自己部族、血缘集团同某种动物、植物等建立神秘的、象征性的特别联系。这时，将自然物称作"图腾"，各集团以图腾的名字相称。对图腾的信仰和崇拜形成图腾制度，具有关于图腾的神话与礼仪、禁忌。

族奴隶制的宗法制社会。①到周代，宗法制度的国家已初步形成，同时产生了一套礼乐制度（后称礼教）。这种礼乐制度后来成了儒学的基础。

春秋战国时期的百家争鸣　这是中国从耒耜农业向犁耕农业转化的时期。周朝衰落，诸侯割据，国家未能统一。在经济上，由井田制过渡到名田制。②在学术上，诸子蜂起，学派林立，有阴阳、儒、墨、名、法、道等家。百家争鸣③的时候是互相攻讦，但又互相吸收，其结果是学术思想得到很大的发展。可以说，这个时期是中国文化最辉煌的时代，它奠定了中国文化的基础。

---

① 宗法制规范宗族（同一祖先的父系集团／一族或一门）的秩序体制。此前，在漫长的原始氏族公社制社会之中，生产工具是公有的，产品也是公社平等地分配的，但有人开始将剩余产品私有化而成为贵族，战争中的俘虏被当成奴隶，氏族公社制开始过渡到有奴隶和奴隶主这种阶级划分的贵族奴隶制。此外，以前的母系社会演变为父系社会，宗法制度的国家开始形成。在周王朝的宗法制度下，政治地位和财产由嫡长子世袭，其他诸子则获得次一级的政治地位和财产。大宗（本家）统制小宗（分家），统一实施祖先祭祀、共同飨宴及同宗不婚等制度。以周室为共主的各地诸侯也世袭其位。根据这种身份制度，人际关系中的礼节、祭祀、仪式中的礼制、音乐演奏等都有严格规定，礼乐制度由此发展起来。

② 井田制是周代实行的一种土地制度（也有开始于商代之说），将方圆一里的田地用"井"字九等分，中央一区为公田，周边八区为私田分给各家，八家要共同耕作中间的公田，仅用公田的收获作为租税，《孟子·滕文公章句上》中将井田制作为一种理想的制度。名田制是秦汉时期实行的土地制度，对于它的实际情况和变迁众说纷纭。一说认为与井田制相似，是将田地与宅地按身份分配。但是，井田制是世袭的，因此田宅比较稳定；而名田制中的身份会因军功等个人贡献与业绩而发生变化，所以不世袭，甚至有降格和剥夺爵位的情况，因此田宅的所有权是变化的。从井田制到名田制，反映了土地从血缘性所有到家（家长）所有的转换，反映了从以宗族为基础的统治向中央集权政府直接对人民进行统治的转变。

③ 指诸子百家进行的思想与学术活动的盛况。诸子百家是春秋战国时代出现的思想家（诸子）和思想学派（百家）。司马迁在《史记》中援其父司马谈之说分为六类，即阴阳家、儒家、墨家、名家、法家、道家。班固在《汉书·艺文志》中，基于刘向与刘歆父子编的书目《书略》中的分类，又加了四家（纵横家、杂家、农家和小说家）而成为十家。一般说诸子百家时也将以孙子为代表的兵家纳入。在对话中谈及的阴阳家是从阴气与阳气运动的角度解释世界；法家倡导严厉的法治，成为战国时代的霸主秦的统治思想；名家追求一种逻辑学，力图阐明名（语言）与实（实体）的关系。这一时期之所以出现很多学派，其背景是在战国乱世之中各国力图通过采用富国强兵之策以在

儒家主流文化的确立　经过多年的兼并战争，秦王嬴政终于完成了统一中国的大业。秦始皇在政治改革的同时，出台了一系列文化政策。全国实现了文字的统一、货币的统一、度量衡的统一，所谓"书同文、车同轨、度同制"。这对中国文化的建设起了不可估量的作用。

汉灭秦后，武帝采纳了董仲舒的建议，实行"罢黜百家，独尊儒术"的文教政策，并把儒学改造为以"三纲五常"为核心的封建伦理道德。从此，以儒家思想为主导的统一的中国传统文化基本上确立下来，绵延了两千多年。

佛教对儒学的冲击　这是中国儒学受到的第一次大的冲击。佛教在东汉传入中国[①]，魏晋南北朝大动乱时期，因适应当时统治集团的需要，得以广泛传播。本来佛教的思想与儒学不同：佛教主张出世，儒学主张入世；佛教脱离家庭，儒学却以家为根本。[②]但几经冲击，佛教逐渐吸纳儒学的思想，逐渐与中国传统伦理相结合，产生了许多具有中国特色的宗派。而佛教对中国的哲学、文学、艺术、建筑也都产生了巨大的影响。

南北朝也是中华民族大融合的时期。北方民族纷纷到中原建国，为

（接上页）竞争中取胜。为寻求和实施新的国策，各国不拘一格任用人才，也很重视教育和学术发展。当时农业中铁器的广泛使用提高了生产力，也使发展教育和学术成为可能。此外，宗法制度的解体使以前因世袭制而被垄断的学术和知识传到民间，从而扩大了思想的自由。随着各国间交通日益便利，在一国不被认可的学者可较容易地移至他国，这也使各学派能够相互刺激，思想水平也因此而得到提高。

① 佛教传入中国的时间有多种说法。比较有名的是，东汉明帝（57至75年在位）在梦中见到金人，遣使西域，得僧人和佛经典籍。也有人认为佛教在周朝、秦朝就已经传来了。北魏正史《魏书》中《释老志》（佛教与道教的历史）有西汉传来的记载。据其记载，西汉武帝元狩二年（公元前121年），攻击匈奴，获得匈奴休屠王的金人，并对之礼拜，即佛像传入的由来。再者，出使西域的张骞，听闻"浮屠教"（即佛教）的说法；此外传说哀帝于元寿元年（公元前2年）从大月氏使者伊存那里得到了《浮屠经》的口授亲传。

② 见本章第一节。

了巩固他们的政权，都提倡"汉化"。这极大地促进了北方民族与中原汉族的融合。汉民族吸收了许多北方民族的文化，使中国文化进一步丰富和发展。

隋唐时期东西文化的交流　隋唐时期中国文化进入了气势恢宏的隆盛时代。科举制度确立后，中下层士子可由科举进入仕途，极大地激发了庶族寒士参与政治的积极性。唐代也是诗歌、绘画创作最活跃的时代。

唐朝通过丝绸之路吸收了许多西方文化的精华。中国的造纸、丝织、火药、冶金技术也传入阿拉伯，然后传入欧洲。隋唐时期中国不仅与西方交往频繁，与东方各国来往也很密切。日本、高丽、安南（越南）都多次派人入唐。可以说，隋唐时期继承魏晋时期多民族文化的交融发展，以更开放的姿态、兼容并包的恢宏气派，大胆吸收了各民族文化，对中国文化的发展有着重要意义。

宋明理学的形成　宋明理学是儒释道经过长期斗争后融合的产物。宋朝儒学家吸收佛、道两家的思想，革新儒学，创立了理学。理学以"穷理尽性"为主要内容，并提出了"存天理、灭人欲"的思想，并把汉儒推崇的"三纲五常"等政治伦理道德说成是至高无上的天理。但物极必反，宋明理学禁锢了人们的思想，使儒学失去了活力，中国文化开始走向衰落。

西学东渐对中国文化的冲击　明末清初，西方传教士开始到东方来传教，带来了西方的近代科学和技术。它冲击了中国传统文化的世界观、价值观和思想方法。中国接受西方文化经过了艰苦曲折的过程，大致经过拒绝、被迫、自觉三个阶段。明末清初，西方传教士来华传教，遭到了清政府和儒士们的拒绝；鸦片战争中，西方用坚船利炮轰开了中国的大门，中国被迫开展"洋务运动"，企图"师夷之长技以制夷"；直至辛亥革命①和"五四运动"，才自觉地要吸收西方的科学和民主思想。中国传统文化开始解体，中国文化走上现代化之路。

中国文化在新旧交替过程中走过了曲折的道路。新中国成立后，批判、废除封建旧文化，这是十分必要的。但是在批判旧文化的过程中对传统文化的精华保存和弘扬得不够，特别是"文化大革命"对传统文化破坏严重。改革开放以后，我们总结过去的经验教训，再一次提出中华文化的复兴，在全社会发扬中华优秀文化，弘扬民族精神，推动现代化建设。

从中国文化的演进过程可以看到，中国文化是在不断的冲突和融合中发展过来的。每一次冲突和融合，都是文化的选择和创造。在中国文化的演进过程中，凡是优秀的部分总是要被保留下来，并且通过改造和创新，更加发扬光大；凡是拙劣的部分，就要被抛弃。

我认为，现在中国还在建设新文化的过程中，我们一方面要弘扬中国优秀文化传统，另一方面要吸收世界一切优秀文明成果。所谓中国文化的复兴，不是恢复到旧的文化，而是在继承优秀传统文化的基础上，吸收一切优秀文化，创造一个新的先进的文化。为此，我们一定要坚持改革开放。改革就是冲破旧的、阻碍现代化发展的思想和制度；开放就是实行国际化，开展国际的广泛交流与合作。

改革开放以来，随着国际交往的频繁，西方各种思潮涌入中国。在北京、上海乃至商业发达的小城市都有许多外国人，他们带来了西方文化。这又是一个东西文化大冲突、大交融的时代。我相信，这一定会促进中国文化的再一次繁荣。

---

① 辛亥革命于1911年（辛亥年）10月爆发，并最终推翻清朝。中国摆脱了漫长的君主制，建立了共和制的中华民国。

佛教各宗在与中国思想的融合中发展

池田

感谢您用简明流畅的语言娓娓描绘出了悠久的中国文化史长卷，指出中国通过与其他许多国家和民族的交流使文化得到不断的发展变化，从而有新的创造，其中也谈到了佛教与儒教的交流史。我作为佛教徒，很赞同您对中国历史上佛教的传入、变迁所做的深入考察，但我还想以佛教史为主做一点补充。

公元元年前后，印度佛教传入中国，但与当时中国文化差异很大。佛教是在与中国文化的相互影响中不断变化的。印度佛教对中国的思想、文学、艺术、建筑乃至风俗习惯都产生了巨大影响，但与此同时，它也在接受中国文化影响的过程中转变为中国佛教并大放异彩。

印度佛教与中国文化的宏大对话是在从梵文经典向汉译经典的翻译中开始的，这两大异质的思想体系之间的规模巨大的翻译成为一种思想的哲学的对话，堪称人类历史上的壮举。

在这一过程中，首先产生了格义佛教。①从401年鸠摩罗什到达长安以后，真正的佛教传入就开始了，中国人开始准确地理解大乘佛教的

---

① 佛教在传入中国初期，中国很难从经文直接理解思维方式迥异的佛教思想，因此，佛教僧侣试图将中国本土的思想与佛教思想进行类比来加以解释。例如，将"空"的思想解释为老庄的"无"。这种方法称为"格义"，以此为基础的佛教称为"格义佛教"，在西晋（280—316）末期到东晋（317—420）兴盛一时。但受到释道安（314—385）等人的强烈批判，5世纪初，经鸠摩罗什的大量翻译，中国形成对佛教思想的体系化理解后，格义佛教衰退。

"空"、中道论、业论等①。在庞大的佛典翻译的基础上，宏大的中国佛教也结出硕果。六朝之后，时至隋唐，印度佛教中所没有的中国佛教即宗派佛教开始形成。众所周知，从印度经丝绸之路、西域传来的印度佛教经典被不断译出，于是开始有了中国佛教的"教相判释"②，它建立在中国对经典的比较与价值判断的基础之上。

由是，宗派佛教竞相发展，终于形成了真正的中国佛教。天台宗以《法华经》为中心，三论宗以《三论》为主。唐代以后，有了以《净土三部经》为中心的净土宗，以《华严经》为中心的华严宗，还有现在禅宗的雏形南禅宗、法相宗、俱舍宗，唐代中期以后，还从印度传来了密宗。所有这些宗派几乎都传入朝鲜半岛，并经由朝鲜半岛传入日本，培育了日本人的精神土壤。在日本，有圣德太子以后的南都（奈良）六宗，有平安时代的天台宗和真言宗，特别是在天台宗这一支，出现了以日莲大圣人为首的镰仓佛教的师祖。

在中国的宗派佛教中发挥了先驱性作用的人当推讲述《法华经》的天台大师智𫖮。智𫖮讲述了《法华三大部》③，通过这些著作整合了各种

① 鸠摩罗什（344—413，一说350—409），父亲为印度贵族，母亲是龟兹国王族。从小被誉为神童。384年，成为进攻龟兹国的吕光的俘虏，度过了十八年的囚徒生涯。401年，受后秦姚兴的邀请进入长安，仅仅用十年的时间就翻译了包括《妙法莲华经》在内的约三百卷佛经，同时培养了众多门生。一般认为，中国佛教以及东亚佛教是由其奠基的。

② 指将佛教的经典根据内容、形式、说法的顺序等判定其特征和优劣的佛教经典解释学。由于佛教经典传入中国时没有前后关联，所以学者们通过判断排列经典，以究佛教的根本真理、佛教修行的终极目的等。以天台大师智𫖮的《五时八教》最为著名。

③ 亦称"天台三大部"，指的是智𫖮综论鸠摩罗什译的《妙法莲华经》之深意的《法华玄义》，解释其经文的《法华文句》，基于《法华经》对全部佛教修行（称"止观"）加以体系化的《摩诃止观》三书。三书皆是其高足章安灌顶（561—632）辑录智𫖮的讲义并多次校订的成果。

佛教思想，并以《法华经》为基础论证了"一念三千"①的法门，为一切众生可以平等成佛提供了理论根据，论证了在这个充满生死苦恼的现实世界达到理想境界的可能性，即"生死即涅槃"。这就形成了中国佛教的现世主义，为在家佛教即居士佛教开了方便之门。

才华横溢的研究者刘继生在以《佛教与儒教的两千年对话》为题的论文中对天台宗和法相宗进行了比较，提出了这样的见解："佛教中有许多宗派，富于多样性。在诸多的宗派之中，既有天台宗这样历经重重苦难而不断发展的宗派，也有法相宗这种短命的宗派，其原因在于是否积极地与中国的思想进行融合。"②他认为，天台宗的《摩诃止观》关注到了人性中的恶，要求我们做严格的自我反思，也就是说，那些难以获救的人通过自己的修行就够成佛。而法相宗却倡导"五种姓说"③，否定一切众生皆能成佛之说。他认为，天台宗与儒教的性善论或者人人可为圣人之说是有相通之处的，而法相宗则固守教义，拒绝与中国传统思想相融合，因而衰退了。

正如刘先生所分析的那样，天台宗以《法华经》为中心融合了佛教思想，同时又尝试与中国传统的儒教和道教思想相融合。方才顾先生在论及佛教东传时，也指出佛教与儒教的共同点有"佛教劝人为善，中国儒学也总是教育百姓要做一个善良的人"。天台大师智顗在《摩诃止观》

---

① 指的是三千性相都具足于一念之中。《摩诃止观》对此做了阐释，《御书全集》中引用了以下句子："夫一心具十法界，一法界又具十法界、百法界。一界具三十种世间，百法界即具三千种世间，此三千在一念心。"参照第五章第三节。

② 创价大学通信教育部学会编『創立者池田大作先生の思想と哲学』第三卷、第三文明社、第十章。引自237页、238页。

③ "五种姓说"将众生的宗教素质（种性／种姓）分为五类，并强调是天生决定的，无法改变。这五类种姓为：（1）声闻种姓（定性声闻）；（2）缘觉种姓（定性缘觉）；（3）菩萨种姓（定姓菩萨）；（4）不定种姓（三乘不定性）；（5）无种姓（无性有情）。（1）（2）（3）由修行所得之果决定，（4）可能改变，（5）无法悟到任何。这种说法由于认为只有（3）（4）有成佛的可能，引起许多争论。

中把儒教伦理的源泉"五常"与佛教善的基础"五戒"相对比，指出它们都是使人向善的伦理；佛教是与烦恼和恶业斗争的，是锤炼自我的，是向着善心与善业而促进变革的，是用"十善"和"五戒"来阐述自我磨炼的伦理的。①

4 "人间主义"的支柱——儒教的仁与佛教的慈悲

中国文化底色中的"尚文"之风

池田

我想再稍微与您讨论一下中国文化的特质。

德国的大文豪歌德曾对他的弟子艾克曼说道："在文化水平最低的阶段你总会发现存在最强烈的仇恨。但会有那样的阶段——民族仇恨会彻底消失，即超越了民族，把邻国人民的哀乐看作自己的哀乐。"②这是一段非常具有启发意义的话，因为它提出了这样一个观点，即把是否具备控制人类的野蛮兽性的内发力看作衡量文化或文明发展程度的指标。

我想在有五千年历史的贵国，正具有这样一种高度的文化和文明的力量。我曾就这一点于1984年在北京大学进行了演讲，我谈到了中国独特的传统，并指出中国历史的原动力在于一种不"尚武"而"尚文"的

---

① "五常"指的是"仁、义、礼、智、信"五种道德。"五戒"指的是"不杀生、不偷盗、不邪淫、不妄语、不饮酒"的戒规。"十善"指身、口、意三方面做到善行。身为"不杀生、不偷盗、不邪淫"，口为"不妄语、不绮语、不恶口、不两舌"，意为"不悭贪、不嗔恚、不邪见"。

② ェッカーマン『グーテとの対話（下）』山下肇訳、岩波文庫、271頁。対話は在1830年3月进行的。

气质之中。[①]正是因为有这种"尚文"的精神特质（道德特质），在悠久的中国历史中，中国文明具有一种抑制事态全面倒向武力的文化力量。虽然也有例外，但我想中国文明中是有这种文化力的。

就这一点，作家金庸[②]曾跟我说过很有意思的话。他说："在中国的传统中，更重'文官'而不是'武官'。""比如说，在排队向皇帝致敬的时候，首先排文官，然后才是武官。""文官和武官在一起的时候，总是文官为上。"以高度的文化和文明为自豪的中国，就是这样以文制武。

那么，为什么中国形成了不尊武而尊文的文化呢？我想，它的渊源可以在以"仁"为代表的儒教精神中找到，"仁"与"义""礼""智""信"并列成为儒教思想的根基。顾先生也指出"孔子学说的核心可以概括为一个'仁'字"，并指出其"最主要的精神是克己与爱人"。[③]仁是指以爱人、体恤、同情、共感之心实现共生的实践伦理，而且为使仁成为可能就要"克己复礼"——抑制自己的欲望以恢复礼义，其特点是不论他人如何，首先将着眼点放在如何控制自身欲望这种内在的部分。另外，从语源上说，仁表示"两个人"，既有把人与人联系起来的道德的意思，也有一种安坐于座位上的意思，通过坐垫而放松心情，从而延伸为和亲与仁爱等意思。[④]这种"仁"的精神培育了中国人强烈的伦理规范和伦理感，成为构建尚文的、和谐的及和平的社会的原动力。

我想请顾先生就中国尚文的风尚谈谈自己的看法。

---

① 講演「平和～の王道―私の一考察」。1984年6月5日在第6次访问北京大学时的演讲。收录于『池田全集』第一卷。
② 香港小说家，武侠小说的代表人物，被称为"东方的大仲马"，在世界华语圈有众多读者。1924年生于浙江省，在香港创办《明报》，作为著名的言论界人士与多国首脑进行对话，曾在规范回归后的香港社会的《香港基本法》起草委员会中担任委员。1995年以后，与池田大作先生进行过五次对话，出版了对话录《追求一个灿烂的世纪》。
③ 前揭『中国教育の文化的基盤』65頁。
④ 白川静『字通』平凡社。

追求仁爱的"大同世界"

顾

池田先生谈到中国文化尚文的气质。我想，总体上是这样。儒家文化的核心就是一个"仁"字。仁者爱人，爱人就不能靠武力。所以战国时期，孔子、孟子周游列国去宣传他们的"仁"的精神，劝说君王要以"仁""义"治天下。然而在那个争战兼并的年代，孔子、孟子到处碰壁，并未如愿。但是儒家尚文的精神一直流淌在中国人的血脉中。中国人总是希望和平，厌恶战争。

中国古代关于世界和平的思想集中体现在《礼记·礼运篇》中有关"大同"的一段文字中。这段文字是这样写的。

> 大道之行也，天下为公。选贤与能，讲信修睦。故人不独亲其亲，不独子其子。使老有所终，壮有所用，幼有所长，鳏寡孤独废疾者皆有所养。男有分，女有归。货恶其弃于地下，不必藏于己；力恶其不出于身也，不必为己。是故谋闭而不兴，盗窃乱贼而不作，外户而不闭。是谓大同。[1]

这就是中国人追求的大同世界。这个世界是以仁爱为精神支柱的。所谓完善的人格也以此为标准。儒家主张培养"君子"。君子就是有完善人格的人，是讲仁义、有道德的人。所以许多学者都认为，中国文化是一种伦理型文化，重视人伦关系。在家庭中重视父慈子孝、兄友弟恭、夫敬妇从，在社会上对朋友讲"信"和"义"。前面我曾谈到我以

---

① 竹内昭夫『新釈漢文大系27 礼記 上』明治書院、327—328頁。

前背诵过儒家经典《大学》①，它开首第一句话就是："大学之道，在明明德，在亲民，在止于至善。"②学习知识就是为了完善道德。儒家提倡"修身、齐家、治国、平天下"。就是从自身修养开始，进而把仁爱扩大到家庭、国家及至世界，求太平大同的世界。

追求慈悲的"立正安国"

池田

顾先生所谈到的《礼运篇》，近代学者康有为是很关注的，他写了《大同书》，他在书中用佛教的四谛（苦谛、集谛、灭谛、道谛）来论证实现"大同"这一和平世界的过程。③但与佛教中的出世立场不同，他追求的是要在现实世界中去实现这个理想。正像康有为所注意到的那样，在中国佛教的天台哲学和华严哲学中贯穿着一种佛教理想，它与"大同"思想相同，是要把充满苦恼的现实世界改变为和平的世界。

我曾在夏威夷的东西方中心演讲时介绍过释尊的和平论，这是贯穿于整个佛教的和平思想的基点。④我谈到了释尊与《礼记》大同理念根本上相通的观点，就是下面这段逸话。

当时，印度有一个大国叫马嘎塔，这个国家派了一个大臣来见释尊，表达了要攻打瓦基人的意向，释尊就问了弟子们关于瓦基人的七个问题。

---

① 见第一章第三节。

② 金谷治訳注『大学・中庸』岩波文庫，31、33頁。

③ 康有为（1858—1927），清末民初政治家、思想家。推动旨在对清朝进行改革的变法运动，1898年戊戌变法失败后流亡日本。其后始终坚持对清朝进行政治改革，追求君主立宪制，故不赞成旨在推翻清朝的革命运动。在其代表作《大同书》中，描绘了一个统一的、没有歧视与束缚的、全人类自由平等的乌托邦式的未来。

④ 1995年1月26日的演讲。「平和と人間のための安全保障」。收录于海外諸大学講演集『21世紀文明と大乗仏教』聖教新聞社、『池田全集』第二巻。

一、他们尊重会议与协商吗？

二、他们尊重合作与联合吗？

三、他们尊重法律与传统吗？

四、他们尊重老人吗？

五、他们尊重妇女和儿童吗？

六、他们尊重"精神性"吗？

七、他们尊重文化人士与哲人并与他国开放地进行交流吗？

弟子们的回答都是"是的"。释尊听到回答后说，如果这七条都做到了，那么瓦基人必繁荣无疑。也就是说，释尊悟到，马嘎塔国的国王是不可能征服瓦基人的。这七条原则后来被称为"七不退法"。我认为释尊的这种原则理论，与中国理想的"大同"世界是有共同指向的。

日莲大圣人继承了印度佛教和中国佛教的成果，发展了日本佛教的精华，他提出了为实践世界和平的"立正安国"思想。这里的"立正"，意思是要确立起基于佛教慈悲的尊重人、尊重生命的思想，把它作为指导全社会的不变的原则；"安国"则是指建设以"人间主义"的思想为行动准则的社会，生活在这种社会的民众可以安享幸福。

顾先生指出，普及仁爱的过程就是实现中国人理想中的"大同"世界的过程。大同世界以仁为精神支柱，立正安国以慈悲为精神支柱。可以说儒教中仁的精神和佛教所说的慈悲是相通的。

在龙树所著的《大智度论》中有"给一切众生以乐为'慈'，拔一切众生之苦为'悲'"的论述，也就是说，慈悲就是解除人们的痛苦，给予他们喜悦与快乐（拔苦与乐）。[①]这不仅仅是个体内在的伦理，也是对关心他人苦恼、给予他人快乐这种积极行动的促进。日莲说："而自

---

① 『大智度論』卷二十七（釈初品大慈大悲義第四十二）卷頭。『大正大藏経』第二十五卷、256頁中。

他共有智慧与慈悲，是云喜也。"①所以慈悲与智慧一道成为佛教者的基本精神。

天台大师的《摩诃止观》说："矜养慈悲，不害他者，即不杀戒。"②把佛教的慈悲与儒教的仁看作同义。这里所说的"不杀戒"即是显示生命尊严的慈悲之戒，即是不害他者、爱他人之体恤之心。从这个基本戒出发，去展开佛教的其他戒（伦理规范）。作为大乘佛教伦理基调的慈悲与儒教的仁的共同之处在于，这种促进人与人相互联系的行动，是自身本来具有而非从他者那里获得的精神性和伦理性。

在儒教中有孟子的"四端说"，它表达了对内在于人类生命的善性的强烈信心。③在佛教中，天台宗以《法华经》为基础，指出"当知佛之知见蕴在众生也"④，也就是说所有的人都具备"佛性"这种伟大的善性。

所以，儒教和佛教的方向都是以人为焦点，旨在开发与高扬人本身的内在善性，我们把这种实践性思想称作"人间主义"，与贵国所说的"以人为本"是一个意思。

不是孤立地、片面地看人，而是将人与人结合起来，坚信人的无限可能性和善性，这种精神体现在仁与慈悲之中。我想，全世界凡是希冀和平的有心之人，都会希望文化或文明的发展以仁与慈悲中所体现的人间主义精神为理念。

前面谈到，仁与慈悲都是追求开发实践德性的。我想贵国所提倡的

---

① 「御義口伝」、『御書全集』761頁。

② 『摩訶止観』卷六上。『大正大藏経』第四十六卷、77頁中。

③ 即指任何人都有恻隐、羞恶、辞让、是非之心。此四者为仁、义、礼、智四德的萌芽。能够磨炼自己的四端，就可为圣人。出自《孟子》公孙丑章句上，参照第四章第二节。

④ 《法华玄义》卷二上在论及《法华经》的"开示悟入"时写道："如经为令众生开示悟入佛之知见。若众生无佛知见。何所论开？当知佛之知见蕴在众生也。"『大正大藏経』第三十三卷、693頁上。

"提升人格"，也是要培养具有实践性伦理的人。您认为仁的精神给了现代中国文化和现代的中国民众怎样的影响？

顾

我所知道的佛教慈悲应该也是爱人、与人为善之义，这是与儒学相通的地方。佛教自东汉传入中国以后，逐渐与中国文化相融合，提倡德行教育。《增一阿含经》中就提出："诸恶莫作，诸善奉行，自净其意，是诸佛教。"[①]可见佛教的慈悲就是劝人为善。同时佛教主张自我修炼，自我觉悟，这与儒学中讲的仁爱、与人为善、自我修养都有某种相通之处。所以宋明理学吸收了许多佛教的精神。

仁爱是人间最重要的伦理道德。有了爱才能互相理解，和平相处，互相帮助，共同发展。现在中国正在建设和谐社会，提倡互相友爱。2008年5月12日中国四川汶川大地震，2009年台湾花莲遭暴风袭击，这些都牵动了中国人民的心，全国上下纷纷捐钱捐物，帮助灾区人民渡过难关，充分表现出中国人的仁爱之心。今年（2010年）4月14日青海省又发生了大地震，全国都在全力救援，努力进行灾区重建。还有些支持是来自国外的。

战争文化是野蛮的渣滓文化

池田

对此我表示衷心的慰问！我深深为亡灵祈福，也祝愿灾区的复兴早日实现。

今年，加勒比海的海地和南美的智利也发生了大地震。近年来，日本发生过阪神·淡路大地震、中越大地震等，受灾相当严重。另外台风带来的灾害也持续不断。在这些灾害中，我们更深切地懂得了互相守

[①]『増一阿含経』序品第一。『大正大蔵経』第二巻、551頁上。

护、互相支持、携起手来共同面对困难的重要性，志愿者活动、各地的防灾抗灾活动已经深入人心。其中，我们国际创价学会的青年们作为佛教徒也燃起强烈的使命感，在救灾及地方重建方面忘我地奔忙。从这个意义上来说，佛教和儒教中都富于提升人性、促进社会协调与和谐的智慧。无论社会取得了何种进步，如果失去仁爱、慈悲这些精神，那也必将走向颓败。

顾先生在著作中谈到文化与人的关系："文化是人创造的，同时文化又创造着人，人是在一定的文化环境中成长的。因此要特别重视文化的人文主义精神，丧失人文主义精神的创造成果不能称之为文化，或者只能称之为'垃圾文化''文化渣滓'。"[①]正如您所说，人文主义或人道主义的精神非常重要。在"文化"这个词中，有着人性的、温雅的芳香。但在现实中，也存在着企图统治他人的、将非人性的暴力最大化的"文化"，可以说战争正是"垃圾文化"的产物。"战争的文化""歧视的文化"是戴着文化面具的野蛮，可以说是人性的失败。20世纪是"战争的世纪""暴力的世纪"，产生仇恨和暴力的"战争文化"可以说就是"文化渣滓"。我们要把笼罩了整个20世纪的"战争的文化"变为"和平的文化"！这才是我们可以留给后代的最伟大的文化事业，是21世纪应当履行的使命。

您认为今后的世界要根除"文化渣滓"的毒害需要做些什么呢？您认为在当今世界中，"人间主义"的思想应该发挥什么样的作用？

---

① 前揭『中国教育の文化の基盤』28頁。

人类迎来了自我觉醒的时代

顾

正像池田先生所说的"20世纪是暴力的世纪"，在和池田先生的对话中我几次谈到塞缪尔·亨廷顿，他把它归因于文明的冲突。他在1996年出版的《文明的冲突与世界秩序的重建》一书中说："最普遍的、重要的和危险的冲突不是社会阶级之间，富人和穷人之间，或其他以经济来划分的集团之间的冲突，而是属于不同文化实体的人民之间的冲突。"[①]其实，亨廷顿只看到当今世界冲突的表面现象。文明是离不开经济的。人类文明是在经济发展的基础上不断进步的，世界不同文化实体也是由不同的利益群体在历史长河中形成的。民族、种族不仅仅是血缘意义的实体，也是在共同经济政治活动中长期形成的，是有着共同利益的群体。文明的冲突掩盖了集团利益的冲突，当今世界的冲突不只发生在不同文化实体之间，同一个文化实体不也是不断发生冲突吗？几百年来欧洲的多次战争不是在同一种文化、甚至在兄弟之间发生的吗？两次世界大战都发生在欧洲文明之中的事实都反驳了亨廷顿的观点。但有一点亨廷顿的分析是对的，他指出："未来的岁月里，世界上将不会出现一个单一的普世文化，而是将有许多不同的文化和文明相互并存。"[②]因而他要唤起人们对文明冲突的危险性的注意，促进整个世界上的"文明的对话"。

确如池田先生所说，在文化中也有对人类而言非常危险的东西。战争和暴力可以产生"战争的文化"，但这是"文化渣滓"，不是人类应有

---

① ［美］塞缪尔·亨廷顿：《文明的冲突与世界秩序的重建》，7页，北京，新华出版社，2002。

② 亨廷顿为《文明的冲突与世界秩序的重建》中文版写的序言，1页，北京，新华出版社，2002。

的文化。科学技术的发展、物质生产的高度丰富都具有两面性：一方面丰富了人类的物质生活，另一方面又使人类的物欲膨胀，并且运用先进的科学技术制造武器，互相残杀。

人类该到自我觉醒的时候了。如果大家都能践行儒家所提倡的仁爱，佛教所提倡的慈悲，就会认识到战争的危害，世界和平才有希望。这就是池田先生说的"人间主义"吧！

这里我又想提到教育，教育实在太重要了。其实儒学也好，佛教也好，都是在教育人们从善。我们今天的教育切不能教育后代互相仇恨，而是要教育后代互相理解，互相学习，互相帮助，共存共荣。

以生命尊严为一切之坐标

池田

对此我有深深的共鸣。顾先生所指出的"文化的人文主义精神"是非常重要的，也就是要把人和生命尊严作为一切的坐标。这就是"人间主义"。要不松懈地与人自身的野蛮性做斗争，最终取得人性的胜利！无论是文化还是文明，究其根本，都是由人所创造的。一切决定于人。因此，我确信，只要把旨在开发人的无限善性的"人间主义"教育作为根本，就一定会超越民族和思想等方面的差异，共同产生多彩的智慧，真正创造出丰富的文化与文明。

第3章 比较教育学之光*
——关于中国与日本的教育

顾

今年（2010年）是创价学会创建八十周年，我首先要向贵会和池田先生表示热烈的祝贺，我也由衷地赞美创价学会为人间播撒的爱、为世界和平做出的贡献！

创价学会是在牧口常三郎先生的领导下，为了救助苦难的民众而成立的，它高举教育改革的旗帜。学会由于在第二次世界大战时期强烈反对国家神道和军国主义而受到了日本军部政府的镇压。牧口先生身陷囹圄，被迫害致死。这是多么惨痛的历史！可见侵华战争不仅给中国人民带来灾难和痛苦，也给日本善良的人民带来灾难和痛苦。创价学会的后任几位领导，包括池田先生您在内，能够接过牧口先生的旗帜，坚持实现全体民众的和平与幸福的使命，值得钦佩！

池田

谢谢您温暖的话语。首任会长牧口常三郎先生曾言："只要有一个

---

* 本章内容曾刊载于《东洋学术研究》第49卷第2号、第50卷第1号（2010年11月、2011年5月）。

有勇气的大善人，就能成就大事。"①顾先生正是这样的一个人，能得到您这样深深的理解，牧口先生该会多么欣慰！

我之前也介绍过，为了纪念不屈不挠的正义斗士牧口先生，我们在牧口先生的五十年忌辰的1993年的秋天，在东京八王子市创价大学附近建立了东京牧口纪念会馆。②纪念会馆耸立在高岗上，像是在守护着创价大学的每一个学生，这所学校正是他遗愿的结晶。今天，纪念会馆还迎来了全世界倡导和平与人道的领袖们及许多其他与创价信念一致的同志们，成为文化和教育的殿堂。

祈望和平、为青年们开辟道路的牧口先生的精神，正被年青一代广泛地继承。

1　文化与教育的关系

教育是文化的一部分

池田

在前一章对话的基础上，让我们谈谈教育与文化的关系。

文化是大地，在富饶的文化大地上，盛开着丰富的人性之花。

顾先生认为，在比较教育学研究中，如果不能与对象国的文化传统相联系来思考，那么就很难理解其教育的理念与实践。您很敏锐地观察到文化的问题。

---

① "羊虽千匹，不及狮子一头。狮子至，则羊即逃遁。与其有成千臆病之小善人，不如有一有勇敢之善人可成就大事。人才者，非数量也。"辻武寿编『牧口常三郎』第三文明社、27頁。
② 参见第一章第七节。

在您的著作《中国教育的文化基础》中，您这样写道："影响教育的因素应该分为政治因素、经济因素、文化因素等，其中文化因素对教育的影响尤为深刻，尤为持久。"

　　我也有同感，不看文化而言教育，就成了"只见树木不见森林"的空谈。特别是以下您关于"教育是文化的一部分"的论述，更是指出了问题的关键："文化的思想、意识、观念层面的影响，渗透到关于教育者和受教育者的教育价值观、人才观、教学观、师生观等方面，影响到教育价值观的确立，教育目标的制定，教育内容的选择，教育制度的建立，等等。"

　　无论教育的哪个方面，都被不同程度地打上了文化的烙印。因此，深入理解文化对研究各国各民族的教育实际是不可或缺的。

　　被贵国译为中文的《法华经》中有七大比喻，例如《药草喻品》中有这样的描写：广袤的大地受到雨露的润泽，生长出大大小小的草木。这一宏大而有力的"三草二木之喻"直接地说明，在佛的智慧之雨的滋润下所有的人都可以成佛的道理。

　　不仅如此，我还联想到在大宇宙妙不可言的恩泽下，包括人在内的所有存在，都有着丰富的个性，它们热情地讴歌生命，形成了万物共生的局面。

　　上次与顾先生谈到，文化包括科学、艺术、宗教、思想、道德、法律、学术，也包括风俗、习惯和制度等。在这种极为丰富而复杂的文化土壤中，产生了包括教育在内的所有人类活动及其成果。如果把这种"共生的大地"比作"文化"，那么"草木"正是包括教育在内的所有人类活动。正是从富饶的文化共生的大地之上，那些充分吸收营养的、个性丰富的教育大树才枝繁叶茂。

　　文化的内在性质对于教育的质量和内容有着深厚的影响。但另一方面，正如顾先生所说："教育受文化的影响至深至久，而文化也需要依靠教育来传播和继承。"①教育本身也对文化的继承和发展发挥着重要的作用。教育担负着使子子孙孙进行"文化遗传"的功能。

因此，我想对文化这一"大地"或文化基础进行更为深入和广泛的研究，与顾先生一道展望充满光明的人间教育的世纪。

教育传承文化

顾

说起文化与教育的关系，我认为教育本来是文化的一部分，但又有相对的独立性，就如文化领域中的文学、艺术、建筑等一样，虽都属于文化，但它们又都有独立的运动规律和特点。教育也是这样，有自身的规律和特点。教育总是在民族文化的土壤上生长起来的。池田先生认为教育只有在富饶的文化大地上才能生长，我很赞同这个观点。文化是教育的基础，它影响着教育的价值观、培养目标、教育内容，教育方法。

人类为什么需要教育？就是为了把父辈的生产经验、社会经验、各种礼仪传播给下一代。因此也可以说，教育的本质就是传播文化。文化是教育的基础和内容，教育是文化传承的途径和方式。

教育在传承文化时，并不是原封不动地把原有的文化传授给学生，而是在传承过程中有选择和改造。就拿中国儒家文化来讲，现在我们了解的儒学已经不完全是孔子时代的原始儒学，已经经过多次的选择与改造。

日本文化也属于儒学文化圈。自隋唐开始，日本就不断派遣学者到中国来学习，特别是宋明理学对日本的文化影响很大。但是他们不是简单地把中国儒家文化搬回去，而是经过选择和改造形成了日本自己独特

---

① 『中国教育の文化的基盤』13、29、34頁。

的文化。

文化有先进和落后之分，教育也有优劣之别。宣扬和平的就是先进的文化，宣扬暴力侵略的就是落后的文化。教育人们"真、善、美"的是优秀的教育，但像军国主义或恐怖分子那样宣扬仇恨的就是卑劣的教育。

中国儒家以"仁"和"礼"教育学生，仁者爱人，以礼待人。这种教育就是一种优秀的教育，使中华民族形成一个讲求和平、博爱、礼仪的民族。抛弃本国的优秀文化传统、照搬别国文化的教育，就不是优秀的教育。当前我们担忧的是我们的年青一代迷恋西方文化，所以迫切需要加强中华优秀文化教育，使年轻人不要忘掉自己的文化传统，不要忘掉自己的根。

文化教育领域中"价值创造"的斗争

池田

感谢顾先生有关文化与教育关系的清晰阐述。正如您所言，要拥有好的教育，就必须继承和培育优秀的文化。要继承和发展优秀文化，良好的教育则必不可少。

牧口先生在《创价教育学体系》中提倡建立新的教育学，强调"以文化价值为目标向前进"[①]。

在此，我想向您介绍一下我们是如何参与"教育与文化"活动的。此前我曾谈过创价学会的历史，可以说实际上是户田先生在战后重建了当时已遭破坏的创价学会。[②]在学会再建之际，先生将"创价教育学会"改称"创价学会"，明确了实现全体民众的和平与幸福的使命，期望学

---

① 第一篇第二章「教育学の価値的考察」の四。『牧口全集』第五卷、27頁。
② 参见第一章第六节。

会以佛法的"人间主义"为富饶的土壤，发展使教育和社会所有领域的价值之花争相斗艳的综合性的大文化运动。

1951年5月3日，户田先生就任第二任会长，在他的领导下，学会得到普通民众的支持，在日本全国的影响迅速扩大。当时还是二十几岁的我，为了实现恩师的心愿，心无旁骛地参加了"战斗"。

当时，创价学会被社会上的一些人揶揄为"穷人和病人的大联合"，但我们坚信救助苦难民众的宗教才是真正有力的宗教，所以从未向恶意的批判屈服。我们一个人一个人地见面，一个人一个人地对话，在座谈会上鼓励每个人，我们每天就是从事这种扎实的工作。有一天开座谈会时，由于在一间小屋里聚集的人过多，把地板都压坏了，这都是令我怀念的回忆。

当时正值战后的混乱期，贫困家庭还很多，他们并没有充分接受教育的机会，也没有品味高雅文化的可能。但是，从本来的"文化之力"来看，经济的贫困未必就导致人性的贫困。因为即使有学历，即使财物丰富，但有的家庭还是精神空虚，杀气腾腾。而另外一些家庭虽然小而朴素，但有明快的笑容，温暖而诚实的心灵闪耀着光芒。这种清风如许的普通民众家庭我见过很多。家里没有名画，就插上一朵野花点缀，为整间屋子注入了生命的色彩。那里有创造美的价值的智慧，有扎根于生活的文化。

世界上有些地方战祸与纷争不断，人类的文化惨遭破坏，教育的机会被剥夺，暴力与贫困充斥，孩子们不知阖家团圆之乐，不知学习之乐，在凄惨的现实下只会玩"战争游戏"。这种非人性的战争在教育着人，这是多么荒凉的景象啊。文化的荒废夺去了儿童的未来。

之前顾先生给我讲过自己的经历，令我感受到您受到了您母亲扎实的教育，您是在一个真正有文化的家庭中长大的。在单亲家庭这种非常困苦的情况下，您的母亲教给了您自力更生的精神，教给了您关爱他人之心。

所以，您的内心充满了报答母亲恩情之情。这是多么美好的事情！我觉得人性的文化只有在充满着这种"母爱之心""孝顺之心"的生活中才能真正发光。

牧口先生认为，康德所主张的"真、善、美"这些价值内容中，真理并不是价值，而是认识的对象，于是独创性地主张"美、利、善"的价值，认为人生的幸福正在于获得和创造这些价值。教育要面向创造价值，因此要确立"创价教育"。牧口会长在《创价教育学体系》中是这样定义各种价值的：第一，美的价值是关于部分生命的感性价值；第二，利的价值是关于整个人的生命的个体性价值；第三，善的价值是关于群体性生命的社会性价值。他还说："人生终究是创造价值的过程。""教育活动必须指导价值创造。"[①]

以牧口先生的理论为原点，创造"美、利、善"的价值，让以"人间主义"为根底的文化、教育与和平永放光芒，也是我们创价运动的目的。

人生需要信仰和精神

顾

人生在世，总要有点信仰和精神，这是人类与动物的根本区别。正如池田先生说的，经济的贫困未必就导致人性的贫困。如果人有了信仰和精神，生活在爱心之中，为人类创造非凡的价值，人生就是无限充实的，精神就是很富有的。这不就是创价学会主张的"人生终极的创造性价值"吗？

[①] 第二卷·第三篇「価値論」第五章第一節。『牧口全集』第五卷、325～326頁。同篇第一章の一。同書214頁。

池田

我在创价大学开学时曾赠学生们一句话：人生的价值只诞生于劳苦与使命之中。为了人民、和平这些崇高的使命而勇于挑战艰难困苦，才能创造最充实的人生终极价值。事实上，我有很多这样无名的朋友，他们过着有价值的充实人生，可以称他们是市井英雄，他们的人生就是我这句话的最好证明。

2 比较教育之路

从"一国教育的现代化"到"世界公民教育"

池田

在这里我想问问比较教育学的专家顾先生一些与比较教育学相关的问题。

据了解，19世纪始于欧美的比较教育学在近代民族主义（民族国家）的全盛期是以发达国家的教育为研究对象的。可以说，比较教育在调查和比较发达国家的教育方法和教育制度并把优秀的东西引入方面是做出了很大贡献的。[①]

日本的比较教育是在进入20世纪以后逐渐发展的。从这一时期开始，日本对欧美教育的研究兴盛起来，出版了早稻田大学和东京帝国大学的教授们的以"比较研究"或"比较教育"为题的著作。但真正的比较研究的开始则是在第二次世界大战以后，这一时期比较教育不仅在日本，在世界各国都呈现出活跃的景象，在战后的混乱期，人们都希望国

---

① 馬越徹『比較教育学——越境のレッスン』（東信堂）等文献。

家复兴，因此从教育中寻找出路。全世界对发达国家教育的研究都非常活跃，这也可以说是一种教育竞争。

在日本，继1952年九州大学开设比较教育学讲座之后，1953年广岛大学也开设了比较教育制度学讲座，1965年日本比较教育学会成立，比较教育学真正在教育研究中占有一席之地。此后比较研究非常活跃，与国外大学的交流逐步加深，扩大了友好往来，在日本教育制度改革方面发挥了重要作用。

简单地说，一直以来，比较教育研究就是为了实现教育的现代化，现在现代化在许多国家都在一定程度上得到了实现。

另外，国家的框架近年也发生了重大变化。苏联和东欧国家出现的国家剧变，欧盟所体现的超越国家单位的区域性统合，使单纯的以国家为单位的比较已经无法施展。加上互联网的普及和交通条件的完善，各国间的人员交流更为便捷，很多留学生和劳动者可以进行迅速而广泛的往来。在外国劳工不断增加的国家，对不同文化背景的外国人如何进行教育也成为讨论的焦点。

现在，比较教育学的对象已经不能被完全囊括于现存的国家框架之中了。近年来，就全球性问题进行的研究与教育受到了人们的重视。旨在理解和尊重多元文化进而实现共生的教育，即世界公民教育，受到广泛的注意。

我感到，比较教育学正处在这种新的教育潮流之中。

我听说在中国比较教育学是在周恩来总理的提倡下开始研究的。听说有过苏联留学经历的顾先生曾被分配到北京师范大学新设的外国教育研究室。

研究人才培养的"普遍规律"和"地区差异"

顾

　　人生总有偶然的机遇，我的人生也不例外。

　　比较教育本来是一个古老的学科。正如池田先生所说，早在19世纪西方就出现了比较教育。中国在20世纪20年代一些教育前辈把比较教育引进中国。但是中华人民共和国成立以后，实行"一边倒"的政策，比较教育研究也就中断了，直到1964年周恩来总理主张要了解外国，要研究外国，于是建立了外国问题研究机构，才重新开始对西方教育的研究。但当时不称比较教育，而称外国教育。到"文化大革命"结束，改革开放以后，教育界又重新建立比较教育学科。

　　1980年教育部邀请美国哥伦比亚大学比较教育学家胡昌度教授[①]来北京师范大学讲学，同时由十所准备开设比较教育课程的大学的教师组成的进修班在我校开班。经过一个学期的学习研究，我们动手编写了自己的比较教育教科书。于是新中国第一本《比较教育》于1982年问世。我当时在北京师范大学担任教育系主任，兼任外国教育研究所所长，参与组织了这些活动。

　　1980年7月我应日本比较教育学会会长平塚益德教授[②]的邀请，参加了在日本埼玉县举行的第四届世界比较教育大会。这是我第一次访问贵

[①] 胡昌度（1920—2012），中国教育史和比较教育学大家。1962年至1985年任哥伦比亚大学教师学院教授，后为名誉教授。著有 *China: Its People, Its Society, Its Culture*（《中国：人民、社会与文化》）和 *Chinese Education under Communism*（《共产主义下的中国教育》）等。

[②] 平塚益德（1907—1981），教育学家。曾任九州大学教育学部部长、联合国教科文组织本部教育局局长、日本国立教育研究所所长等。著有《平塚益德著作集》全五卷、《平塚益德讲演集》全三卷等。日本比较教育学会在1990年为纪念第一任会长平塚益德的业绩，设立了以奖励青年研究者为目的的"日本比较教育学会平塚奖"。

国，参观了中小学和东京大学、广岛大学等。日本教育的发达给我留下了深刻的印象。从此我与世界比较教育的同行们有了联系，真正成为比较教育之一员。

比较教育的含义其实很简单，就是比较世界各国或地区的教育思想、制度、模式，寻找教育发展和人才培养的普遍规律和特殊差异，最终还是为发展本国的教育提供借鉴。比较教育的研究具有跨地区性和跨文化性，说来简单，研究起来却很困难，因为世界上有两百多个国家和地区，有约两千个民族；有发达国家，有不发达国家；有大国，有小国；有多民族国家，有单民族国家，错综复杂。比较研究首先要具有可比性。研究对象的选择就是十分困难的事。我国正在开展社会主义现代化建设，所以我国比较教育研究对象首先选定美国、英国、法国、德国、俄罗斯和日本几个发达国家，学习他们的经验。后来又选择与我国发展水平相当的印度、巴西等国家，同时也对国际共同关心的问题，如全民教育问题、终身教育问题、女童教育问题、国际理解教育问题、环境教育问题等进行研究。研究的问题纷纭复杂，研究的前景十分广阔。

学习苏联模式又批判学习苏联的时代

池田

感谢您清晰地阐明了比较教育学的意义。教与学是一体的。因此，教育者本身要拥有广阔的视野，通过相互学习、相互提高、相互切磋，才能像获得明镜一样，放出智慧的光芒。

我在1974年第一次访华时，参观了北京大学、北京市的中小学和上海的幼儿园，和很多教育工作者进行了交流。同年我访问了苏联，去了莫斯科大学和列宁格勒大学（现在的圣彼得堡大学），那时正是中苏关系恶化的时期。看了顾先生的著作，我了解到中国在20世纪50年代从苏联请了专家，开办了模仿苏联教育模式的学校，每年还向苏联派遣大约两百名留学生。[①]向苏联学习也是向别国学习，从这个意义上来说，这也是广义上的比较教育实践吧。

在20世纪60年代，世界性的教育改革开始启动，而中国则因"文化大革命"，比较教育的研究出现了停顿。顾先生此间也有很多遭遇。

"文化大革命"结束后的20世纪70年代后期，中国的教育现代化开始大步地前进。在顾先生的著作中，也谈到以邓小平[②]"要引入外国教材，从外国教材中吸收有益的东西"的指示为契机，中国大量购买了美国、英国、法国和日本等国的教材，促进了中国的课程改革和教材的现代化。一度荒废的比较教育也重新出现了生机。在这一时期，我多次到贵国的大学进行访问和交流，师生们对于学术研究满怀激情的情景给我留下了深刻的印象。

那么，我想请教顾先生，您如何评价比较教育学在当前中国发展中的作用？

顾

池田先生谈到，中华人民共和国成立初期实行"一边倒"的政策，这其实也是不得已的事情。当时西方国家不承认中华人民共和国，而且实行封锁，我们不向苏联学习又向何处去学？因此苏联教育的影响是很强的。我是新中国第一批被派往苏联留学的学生，回来以后当然就宣传介绍苏联的教育理论和经验。当时人民教育出版社有一个《教

---

① 『中国教育の文化的基盤』235～238頁。

② 邓小平（1904—1997），中国政治家。1978年，他提出了至今仍在坚持的"改革开放"。邓小平两次会见创价学会名誉会长池田大作（1974年12月和1975年4月，均在北京）。

育译报》杂志，我在杂志上发表了多篇译文，苏联著名教育家赞科夫的发展教学理论的实验研究就是由我最先翻译介绍到中国的。但是到1958年，中苏关系逐步发生变化，同时中国学者发现苏联许多教育理论、制度和方法不一定适合中国的国情，于是开始探索中国教育发展之路。20世纪60年代，中苏关系恶化，中国开始批判苏联教育理论，寻求建立中国的教育理论体系。但当时还是很封闭，仅凭自己的经验，特别是干部教育的经验，改革是很有限的。不久"文化大革命"开始，苏联的一切都受到批判。我当然也参加到这个批判运动之中，不能例外。但心里并不觉得苏联教育都是坏的，也有许多值得我们学习的地方。"文化大革命"中批判苏联，留学苏联当然也就不是一件光彩的事，我也曾被批判为"思想上、生活上都'变修'了"的分子，停止工作，参加劳动。

求知于世界，确定"以学生为主体"的理念

顾

"文化大革命"从根本上打乱了中国教育正常发展的进程。改革开放以后，我们打开门户，放眼世界，才发现世界教育丰富多彩，而我国教育已落后世界几十年。于是我们积极引进国外各种先进的教育理论，引进外国的新教材，更新我国的教育内容。

当时介绍外国教育经验，比较教育起了巨大的作用。我们介绍了世界几个主要发达国家的教育制度和发展历史，研究了战后各国教育的发展历程和趋势，介绍了世界盛行的几种教育思潮和教育思想流派，如终身教育思潮，全民教育思潮，苏联赞科夫发展教学思想及苏霍姆林斯基和谐教育思想，瑞士皮亚杰发展心理学，美国布鲁纳结构主义教育思想

及布鲁姆掌握学习理论，德国范例教学法，等等，可谓五彩纷呈。①

① 列奥尼德·赞科夫（1901—1977），苏联教育心理学家，以研究残障儿童、低学年儿童为专长。主要研究记忆与发展的关系，提出的教学法（发展性教学法）旨在促进全班所有学生的身心全面发展，促进学生的智力、情感、意志、素质、性格、集体主义等的发展。瓦西里·苏霍姆林斯基（1918—1970），其半生都在乌克兰的乡村中学当校长，致力于将所有的学生培养成为能为美所感动，享受求知的乐趣，拥有自信心、自豪感和自尊心，合群乐群的人。为了实现学生"个性的和谐发展"，他与学生一起到森林和原野中去，在飞鸟、蝴蝶、云与风之中发现自然的秩序与合理性，在实地中确认教科书中抽象的原理。学生则把自己的感想画成画或编成童话互相展示。苏氏还通过制作肥料、饲料以及手制交通工具模型等将认识世界（学习）与改造世界（实践）相结合。他提出应致力于将学校、家庭与社会相结合，对学生进行"和谐教育"。其著作《把心献给孩子》等不仅在苏联而且在全世界都受到欢迎。让·皮亚杰（1896—1980），瑞士心理学家。为了解人的智力及思维的发展过程，用临床方法对儿童的语言、世界观、因果关系认识、空间概念、判断与推理、道德判断、数与量的概念等进行了研究，其儿童"思维发展阶段理论"非常有名，使发展心理学得到划时代的发展，对教育学、哲学、生物学、数学等许多领域都产生了重要影响。杰罗姆·布鲁纳，美国心理学家。1915年生。以提倡"发现学习"而著称。1957年，苏联成功发射人类历史上第一颗人造卫星"斯普特尼克1号"，这一"斯普特尼克冲击"袭击美国，使美国开始重新审视科学和教育，并于1958年制定《国防教育法》。1959年，布鲁纳当选为讨论改进教学方法的伍兹霍尔大会主席，大会在他的主持下，以最后报告为基础出版了《教育过程》一书。该书提出，要重视学习内容的"结构"即"事物之间联系的方式"，发现此前所未能发现的各种关系结构会带来发现的喜悦，并成为对自我能力的自信，从而进一步唤起学习兴趣。因此应设计引发学生兴趣的有魅力的课程，因为对学习材料本身的兴趣才是最好的激发动机的方法。其结论是为了提高教育质量，无论学科的基础如何，无论哪个年龄阶段的孩子，通过某种形式都是可教的。这一理论被称为"结构主义教学理论"。他认为除了分析性思维以外，直观性思维也很重要。布鲁纳认为个人需要和动机激发对知觉亦有重要影响，这一新观点心理学（new look psychology）也很有影响。本杰明·布鲁姆（1913—1999），美国心理学家。其掌握学习理论（masterly learning）认为几乎所有学生（95%以上）可通过一定的方法完全掌握学习内容。如果不能习得则非因为个人素质，而是没有在学习上花费足够的时间，如果不能通过学习过程中的测验（形成性评价）达到学习目标，可以进行再学习、补充学习或通过个别方式进行学习调整（如调整教学方法或调整学习基础），如此进行集体教学和个别指导的反复。布鲁姆认为，以往认为全班只有几分之一的学生能够完全习得学习内容是一种固定观念，它使学生学习意愿下降，压抑学生和教师的能力。范例教学法是1952年在西德举行的图宾根会议提出来的。这种教学方法要求从学科的本质性内容中精选出教材，并通过深入学习这些内容，使学生掌握其背后的思维方式和学科结构。在战后的西德，"教材的过度供给"造成了学生学习意

通过比较教育对外国教育的介绍，中国教育工作者开阔了视野，更新了观念。例如，在教育过程中的师生关系，中国的传统是"师道尊严"，以教师为主体，苏联教育也强调教师的主导作用。我于1980年提出"学生既是教育的客体，又是教育的主体"的观点，当时引起很大的争论。但是经过学习比较教育提供的国外的先进教育理念，"学生主体"的观点逐渐被大家接受，甚至写到了国家文件之中。又如社会发展中教育先行的问题，也因引进"人力资本理论"而在中国得到认同。"优先发展教育，建设人力资源强国"已经成为中国的国策。再如贵国战后的三次教育改革都被介绍到中国，中国教育也从中学习到许多有益的经验。

当前比较教育的任务已经不能局限于介绍各国教育表面的情况，而是要进一步深入探索各国教育的规律和趋势。要真正认识一个国家教育的发展规律，就必须研究这个国家的经济、政治和文化。特别是文化，对教育的影响是至深且远的。我在比较世界几个国家的教育时发现，虽然它们经济发展水平相当，政治制度相同，但教育的理念和制度却极不一样。例如美国与日本，同是经济发达国家，又都实行资本主义制度，但两国的教育理念差别很大。但日本与中国，经济发展水平有很大差距，政治制度不同，却有许多教育现象很相近，例如升学的压力、考试负担等。原因是什么？因为中日两国都属于东方儒家文化圈，儒家文化对教育有着深远的影响。即使是美国和欧洲大陆的几个发达国家，由于社会发展的历史背景不同，文化各异，他们的教育理念和制度也有很多

（接上页）愿的下降，图宾根会议正是为了改变这一状况而召开的。会议的观点是：与其不断地扩充教材，不如将教学内容的本质彻底地挖掘出来；考试时，与其考对固定知识的记忆，不如以增进理解力为目标。有学者指出，会议关于"过剩的填鸭式教学导致精神窒息，教育要恢复人的生命力"的观点与存在主义教育是密切联系的。范例教学法在20世纪五六十年代发挥了世界性影响。

差异。因此，要研究一国的教育必须研究该国的文化，我称之为比较教育的文化研究。

另外，在当今世界全球化、经济一体化时代，有许多各国共同的教育问题也需要比较教育深入研究，例如前面提到的全民教育问题、终身教育问题、女童的教育权利问题、环境教育问题、教育与国家发展关系的问题、国际理解教育问题等，都需要比较教育工作者认真研究。

总之，比较教育不仅通过研究探索教育发展的规律以互相借鉴、促进发展，而且可以通过学习互相理解、促进和平。

各国面向"为了人的教育"

池田

比较教育的研究与终身教育、环境教育、国际理解教育等广泛的领域相通。比较教育是培养地球公民不可缺少的领域。要推进比较教育研究，很重要的是到各国去和当地的人们交流，接触他们的文化。在创价大学与各国大学交流过程中，我也受到各大学、学术机构的邀请，进行过三十二次演讲：哈佛大学（两次），莫斯科大学（两次），意大利的博洛尼亚大学，贵国的北京大学（三次）、复旦大学、深圳大学和中国社会科学院，等等。我不仅和那里的教师，而且特别注意和学生们的交流。访问英国牛津大学时（1972年5月），我还参观了学生宿舍。我经常向我所创办的创价学校的老师和学生们介绍我的经验。

我想向各国的文化与传统学习之处是很多的。如在讲课的方法、学生的精神面貌等各方面各国还是存在着很多的差异。但我更觉得，即使文化背景不同，优异的教育工作者都是基于"为了人的教育"这一点。这种教育不是教条地把人塑造为某一特定的模型，而是把人自身所具有的丰富的力量引导出来，使个性得到伸展，并使之为人类的和平与幸福做出贡献。显然，比较教育的重要性正体现在它可以成为这种教育的推动力。

不知顾先生遍览世界各国的教育后，最为震惊、最有所感的是什么？您认为中国教育最该从外国引进的东西是什么？

在苏联、日本遇到的教师和孩子们

顾

池田先生访问过许多国家，访问过许多学校，被众多大学授予荣誉教授和名誉博士学位；在许多大学演讲时都要讲到教育，讲到祈求人类的和平与幸福，讲到教育对树立人生价值的重要性。您在访问菲律宾德拉萨勒大学时对校长讲："要创造和平！为此，需要'人间教育'！"您也不止一次地和以色列的教育工作者们会谈，曾问及："五位诺贝尔奖得主中就有一位只占世界人口0.2%的犹太裔人士。犹太人为什么优秀？"又赞许："以色列在'建国之前，先建了大学'。"这些不都是比较教育要研究的问题吗？所以我非常赞成您说的，您已经是比较教育的实践者。

您问道，通过比较教育研究和到各国的访问，我感到最震惊的是什么，各国教育的共同点是什么。使我震撼的是各国都非常重视教育的发展，把教育看作自己生命延续的手段，所以都关心子女的教育；无论哪个国家，都把培养人，培养人的德行、高尚人格放在最重要的地位。这是世界和平的基础和希望！

池田先生问我在留学和访问外国时有什么感想。我的感受很多，特别感到，无论在哪个国家，我接触到的人都是友好的、希望和平的。朴素的普通百姓的感情给我很大的教育。

我早年留学苏联，后来又多次访问北美、欧洲等国家的学校，到贵国的次数是最多的，恐怕已有二十多次。每到一所学校都看到活泼可爱的学生、意气风发的青年，使人感到一种朝气逢勃的气氛。这些青年就是我们人类的未来。每一位教师或校长，都认为教育要播撒和平的种子，都希望有更多的交流、更多的理解。这是很值得欣慰的。

我在苏联学习的时候，正值第二次世界大战以后苏联经济恢复、欣欣向荣的时期。苏联老百姓对我们特别友好，在生活上对我们特别照顾，甚至有点"过分"，让我们感到很不好意思。例如看电影，苏联人都要排队购票，但他们都谦让着让我们先购票；学校旁边的俱乐部有新的影片时，他们会给我们预留最好的位子；苏联的同学帮助我们补充复习听课的讲义；学校的校长经常接待我们，问我们有什么困难；苏联的老师邀请我们到家里做客，等等。苏联人民非常喜欢读书，非常喜爱他们的文学艺术，无论是在电车上还是在购物排队的间隙，都可以看到他们手捧书本在阅读。俄罗斯人非常豪放明快，对人真诚，我和同学们建立的友谊至今难以忘怀。

我到贵国的次数最多，最长的一次在鸣门岛上住了四个月。贵国给我最深的印象是礼貌、有秩序、一丝不苟、清洁、安静。贵国在现代化过程中对文化传统的继承比我们中国要好，对各种文化遗产的保护非常重视。在教育方面，给我印象最深的是教育发展比较均衡，重视学生的公平权利；对残疾儿童非常照顾，普通学校都设有特殊教育班，有专门受过训练的老师；学生非常有礼貌，而老师和学生能打成一片，老师的办公桌都设在教室里。特别值得一提的是，小学生在冬天衣服穿得很少，男孩子只穿短裤，女孩子只穿裙子，两条小腿冻得红彤彤的。我问他们冷不冷，他们说冷。为什么不穿长裤？他们说是学校规定，为了锻炼。对于中国的孩子，一到冬天父母都把他们裹得严严实实，生怕冻坏了。我觉得中国教育要向贵国学习的东西有很多。

在孩子们身上看到国家的未来

池田

您对我与各国友人交流的经历都了解得这么细致，真让我吃惊，您对我也过奖了。对于苏联的印象，我也是一样。至今为止，有许多创价大学的学生到苏联或俄罗斯留学，他们都说留学时的经历使他们感动。当然，留学贵国的创价大学学生也感受到了中国人的深情厚谊，这是他们一生的财富。顾先生说对日本孩子们的生动活泼有很深的印象，我则非常感动于贵国孩子们凛凛威严的样子和美丽的眼睛。我归国后在发表的文章中写道："比起服饰等表面的华丽，在孩子们心灵的光辉与顽强的精神中，更能看到丰满的未来。"①从孩子们的身上可以看出国家的未来，这是世界相通的。

3　中国：教育的传统与现代化

五要素构成中国现代教育

池田

正像顾先生所说的那样，教育具有因时而变的"时代性"，另一方面也有历时不变地沉积于国家与民族精神之中的"传统要素"。在此，我想就贵国的传统与变化特别是现代化向先生请教。

顾先生在谈到"中国现代教育的主要构成要素"时举了五个方面：

---

① 引自『中国の人間革命』（1974年、毎日新聞社刊）中所收录的「大河のごとレ」。『池田全集』第百十八卷，29頁。

第一，几千年中国传统文化；第二，"五四运动"以来的科学和民主的优秀教育思想；第三，老解放区的教育传统；第四，西方教育思想、制度和方法的影响；第五，中华人民共和国成立后学习苏联教育的影响。[①]

您认为这些要素相互作用、相互整合，共同成为中国现代教育的基础。

顾

中国教育历史悠久，源远流长，发展到今天，受到各种文化的影响。

池田先生提及的五种文化要素影响着今天的中国教育。其中，最基本最核心的文化基础自然是中国的民族文化传统。究其原因，中国文化在五千年的历史中延绵不断，在不断吸收融合外来文化的同时保持了中华民族文化的主流。这就像长江黄河一样，源远流长，在奔流途中各种支流不断汇入，最后成为大河注入大海。

中国教育现代化是近两百年来的事情。尽管包括考试制度、课程设置等在内的教育制度都经历了根本性的变革，但是中华民族的精神仍然不变，依然对中国人的思考方式和生活方式产生影响，也持续不断地对教育产生影响。

儒教文化的三个阶段——从与教育的关系看

池田

正如顾先生所言，中国文化由于历史悠久，对今天的影响仍然很深。如果按照前面五点来看，我自然地想到贵国教育史的变迁和划时代的事件。

第一，关于几千年的中国传统文化，我想它的核心就是儒学，上次已与顾先生做了讨论。循着这种讨论，我想就隋朝至清末的科举制度和

---

①『中国教育の文化的基盤』299頁。

儒学对教育产生的正负面影响谈谈自己的看法。

顾先生谈到，儒教文化的发展有三个阶段。第一阶段是由孔子、孟子和荀子等发展起来的以"仁"与"礼"为核心的原始儒教文化时代。在那时，绝无训示的教条罗列，也不是训诂注释。正如孔子及其弟子的言行录《论语》所生动记录的那样，老师与弟子在精神性的交往中共同追求正确的道路。孔子早年父母双亡，他的少年时代是在贫穷和不幸中度过的。但他在逆境中抗争，努力学习，开辟了迈向理想之路。其门下有弟子三千，而孔子却从不问他们的出身，也就是为众人广开教育之门。孔子在回顾他的人生之路时说："吾十有五而志于学，三十而立，四十而不惑，五十而知天命，六十而耳顺，七十而从心所欲，不逾矩。"《论语·为政》中的这段话在日本非常有名。我的恩师户田先生与军部政府斗争而被投入监狱，他在狱中读《法华经》，不断地思索，研究尊重生命的佛法真髓，从而深刻地认识到了拯救民众的使命。恩师当时四十五岁，他以《论语》的这句话作比，来表达自己的决心："我比孔子晚五年不惑，而比孔子早五年知天命。"战后创价学会的大发展，正源于此时恩师的决心。哈佛大学杜维明教授在与我的对话中，把以孔子为核心的师徒集团称作"对话共同体"，这个评价给我留下了深刻的印象。[①]我想，教育的永恒的理想状态之一，正可以从这种原始儒教文化时代中找到。

第二阶段是西汉的武帝时代，那时开始提倡"三纲五常"，旨在确立统治和维持帝国所需的封建伦理道德。到了东汉，在首都洛阳开办了规模很大的大学，还将新制定的经书教材刻到石碑上（称为《石经》），儒学事实上成为"国教"。到了隋朝，科举制度诞生了。关于科举制度的起源还想请顾先生做一详细介绍。总的来看，它是为了录用高级官吏而建立的制度，并进行严格的考试。在考试中不仅重视作文写诗的能力，而且也有经

---

① 前揭『対話の文明——平和の希望哲学を語る』186頁。

书科目的考察。这种不论出身而凭实力选拔高级官吏的制度促进了人才的流动，它导致了贵族阶级的没落，使以皇帝为顶点的政治体制更为稳固。

第三阶段是宋明理学的形成。宋明理学吸收了佛教和道教宇宙论与生死观方面的思想与哲学，从而形成了一大儒教哲学。而且，与当时的佛教和道教的出世倾向不同，宋明理学在把宇宙论、人生观与世俗世界的道德和政治伦理结合起来方面体现了新儒教的特点。宋明理学由北宋的周敦颐、程颢、程颐、张载开创，到南宋的朱子那里集大成。[1]科举到了元代就以朱子学为基础了。朱子学作为日本江户时代的教育与学术的主轴，对日本民族的精神产生了很大的影响。但另一方面，顾先生上次也谈到，物极必反，宋明理学也导致了人们思想的僵化。[2]

打破世袭制度——科举制度的起源

顾

正如您所说的那样，科举制开启了文官考试制度，儒家文化也在

---

[1] 周敦颐（周濂溪，1017—1073），被朱熹称为"宋学之祖"。宋学（宋明理学、新儒学）离开训诂注释而对古典进行主观解释，哲学地将其体系化，重视成为圣人的实践。周敦颐还主张所有人皆可成圣人。程颢（程明道，1032—1085）与程颐（程伊川，1033—1107）兄弟是他的弟子。兄如"春风和气"，弟如"秋霜烈日"。兄通过直观把握万物一体的"理"（即自然之根本），而弟则将其理论化。两人并称"二程"，其诗文、语录在明末被辑为《二程全书》六十八卷。杨时（1053—1135）师事"二程"，其弟子罗从彦（1072—1135）又教李侗（1093—1163），朱熹是出于李侗之门。张载（张横渠，1020—1077）也曾与"二程"相识并拜于门下，他主张无形之"太虚"与有形之"万物"都是气之变化，主张"气一元"说。参见第五章第三节。张载的"为天地立心，为生民立道，为往圣继绝学，为万世开太平"（《近思录》为学大要篇九五）中的最后一句，在日本因出现于天皇的《终战诏敕》（即"投降诏书"，或称"玉音放送"）之中（"欲开万世之太平"）而有名。周敦颐、程明道、程伊川和张载四人被称"宋四子"。朱熹和吕祖谦（1137—1181）又从他们的著作中精选出六百二十二句编成《近思录》（1176年），共十四章。在日本，《近思录》成为朱子学的基础而被广泛阅读。
[2] 参见第二章第三节。

不断的创造中发展。中国传统文化对中国教育的影响并不都是正面的，也有负面的影响。毕竟中国传统文化产生在中国的封建社会，许多文化内容渗透着封建思想。因此今天的继承就需要有所选择和改造。

我可以具体分析一下池田先生提到的科举制度。中国科举起源于隋代。隋炀帝大业三年（607年）设进士科，此为科举之始。[①]唐代进一步发展完善，逐步形成一套完整的文官考试制度。科举制度作为人才选拔制度在中国产生不是偶然的。中国古代，自夏、商、周以来，中央统治集团都是采用世袭制度任用人才。这种世袭制度是世袭子弟懒散、堕落、腐败甚至专权跋扈的基础。随着封建社会的发展，统治者为了巩固皇权，就要削弱贵族的专权，把人事权力集中到中央。汉代开始实行察举制，借用"乡举里选"的做法，由地方官根据一定的科目和标准考察选拔，向朝廷推荐，经皇帝亲自策问，按成绩高下授以不同的官职。到隋代开始实行科举制度，即由国家设立"科目"，通过逐级统一考试，按成绩选录人才。[②]

科举制度相对于世袭制度当然是一种进步。它抑制了豪门贵族的专权，为中小庶族子弟打开了入仕之门。只要他们埋头读书，通过科举考试，就可以取得高官厚禄，跻身统治阶层。但是发展到后来，科举考试

---

① 关于科举制的起源，学术界说法不一，此处取范文澜的说法。

② 中国古代的地方行政区划单位中有"里"和"乡"。通常一百户为一里，十里为一乡（也有其他说法）。"乡举里选"是指地方责任人（乡的责任人一般是"三老"）推荐乡和里中的人才，进而从中选拔官吏的体制。西汉时期，汉武帝要求郡的长官须每年均推荐一名有德者，以利于选拔人才，这便是汉代察举制度。人才评价的科目起初包括孝廉、贤良、方正、直言、文学、计吏等，后来逐渐发展为主要重视"孝廉"。察举制本是发掘人才的制度，但推举者是地方上有权势的人，因此被推举者与推举者之间的关系就变得很关键，推举者与被推举为官吏的人形成了持续的互利关系。为消除这种弊端，做到选拔的公正，在魏晋南北朝时期开始实行"九品中正"制，即将人才分为九个层次序列。这一制度旨在将人才选拔变地方主导为中央主导，将人事标准由道德为主改为能力为主，但始终难以避免先推荐再选拔这一体制因素，因此隋代以后被比较公正的考试制度即科举制度代替。

中出现营私舞弊，造成许多弊端。

迷失目标的僵化

池田

在当时，有时十几万人参加考试，合格者仅有数百名，这种科举制度对学校教育产生了很大的影响。宋代的记录表明，及第者平均年龄是三十六岁。人们为了突破难关，不得不投入很多的时间与金钱，为帮助考生考试合格而设的书院也在民间发展起来。

也正因为这种严格的考试，上演了许多人间悲喜剧。诗圣杜甫诗曰："甫昔少年日，早充观国宾。读书破万卷，下笔如有神。……此意竟萧条，行歌非隐沦。骑驴三十载，旅食京华春。"[①]意思是说，杜甫年轻时，很早便参加了科举考试。读破万卷诗书，下笔有如神助。然而这种意气终归寂落，虽非隐者却只能道行而歌，三十年蹉跎于驴背之上，客居于春华之都。对于当时的青年来说，科举是如此重要的存在。这首名诗咏诵了科举落第者的悲哀。

本来追求人间理想的儒学却与科举制度一起沦为维持帝国僵化的思想基础，反观这一历史，我痛感应当经常反思教育的本来意义。无论在哪个社会，都不能不问"学问为了什么""教育为了什么"。

偏重学历和理论——残留至今的科举弊害

顾

特别是明清两代推行八股文以后，知识分子僵化拒变，更使科举制

---

① 引自「奉贈韋左丞丈、二十二韻」、黒川洋一編『杜甫詩選』岩波文庫、28頁以下。

度走向末路。其实，科举制度走向末路代表着封建制度的倒塌。因为科举考试的内容和形式都是封建制度的代表。考试的内容是"四书""五经"，以封建的伦常道德为主，而且要根据古人的思想阐释，以代圣贤立言，不能有自己的见解。鲁迅第一篇白话小说《狂人日记》就无情地揭露了封建礼教。他在文中写道："我翻开历史一查，这历史没有年代，歪歪斜斜的每叶上都写着'仁义道德'几个字。我横竖睡不着，仔细看了半夜，才从字缝里看出字来，满本都写着两个字'吃人'！"[①]

从考试的形式来讲，科目繁多，考试复杂，多级考试。第一级叫童试，由州、县长主考，合格者为"秀才"，才有参加第二级考试的资格。第二级考试为乡试，即省一级的考试，每三年举行一次，中试者称"举人"，这样就有资格参加中央一级的考试。第三级考试称会试，在乡试后第二年举行，由中央礼部主持，中试者称"进士"。第四级考试称"廷试"或"殿试"，由皇帝亲自主持，对进士进行复试。然后可以赐官晋爵。这样考下来需要漫长的岁月，浪费了多少人的青春！中国著名小说《儒林外史》描写范进五十多岁中举的疯狂场面，从文学的角度生动地描绘了封建社会对科举的狂热追求。[②]科举制度发展到后来，考生为了

---

① 《鲁迅全集》第一卷，281页，北京，人民文学出版社，1973。
② 《儒林外史》是中国清朝时期的白话长篇小说，作者为吴敬梓（1701—1754），共五十回。"儒林"即儒者圈、儒者的世界。小说对科举制度的矛盾、它所导致的悲喜剧、读书人的腐败进行了生动的描写，因此受到了很高的评价。小说并无不变的主人公，而是由很多逸事构成的"连环体"。顾明远先生所说的是其中"范进中举"的故事。范进头发白了也还是一介贫穷的书生，总被岳父奚落。五十四岁时终于考中"秀才"，但却未能当上相应的官。为了考"举人"，他向岳父借前往考场的路费，虽又被责骂，但他一举考中。结果范进却高兴得精神失常，被打后才恢复正常。岳父在他中举后态度一百八十度大转弯，表扬他以前就是一个优秀的女婿。『中国古典文学大系43　儒林外史』稲田孝訳，平凡社刊の「第三回」26頁以下。

利禄，不惜营私舞弊，造成了社会的腐败，它走向末路是历史的必然。

科举制度对中国社会的最大影响是造成了学历主义价值观，一直持续到今天。"读书做官""书中自有黄金屋，书中自有颜如玉"的思想至今还残留在许多中国人的脑海中。今天中国教育中的弊端，如由于追求高学历而产生的恶性的升学竞争，重理论轻技术，重视普通教育忽视职业教育等，无不受到学历主义思想的影响。

池田

您真像是一部优秀的教科书，给我进行了必要而充分的讲解，非常感谢！科举制度使中国保持了作为大国的同一性，延续了悠久的传统，但也产生很大的负面影响。我能理解这一点。不可否认的事实是，任何制度都会被时间淘汰。

从历史上来看，科举制度的影响是巨大的。科举制度不仅对中国国内，而且对国外也产生广泛的影响。比如朝鲜半岛和越南就引进了科举制度，不仅如此，法国的启蒙思想家勒纳尔等人赞赏中国不以出身而以知识和才能选拔官吏的制度，认为"中国的平等观念已经达到完善的境界"[1]，可见科举制度给了西方以巨大冲击。无论这种认识是否妥当，至少是耐人寻味的事实。

---

① 後藤末雄『中国思想のフランス西漸2』矢沢利彦校訂、平凡社・東洋文庫、182頁。勒纳尔（1713—1796），法国启蒙思想家，文艺记者。著有《两印度史》（全称为《欧洲人在两印度的殖民与贸易——哲学的政治的历史》，共十九篇，1770年）。该著作详细介绍了非欧洲地区的文物、地理、历史与文化氛围，并通过这些考察反思欧洲社会。当时该书成为畅销书，但因书中包含对宗教狂热和专制主义的批判而成为禁书，勒纳尔自己也为避免逮捕而逃亡。他是为法国革命做准备的一位思想家。

封建教育制度的瓦解和西方教育思想的传入

池田

我想谈谈您所说的第二点，即"五四运动"以来科学与民主的优秀教育思想，以及西方教育思想、制度和方法论的影响。我想这两个方面是分不开的。科举在1905年就被废除了，因为清朝受到欧美列强的侵略以后，为了维持它的体制而改变了人才培养的方略。为了抵抗长年的压迫和封建统治，革命大潮风起云涌。1911年，辛亥革命爆发，推翻了清政府，成立了中华民国。

顾先生指出的第四点是这一时期传入的西方教育，您介绍说这些思想起初是经由日本教育界传到中国的，特别是德国赫尔巴特学派的理论[1]。赫尔巴特的理论重视理性的教学法和道德品格的陶冶，这与中国传统教育重视管理与德育在理念上是一致的，因此得到了清末民初教育界的支持。[2]

特别是当时著名的学者王国维编辑的杂志《教育世界》，介绍了夸

---

[1] 约翰·弗里德里希·赫尔巴特（1776—1841），德国教育学家，被称为"科学教育学的奠基人"。在其《普通教育学》中，提出对教育目的的伦理追求和对教育方法的心理学追求。即教育的目的在于品性的陶冶，为此需要"教学"（智育）、"训练"（德育）以及对此两者的相关条件进行调整的"管理"。其中，教学的目的是使学生具有多方面的兴趣（包括经济的、思辨的、审美的、同情的、社会的和宗教的兴趣等），培养学生积极追求这些兴趣的人格，从而将被当作教学手段的"兴趣"，成为了教学的目的。他还要求教育不被政治利益所左右，认为教育只有是每个人为了自己陶冶品格才是对国家有益的。赫尔巴特的学说在世界上得到了广泛的传播，其弟子齐勒尔（1817—1882）、赖因（1847—1929）等人还发展出了赫尔巴特学派。去德国留学的日本留学生学习了赫尔巴特的理论后，回国宣传赖因的五段教学法（预备、提示、比较、总结、应用），给予明治时期的日本教育界很大影响。赫尔巴特理论又经日本传到中国，赫尔巴特学派一度在中国教育理论中占有核心地位。

[2] 前揭『中国教育の文化的基盤』195頁。

美纽斯、卢梭、裴斯泰洛齐等人撰写的很多西方教育思想名著。[①]知识分子所激发的对新文化的需求不断高涨。1915年，提倡德先生（民主）与赛先生（科学）的杂志《新青年》（最初称《青年杂志》）创刊，强烈的反儒教言论成为杂志的风格，引起了很大的社会反响。

刚才顾先生也说到，大文豪鲁迅先生也写了很多文章。《狂人日记》用白话文无情地揭露了封建礼教；《随感录》则指出"无论黑暗如何要阻遏思想的潮流，无论悲惨如何要袭击社会，无论罪恶如何要毁灭人道，追求完美的人类潜能总会踏着那些障碍物前进"[②]。鲁迅先生的作品总是要猛烈地冲垮作为民众桎梏的恶传统的高墙，总是怀着毅然决然的自豪。我也曾谈到，鲁迅作品作为我的青春时代的爱读之书而在我的心中留下了深深的印记。[③]

《新青年》还介绍了包括美国学者杜威博士的教育思想在内的各种西方思想。[④]当时，美国的教育制度开始引入中国，学制改革的讨论一

---

① 夸美纽斯（1592—1670）生于捷克，被誉为"近代教育学之父"。他提出存在普遍适用于所有人的教育，在其著作《大教学论》的开头，他就表示要揭示"向所有人教所有事的普遍的方法"。他非常重视观察实物的直观教学法，也考察了根据自然秩序和儿童成长过程进行教学的方法。他经历了宗教斗争和三十年战争的苦恼，认为要实现世界和平除了正确的教育以外别无他法。这一思想也反映到现在的联合国教科文组织的理念当中。裴斯泰洛齐（1746—1827）在卢梭的影响下，在瑞士各地为孤儿和贫穷儿童贡献了自己的一生。他认为智能、身体、道德的和谐发展是教育的目的，为此就应通过小麦栽培、纺织等手工劳动来使孩子全面发展。王国维在《教育世界》杂志上介绍过夸美纽斯的《大教学论》、卢梭的《爱弥尔》和裴斯泰洛齐的《林哈德和葛笃德》等（前揭『中国教育の文化の基盤』196頁）。
② 收录于「随感録六十六、生命の路」伊藤虎丸訳、短評集『熱風』。『鲁迅全集』第一卷、学習研究社、449～450頁。
③ 参见第一章第四节。
④ 约翰·杜威（1859—1952），美国哲学家、教育学家。作为实用主义的代表人物，他从实用主义的立场在伦理学、社会心理学、美学、逻辑学等领域都进行过广泛的研究。在认识论上，他认为除了天生的缺陷，概念和真理都只是适应环境的工具（工具主义），同时每种观念都需要通过贯彻它的行动的有效性来检验真伪（实验主义）。杜威重视儿童生活经验的教育理论对日本产生了很大影响。

直秉持以儿童为中心的原则。接受过杜威博士教导的陶行知先生主张的生活教育等进步的教育实验也盛行一时。[①]杜威博士在1919年也就是在"五四运动"时期访问了贵国，他的一句颇为有名的话是："现在正孕育着新中国。"[②]杜威博士看到了"五四运动"，他从中国人民身上、从青年身上到底发现了什么？到底有了怎样的思考？从那时起至20世纪20年代，受杜威博士影响的美国教育学家克伯屈的"设计教学法"和帕克赫斯特女士的"道尔顿制"也被介绍到中国，它们都是排斥传统的教材中心主义和班级中心主义的，重视儿童的主体性学习活动，在当时受到了

<hr>

① 陶行知（1891—1946），1914年自费赴美留学，在伊利诺伊大学学习一段时间后，到哥伦比亚大学师从杜威学习。1916年回国后在南京高等师范学校（后改称东南大学）成为中国最早的"教育学"教授。他为组建新教育团体"新教育共进社"（1919年）、"中华教育改进社"（1921年）做出了贡献。1923年，他离开大学，在北京以"平民教育推进社"为基地进行平民教育活动。他认为中国教育最大的问题在于农村教育，故为培育农村小学师资在南京郊外的晓庄建立了试验乡村师范学校（第二年改称晓庄学校）。他始终致力于中国的民众教育和农村改造事业，毕生进行生产教育的实验，并在战时创建了孤儿学校等教育机构。他主张"生活即教育""社会即学校"（见第四章第一节），提出了"小先生制"（让学龄儿童做老师，教那些不识字的孩子与成人）。他作为诗人也很有名。

② 在"五四运动"时期，杜威写了他亲眼所见的中国形势，并说看到有很多青年人参与其中，这给他留下了强烈的印象，他认为这里孕育了中国的新文化和新社会。杜威还给美国的*The New Republic*和*Asia*杂志投稿，多次发表对中国的评论，这些评论多收录于其著作*Characters and Events*（共两卷，1929年出版）之中。杜威在评论中说，"五四运动"意味着中国从被动的接受状态向积极的攻击状态转变（《中国学生的反叛》，*The New Republic*，1919年8月6日）。他还呼吁世界重新认识中国（G·ダイキューゼン『デューイの生涯と思想』三浦典郎・石田理訳，清水弘文堂，296頁以下），他说："当今世界没有一个地方能像中国这样，成为值得研究、预测、考察和思索的知识背景。"（《年轻的中国与古老的中国》，*Asia*，1921）日本的中国研究专家竹内好这样写道："'五四运动'时，学生们游行的时候口袋中还带了洗漱用具，这让杜威非常感动。他看到学生们都做好了被捕的准备，所以评价说，从学生运动中，看到了新精神和新时代的萌芽。""杜威当时说，表面上先进的日本很脆弱，不知何时就会散架。中国的现代化是内发的，也就是根据自身的要求而产生，所以是强固的。在1919年的时候杜威就这样预测。"（「方法としてのアツア」，『日本とアツア』ちしま学芸文庫，453頁。）

广泛的关注。①

　　这一时期，旧的封建教育开始解体，而科学民主的教育大发展的时机开始出现，顾先生对此给予了高度的评价。②1950年以后，中国虽然一度不再积极接受杜威的思想，但重视儿童创造性的思想从20世纪80年代直到今天再度得到了较高的评价。

　　事实上，现在（2010年11月）我正与有着七十五年历史的美国杜威学会的加里逊原会长（弗吉尼亚理工大学教授）、黑克曼原会长（南伊利诺伊大学教授）进行对话，就新的"人间教育"交换意见。③很有缘，我们国际创价学会（SGI）在纽约的文化会馆曾举行过杜威先生的演讲。此外，牧口会长也是非常重视杜威教育思想的。

---

① 克伯屈（1871—1965），杜威的弟子，他的"项目法"（project method）是对其师经验主义教育理论的具体化。他主张在教师的指导下，学生自己提出、计划和实施对自己有价值的体现所有精神的课题，通过学习这些课题，不仅掌握知识与技能，而且形成自我控制力，即会判断、关注和实施那些自己应当做的事情。其理论不主张强制，而是重视学习的内发性。在中国经俞子夷（1885—1970）等人的介绍，曾在江苏省进行实验。杜威访华后，中国的教育者均有学习将所学的杜威理论具体化的方法的极大热情。1927年3月，杜威的学生陶行知等人主持的中华教育改进社邀请克伯屈访华，克伯屈在上海、南京和北京等地进行了演讲。克伯屈的思想在大正时期也曾介绍到日本，至今仍对在暑期等长假期中进行的"自由研究"和"综合学习"具有影响。帕克赫斯特（1887—1973）的"道尔顿制"是根据学习内容的难易准备课程，学生每月学到哪里都会根据学生自己的学习进度和兴趣来决定，学生要和教师签订"学习契约"，由学生自主执行。在这种"个别学习"的同时，学生们还要互相介绍自己的学习进度，互相帮助，互相促进，其目标是培养"以自我责任进行自主学习的能力"和"社会性"两个方面。帕克赫斯特作为小学教师曾在偏僻地区的学校教授复式班级，曾苦于不知如何指导年龄和学习基础各不相同的孩子，道尔顿制就是她开发并不断改良的教学方法。由于这一方法是在马萨诸塞州道尔顿的学校开发的，故得此名。在中国，舒新城（1893—1960）曾在学校中做过实验，1925年帕克赫斯特本人也应中华教育改进社之邀而访华，在当时的影响很大，采用道尔顿制的学校遍布八个省。帕克赫斯特曾数次访日，对日本大正时期的自由主义教育产生了重要影响。在《创价教育学体系》中，对于"项目法"和"道尔顿制"也多有介绍。

② 前揭『中国教育の文化的基盤』203頁。

③ てい談「人間教育への新しま潮流―デューィと創価教育―」。教育月刊誌『灯台』（2009年12月号―2011年7月号連載）。

经过了历史变迁，杜威教育思想在贵国经多年研究后有哪些方面被贵国所接受并保留下来？杜威教育思想对贵国教育又产生了哪些影响？请顾先生具体示教。

向杜威学习"平民教育""教育即生活"

顾

清光绪二十八年（1902年）发布的《钦定学堂章程》规定了中国第一个现代学制，它是以日本教育制度为蓝本的，因为中国从日本的明治维新中看到了榜样。在《新青年》创刊的1915年以后，西方教育思潮大量涌入，特别是"五四运动"以后，在科学、民主的旗帜下，西方的教育制度和方法被大量介绍进来，其中美国的教育思想对中国教育的影响非常深远。

清朝末年中国留学生大多到贵国留学，辛亥革命以后开始转向西方。20世纪20年代中国留学生中几乎有80%是留学美国。[1]1919年5月1日，美国实用主义教育家、哥伦比亚大学哲学教授杜威受北京大学、江苏省教育学会等五个学术团体的邀请来华讲学，到1921年8月离开中国，在中国停留了两年三个月，足迹遍及奉天（今辽宁）、直隶（今河北）、山西、山东、江苏、浙江、江西、湖南、福建、广东等11个省。杜威在华期间做了许多次讲演，宣传他的实用主义哲学和教育思想。这些讲演在各种杂志上发表，有的汇集成册出版。如《杜威五大讲演》（在北京的讲演）、《杜威三大讲演》（在南京的讲演）、《平民主义与教育》及《教育哲学》等。

中国留美的杜威的学生在杜威来华讲学中起了巨大的推动作用。当

---

① 周谷平：《近代西方教育理论在中国的传播》，134页，广州，广东教育出版社，1996。

时教育界的名流如胡适、蒋梦麟、陶行知等都是哥伦比亚大学的学生。[①]他们不仅邀请杜威来华,而且陪同他到各地讲演,还亲自担任翻译。

杜威在中国的时候,正值"五四"新文化运动如火如荼的时期,在教育方面,受到民主思潮的影响,正开展着平民教育运动。在杜威来华之前,他的学生胡适就介绍杜威的思想,说:"杜威的新教育理论,千言万语,只是要打破从前的阶级教育,归到平民教育的两大条件。"[②]杜威在讲演中也鼓吹平民教育,他的讲演集就名为《平民主义与教育》。在这一段时间里,中国掀起了平民教育热潮。北京大学的"平民教育讲演团"成立于1919年3月,活动到1925年。北京高等师范学校(北京师范大学前身)成立了"平民教育社",并于1919年10月10日发行社刊《平民教育》。该社活动到1924年下半年,《平民教育》共出刊七十三期。1923年6月,朱其慧、陶行知、晏阳初在南京成立中华平民教育促进社。[③]

① 胡适(1891—1962),1910年留学美国,曾在康奈尔大学学习农学,后转至哥伦比亚大学师从杜威。在"五四运动"之前的新文化运动中,他主张废除难懂的文言文,提倡"白话文学",曾任北京大学教授,1948年前往美国,1957年回到台湾,在中国传统哲学研究领域也非常著名。蒋梦麟(1886—1964),1908年至1917年留学美国,曾在加利福尼亚大学学习,后转至哥伦比亚大学研究生院师从杜威,在杜威访华的1919年,与陶行知等人一起联合江苏教育会、北京大学、南京高等师范学校、中华职业教育社等组成"新教育共进社",创办《新教育》月刊,并任主编。1920年初推动教育改革运动,后任中华民国教育部部长、北京大学校长等职。抗日战争时期,曾努力促成北京大学、清华大学和南开大学内迁并组成西南联合大学。1949年移居台湾。
② 毛礼锐、沈灌群:《中国教育通史》第5卷,19页,济南,山东教育出版社,1988。
③ 朱其慧(1876—1931),熊希龄(1870—1937)夫人,社会活动家。曾致力于创办救助受灾人士、孤儿、贫困人士的香山慈幼院(1920—1948)。晏阳初(1890—1990),识字教育和乡村改造运动的领导人。1916年,留学美国耶鲁大学,1918年渡法,曾为第一次世界大战期间为支持联合国后方而输出到欧洲的中国劳工担任翻译和救助工作。这些"苦力"通过识字教育学会了给家里写信,这一变化也感动了晏阳初,他感受到"苦"中有"力",从此决意毕生从事平民教育事业。自美国普林斯顿大学毕业后,于1920年归国,并先后创办多所平民学校,领导了平民教育运动。中华人民共和国成立时移居台湾,其后定居于菲律宾。1923年中华平民教育促进社成立后,朱其慧任理事长,晏阳初为总干事,陶行知任理事会书记。

平民教育在全国二十个省区开展起来。

池田先生问到杜威先生如何看待中国青年，他想了些什么。他在中国停留之久，他的平民主义教育思想与中国平民教育运动如此合拍，我想他对中国、对中国青年是抱着满腔热情和希望的。当然，杜威宣传的还是美国的民主思想，对于当时还挣扎在封建主义和帝国主义压迫下的中国，对于希望用革命的方法改造社会的青年来讲，这种平民教育运动也只是一种改良主义。

除了平民主义教育思想外，杜威还宣传了他的进步主义教育思想。这种思想与此前中国接受的德国赫尔巴特的教育思想是两个完全不同的体系。它主张"教育即生活""学校即社会""从做中学"，强调儿童应在自身的活动中进行学习，教学应从学习者现有的经验开始。

杜威的实用主义哲学在中华人民共和国成立以后受到批判，他的教育思想也随之受到批判。但是他主张的重视儿童的自主活动等思想仍在中国教育实践中有广泛的影响。改革开放以后，中国对杜威的教育思想有了重新的评价，他的教育思想又重新被重视。

池田

我坚信杜威从贵国青年身上感受到了顾先生所说的"满腔热情和希望"。无论在什么时代，身处哪个国度，对于建设充满激情的青年才是最大的希望。胸怀远大志向的青年，其气势也会给予周围的人以热情和力量。所以，我一直鼓励青年，也全身心致力于教育，顾先生也是同样的心情吧。

杜威的教育思想之所以能在贵国传播，跟您提到的几位年轻有为的学人是分不开的，他们站在超越国界和民族的立场，与杜威先生建立了美好的师生情谊。面对这样的事实我不禁深受感动。

教育成为新中国建设的原动力

池田

关于您说的第三点即老解放区的教育传统，我想起我曾在1974年第一次访问贵国时参观过广州农民运动讲习所旧址，这个讲习所是1924年设立的，周恩来总理当时也在那里讲过课。这种教育也许与那种全面人格的教育的指向不同，但当我站在这个教育了青年并成为农民运动策源地的讲习所中，深深地感到建设新中国的原动力正是在于教育的力量。

您所说的第五点即"苏联教育对中国的影响"，刚才我们讨论过，我还想请顾先生站在中国教育发展史的角度再进行一些详细的介绍。听说当时主要是引进了凯洛夫的教育理论。[①]凯洛夫的理论主张，为让儿童系统地建立秩序和掌握认知能力，使他们得到与建设共产主义社会相适应的教养，教师必须有计划地进行指导。顾先生认为，这个理论虽然在教学过程方面有一定的科学体系，但也有传统的课堂中心主义和教师中心主义等方面的问题。[②]

1951年，贵国引入了苏联学制，新学制特别给予工人和农民以学习的机会，并致力于把工人和农民作为国家建设的重要力量加以培养。与此同时，苏联的教材、教学模式和教学方法也引入中国。但顾先生指

---

① 伊万·安德烈维奇·凯洛夫（1893—1978），苏联教育学家。莫斯科大学毕业。第二次世界大战后，作为苏联教育科学院院长（1946—1967）、教育部部长（1949—1956）等发挥了重要的影响。其主张是教育要为阶级斗争服务，他编写的师范大学教科书《教育学》指出，教育与政治是不可分的，应该为建设共产主义社会服务。他的理论在新中国成立初期因受到教育界的热烈追捧而产生了巨大的影响，中国也随之树立了教育为党的路线服务的观念。凯洛夫的"五段评价法"对学生成绩与表现的评价分为1分（差）至5分（优），这也被引入中国。以凯洛夫为代表的苏联教育学与杜威的实用主义教育思想是对立的，因此中国也开展了对杜威教育学的批判。但随着中苏对立，凯洛夫的理论又作为修正主义教育思想而遭到否定。

② 前揭『中国教育の文化の基盤』238～244頁。

出，以学生为主体的习明纳尔（即以讨论为中心的小班授课）并未实行，而只是引进了以教师为主导的那些方面。为此，顾先生在20世纪80年代发表了关于苏联教育理论中关注学生主体方面的论文，并始终致力于推动培养儿童创造力的"素质教育"①。

引入苏联教育的成败

顾

上一次我们就谈到，中华人民共和国成立以后，中国实施向苏联学习的"一边倒"政策。为此，1949年后的几年里中国派了大批学生到苏联留学，每年少则两百多人，最多一年达两千多人。我就是在1951年第一批被派到苏联去的留学生的一员。中国还请苏联专家来讲学，同时翻译了大量的苏联教材。但在学习过程中走了许多弯路。许多苏联的办法并不适合中国的国情。举个例子，苏联中小学是十年一贯制，中国是十二年制，而且分段设校。把苏联中小学十年的课程用到中国十二年的学制中，就降低了中国高中原有的程度。例如1949年前的中学，高中要学解析几何、微积分，但1949年后高中就取消了解析几何和微积分。所以到1958年中国就提出要探索自己的路，从而开展了"教育大革命"。1960年又开始批判教育的少、慢、差、费现象。中苏关系恶化以后，更以苏联教育理论为批判对象。

但是苏联教育在中国仍然有重要的影响。例如在基础教育阶段强调学生要掌握系统的学科知识，强调基本知识和基本技能的训练，强调教师的主导作用，等等。应该说这也符合中国传统教育中重视知识学习和

---

① 素质教育与应试教育相对，是综合开发学生的个性与人性的教育。详见第四章，特别是第四章第三节。

教师作用的理念。

在高等教育方面，中华人民共和国在成立之初向苏联学习，对高等学校进行了两次大规模的院系调整。积极的效果是建立了一批专科学院，如航空学院、地质学院、石油学院、矿业学院、钢铁学院、邮电学院等，为这些专门领域培养了大批人才，为工业化发展奠定了人才基础。消极的影响是拆散了一些原本有名的综合大学，分散了学术力量。例如把北京大学的工学院、医学院都调整出去，使其变成了只有文理两科的大学；清华大学、浙江大学变成综合性工科大学。所以90年代末的中国大学合并也是想恢复一批真正的综合大学。

应该说，作为世界上第一个社会主义国家，苏联对中国来讲具有很大的吸引力，他们在建国初期以及在第二次世界大战中的英雄主义更是为中国青年所崇拜。我当时也是青年，也很崇拜苏联的英雄[①]。例如我读了奥斯特洛夫斯基的《钢铁是怎样炼成的》一书，深深被书中主人公保尔·柯察金的英雄行为感动。特别是读到"人最宝贵的是生命，生命属于人只有一次。人的一生应当这样度过：当他回首往事的时候，不会因虚度年华而悔恨，也不会因碌碌无为而羞愧；在临死的时候，他能够说：'我的整个生命和全部精力，都已献给了世界上最壮丽的事业——为人类的解放而奋斗！'"这段话时，我激动不已，决心我的一生也要这样度过。

我非常喜欢俄国的文学和艺术。早在1949年以前，我就读了车尔尼雪夫斯基、陀思妥耶夫斯基、契诃夫等的作品。留苏期间更是读了普希金、托尔斯泰、肖洛霍夫等作家的作品，系统地参观了特列季亚科夫画

---

① 参见第一章第四节。

廊，对俄罗斯和苏联的文学艺术非常崇拜。[1]中华人民共和国成立以后，中国的翻译家翻译了大量俄国作品，它们在中国的传播很广。特别是苏联卫国战争时代的歌曲至今仍为中国人所喜爱。

中苏关系交恶以后，一切来往交流都断绝了。直到1984年中苏关系稍有恢复，我们组成了中国高等教育代表团，才再一次踏上苏联的国土。这次我们参观访问了莫斯科、列宁格勒（今圣彼得堡）、基辅等地的高等学校和专科学校，但交流受到很大限制。

超越政治对立——莫斯科大学和北京大学的友谊

池田

听了您的讲述，我对贵国现代教育在发展中所受到的来自苏联的种种影响有了更清晰的了解。

我也有一些关于中苏两国教育的难忘的回忆。上次我曾提到，我第一次访问苏联是在1974年9月，那时中苏对立尚未缓和。当时我来到著

---

① 车尔尼雪夫斯基（1828—1889），俄国哲学家、经济学家、文学评论家。对查理的专制和农奴制的非人道予以了强烈的批判。1862年被捕，在西伯利亚度过了二十余年的流亡生活，其间著有长篇小说《怎么办》（1863），以渴望独立与自由的女性巴甫洛芙娜为主人公，描写了民众的悲惨现实，并预示反抗专制的新人即将诞生，从而鼓舞了革命。此书虽遭禁，但不久就在社会上流传六百万部，列宁非常喜欢这部著作，甚至自己也写了一本同名的书。陀思妥耶夫斯基（1821—1881）、契诃夫（1860—1904）、普希金（1799—1837）、列夫·托尔斯泰（1828—1901）都是沙皇时期的文学家。米哈依尔·肖洛霍夫（1905—1984）年轻时就参加革命，在俄国南部的家乡顿河地区从事写作，描写了在激荡的历史和悲惨的命运中受苦的民众生活，其代表作有长篇小说《静静的顿河》《被开垦的处女地》和短篇小说《人的命运》等，于1965年获诺贝尔文学奖。池田大作先生1974年9月16日曾在肖洛霍夫莫斯科的家（位于一个公寓楼的四层）中与其会见。那时肖洛霍夫在老家的村中疗养，但仍专程赶回莫斯科与池田先生会见。特列季亚科夫画廊（1856年开馆）是俄罗斯美术宝库，藏有包括古代俄罗斯美术作品在内的美术作品，从11世纪到现代的作品总计13万件。

名的莫斯科大学的校园，霍甫洛夫校长带我参观，当进入到宽阔的校长室时，墙上的一个非常漂亮的挂毯一下映入我的眼帘，当我问校长时，他告诉我这个从正面描绘莫斯科大学全景的挂毯是北京大学赠送的。我至今还不能忘记，当时一种深深的感动在我全身涌动：即使国家之间有种种风波，教育也不能被一时的政治动向所左右，这就是这张友谊的挂毯所表现出的一种高傲的学问家和教育者的信念！

和苏联文豪肖洛霍夫的谈话也是美好的回忆。我想起他的杰作《人的命运》，其中描写顽强地从苏德战争的悲伤中重新站立起来的父子形象。我问他：“您怎样看人的命运？”他仔细地想了想，然后回答：“命运是什么呢？重要的是人的信念，是朝着某个目标前进的力量，没有信念的人一事无成，我们都是‘锻造自己幸福的铁匠’，具有强大精神信念的人可以影响命运的轨迹。”这句话让我感受到了伟大的精神力量，现在我也常用它来寄语青年。

我在中俄两国都有很多朋友，常常为他们身上的那种坚韧不拔的精神所感动。

迈向“人力资源大国”的六大改革

池田

刚才我根据顾先生所举的五要素对贵国的教育传统进行了回顾。

顾先生断言“传统教育既不能简单地肯定，也不能简单地否定”，并举了“因材施教”“教学相长”等优秀传统的例子，也举了科举制度的影响作为不良传统的例子。[①]

---

① 顾明远、薛理银：《比较教育导论——教育与国家发展》，224～225页，北京，人民教育出版社，1996。

对几千年历史所形成的教育传统进行分析，保留下那些好的部分，并实现教育的现代化——中国的教育工作者们应对这一大挑战是何等不易！最重要的是，中国拥有十三亿多的人口，其教育发展本身就是给予全人类以希望的宏大实验。

顾

非常感谢！

中华人民共和国成立六十年来，特别是改革开放三十年来，中国教育发展取得了伟大的成绩：在文盲众多的有十三亿人口的国家普及了九年义务教育，基本上扫除了青少年文盲，高等教育实现了跨越式发展进入了大众化阶段。但要实现教育现代化还有很长的路要走。最近中国制定了《国家中长期教育改革和发展规划纲要（2010—2020年）》，提出了"优先发展，育人为本，改革创新，促进公平，提高质量"的二十字工作方针，要求到2020年"基本实现教育现代化，基本形成学习型社会，进入人力资源强国行列"，实现更高水平的普及教育，形成惠及全民的公平教育，提供更加丰富的优质教育，构建体系完备的终身教育，健全充满活力的教育体制。

要达到这个目标，我认为，中国的教育工作者要进一步解放思想，更新观念，创新制度，大胆试验。

其一，要正确处理教育现代化与中国传统文化的关系。中国教育是在中国文化基础上发展起来的，中国文化是它的核心基础。因此，中国教育在实现现代化的过程中要正确对待中国传统文化。

其二，要继承和发扬中国文化的优秀传统，批判和摒弃陈旧落后的思想观念。

其三，要改变狭隘的、以升学为导向的教育价值观，树立正确全面的教育价值观。

其四，要改变因循守旧的人才观、成才观，树立人人都能成才、多样化人才的现代社会多元人才观。

其五，要克服重学历轻能力、重理论轻技术的用人观念，树立学历能力并重的用人观念。

其六，要克服陈旧的教学观和质量观，树立以学生为主体、教师为主导的师生互动的教学观，全面发展和个性发展统一的质量观。

其七，要克服封闭的学校教育观，树立终身学习的大教育观。

其八，要正确对待外国的教育思想和经验。

中国现代教育制度是从西方引进的，自然渗透着许多西方文化思想。我们反对西方中心主义，不赞同西方一切都是好的、现代化就是西方化的观点。但是我们还要加大开放的力度，要努力吸收世界一切优秀文化成果。我们要认真研究近二十几年来涌入的各种教育思潮，认真鉴别，尽力吸纳，并使之本土化，内化为中国教育传统，为中国教育发展服务。

要大胆试验，努力实践，创造新的经验。《国家中长期教育改革和发展规划纲要（2010—2020年）》强调，改革创新是教育发展的强大动力，并且以人才培养体制改革为出发点，提出包括考试招生制度改革、现代学校制度改革、办学体制改革、教育管理体制改革和扩大教育开放的改革举措。这些改革需要在实践中试验创新。经验往往来自基层，因此要尊重基层群众的创造。总之，中国实现教育现代化，任重而道远。

教育现场的实践才弥足珍贵

池田

我理解了，特别是顾先生最后强调重视教育第一线的尝试、实践、经验，我深表赞同。我能体会到您的话来自您在教育第一线的实际经历。牧口先生作为小学校长提出了卓越的教育学说，他也有同样的看法，他强调：“为实现有组织的、科学的教育计划，必须明确意识到计划机构和施行机构的分工，并在相互理解、相互协商的基础上施行。”“实际有用的教育学必须是从教育生活中产生的。”①

创价学会以这种精神创设了教育本部。教育本部聚集了幼儿园、小学、初中、高中的教师，还有保育园的保育士等从事教育的工作者。这些在教育一线的教师秉持着“学生是教育的主体”“教育革命要从教师革命开始”等理念，满腔热情地投身于具体的教育实践。

教育改革是世界各国的共同课题。无论是在日本还是在贵国，一线的教师们及所有相关的人士都在不懈努力。我坚信，凭借顾先生和所有教育工作者们所投入的真挚热情和辛劳，必定能够为教育开辟新路。

4 日本：教育的传统与现代化

顾

对于贵国遭受的“3·11”日本地震，我深表同情。看到有关受灾极重的报道，我很震惊，衷心祝愿日本能够尽快完成灾后重建并早日复兴。

池田

感谢您真挚的祝福。我国正在全力展开救援和复兴工作。我们也尽可能地进行了支援。那时刚好是日本学生入学和毕业的时期。我想，越是在这种苦难的时刻，越是要竭尽全力培养社会的希望——青年。与中日两国青年都有密切交往的印度诗人泰戈尔说过：“只有年轻人懂得

① 『創価教育学体系』第三巻・第四篇「教育改造論」第六章（乙）第一節「教育研究所の価値」『牧口全集』第六巻、132頁尔从。前揭『牧口常三郎箴言集』137頁。

如何超越困难，他们有无穷的希望，无限的力量！"①

如何才能挖掘青年人的生命中所深藏的无限力量呢？如何充分发掘他们身上的无限可能性呢？这体现在教育者们的使命和较量之中。而且我也坚信，不论什么组织、团体、地区、国家，在这一点上是否成功，将决定下一代是否繁荣。

顾

您所言甚是，这也是我想把与您的对话进一步深入下去的原因。

中国的教育制度与贵国不同，中国以秋季入学为学年起始。毕业典礼常常是在7月初，开学典礼则在9月初，都是最炎热的季节。但无论是毕业生，还是新学生，他们的热情好像比天气还热。毕业生穿着长长的学士、硕士、博士服到处照相留念。新学生穿着新校服在烈日中等待着隆重的开学典礼。因为我校每年新学生约有五千名，任何室内礼堂都装不下，开学典礼只能在操场上举行。差不多每年我都要作为老教师的代表向新学生致欢迎辞。今年我致辞的中心思想是，希望学生珍惜大学四年的时间，享受大学时代这人生中最幸福的年华。

以儒教、佛教为基础的独自发展

顾

我们已经探讨了中国教育的传统、变迁及其现代化。池田先生能否谈谈日本教育发展的历史呢？贵国的历史受到儒家思想怎样的影响？贵国在现代化过程中是如何处理传统与现代化的关系的？

池田

我虽不是这方面的专家，但既然顾先生如此诚恳地希望，那么我想

---

① 森本達雄訳「モケア」。『タゴール著作集』第二巻（詩集Ⅱ）、第三文明社、116頁。

简单地整理和俯瞰一下日本的教育史。[1]

一般认为，日本在670年前后成立了最早的学校——"大学"（大学寮）。701年，模仿唐朝律令而制定的《大宝律令》明文规定在中央设"大学"，在地方设"国学"。

当时教育的对象是贵族和豪族。教育以儒教为基础，称为明经道，必修的教科书是《孝经》和《论语》；不久，开始转向学习贵国的史学、汉文学，称为纪传道，主要学习《史记》《汉书》《后汉书》，此外也教授阴阳、天文、医学和音乐等。后来，有权势的氏族单独设立了叫作"大学别曹"的教育机构，对一族的子弟进行教育。

从飞鸟时代到平安时代，遣隋使和遣唐使给日本带来了《法华经》和《华严经》等诸多佛典，日本形成了南都六宗、天台宗和真言宗。佛教通过僧侣教育，不仅向贵族和豪族，而且向普通民众展示了文字教育即识字教育的重要性，激发了向学之心和对文化的憧憬之念。

特别是从奈良时代到平安时代早期，日本创制了平假名和片假名。在平安中期以后，由女性文学家兴起的国风文化开始兴盛起来。这种贵族文化主要教授诗（汉诗）、歌（和歌）和管弦（音乐），培养公家世界中理想的"才与容貌秀于人"[2]的人物。另外，对多数民众的教育，则主要是传递手工业生产的技术，即实施技术教育。

无论如何，可以说日本教育的摇篮期以儒教和佛教传入而始。我们

---

① 日本教育史的主要文献还包括：梅根悟监修·世界教育史研究会编『世界教育史大系1日本教育史I』講談社，久木幸男『日本古代学校の研究』玉川大学出版部，斉藤昭俊『日本仏教教育史研究—上代·中世·近世一』国書刊行会，海後宗臣『日本教育小史』講談社，井上光貞他校注『日本思想大系3　律令』岩波書店。

② 前掲『日本教育小史』25頁。"才"指学问与才艺。"容貌"不仅是指面容，而且包括整个人透出的教养与品格。如《真假鸳鸯谱》（「とりかへばや物語」）中，称赞主人公之一的若君（其实是姬君）时，说"才贤……其琴笛之音响绝天地之态乃世所稀有。读经、唱歌、诵诗之声……御才与容貌均优，故而传世。"（『新編　日本古典文学全集39　住吉物語　とりかへばや物語』小学館，174～175頁）

信奉经由贵国传入的《法华经》的精髓。日莲大圣人甚至说："日本乃彼二国（震旦、高丽）之弟子。"①正是由贵国传入的文化精髓，我国的教育才发展起来。

顾

中日教育有共同渊源——儒家文化，尽管发展路径不同，但仍是像从共同源流中分出的两条河流一样。日本教育很早就以儒家经典作为教育内容，并在吸收的同时经过选择和创造，确立具有日本特色的教育体系。

比如，日本传统的武士教育就与中国重"文"的教育传统大相径庭。这大概与日本历史上的幕府制度有关吧。其后发展出来的武士道精神或许也是因为教育处于当时幕府政治的控制之下吧。我的看法对吗？

池田

是的。1185年前后，源赖朝建立了镰仓幕府，1192年，他出任征夷大将军，因此12世纪末就产生了真正的武家政权。②从镰仓时代到室町

---

① 法门申さるべ专様の事」、『御书全集』1272页。括号内为注记。

② 关于镰仓幕府的成立时期，.主要有以下几种说法。1. 1180年说。源赖朝在与其祖先有因缘的镰仓建立居所（大仓御所），设立统率关东武士的侍所，他被称为镰仓殿（武士集团的代表）（东国支配权的确立）。2. 1183年说。朝廷保证赖朝从东国（东海道、东山道）的庄园和公领地获得官物和年贡（朝廷对东国支配权的承认）。3. 1184年说。设立负责行政的公文所（即后来的政府），设立了负责司法的问注所（行政、审判机构的设立）。4. 1185年说。平家灭亡，在各国设立守护、地头职，获得任免权（全国性军事、警察权及平氏旧领地支配权的获得）。5. 1189年说。消灭奥州藤原氏（对抗武家势力的消灭）。6. 1190年说。赖朝被任命为右近卫大将（此为律令制中常设武官的最高职位），后来很快辞职。开设政权机构得到公认（统治机构合法性之取得）。成为日本国惣追捕使，取得各国惣追捕使的任免权。成为日本国惣地头，获得各国地头的任免权。7. 1192年说。赖朝被任命为征夷大将军（对全国武士的军事指挥权得到公认）。8. 1221年说。胜于承久之乱（掌握治天权，完成对全国特别是对西国的支配），幕府分阶段地不断形成并最终确立。诸说之中，看重1185年设立守护、地头的学者为多。

时代和战国时代，武家的理想人物形象是"心勇猛，善弓马"的出色人物，因此"家"中便以武术等训练为主。也有武士把孩子寄养在寺庙或神社，让他们通过学习佛典或经书来获得教养。住在寺院而不出家的孩子中有一部分被称为"童子"，这里除了武家子弟，也有庶民子弟。

根据一位战国武将的记载，在寺院的教育中，使用过《手习》《假名文》《观音经（法华经观世音菩萨普门品）》《心经》《论语》《万叶集》和《源氏物语》等。[①]另外为了统合武人一族，还编了《武家家训》。当时的教育就是这样以儒教和佛教的思想为基础，培养武士应当具备的道德与习惯。正如顾先生所指出的那样，所谓武士的道德即是武勇、质实、刚健、孝养和忠诚，到了17世纪进入江户时代以后，这些就作为"武士道"来宣扬了。

在普通民众方面，随着中世纪（12世纪末至17世纪）城市经济活动的活跃，从事商业的町人文化也得到了发展。俗语说"町人善算用"，因此出现了掌握经商实务技术的职业教育。[②]町人文化在后来的江户时代随着工商业的隆兴而得到了发展。建筑、纺织、陶艺技术的进步，货币交换和期货交易的发展，都为江户末期以后西方近代产业的植入打下了基础。

江户时代是比较安定的时期。儒学、国学、洋学（兰学）等学术研究也兴盛起来。其中，儒学的中心是中国宋代以后的朱子学，另外阳明学和古学也有一定影响。儒学的教材是《论语》《孝经》《孟子》等经典。国学则以《古事记》《日本书记》和《万叶集》等古典为基础，是

---

① 前揭『日本仏教教育史研究―上代・中世・近世―』、89～90頁。
② 如井原西鹤（1642—1693）的《日本永代藏》（卷五之四）中便这样写道："如公家应善敷岛之道（即作和歌），武士应善弓马之道，町人应善细致之算用，如称量不差秋毫那样精于簿账。"谷脇理史他校注・訳『日本古典文学全集40　井原西鹤集三』小学館、229頁。

确立日本人规范的学派。幕府的直辖学校有昌平黉（又称昌平坂学问所——编者注）。

另外，在幕藩体制下，各藩还设立了"藩校"，藩校的教育以儒学为主，但也通过国学和洋学进行医学及兵法的教育，江户末期有二百三十所左右的藩校，其中有的在明治的学制下发展成为旧制"高等学校"（以现在的学制则为大学）。

此外，不问身份的民间私塾也在各地出现，武家子弟和町人的孩子上城里的私塾，而农家的孩子们也会去农村的私塾。私塾是多种多样的，既有教读写算的私塾，也有教专门学问与技术的私塾。特别是扎根于庶民当中的"寺子屋"（也叫"手习所"，但并无严格的区别），在19世纪上半叶全国总计有一万五千所。在明治学制以后，全国很快设立了两万所以上的小学，有人认为正是寺子屋这种民间教育的传统使然。

政治体制改革使日本的"文明开化"成为可能

顾

到了近代，两国的发展就很不相同了。中日两国都曾在19世纪受到西方的侵略与威胁，也都曾向西方学习，但是发展的道路却完全不同，这不能不说与两国的文化有关，当然也因为不同政治家所起的作用不同。中国的洋务运动和日本的明治维新几乎在同一个时期，但日本经过明治改革，推翻幕府，彻底走上了西方资本主义的道路，而中国的洋务运动却以失败告终。是什么造成这样不同的结果？我想可以从两国的文化心态和政治主张的不同中找到原因。

首先，日本是从政治制度改革起步。他们不仅去学习西方的科学技术，购买坚船利炮，而且接受了西方的政治体制，推倒幕府，建立了天皇制的资产阶级政权，实行"富国强兵""殖产兴业""文明开化"三大方针，短短几十年就雄踞东亚，跻身列强。而中国却主张"中学为体，西学为用"，只学习西方的技术机器，固守中国的封建体制，所谓"师夷之长技以制夷"。只看到了西方的物质层面、技术层面，却没有看到西学的实质。结果甲午一役，中国学习西方组建的新式水师全军覆没。虽然中国在军事装备上远远超过日本，却被日本打败。[①]当时中国一批先进的知识分子，如谭嗣同、康有为、梁启超就觉悟到这个问题，认为政治体制不改革，光搬运西方的技术机器是没有用的，所以发动了"戊戌变法"[②]，但仍然被封建势力摧毁，中国仍处于半殖民地半封建社会。中国统治阶级的心态是，一方面面临列强欺侮的残酷现实，感觉到不改革就没有出路；另一方面又害怕中国封建文化道德的沦丧，不愿意放弃，不能从意识形态上、政治制度上接受西学。所以改革无法成功。

不断扩大的"服从国家目的的教育"

池田

正如刚才顾先生所说，"百日维新"或称"戊戌变法"因为守旧势力的反扑夭折了，这是一大憾事。而日本在幕藩体制终结以后，不仅引

---

① 在甲午战争以前，清朝的北洋舰队规模东方第一，有定远、镇远等七千吨级的当时世界最大级战舰。但炮弹等装备较差。日军则主要是巡洋舰，但新式舰的速度、舰队的运动、炮击的速度与准确性都较清军要好，故取得胜利。

② 指1898年（光绪二十四年／明治三十一年）的6月11日（农历四月二十三日）至9月21日（农历八月六日）约一百天内进行的政治改革运动。这一年为戊戌年，故称"戊戌新政"或"戊戌变法"。变法是"变成法"之略，成法即为祖宗以来的政治模式。变成法即改变政治制度等在内的整个国家体制，致力于实现现代学制、军制、议会制度、运输通信、农工商的振兴等。此前，中国曾从19世纪60年代初开始，推动了很长一段时间的洋务运动，但甲午战争清朝失败，洋务运动的局限性也凸显出来，更为根本性的改革势在必行。但变法因反对派发起反击，西太后（1835—1908）发动"戊戌政变"而失败。支持改革的光绪帝（1871—1908）被幽禁，康有为（1858—1927）和梁启超（1873—1929）等逃往日本。主张君主立宪的改革派中的谭嗣同（1865—1898）等六人被处死。

进了西方的知识和技术，而且在教育上进行了西方式的变革。

从制度上来看，日本的近代学校制度是在1872年迈出第一步的，
"国民教育"的时代正从这时开始。其后教育的发展则逐步从属于国家
目的，正如森有礼所说的"成一国富强之基"①。学校虽然教授欧美的新
知识，但教育的主干则贯穿着教条的道德主义。1890年制定的《教育
敕语》这样说："我臣民克忠克孝，亿兆一心，济世世厥美，此我国体
之精华，教育之渊源实存于此。"以这种国家主义的道德为支柱，培养
"国民"的教育体制建立起来了。

当时，虽然也引入了讴歌内心自由的德国学者赫尔巴特的教学法②，
但在这个思想成为主流之前，学校教育已变为以《教育敕语》为代表对
臣民进行的忠孝道德的强制。

---

① 森有礼（1847—1889），明治政府的第一任文部大臣（1865—1889），发布《小学校
令》《中学校令》《帝国大学令》《师范学校令》，确立了中央集权的国家主义教育体
制。这句话引自森有礼向阁议提出的教育意见书，该意见书指出："人民护国之精神、
忠武恭顺之风，亦为祖宗以来渐磨陶养，尚未至于堕地，此为一国富强之基，乃无二
之资本、至大之宝源。"（「閣議案」、『森有礼全集』第一卷、宣文堂書店、345頁）他
认为教育的目的在于实现本国的富强，要通过国民教育培养爱国心作为士气，并以此
修学磨智，进于文明，促进生产，克服障碍，加速国势之进步，他认为培养这种精神
力量的最大资源就是日本人民自古以来的"护国精神"与"忠武恭顺之风"。森有礼
在文部省对直辖学校的校长所做的演讲鲜明地体现了他的这种"为了国家的教育"的
思想："各学校在学政上非为学生其人，乃为国家，对此应始终铭记。""从事学问教
育之职，其本尊即在国家，以国家为本尊之心志浅乏之人，没有作为教育职员的资
格。"（明治二十二年一月二十八日。同全集同卷、663頁）

② 赫尔巴特认为教育的目的是陶冶道德品性，而这些品性由五种理念所引导，即支配自
我的"内在自由"与"完整性"理念和支配与他者关系的"好意""正义"与"公平"
理念。但这种个人主义的赫尔巴特理念引入日本时被赋予了国家主义色彩。对此，牧
口常三郎在《创价教育学体系》中写道："有国民才有国家，有个人才有社会。个人
的生长与发展最终将导致社会的繁荣、丰富与发展，相反个人的缩小即令国家衰微，
令其势力减退。"（第二篇「教育目的論」、『牧口全集』第五卷、114頁）表示他一贯
反对"为了国家的个人"的思想。

顾

日本以开放的心态接受西方文化，大力引入西学，发展教育，开启民智。日本明治维新以后不久，就紧接着改革学制。1870年3月，依照欧洲学制，明治政府制定了大学规则和中小学规则。正如池田先生所说，1872年明治政府颁布《学制令》，教育改革全面展开，其间虽有"国学派"与"汉学派"的反对，但结果还是洋学占了上风，在文部大臣森有礼的主持下，建立了天皇制近代教育体制。

还有一点，德国的国家主义迎合了日本"富国强兵"的思想。当时掌握实权的伊藤博文力主学习德国，以德国的国家主义排斥欧美的个人主义和自由主义。1890年天皇颁布《教育敕语》，又强调天皇的德化和臣民的忠诚，把儒家道德与近代资本主义的伦理道德结合起来，到后来走上了穷兵黩武的军国主义道路。

"创价教育学"在对抗军国主义教育中诞生

池田

此后，日本进入到战争时期，教育也被野蛮的军国主义利用。比如，1925年，现役陆军军官被派到中学以上的男子校实施军事训练。我一直不能忘怀，我在苦于肺病的少年时代，在酷暑中接受军事训练时晕倒在地的情景。

在日本教育被军国主义倾覆的1930年11月18日，牧口常三郎先生出版了《创价教育学体系》（第一卷），这成为创价教育的原点。

在绪言中，牧口先生这样写道："想到不能把入学难、考试地狱、就业难等令一千万儿童喘息于修罗之巷的现代苦恼传给下一代，余之内心就狂乱不已，区区之毁誉褒贬在余眼中亦不复存在。"[①]

在世界性大萧条的浪潮中，1930年我国也陷入被称为"昭和恐慌"的经济萧条中，失业者、自杀者遍满街巷，从1929年就开始有"大学毕业即失业"的流行语了。在那个时代，为了实现为了儿童幸福的教育，牧口先生提出了创价教育学。

日本在第二次世界大战中战败后被美国占领，1947年，日本制定了《教育基本法》。这是一个替代《教育敕语》的、让教育被握在国民自己手中的"教育权利宣言"性质的法律。这样一来，实行"六三三"学制、以"民主主义、尊重个人、放弃战争"为价值取向的"战后教育"确立起来了。

战后教育一方面成为日本经济奇迹般发展的原动力，另一方面也引起了过度的考试竞争等问题。

我所创办的创价学园（初中和高中）是在1968年4月开学的。当时正是大学生势力（student power）席卷社会的时代。在日本国内，反对越南战争、提倡大学改革的大学生们也喷涌出巨大的能量。我在创价学会学生部总会发表日中邦交正常化和即时停止越战的倡言时，有一万几千名大学生参加，那正是这一年的9月8日。

1971年4月，秉持"人间教育的最高学府""新文化建设的摇篮"和"守护人类和平的要塞"的办学理念，创价大学开学了。到现在（2011年）已经有四十一届学生在此学习。

现在，日本的教育在时代的变化中也正处于十字路口，这一情况留待下次讨论吧。[②]

---

① 『牧口全集』第五卷、8頁。
② 参见第四章第一节。

5　中日教育交流——在教育国际化的背景下

人的成长规律有共性

顾

　　教育是培养人的活动，是人的社会化过程，教育既要为一个国家民族的经济社会发展服务，同时教育过程也要遵循人的成长规律——人的发展是有共同规律的。所以，无论是教育与社会经济政治的关系，还是培养人才的方式方法，总是有许多的共同规律和法则可循。因此，虽然中日两国政治制度不同，经济发展水平各异，但在教育制度和培养人才的方式方法上还是可以互相学习的，特别是中日两国同属东方儒家文化圈，教育方面遇到许多共同的问题，也需要互相交流和共同探讨。例如面对西方文化冲击，如何既保持本国的优秀文化传统，又吸收西方先进文化的成果？我觉得贵国在这方面做得比我们好，值得我们学习。又如学生面对考试的压力，学习兴趣减退，创造能力被压抑，这是两国遇到的共同问题。前几年贵国提倡"宽松教育"，最近又发现"宽松教育"的弊端，正在增加学生的课程。这些经验教训都值得我们研究吸取。中国自21世纪以来开展了新一轮课程改革，其中的经验教训恐怕也值得贵国教育界研究。

自古以来的"文化大恩之国"

池田

　　从悠久的历史视角俯瞰中日两国的教育，特别需要提及的事实是，两国的教育通过经常的交流相互影响，相互启发，共同获得了发展。

　　4世纪至7世纪，很多从中国和朝鲜半岛来的渡来人住在日本，他们把武器制造、机器织布、农业生产等先进技术教给了日本人。7世纪至9世纪，日本几度向隋和唐派遣了遣隋使和遣唐使等使节，全面学习中国文化，并将它们带回日本。这种正式的使节访问也有留学生和学问僧同行，他们也努力地学习中国的先进文化，遣隋使中最有名的是小野妹子，遣唐使中有吉备真备和阿倍仲麻吕。

吉备真备带回了大量的书籍，这些书籍在使中国文化扎根日本方面发挥了重要作用。而阿倍仲麻吕科举及第，在唐朝做了官，最后殁于长安。他与李白、王维等人有深厚的友谊，留下了动人的诗歌。[①]留学僧中则有最澄，他学习天台教义，归国后成为日本天台宗的开祖，人称"传教大师"，声名远播。

另一方面，也并非是遣唐使单方面地去中国学成归来，很多外国人也来到了日本，这一"通道"同样发挥了重要作用。虽然唐朝的官员来的不多，但中国的僧人以及菩提仙那等印度僧人也来到了日本[②]。鉴真和

---

① 阿倍仲麻吕（698—770）在唐共三十六年，于753年被许可回国，当时许多诗人为他写了送别诗。包佶、赵骅、王维的诗都已收录于《全唐诗》。其中王维的诗也被收录于《唐诗选》，其《送秘书晁监还日本国》最为有名。秘书晁监即晁姓秘书监之意，因阿倍仲麻吕的中文名叫晁衡（亦称"朝衡"）。秘书监是阿倍仲麻吕的官职，是宫廷中秘书省（图书馆）的长官，据推测此前他也做过与文字相关的官员，因此与诗人交友甚多。阿倍年轻时（二十七岁左右），储光羲曾赠诗，题中说："贻洛中朝校书衡。朝即日本人也。"这里说的朝衡任"校书"，指左春坊司经局校书，即皇太子的图书管理员，负责图书的校正、刊行与保管。阿倍本身作为诗人也得到了认可，他在归国之际送给友人的诗《衔命还国作》也被收入《全唐诗》。送别阿倍后，李白又听说阿倍在归国途中遭遇海难而死，便写了《哭晁衡》表示哀悼。当然这是误传，阿倍的船漂到安南（越南）后，阿倍放弃回日本而最后回到长安。有的学者认为他与杜甫也相交至深。

② 菩提仙那（Budhisena，704—760），奈良时代的渡来僧。出身于印度的婆罗门，年轻时入唐，传说在中国五台山感受到文殊菩萨的灵验。在长安遇遣唐使，并接受了他们的邀请，与佛哲（邑国即现在越南出身）和道璿两位僧人一道于736年（天平八年）来到日本。受到行基（668—749）等人的欢迎，进入平城京的大安寺指导弟子。751年（天平胜宝三年）成为僧正，第二年开始担任东大寺大佛开眼供养的导师。也被称为婆罗门僧正、菩提僧正。

尚在他的弟子和其他许多人的陪同下来到日本，传来了戒律，带来了天台大师的《摩诃止观》《法华玄义》《法华文句》等重要的佛教书籍，还向日本传授了雕刻、草药等知识。

在宋代，日中贸易也非常兴盛，从平安时代到镰仓时代有许多文物传到日本。后来，虽然有过元朝的两度武力侵略（"文永之役"和"弘安之役"），但到了明朝以后交流又频繁起来。特别是17世纪，在明末清初的混乱期，明朝的儒学家朱舜水[①]来到日本——这是一个重要的历史事件，他与柳川藩士儒者安东省庵、水户藩主德川光圀结下了深厚的友情，作为培养日本江户时期儒者的大恩人而受尊敬。日本的朱子学、古学、水户学等众多学派的学者都受其影响，其思想更于两个世纪后酝酿成幕末维新原动力之一的"尊皇攘夷"思想。

顾

正如池田先生所说，从日本历史的发展来看，中日交往是很早的。早在两汉三国时期，中国和日本北九州一带就有交通往来。根据《后汉书》记载，公元57年日本曾遣使向东汉光武帝朝贡，光武帝以金印相赠。大约于5世纪时，中国的儒学传入日本。不久，佛教和佛教经典通

① 朱舜水（1600—1682），出生于浙江的儒学家。在明朝覆灭清朝建立的激荡时代为复明而奔走，但无法实现自己的志向，于1659年逃亡至长崎。安东省庵（1622—1701）听说他的大名后，也来到长崎并成为他的弟子，六年间将自己微薄俸禄的一半献给老师。朱舜水1665年成为水户藩的宾客，藩主德川光圀（1628—1700）将朱舜水邀请至江户，亲自施以门第之礼。后来朱舜水也常去水户，重视大义名分的他以"尊王攘夷"史观对于水户藩的重要事业《大日本史》的编纂方针以及"水户学"的形成产生了重大影响。朱舜水自己也始终秉持"拥戴明室之文明（即中华），攘除满洲人（清室）之夷狄"的大义名分，一生为反清复明而斗争。朱舜水在分析日本南北朝史时也以南朝为正统，还给为保护天皇而与东国武士的"夷"而战斗的楠木正成（1294—1336）写了表彰文。朱舜水死后，光圀根据朱的评价在楠木正成墓（位于现在的神户市凑川神社内）上刻下"呜呼忠臣楠子之墓"。通过赖山阳（1781—1832）编写的《日本外史》，楠木正成也成为勤皇的象征，这种观念与当时主张尊王攘夷的水户学的普及相得益彰，给幕末史带来了很大震动。

过朝鲜也传入日本。7世纪和8世纪是日本集中吸收中国文化的时期，那时正是唐朝鼎盛时期。日本曾四次派遣唐使到中国长安，规模宏大，队伍往往多达五六百人，他们带回中国的经学①、史学、历学、数学和各种技术。鉴真和尚六次东渡，终于在他六十六岁第六次东渡时到达日本奈良。这些史实早就在中日两国人民中传诵，成为中日友好交往的佳话。我到过京都、奈良多次，特别是京都，就像是中国的古城，那里的建筑与中国的建筑何其相似！当然也有日本建筑的许多特点。自古以来中日两国交流密切的痕迹，从今天的建筑上就可以清楚地看到。

取道日本学西洋

池田

在第一次访问中国的1974年，我访问了西安市，也就是古代的长安。我深深地感受到日本京都、奈良的源流正是来自长安。贵国的文化大恩不可估量。

中国和日本的学者、文化人的友谊与交流在明治维新以后进一步加深和扩大。20世纪初，中国兴起了留学日本热，同时也有许多日文书籍被翻译成中文——把日本人翻译的西方书籍由日文翻译成中文就是在这一时期开始的。1901年，诞生于上海的教育世界出版社翻译出版了日本的教科书，1902年作新社又出版了留日学生翻译的西方书籍，其中就包含了《进化论》等。

---

① 经学，即研究和注释儒教圣典"四书""五经"的学问。"四书"是《大学》《中庸》《论语》《孟子》；"五经"为《易经》《书经》《诗经》《礼记》《春秋》。

另一方面，日本明治政府积极接受中国留学生，也为中国留学生设立了很多学校。最初接收中国留学生的是著名的柔道创始人嘉纳治五郎[1]，那是1896年。去年（2010年）是嘉纳先生诞辰一百五十周年。后来嘉纳先生扩大了教育规模，三年后创建亦乐书院，1902年又建立了弘文学院（即后来的宏文学院），使其发展成为留学生学习的典型学校。鲁迅先生也曾是弘文学院的学生，女革命家秋瑾[2]此时也在日本学习。但日俄战争以后，非常遗憾的是，一部分日本人开始歧视和冷待留学生，从此以后日本开始了军国主义的统治。

顾

刚才池田先生介绍了20世纪初留学日本的热潮，的确，中国近代教育向贵国学习了很多东西。所以许多人说，过去中国的学生变成中

---

[1] 嘉纳治五郎（1860—1938），日本的柔道家、教育家。为讲道馆柔道的创始人，为日本首度参加奥运会（1921年，斯德哥尔摩）和日本体育的振兴做出了贡献，被称为"日本体育之父"。是大日本体育协会（现为日本体育协会）创始人、第一任会长。国际奥委会第一位亚洲委员。东京高等师范学校（现为筑波大学）校长。创办接受中国留学生的弘文学院。

[2] 秋瑾（1875—1907），清朝末年女革命家、诗人。1904年，离开丈夫和孩子独自留学日本，在清国留学生会馆的日语讲习会学习。后在实践女学校学习教育学和看护学（一度归国后再入学）。1905年9月，参加孙文领导的革命团体中国同盟会，成为浙江省革命团体的负责人。同年11月，日本政府强化了对清朝留学生的管理，引起留学生的反抗。罢课运动开始后，秋瑾主张全员回国。她本人回国后，创办了杂志《中国女报》，推动女性解放运动。她在浙江省绍兴开办大通学堂以作为革命据点，并组建"光复军"，但其起义计划遭叛徒告密，秋瑾被捕，于1907年7月，以31岁的年龄被处斩首。秋瑾的死刑引起民众的极大愤怒，革命运动不断高涨。清王朝在秋瑾死后四年倒塌。鲁迅作品集《呐喊》（1923年）收录有以秋瑾为原型的小说《药》。夏衍创作的戏曲《秋瑾传》（1936年）于1983年被搬上银幕（谢晋导演的《秋瑾》，曾在日本公映，译名为『炎の女・秋瑾』）。

国的老师。中国洋务运动时期派遣留学生主要是赴欧美诸国。"新政"①时期主要派青年赴日本留学，而且人数逐年增加。从1896年清政府派遣第一批13名赴日留学生起，到1902年增到500余人，1903年达1300余人，1905年至1906年更是增至近万人。②1902年、1904年清政府颁布的"壬寅学制"和"癸卯学制"也是以日本学制为蓝本。③为什么向日本学习而不向欧美学习？有以下一些原因。

第一，日本明治维新之前曾经遭受过与中国同样的命运。但日本通过明治维新，推倒幕府，建立了天皇制的资产阶级政权，并大力发展教

---

① "（光绪）新政"，1901年以后由慈禧主导的政治改革。它是清朝最后的改革，亦称"清末新政"。戊戌变法（1898年）之后光绪帝一直被幽禁，因此并非光绪主导的"新政"，只是光绪年间（1875—1908）的"新政"。新政具体包括教育改革、新军创设、殖产兴业等，是戊戌变法的翻版。义和团事件（1900年）后，列强加速了中国半殖民地化的进程，新政正是在这一危机下进行的，包括禁止缠足的法令（1902年）在内，新政颁布的各项法令加速了现代化。1905年，在日本取得日俄战争的胜利后，清政府更加速了改革进程，1905年废除科举，1908年公布《宪法大纲》，并承诺在九年之后开设国会。但1908年光绪皇帝与西太后相继死去。三年后的1911年，清朝的命脉因辛亥革命而断绝。

② 钱曼倩、金林祥：《中国近代学制比较研究》，60页，广州，广东教育出版社，1996。

③ 在"光绪新政"开始后不久的1902年，清政府公布了第一个现代学制《钦定学堂章程》。因当年为农历壬寅年，故称"壬寅学制"，但因反对者众而未能实施。张之洞、张百熙、荣庆等人对其进行了大幅修改，并于1904年1月颁布了《奏定学堂章程》，才成为真正实质意义上的第一个现代学制。当年农历为癸卯年，故称"癸卯学制"。这一学制模仿日本的学制，由从初等教育到大学教育之"正系"（纵向，即各级）和普通、师范、实业等各校的"旁系"（横向，即各类）构成。这一学制特别强调义务教育，也提出了"邑无不学之户，家无不学之童"的口号。与1872年（明治五年）日本的《关于奖励学事的指示》（即《学制》序文）所提之"自今以后……邑无不学之户，家无不学之人"相类似。癸卯学制规定，设初等小学堂，满七岁入学，不入学者父母将受惩罚，府、州长官也将被追究责任，但实际中初等小学堂的数量和入学学童数均未能很快增加，这是因为当时资金不足，社会对教育的必要性也缺乏意识。此外，虽然教育的形式现代化了，但内容依然重视经学即学习"四书""五经"。该学制学习时间长，仅初等教育就需九年（初等小学堂五年，高等小学堂四年）。此外，当时科举尚存，所以癸卯学制是基于"中体西用"的思想，即以中国传统的学问为根本来使用西欧的科学技术，故有其局限。

育，很快就强盛起来。因此中国维新派人士很热衷效法日本，通过教育培养人才，实行维新变法，以对内挽救王朝，对外抵御强敌。

第二，日本学制也是从西方学来的，参照了法国、德国的教育制度，但经过二十多年的改革探索，已经走上日本化的独特道路，宗旨是培养"和魂洋才"。这种教育宗旨与中国洋务派主张的"中学为体，西学为用"的思想在教育上有某些相似之处。因此中国人认为日本是东方学习西方的榜样。

第三，日本学习西学非常积极快速，许多西方的学术著作在日本都有译本，学习日本的教育，从根本上还是学习西方的教育和文化，而且便利快捷。

第四，日本与中国是近邻，文化相近，文字语言也相近。到日本去学习，可以节约时间和经费。清政府1898年8月2日的上谕称："出国游学，西洋不如东洋。东洋路近费省。文字相近，易于通晓，且一切西学均经日本择要翻译。"

但是，中国的新学制并没有把日本学制改革的精神学到手。正如前面所说的，中国和日本在学习西方上走的是完全不同的两条路。日本走的是西方资本主义现代化的道路，中国走的则是半殖民地半封建的道路。教育也只是在形式上相同，精神实质却相去甚远。

相互学习——教育交流是人类发展之路

池田

谢谢您介绍了明治维新以后日本的教育改革对贵国的影响。无论是地理上还是文化上都相近的中日两国自古以来就是相互影响、共同成长，这种关系切不可忘记。

20世纪初，大量中国留学生来到日本，当时日中两国人民结下了深厚的友情。其中的代表，就是我上次谈到的鲁迅先生与日本的教育家藤野先生，这已是日中交流史上的佳话。[1]

上次也谈到，第一任会长牧口先生曾从1904年开始在弘文学院执教约四年，教授地理学。[2]鲁迅先生1904年4月以前曾在这里学习，他们在此的时间上有两个月的重合，说不定也见过面。牧口先生好像与中国的留学生有过很深的交流，在日本进入到富国强兵的时代，牧口先生通过教育建起一座日中友好之桥。

同为弘文学院教师的松本龟次郎先生[3]，后来创办了东亚高等预备学校，而且是青年周恩来的恩师。我们也不能忘记他们之间的深厚友谊。周总理的夫人邓颖超女士来日本时，曾与松本先生的家人会面，转达总

---

① 参见第一章第四节。

② 参见第一章第四节。

③ 松本龟次郎（1866—1945），日语教师、日本语言学家。生于静冈县。在1902年供职于佐贺师范学校时，出版了日本第一部方言辞典《佐贺县方言辞典》。第二年，受嘉纳治五郎的邀请，到接收清朝留学生的弘文学院任教。该学院最早的留学生中就有周树人。他在清国留学生会馆的日语讲习会上对秋瑾进行过日语的个人指导，秋瑾死后，他曾去中国扫墓。松本热心于日语教育，编写了很多高质量的教科书。1908年，松本龟次郎接受邀请成为北京的京师法政学堂（后为北京大学）的教习，于辛亥革命的第二年回国。当时弘文学院曾一度关闭，中华民国成立后又重新开学招收中国留学生，松本又接受邀请到日语讲习会授课。后来学员增加且超过学校容量，于是两国人士于1914年共同投资建立了"东亚高等预备学校"（位于东京神田神保町）。1917年前后，松本还教过十九岁的周恩来，据说松本1918年曾率周恩来等留学生到京都奈良修学旅行，后来还在周恩来回国和到南开上学的问题上提供过参考意见（武田勝彦『松本龟次郎の生涯』早稻田大学出版部）。东亚高等预备学校在关东大地震（1923年）中被烧毁，松本投入到救助留学生的工作中，并在一个月后在简易教室中重新开课。1925年，学校并入"日华学会"（后改称"东亚学校"），松本由校长降为教头（后为"名誉教头"），但始终没有离开讲坛。1930年，松本到中国考察教育，对于日本的侵略进行了严厉的批判，在其著作《中华留学生教育小史》（『中国近现代教育文献资料集』第一卷，佐藤尚子他编，日本图书センター）中说，中国的亲日或排日很大程度上受日本政治家的政策与言论影响。他还指出，两国国民不应为一时之政治、经济纷争所惑，而应以广阔之心胸而保持亲近。1935年，他创办了中日两种语言的杂志《日文研究》（刊出六期），由郭沫若题写刊名，鲁迅曾将正冈子规、厨川白村等人的作品译成中文后投稿。

理的感激之情。

此外，孙文先生与日本人的友情也是值得一提的。1897年，宫崎寅藏在横滨与孙文先生相遇，被他的革命精神感动，以后也为中国的建设尽了自己的力量。[①]这种友谊可以说不胜枚举。

两国人民的这种交流在1972年日中邦交正常化之后更加深入了。邦交正常化初期，两国的人员往来为每年一万人，现在则是每年五百一十二万人。从留学生的数量来看，留学中国的日本人大约有两万人，而留学日本的中国人则达到七万多人。[②]

与古代相比，两国继续并发展了密切的教育交流，从大的方面说，教育交流不正是国家发展乃至人类发展的大道吗？

我们继承了牧口会长的遗志，以创价大学为中心大力加强与中国的教育交流。在日本，第一个接受中华人民共和国派遣的正式公费留学生的就是创价大学。那是我首次访华的第二年（1975年）4月，我作为创价大学的创立者，做了这些英才的保证人，全力支持了中国学生们的留学。而我校接收的第一批留学生中，就有今年（2010年）1月被任命为驻日特命全权大使的程永华先生。

---

① 宫崎寅藏（滔天，1871—1922）生于熊本县。其兄曾参加自由民权运动等社会运动，在这些社会活动家的影响下，他决心为遭帝国主义铁蹄践踏的亚洲及世界讨回自由与人权。1897年，与孙文结识，为其思想与激情所感染，终生支持中国的革命运动。1900年，参加孙文领导的惠州起义但起义失败。后以吟游诗人（"浪曲师"）为业，并出版了自传体《三十三年之梦》。该书描写孙文的部分被译成中文，在中国民众中广为流传，成为鼓吹革命的有力著述。其穿梭于在日本结识的中国各派革命者之间，为各派合流组织"中国同盟会"的成立也付出了努力。在辛亥革命以前，积极参与筹备同盟会领导的起义并筹措武器。辛亥革命成功后至其去世的前一年也多次访华。此外，他还帮助过菲律宾的独立运动与朝鲜的现代化运动。
② 根据外务省『日本と中国「戦略的互恵関係」の構築に向けて』中的数据概括。

从交流中断到重启——打开大门

顾

我们谈到了中日两国在古代和近代极为密切的教育交往。但是自"九一八事变"发生后，日本对中国发动了侵略战争，在20世纪三四十年代中日之间就谈不上平等交往了。中华人民共和国成立以后，由于日本追随美国，不与中国建交，所以政府间没有来往。但是日本民间友好人士与中国的交往还是很频繁的。例如，日本西园寺公一、井上靖、松村谦三、内山完造等都多次来中国；中国也有很多知名人士访问过日本，如郭沫若、廖承志、赵朴初、许广平等。

池田

正如您所说的，我与这些前辈们中的许多人都有过亲密的交往。如中方的廖承志、赵朴初先生，日方的松村谦三、井上靖、西园寺公一、高碕达之助先生[①]……与他们的交往深深地印刻在我的生命之中。即便

---

① 西园寺公一（1906—1993），西园寺公望之孙，战后曾任参议院议员。1985年后客居北京长达十二年。被誉为中日交流的"民间大使"。井上靖（1907—1991），作家，致力于创办日中文化交流协会，并于1980年任会长。1957年以后曾访华二十多次，作品多以中国历史和人物为主题。与巴金等中国文化学者交谊深厚。与创价大学名誉会长池田大作合作出版了《四季雁书：往复书简》。郭沫若（1892—1978），中国现代文学和历史学先驱。中日友好协会第一任名誉会长。1914年留学日本，1928年至1937年曾在日本避难。中华人民共和国成立后任中国科学院院长、全国文学艺术联合会主席。1955年，率中国学术考察团访问日本。任中国科学技术大学第一任校长，该校于2002年授予池田大作"名誉教授"称号。内山完造（1885—1959），1917年曾开办上海内山书店，中日文化界人士常以该书店为场所进行交流。经内山介绍，长谷川如是闲、金子光晴、铃木大拙、横光利一、林芙美子、武者小路实笃、岩波茂雄、增田涉等人与鲁迅结识。内山还藏匿过受到官宪追查的鲁迅、陶行知和郭沫若等人。1928年曾帮助郭沫若逃亡日本。东京神田的"内山书店"匾额即为郭氏所书。上海内山书店也是鲁迅作品的代理商。内山曾任《鲁迅全集》编辑顾问。战后参加设立日中友好协会（1950年），曾任该协会理事长。1959年访问中国时客死北京，根据其遗嘱葬于上海万国公墓。1981年，上海市民在内山书店旧址建立了纪念碑。许广平（1898—1968），

是我未能有机会相见的郭沫若先生和许广平女士，对于他们的事迹我也曾多次在演讲中向青年们谈及，我与由郭沫若先生任首任校长的中国科技大学也有很深的交流。

顾

鲁迅夫人许广平还应邀参加了在仙台举行的鲁迅纪念碑的揭幕仪

（接上页）鲁迅的夫人，周海婴之母。在北京女子师范大学读书时，因卷入学校自由化运动而与鲁迅相识。鲁迅去世后，为《鲁迅全集》的出版倾注了心血。日美交战后，于1941年12月15日被抓到上海日本宪兵队本部，接受了两个多月的审讯。（許広平『暗い夜の記録』安藤彦太郎訳、岩波新書）内山完造曾设法营救许广平。中华人民共和国成立后，曾任中华全国妇女联合会副主席，并率妇女代表团历访世界各国。1956年，到日本参加禁止原子弹氢弹世界大会。1961年，与中国妇女代表团一道访问仙台，参加"鲁迅之碑"（郭沫若题）揭幕仪式。廖承志（1908—1983），中国政治家。生于日本。父亲是孙文的盟友廖仲恺。曾参加长征。为对日外交的重要负责人，自1963年中日友好协会成立至其去世，一直担任会长。1954年，作为中华人民共和国第一个访日代表团"中国红十字会代表团"副团长访日。1962年，签署《中日长期综合贸易备忘录》（LT贸易备忘录），对两国缔结和平友好条约（1978年）也做出了重要贡献。1979年，作为"中日友好之船"访日代表团团长遍访日本各地。1974年，池田大作第一次访问中国时曾到北京机场迎接，并结下深厚友谊。赵朴初，中国佛教协会会长、中日友好协会副会长，认为"佛教是联结两国人民的桥梁"，积极促进两国文化交流。1962年，为纪念鉴真入寂一千二百年，决定在与鉴真和尚有因缘关系的大明寺（在江苏省扬州市）建立鉴真纪念堂，于1973年完成。1980年，促使奈良唐招提寺的国宝鉴真像回归故里，实现了在中国的展出。1955年以后，作为中国佛教界代表，长期参加在广岛举行的禁止原子弹氢弹世界大会。松村谦三（1883—1971），日本政治家。曾任厚生大臣、农林大臣、文部大臣等。在日本一部分势力坚决反对的情况下，积极促进中日邦交正常化，1959年以后先后五次访华。与中国领导层多次举行会谈，并建立了信任，开辟了交流之路。1970年，以八十七岁高龄最后一次访华，是坐着轮椅出发的。高碕达之助（1885—1964），政治家、实业家。电源开发第一任总裁，曾任大日本水产会会长、经济企划厅长官、科学技术厅长官、通产大臣等。1959年，松村谦三曾向周总理举荐高碕达之助，称其为可担当中日友好之人。其实周恩来总理此前曾与高碕达之助在1955年万隆会议上见过面。松村访华归国后力促高碕访华，第二年，高碕率经济界代表团访华。1962年，高碕又作为经济使节团团长访华，与廖承志共同签署了《中日长期综合贸易备忘录》，坊间以两人姓名发音的首字母俗称之为"LT协定"。从此，中日两国开始从事半官半民的大规模贸易，一直持续到邦交正常化。高碕去世五个月前（1963年9月），曾与池田大作会见，说："我的时间有限。需要新的力量。望你成为日中友好的力量。""拜托你务必访华。"

式。在同一个时期，周恩来总理提出"中日之间没有邦交也要开展以贸易为中心的民间交流"的方针，开拓了"以民促官"的中日友好的道路。1952年6月，中日之间就缔结了民间贸易协议，开展民间经贸往来。但教育交流还难以开启。

在这种情况下，日本创价学会很早就提出要与中国实现邦交正常化，并为此做了许多努力。1972年，中日邦交正常化开启了中日交往的新纪元。

1979年，我负责北京师范大学的外事工作，接待了广岛大学教育研究中心代表团，这大致是"文化大革命"以后最早的中日教育交往。翌年7月我也应日本比较教育学会会长平塚益德的邀请参加了在日本埼玉县召开的第四届世界比较教育大会。①同年10月，我又接待了日本国立教育研究所的横山宏研究员②。从此开始了中日教育界的频繁交往。我担任北京师范大学副校长七年，负责对外交流的工作，我校在1981年就开始接

---

① 参见第三章第二节。

② 横山宏（1921—2001），生于中国辽宁省，北京大学农学院毕业。中日战争期间不得已从军，苦于被迫与包括同窗好友在内的所爱的中国人交战，以此为原点毕生投身中日友好事业。是日本战后社会教育运动的先驱，为创立日本社会教育学会、编辑《社会教育月刊》、成立社会教育推进全国协议会付出了努力，也为公民馆运动、生活记录运动、个人史运动等做出了贡献。1946年从中国回国后曾在文部省社会教育局工作，1958年后供职于国立教育研究所。参与编写《日本近代教育百年史》。1985年后任早稻田大学客座教授。1980年，受文部省派遣，到中国进行在外研究，此时与顾明远先生相识。1983年至1996年，为促进两国文化交流与友好，多次组织社会教育访华团。曾任1991年成立的"日中教育研究交流会议"代表，该团体在横山先生去世后设立了"纪念横山宏学术鼓励奖"，目前该团体已经发展成为"日中现代教育学会"。横山宏在鲁迅研究方面也很著名，从20世纪70年代开始主持"阅读鲁迅之会"，将顾明远《鲁迅的教育思想和实践》译为日文版（『鲁迅—その教育思想と実践』同时代社，1983年），并出版了『対訳·鲁迅画文選集』（同时代社，二卷）。

待日本留学生。现任日本比较教育学会的会长大塚丰先生[1]就是最早一批到我校来进修的，我曾亲自为他讲授中国高等教育发展史。以后来我校的日本留学生逐年增加，我们也派了许多学生和教师到日本学习和进修。中国教育学会与日本教育学会的交往也很密切。其他还有学校之间的交流与合作。为此，可以写一部中日教育交流史。

为"培养和平的使者"促进青少年的交流

顾

我刚才谈到，在两国外交关系断绝、教育交流停滞的情况下，日本创价学会是很早就促进中日邦交正常化的民间团体。创价学会的理念是播撒人间的爱，为世界和平做出贡献，并提出为了救助苦难的民众和儿童就需要进行教育改革。我觉得这个宗旨很重要。教育的本质是育人，是培养热爱和平的人。我非常赞成池田先生所说的"文化交流和教育交流是人溶掉憎恶之心，培养信任和友情的捷径"。世界上许多事情是政治家的事。我们教育工作者虽然不能不关心政治，但我们更重要的责任是教育下一代。为了世界和平，我们要教育下一代学会互相理解、互相关心。怎样才能做到？首先要承认当今世界的现实，尊重不同国家和不同民族的价值观念，尊重各民族的文化传统，尊重他们所选择的社会制度和切身利益。要做到这一点，第一步，也是最重要的一步，就是要互相了解，然后互相信任，共同发展。怎样才能互相了解？这就要靠交流。

---

[1] 大塚丰，广岛大学大学院教育学研究科教授。1951年生，曾在广岛大学、美国乔治·皮博迪教育学院（现并入范德堡大学）研究院等校学习。教育学博士。主要从比较和历史的视角从事中国等亚洲各国教育与发展的研究。北京师范大学国际与比较教育研究院、华中科技大学、浙江大学教育学院客座教授。近著有『中国大学入試研究——変貌する国家の人材選抜—』（東信堂，2007年）等，是顾明远《中国教育的文化基础》日文版的译者，2008年起担任日本比较教育学会会长。

2008年在北京举行的第二十九届奥运会的主题就是"同一个世界，同一个梦想"。奥运会在全球人民的共同支持下圆满成功，这是世界人民互相交流、互相了解、互相支持的典范，同时又进一步促进了世界人民的互相交往和互相了解，为世界和平做出了贡献。去年（2010年）上海的世博会也起到了这样的作用。

体育交流曾经打开了中美建交之门，我们曾经把中美的"乒乓外交"誉为"小球拨动了大球"（乒乓球拨动了地球）。北京奥运会和上海世博会又为我们做出了榜样。但我觉得，教育的交流尤为重要，因为它不仅促进成年一代人互相了解，而且将影响未来社会的主人——青少年的相互了解。教育交流就是最好的交往形式，教育交流的涉及面最广泛，包括语言、科学技术、教育思想、内容和方法等。

在"外语学习不可或缺"的时代

池田

我深深感受到顾先生是怀着满腔热情和对日本人民的深厚友谊来促进中日两国友好交流的。您对创价学会有深刻的理解，我再次表示感谢。您说世界和平的关键是教育交流，我深表赞同。

不同文化圈的人要进行交流，最重要的是要有相通的语言。所以我想与您谈一谈教育交流不可或缺的外语学习问题。

德国大文豪歌德曾说："不懂外语的人，也不懂母语。"[1]我们今天生活在一个歌德时代无法比拟的国际化和全球化时代，因此学习除了本国语以外的其他语言的必要性已不可同日而语。

我人生中最大的憾事之一是没有学习外语。在我年轻的时候，战争

① 大山定一訳「グーテ格言集」、『グーテ全集11』人文書院、164頁。

刚刚结束，没有学习"敌国语言"英语的氛围。战争结束后，恩师户田先生的事业濒于危殆，为了打开困境，我也不再上学了。

现在，我与世界上有识之士的交流都通过优秀的翻译来进行，我常想，如果我自己可以自由地使用外语，那该多好啊。以前，我与汤因比博士对话的时候，有一次我身边没有了翻译。汤因比博士带我去一个伦敦颇有传统的绅士专用俱乐部喝茶，他尽可能用平易的英语跟我解释，还加上了许多手势。这令我至今难以忘怀，当时我就痛感如果学好外语该有多好！我也经常号召学生们学好外语。

日本的媒体经常把贵国的外语教育作为成功的案例加以报道，我想请教中国是如何实施外语教学的？您能否给我介绍些具体的案例？

学习语言，"实际运用"是关键

顾

研究比较教育需要精通外语，最好能掌握多种语言，才能收集第一手材料。但是学习外语对于我们来说真是非常困难。我自己也有这种体会。我小学和初中大部分时间是在日本占领下过来的，本来可以很好地学习日语，但因为对日军的仇恨，我们在上日文课时常常逃学。没有想到后来会与日本朋友密切交往。自1980年至今，我已访问贵国二十多次，但不能用日语和朋友们交流，实在感到多有不便。

我的英语也不好，虽在中学时代学过，但在苏联读大学时主要学俄语，所以也把英语荒弃了。这对我后来研究比较教育的影响很大，使我不能对比较教育进行深入的研究。我也感到非常遗憾。

在当今国际化时代，外语学习已经成为基础教育的重要课程。我国长期以来外语教学也不尽如人意。一是师资缺乏，二是方法陈旧，学生到中学毕业，外语还不过关，或者是只会阅读，不会对话，我们称之为

"哑巴英语"。

但是改革开放以来，国家特别重视外语教育。特别是近二十年来，国家要求小学就要开设外语课，全国小学一般从三年级开始开设外语课，发达地区从小学一年级开始就开设外语课，课时逐年增加。许多学校都聘有外籍教师，直接用英语授课。同时在高等学校的入学考试中，外语是必考科目；研究生考试也必须考外语。通过一系列强化措施，再加上外语师资水平的提高、教育方法的改进，近年来学生的外语水平确有提高。当然从全国范围来讲，发展也不均衡，发达地区，如北京、上海等地水平较高，西部地区就比较差。

近些年来国际交往频繁，学生间的来往交流，如夏令营、冬令营等各种形式的交往，都给外语学习创造了良好的条件。我想，学习外语最重要的是要有一种外语环境，要能够应用练习。如果学了不用，很快就会忘记。20世纪60年代初，我曾经学过两年德语，但因为"文化大革命"就中断了，以后就都忘记了。所以要让年轻人与外国人多交往、多应用。

池田

听到您介绍贵国外语学习的情况，竟然和日本的情况如此相似，我感到意外。一般来说，日本中学生会花许多时间在英语学习上，但是从实际效果来看，许多学生即使能够阅读英文，但在实际的听说方面还是薄弱的。在这种情况下，日本小学也进行英语教育，以图改善现状。也有许多关心孩子外语学习的年轻家长在孩子很小时就开始通过去私塾等方式给予孩子学习外语的机会。但国内担心早期外语学习影响母语学习的声音也不少。只是在国际化加速的时代，与外国人顺畅交流的能力显得不可缺少，更何况是想要培养活跃于国际舞台的人才呢？正如顾先生指出的那样，提供"使用外语的环境"是十分重要的。特别是日本是岛国，与外国人接触的机会少。常常有人指出由于日本人缺乏语言的使用环境，所以无论如何努力学习，语言能力也难以提高。

在这种情形下，我们在许多大学进行了新的尝试。1999年，创价大学成立了"世界语言中心"。在这里，日本人和留学生原则上不用日语，而是通过英语、汉语等各种语言进行语言学习和异文化理解。当然创价大学向世界各国派遣的留学生也有很多，特别是我们与贵国的许多大学签订了交流协议，其中和北京语言大学联合开设了双学位课程，这是一种可以同时获得北京语言大学和创价大学的学士学位的项目。通过两年的留学经历，学生们的语言能力得到显著提高，今年（2011年）春天，我们已经送走了第一届毕业生。

另外，美国创价大学还设有向西班牙语、汉语、日语三种语言圈派遣三年级的留学生的项目。学生不是纸上谈兵地学习，而是在实际的语言环境下生活，通过与当地人和当地文化的直接接触，在实践中习得语言。这一项目在学生中大受好评。

令人欣喜的是，在创价大学迎来的贵国留学生中，竟然有能用比日本人还流畅的日语进行翻译的学生。在胡锦涛和温家宝来日时，中方的翻译和我的翻译都是创价大学的毕业生，这使我们可以借机重温故交。[1]

---

[1] 创价学会名誉会长池田大作与时任中国国家主席胡锦涛是2008年5月8日在东京会见的。池田大作先生赞同胡锦涛提倡的"和谐世界"观，并希望为此加强青年交流，池田大作还向胡锦涛表达了祝愿北京奥运会圆满成功的心情。胡锦涛高度评价了池田大作1968年发表的《中日邦交正常化倡言》及促进两国友好过程中所表现出的胆识。此前，在1985年3月，时任中华全国青年联合会主席的胡锦涛率中国青年代表团访日时，池田大作在东京《圣教新闻》总社举行了欢迎仪式，双方表示要为建设两国美好的未来而努力。1998年4月，当时担任国家副主席不久的胡锦涛与池田在东京会见，共同确认了面向两国的长远友好而进行青年交流的重要性。2007年4月12日，池田大作先生与时任中国国务院总理的温家宝在东京会见，温家宝表示，"创价"思想就是"慈悲"与"创造"，池田大作则表达了为促进民间的真正的心的交流要进一步推动文化交流的决心。胡锦涛和温家宝均属中国第四代领导集体，池田大作与周恩来、邓小平、江泽民都曾会见过，与第四代领导集体保持着深厚的友谊。

时代在发生巨大的变化，社会也在不断改变之中。教育方法也不能够蹈袭原有的了，还需要根据学生的希望提供新的课程。开创未来的使命落在学生身上，我们有责任为提高他们的学习能力、丰富他们的心灵而不断地创造和努力。

第4章　培养"创造性的人"*
——创价教育与素质教育

培养人！——继承鲁迅先生的奋斗精神

池田

　　1907年，青年鲁迅写下了这样的文字："有不为大潮所漂泛，屹然当横流，如古贤人，能播将来之佳果于今兹，移有根之福祉于宗国者，亦不能不要求于社会，且亦当为社会要求者矣。"①今年（2011年）是鲁迅先生诞辰（1881年9月25日生）一百三十周年，我被邀请参加9月23日由上海市主办的纪念大会和上海鲁迅文化发展中心承办的国际研讨会，但由于日程上的问题，我未能出席，而是派了代表参加，并赠送了祝词。

　　正如顾先生所言，鲁迅先生也是一位大教育家。在帝国主义时代人们高喊富国强兵的口号时，青年鲁迅却向社会大声疾呼要看到表面繁荣

---

*　本章内容曾刊载于《东洋学术研究》第50卷第2号（2011年11月）。

①「科学史教篇」伊東昭雄訳、『鲁迅全集』第一卷、学習研究社、54頁。这是鲁迅在留学后期，中途从仙台医学专门学校退学后，在东京写的一篇早期评论。1908年，在清国留学生办的文艺杂志《河南》发表。收入作品集《坟》（1927年）。

背后的根本问题。教育是未来发展的根本，教育才是使人发展成为真正的人并完成善的使命的原动力。顾先生也正是在现代中国播撒着教育的种子，构筑着幸福之基。

正如诸葛孔明所言："士之相知，温不增华，寒不改叶。"①纵使季节变换，我们的友谊之心长存。能和顾先生一道探索人的教育理想，我感到无上喜悦。

顾

池田先生提到今年是鲁迅先生诞辰一百三十周年，鲁迅先生对社会福祉的根本期盼，在今天仍然很有现实意义。正如池田先生所说的"能够带来未来发展的具有根本性的光源，正是教育。教育正是使人发展成为真正的人并完成善的使命的原动力"。鲁迅先生在同年（1907年）写的另一篇文章《文化偏至论》中也提出"争存天下，首在立人"，强调"非物质""重个人"。②这就是池田先生所说的教育的重要性啊。鲁迅先生既是文学家，也是教育家，他在许多著作中都讲到教育问题。我们的思想和鲁迅先生是相通的，我们从他的著作中可以学到很多东西。非常遗憾的是，鲁迅先生的儿子周海婴于今年（2012年）5月因病去世。我失去一个妻兄，也失去了一位挚友。我会永远怀念他。

---

① 引自宫川尚治『諸葛孔明「三国志」とその時代』桃源社、218頁。参见講談社学術文庫版232頁。

② 《文化偏至论》为鲁迅留学后期的论文，收入《坟》（1927年）。文化纠正以前时代的偏向而发展，在19世纪末的欧洲，兴起了反对一直以来的物质万能主义的浪潮。尽管如此，中国的欧化主义者当时仍错误地认为西方文明是建立在物质主义的基础上。被引部分"争存天下，首在立人"出现在论文结论的部分："然欧美之强，莫不以是炫天下者，则根柢在人，而此特现象之末，本原深而难见，荣华昭而易识也。是故将生存两间，角逐列国是务，其首在立人，人立而后凡事举；若其道术，乃必尊个性而张精神。"（松枝茂夫訳、『鲁迅全集』第五卷、岩波書店、29～30頁）。论文强调的"非物质""重个人"，"在此论述的是以下二事，即否定物质万能主义、尊重个人"（同，18頁）。

的确严冬又到了，大家都会感到严冬的寒冷，但只要人间有温情，心里还是温暖的。中国有古诗赞誉"岁寒四友"，就是梅、兰、竹、菊四种植物。我想，我们也可以成为严冬中的朋友。

池田

我之前也提及我曾两度在东京见过周海婴先生，并谈到周先生的父亲鲁迅先生的一生和以笔斗争的经历。[①]当接到周先生的讣告时，我立刻致唁电慰问，愿周先生一路走好。

周海婴先生和鲁迅先生一样，都致力于青少年的教育。我仍然记得他曾力陈："关键是'人'，是培养人的'教育'。对于后代我们要施以正确的道德观念和致力于他们人格形成的'教育'。"[②]

1 现代教育的问题——日本和中国

对"宽松教育"的思考

池田

在上次的书信中，我们概观了日本与中国的教育史，更加清楚了两国教育是如何深入地相互影响的。虽然上次已经提及两国当今的教育问题，但这次我想与您进行更为详细的探讨。

首先，我们基于各种资料俯瞰日本现代教育，可以说所谓的战后教育是在1947年制定的《教育基本法》的基础上发展起来的。《教育基本法》第一条就指出："教育要面向人格的完善，培养和平国家与社会的

---

① 参见第一章第四节。
② 「聖教新聞」2004年3月13日。

建设者，培养热爱真理与正义，尊重个人价值，注重勤劳与责任，满怀自主精神的身心健康的国民。"这一宣示与《日本国宪法》相呼应，是饱含理想主义的格调甚高的内容。大家的普遍看法是，战后日本在给予全国儿童高度均质化的教育方面取得了成功，推动了快速的战后复兴与经济增长所需的人才培养。

其次，尽管战后教育秉持崇高的目的观，但还是难以逃脱理想与现实脱节的怪圈。经济高度发展之后的日本，在教育一线产生了考试竞争激化、灌输式教育的弊病。为解决这些问题，从20世纪80年代初期开始，日本出现并推行了以削减课堂教学时间、减少教学内容为指向的"宽松教育"。但是后面也将谈到，经济一边倒的社会走进死胡同，对教育一线产生了很大的负面影响。2006年，《教育基本法》在颁布六十年后首次被修改。

作为比较教育专家，顾先生如何评价日本的战后教育呢？

顾

我对贵国教育的实际情况了解不多，研究不够。虽然近三十年来我差不多每年都会到贵国去，但总是匆匆忙忙，开完会即回来。最长的一次住了四个月，但也只限于大学，访问过的中小学校很少。因此很难对贵国的现代教育做出客观的评价。我只想与中国教育相比发表点表面的观感，而且只限于中小学方面。因为大学比较复杂，难以找到可比性。

首先我觉得，第二次世界大战后贵国特别重视教育，及早地普及教育。贵国20世纪60年代经济高速增长，如果没有人力资源的支撑是不可能实现的。日本的教育在日本经济社会发展中做出了不可磨灭的贡献。这一点一直为我国学者所称道，而且我国政府也学习贵国及其他发达国家的经验，提出"教育先行"的发展战略。

其次是贵国在基础教育阶段发展较均衡，没有重点学校和非重点学校之分。虽然也有少数著名的私立学校，但不像中国在公立学校中分重点学校和非重点学校，引起了入学的激烈竞争。虽然最近几年中国政府明令在义务教育阶段取消重点学校，但名校早就深深地印入老百姓的脑海中，大家都追求上名校，所以引起了激烈的竞争。

贵国在学校管理和教学方面也有许多值得我们学习的地方。例如学校规模比较适当，一般都不超过一千名学生，学校管理很有条理。学生班额比较小，便于教师管理。

池田

顾先生对战后日本教育制度注重平等的优点给予了善意的评价，不过日本教育界的问题还是很多。

问题之一就是"灌输式教育"以及对其反思而产生的"宽松教育"所面临的问题。近年来，国际比较发现日本学生的学力在下降，人们对"宽松教育"的评价也出现分歧，对"宽松"的反思也在进行之中。然而，更为本质的问题并不在于所学知识的"量"，而是如何培育学生的学习意愿、学习动机，只有解决这些问题，才能的幼芽才能快速生长。"为了什么，砥砺智慧"①，如果这一点能够明确，那么人就可以苦学不厌。

如果看得更具体的话，可以说现在日本教育第一线的问题堆积如山。逃学、欺侮等问题仍是顽症，近十几年来所谓"班级解体"的事态更频繁地发生，"班级解体"也就是不听从教师指导、课堂无法维持的现象，这种现象在初等教育和中等教育中开始出现。在谈及原因的时候，一部分人感叹是教师教学技能低下所致，而有人则指出这不单纯是教师能力的问题，也是因为随着社会的变化，儿童自身发生了质的变化。例如，儿童们自幼儿时期就受到电视、电子游戏这种物质泛滥的消费经济的严

---

① 东京创价中学高中学校校歌《草木萌芽》开头的歌词："为了什么，砥砺智慧 / 为了下一代，肩负世界 / 为了未来，苗壮展翅。"另外，创价大学入学日池田名誉会长所赠之辞中有"为了什么，砥砺智慧 / 请君，勿忘"的句子。刻于学校青铜像的底座上。

重影响，家长对学校和教师也不像以前那样怀有尊敬之心，而儿童会敏感地捕捉到家长的这些态度。一些家长不断地给学校提出无理的要求，如东京都教育委员会2008年进行的调查发现，当教师对那些欺负其他同学的学生进行指导的时候，他们的监护人却认为教师行为不当，并不断地恐吓班主任；当学校告知儿童咨询所某家庭存在家庭虐待时，却遭监护人的恶言相向。[①]

学校、教师、监护人为了学生本应相互合作，他们的信赖关系产生动摇的确是值得担忧的问题。不管怎么说，由于生活和社会环境的变化，教育第一线的问题比以前增多了，解决的难度也增大了。可以说，这再次表明教育问题是社会整体的问题。

顾

我常常从报刊上看到批评的意见，例如说日本教育是"考试地狱"，存在"教育荒废""学校暴力"等问题。有些问题是我们东方国家所共有的，例如社会重学历轻能力，追求名牌大学，于是在中学生中出现了激烈的竞争。据说日本中小学生70%以上都在休息日去课外班（"塾"）补习功课，为了考上一所名牌大学，要不断地参加各种考试。因此有些日本学者把日本的教育说成是"考试地狱"。据说韩国以及我国台湾省也有类似情况，追求考试成绩，追求名牌学校。可见这里面有东方文化的因素。

对于日本在20世纪80年代提出的"宽松教育"，我认为要一分为二来看。学习应该是轻松而又刻苦的过程。对幼小儿童来讲，应该让他们轻松愉快地学习，培养他们的兴趣爱好，他们有了兴趣，就能刻苦地学习。但"宽松教育"不能只是减少教学时间，减少学习内容，而是教师

---

① 「『公立学校における学校問題検討委員会』における実態調査の結果等について」，2008年9月18日発布，东京都教育委员会主页。

要把课上好，引起学生的学习兴趣。把每一节课上好了，使每个学生学懂学会了，课后布置的作业就可以减少，学生就可以有时间思考，有时间参加他们喜爱的活动。如果仅仅是减少教学时间，减少学习内容，教育质量当然就会下降。

现在父母对子女的期望很高，在中国尤其如此，因为中国大多数家庭只有一个孩子，父母总认为自己的孩子是天才，因此都把教育的责任推到学校身上。但在中国倒是没有教师和父母对立的现象，因为教师和家长都希望孩子好好学习，长大成才。相反，有的教师也很"厉害"，往往对家长要求过多，常常会批评家长不关心自己孩子的学习。

其实，教育是全社会的事，需要全社会来关心。学校有责任，家庭有责任，社会也有责任。学校离不开社会，社会环境、社会风气无时不在影响着学校。孩子的许多恶习都是来自成人世界。成人应该反思自己的思想行为如何影响着儿童世界。

提高学校、家庭、社区的"教育力"

池田

我深切地感到儿童正是成人社会的一面镜子。

现在，日本的教育有诸多问题，其社会背景包括城市人口急增过程中核心家庭的增多和近年少子化的加速等变化。与以前相比，生活更方便了，但经济上的差距却在加大。信息化在不断深入，但人与人的关系却日趋淡薄，人际关系的淡薄对人的精神产生了重大影响。

在经济高速成长期，虽然核心家庭的数量也在增长，但那时处处都还有很多孩子。近邻之中有很多家庭都在养育小孩，常常看得到他们在互相帮助。但现在这种关系在减弱，母亲的养育负担过重，她们没人可以咨询，也没有帮手，结果很多人带孩子困难重重，压力很大。

这种社会结构也影响着孩子的成长。有人指出，越来越多的孩子不善于与他人交流、缺乏爱，也导致情绪的不稳定。中国在改革开放后实行独生子女政策，我想现在的孩子中没有兄弟姊妹的占多数，从教育的角度来看，对此应如何评价？是否也出现了日本这样的少子化现象？如果有什么问题的话，有什么办法解决？请您指教。

基于这种现代社会所面临的教育状况，舆论认为不仅要提高家庭的教育力，也要提高学校的教育力和社区的教育力。在这种社会要求下，我们创价学会也开展了种种教育运动。前面提到过的"教育本部"①，就始终在致力于提高学校、家庭和社区的教育力。

下面我再介绍一点教育本部所采取的具体措施——为了提高学校教育力而开展的"教育实践记录运动"。

这个运动归纳了教师的教育实践内容，记录了一线教师促进儿童发展的各种智慧，目前这个教育实践记录已有五万个案例。此外，他们还以"人间教育实践报告大会"为题，召集广大教师汇报各自教育实践和体验，对于在一线努力教育孩子们的教师而言，这些内容对于提高他们的教育技能起了很大作用。另外，他们为了提高家庭的教育力，开设了可以为各种家庭提供帮助的"教育咨询室"，在四十多年中，咨询志愿者为三十六万以上的来访者提供了服务。在提高社区教育力方面，他们在社区举办了教育研讨会，经常召集教育工作者们进行交流。此外，大学生们也积极地访问社区中的家庭，加强与孩子们的交流，与他们对话，致力于解决亲子关系不佳所导致的问题。

学校、家庭、社区，这三者相互协作，三位一体，努力创造一个"为了教育的社会"，我想这才能发挥教育本来所具有的力量。

---

① 参见第三章第三节。

独生子女政策对教育的影响

顾

池田先生提出了中国的独生子女政策问题，我在访问日本时，也常有朋友问到这一问题，那我就借此机会谈一谈。

一方面，中国实行独生子女政策也是不得已而为之。因为中国人口太多，负担太重。虽然常常说中国地大物博，其实中国也是一个资源贫乏的国家，用人口一平均，资源更是少得可怜。所以如果再不节制生育，中国的资源就不堪重负。

另一方面，中国也存在池田先生所说的核心家庭增加和少子化的现象。独生子女在家庭中往往以自我为中心，不易关心他人。家庭中一个孩子，有六个大人宠爱着他（她）：父母、祖父母、外祖父母。因而孩子成为家中的宠儿，大多数孩子都依赖大人，吃得好、穿得好，却连自己的生活也不会料理。有些孩子大学毕业工作了，不顾家庭，只顾自己享乐，每月工资吃光用光，所以网友给这些孩子起名为"月光族"。吃光了再向父母要钱，或者让父母购房、购车，网上起名为"啃老族"，这确实使人痛心。当然这部分孩子来自比较富裕的家庭，而且也不是普遍的。所以，我们以前提到过，素质教育就是要培养学生的创新精神和实践能力。前面谈到的《国家中长期教育改革和发展规划纲要（2010—2020年）》就特别强调要培养服务国家、服务人民的社会责任感。

现在中国教育中还有一种情况，就是农村里的孩子缺乏家庭的温暖。父母都到城里打工去了，孩子留在农村由祖父母照看，缺乏父母的爱，我们称之为"留守儿童"。他们会产生一些心理障碍，如孤独、自闭等。现在政府正在建设住宿学校，让孩子住在学校里，由老师来呵护他们，使他们得到老师的爱、同伴的爱。还有一部分孩子随着父母进城，但父母也没有时间管教他们，而且父母工作的流动性很大，例如建筑工人，今天在甲城市盖楼房，明天可能到乙城市去。对这些孩子我们称为"流动儿童"，也是教育的难点。现在已经明确，当地政府要负起责任来，为他们办学校，让他们完成九年义务教育。但他们的流动性给教育带来许多困难。

为了帮助贫困家庭的孩子，我每年都会拿出一点点钱来设立奖学金，钱很少，表达一点心意吧。总之，中国还是一个发展中国家，经济发展不均衡，仍处在社会转型时期。

核心家庭和少子化就是一种环境，对儿童的成长确实有不利的方面，但关键是教育。社会和家长都要改变教育观念，同时改变教育方法，特别要让学生在实践中去锻炼。中国2008年发生四川汶川地震，在抗震救灾中许多青年表现出的牺牲精神和大爱精神使人感动。在中国举行奥运会和世博会期间，几百万青少年志愿者的热情服务使我看到青年的希望。所以我相信，我们的后代会胜过我们这代人。我想贵国的青年也是很有希望的。

转换思路——面向"为教育的社会"

池田

谢谢您坦率地表达了关于独生子女政策的见解。"我们的后代一定会胜过我们这代人的"，您的这句话在我内心回响，我也同样祝福并坚信着。如您所言，青年大有希望，青年本身就是希望、是未来。

此次东日本大地震，许多青年为家乡重建付出了努力。有些自家并没有受多大的灾难的，也帮助近邻清除淤泥、收拾残局、搬运救援物资等，虽是细小工作，却也都是为大家、为社会的勇敢的献身行为。我们亲身感到在前所未有的灾难面前，勇于站出来承担的坚强的下一代领导人在成长。

话说回来，现在日本的大学，报考者比招生名额还少，"大学全入时代"真正地到来了。但另一方面，只有前15%的大学有稳定的用人单位合作，毕业生不必担心就业。还有人认为少子化的加速并未缓和考试竞争，而是使应试低龄化。还有，很多学生不喜欢数学和科学，学力也在下降。在全球化过程中，学力观本身也在发生着变化。

总之，堆积如山的问题，或者说不断表面化的教育问题，使得面对它们的一线教育工作者辛苦至极！

本来，人这种存在从诞生到成人需要若干年，无论科学如何进步，婴儿也不可能一夜之间变成大人。同样，教育也不能在短时间内决定成败，正如贵国经典《管子》中所说的"终身之计，莫如树人"[①]，教育是一种需要有长期视野的"百年大计"。

教育也不应为时势与权势所左右。从我自身所经历的战前日本军国主义教育来看，因错误的教育而遭受最大危害的是孩子、是学生。

人不是手段，人本身就是目的；面向人的幸福的教育也不是为了社会的手段，应把教育看作社会的目的。所以，我提倡要进行从"为了社会的教育"向"为了教育的社会"的有力的思维转换。

我与中国著名的历史学家章开沅博士[②]也进行过对话。章博士曾研究过现代中国的大教育家陶行知的学说。基于章博士的研究成果，陶行知先生把杜威的"教育即生活""学校即社会"的思想发展为"生活即教育""社会即学校"，是力图通过平民教育促进中国的现代化。应该说这是为了人类幸福的教育的一个伟大的成果。

---

① 遠藤哲夫『新釈漢文大系42管子上』明治書院、49頁。

② 章开沅，1926年出生，历史学家，原华中师范大学校长，曾任普林斯顿大学客座研究员、中南地区辛亥革命史研究会理事长等职。所论及部分见对谈集『人間勝利の春秋——歴史と人生と教育を語る)』第三文明社、120頁。

创价教育之父牧口常三郎先生则认定教育的目的就是"为了孩子们的幸福""为了民众的幸福"。

百年大计——参与制定教育规划

顾

中华人民共和国成立六十年来教育发展的成绩巨大，但问题也不少。刚才提到，中国政府公布了《国家中长期教育改革和发展规划纲要（2010—2020年）》(以下简称《教育规划纲要》)，在序言中就提到，新中国开辟了中国特色社会主义教育发展道路，建成了世界最大的教育体系，保障了亿万人民群众受教育的权利。特别是用了很短的时间在十三亿人口中普及了九年义务教育，实现了高等教育跨越式发展。但是，中国的教育还不完全适应国家经济社会和人民群众接受良好教育的要求。教育观念相对落后，内容方式比较陈旧，中小学生课业负担过重，素质教育推进困难，城乡、区域教育发展不平衡，等等。贵国中小学遇到的问题，中国也同样面临。正像您说的，教育问题堆积如山，是全国人民最关心、几乎天天议论的问题。

中国今后十年要努力解决的问题是促进教育公平、提高教育质量，核心是提高全体国民的素质和培养一大批有社会责任感、具有创新精神和实践能力的人才。要促进教育公平，政府要增加投入，改善薄弱地区和薄弱学校的办学条件。

正像池田先生说的，教育是一种需要有长期视野的"百年大计"。我非常同意池田先生的观点，教育不能太功利，教育的根本目的是人的自身的发展。现在社会上功利主义盛行，政治家把教育视为政治斗争的工具，经济学家、企业家把教育视为发展经济的工具，家长则把教育视为就业、改善社会地位的敲门砖，忽视人自身的发展。

我参与了《教育规划纲要》制定的全过程。从2008年8月开始调查研究，开了无数次座谈会、研讨会，又把纲要的文本在全国公布，征求全民的意见，到今年（2010年）7月29日正式发布，用了几乎两年的时间。在制定这个纲要的过程中，我深深感受到教育对社会发展及个人发展所具有的重要性，而且体会到全国百姓对教育的高度关注。这次中国的《教育规划纲要》特别强调了"以人为本"，提出要立德树人。以人为本，人是最宝贵的。只有个体人发展才能有社会的发展。社会的现代化首先是人的现代化。人的现代化要靠教育培养，教育是人类延续发展的最重要途径，是世界和平的重要桥梁。

现在的教育确实与我们青少年时代的教育不同。科学技术的发达使人们享受到高度的物质文明，但是物质的丰富也带来了人们物欲的增长、道德的沦丧。经济的全球化带来了多元文化的渗透，但民族文化也受到冲击。我国有些学者称，现在的孩子生活在"三片"之中，即吃的是薯片（麦当劳），玩的是芯片（电脑和手机），看的是大片（好莱坞影片）。他们大多有自我中心的心理倾向，缺乏社会责任感。大家都为此担心。

但是，我想，人类总是会走向进步，年青一代也会不断总结经验教训，逐渐走向成熟。

2　什么是人的本性

性善说·性恶说·白板说

池田

顾先生在书信中向我们提出了这样一个重要的问题："综合地看教

育发展，教育也绝不是仅有积极的方面。教育有时不是涵养热爱儿童之心，而是在培养争夺心和掠夺心。孟子持性善说，荀子持性恶说，但究竟哪个是正确的呢？"

人的本性是什么呢？弱肉强食的自然淘汰机制适不适合人类社会？这些不仅关乎教育，也是关系到人类社会根本的重要问题。

尤其是性善说和性恶说，自古以来不仅在东方进行了各种论证，在西方也是一大议题。我曾与历史学家汤因比博士和贵国的国学家季羡林博士谈过这个话题。[①]

我想起性善论者卢梭的洞察，他说："出自造物主之手的东西，都是好的，而一到了人的手里，就全变坏了。"[②]我亦想起性恶论者霍布斯的人性观：万人对万人的斗争。[③]

这一问题又引发许多问题，是个既古老又新鲜的命题。这里我想回归基本，先整理一下孟子的性善说。孟子用巧妙的比喻说："今人乍见孺子将入于井，皆有怵惕恻隐之心。"[④]并继续论证说救助面临危险的婴儿是所有人共同的心理。

他接着论述道："恻隐之心，仁之端也；羞恶之心，义之端也；辞让之心，礼之端也；是非之心，智之端也。人之有是四端也，犹其有四

---

① 见池田大作与汤因比对谈集《展望21世纪》的第三部分第三章第一节。池田大作与季羡林等的对谈《畅谈东方智慧》（日文版『東洋の智慧昔語る』東洋哲学研究所刊）中，在第五章第一节。季羡林（1911—2009）在语言学、历史学、佛学、印度学、比较文学等多领域皆有建树，曾任北京大学副校长、中国语言学会会长、中国比较文学学会会长、中国敦煌吐鲁番学会会长等。

② 『エミール（上）』今野一雄訳、岩波文庫、27頁。

③ 托马斯·霍布斯（1588—1679）是近代政治思想的起源国英国的思想家。主要著作《利维坦》中提到人类的自然状态是"万人对万人的斗争""人对人像对狼一样"，主张通过个人间的契约协定建立国家，万人从于国家而和平自至。

④ 孟子的性善说引自小林胜人訳注『孟子（上）』岩波文庫、141頁。

体也。"①这真是非常明快的逻辑。

但是，孟子的意思并不是那种乐天的想法，即并不认为因为人有天生的"善"，所以做什么都可以，只需坐待善的萌发即可。

滕文公向孟子请教治世之道，孟子为他讲了农业和租税的重要性以后，这样说道："设为庠、序、学、校以教之。……人伦明于上，小民亲于下。有王者起，必来取法，是为王者师也。"②孟子一语中的地指出了人要行人伦之道，教育是不可或缺的。

那么，荀子又是怎样想的呢？"凡人有所一同。饥而欲食，寒而欲暖，劳而欲息，好利而恶害。是人之所生而有也，是无待而然者也，是禹桀之所同也。"——荀子所说的"恶"是指对衣食住的追求，也就是人的本能，继而，荀子断言道："人之生固小人，无师无法则唯利之见耳。"③

人生来不过是被本能所操纵的愚者，人将随环境和教育等后天因素而变化，为了强化本能或抑制本能，就应学习传统言教的"礼"。荀子的逻辑就是这样展开的。

虽然在处于"自然状态"的人如何发现本性这一点上孟子与荀子的思想是不同的，但是在涵养与陶冶人性需要广义上的"教育"这一点上两者则是一致的。也就是，教育才能使人变得更像人。

顾

池田先生提到人性论问题。这个问题从古代一直争论到现代，众说纷纭。中国大致可以分为三派：一派是性善派，以孟子为代表；一派是

---

① 小林勝人訳注『孟子（上）』岩波文庫、141頁。

② 小林勝人訳注『孟子（上）』岩波文庫、199~200頁。

③ 荀子的性恶说引自金谷治訳注『荀子（上）』岩波文庫、64~65頁。

性恶派，以荀子为代表；还有一派是不善不恶派，以告子[①]为代表。

大家都知道，孟子是主张性善的，认为仁、义、礼、智都是人天生的，是人的本性。

荀子则对孟子的见解不以为然，认为人的本性是恶的，"今人之性，生而好利焉"。他说："凡性者，天之就也，不可学，不可事。礼义者，圣之所生也，人之所学而能，所事而成者也。不可学、不可事之在天者谓之性；可学而能、可事而成之在人者谓之伪；是性伪之分也。"也就是说性是天生的素质，是一种人的本能，"不可学、不可事"。但是他认为人是可以教育的，"伪"就是人为的意思，就是指经过教育以后的品质。所以他又说："性者，本始材朴也；伪者，文理隆盛也。无性则伪之无所加；无伪则性不能自美；性伪合，然后成圣人之名。"[②]也就是说本性是人的原始的材质，教育（他称为"伪"）是后天的加工，两者合起来才能成为圣人。

池田

您深入浅出地解释了先哲们对人性的看法，以及他们对理想人生的追求。被称作"性恶派"的荀子也是考虑人是要通过教育而成为好人。

佛教思想中也有这种教育观点，贵国天台大师智顗写的《摩诃止观》所提出的十界论（十界互具论）就给了我们重要的启示。

天台大师详细地观照了从人的生命所发现的心的作用，并进行了体系化的论述。从人的生命中，既可以发现仁和慈悲所代表的善心，也可以发现被争夺和贪欲所支配的恶心。

---

① 告子，中国战国时代与孟子同时代的思想家，据说名为"不害"，与孟子争论人的本性。针对孟子主张性善说，主张"性无善无不善"。明君导之，民众行善；暴君引之，民皆施暴。善恶在于引导的方式。告子出现在《墨子》的公孟篇、《孟子》的告子章句篇及公孙丑章句篇中。

② 引自性恶篇。金谷治訳注『荀子（下）』岩波文庫、189～193頁。荀子关于"伪"的论说引自礼论篇，见同书第102页。

天台大师将这种心的作用分为了十大类，即每个人的生命境界从邪恶之心开始，随着境界的提高而逐渐达到善心的终极状态。具体而言是这样的（为解释的方便，多少有些概念化）。

第一即嗔恚与怨念所引起的"地狱界"，第二是由贪欲引起的"饿鬼界"，第三是执着于本能的"畜生界"，第四是被激怒而争夺的"修罗界"。这四种是邪恶之心的作用。

第五是良心、理性和伦理性所引发的"人间界"。如果环境条件非常好，欲望也得到满足，则是第六充满喜悦的"天界"。但是，佛教认为，在"天界"的顶点潜藏着"他化自在天"（即第六界的魔王）的魔性作用，如傲慢的掌权者为了保身，以操纵和破坏他人生命为乐，就成了憎恨正义与善意的利己主义的俘虏。

一般人的生命就在这六道中轮回。但人的欲望满足最终是无常的。执着于"常"就产生苦恼。达到看透无常、超越无常的境界则进入第七层次的"声闻界"和第八层次的"缘觉界"。

"声闻界"和"缘觉界"与学术家、教育家、艺术家所具有的反思性的智慧是相通的。这"二乘界"（即"声闻界"和"缘觉界"）的智慧作用也是人的生命中所具有的。

第九是"菩萨界"，这种生命境界与中国精神的精髓"仁"是相通的，它具有丰富的善性，是为己为他共创幸福的作用。

最后是"佛界"，它具有悟到生命实相的智慧，包含了生生流动的九界，与大宇宙成为一体。

天台宗的生命论认为，教育就是培育和强化"人界""天界""二乘界"和"菩萨界"所发动的善心，抑制从地狱界至修罗界的恶心的作用，弃恶扬善，并运用于人生。

顾

还有一派认为人性无所谓善恶。以告子为代表。告子以水为喻说：

"性犹湍水也，决诸东方则东流，决之西方则西流。人性之无分于善与不善也，犹水之无分于东西也。"①

但孟子却反驳这种论点，说："人性之善也，犹水之就下也，人无有不善，水无有不下。"但孟子的这些反驳没有说服力，水向下流与水向何方流是两个不同的问题。

西方也有对人的本性的议论。夸美纽斯、卢梭主张自然教育论，认为教育要遵循自然，也可算作性善说。基督教主张原罪说，认为人生下来就是有罪的，一生都要赎罪，可以算作性恶说。洛克②主张白板说，认为儿童生来如一张白纸，是不是可以算作人性无所谓善恶这一派了？佛教可以算作一种性善的学说，不仅认为人的本性是善的，而且劝说大家行善。本来印度佛教是主张要长期修炼才能成佛，但到了中国的禅宗佛教，就认为人只要有善行，就能立地成佛。

但是正如池田先生所说的，无论哪一派，都认为人是要接受教育的，只有接受了教育，人才能从一般的动物中区别出来，成为真正的人、社会的人。所以教育理论界认为教育是人社会化的过程，是立德树人的过程。

所有生物都有趋利避害的本能，正是因为有这种本能，所以生物才不断进化。人当然也有趋利避害的本能，但人与其他生物的不同在于人有思想、有理智。人在群体的社会生活中养成了什么能做、什么不能做的天性。趋利避害，但不能损人利己。恻隐之心人皆有之，这就是人类在长期群体生活中养成的天性。但人受后天环境、教育的影响很大。古人云"近朱者赤，近墨者黑"，就是说环境的影响。教育的影响就更大

---

① 《孟子》的告子章句篇上。小林勝人訳注『孟子（下）』岩波文庫、220～222頁。

② 约翰·洛克（1632—1704），英国经验论代表的哲学家。他根据人的自然权、抵抗权、社会契约论拥护1688年的英国光荣革命，推进了民主主义思想的传播。洛克的经验论哲学表现形式为譬喻，"白板"在拉丁语中意为"没有写任何东西的白色石板"。白板上可以写任何东西，即认为主张、知识观念不是人生来就有的，而是通过后天的经验获得的。

了。因为教育是有目的、有意识的活动。社会上之所以有好人、坏人，都是环境教育的结果。

所以我认为，人本没有性善性恶的区别，关键在于后天的教育。趋利避害是人的天性，当儿童贪图好吃的、好玩时，成人就要教育他们，让他们认识到人类社会生活有着共同的准则，并遵守这些准则。

培育不屈于欲望的"善心"

池田

能接触到基于人性论的顾先生教育哲学的核心，我也感铭至深。

绝不损人利己——我认为教育必须首先教会孩子们这个道理。我自己也常常在创价校园教育学生们"不能把自己的幸福建立在他人的痛苦之上"。

释尊、孔子和日莲等很多"圣人"，也被称许为开辟人类丰富精神世界的"伟大教师"。我想，现代教育不能迷失强化和培育善心之路，不能让教育仅仅传播知识而为欲望所驱使。

我从陶冶和强化善、打破恶的教育观点出发，常常劝导青年学习东西方人类的睿智，强调人间主义、和平、人权、正义、勇气、友情的重要性。而且，我还强调书籍的重要性，经常与学生们交流《三国志》《史记》以及鲁迅、歌德、托尔斯泰、泰戈尔等创作的东西方经典作品。

上次也谈到，圣人孔子在贵国重新受到了关注。[①]

贵国有着数千年人类精神结晶的丰富的文化世界。如与西方的"七艺"（诞生于古代希腊和罗马的成为欧洲中世纪教育机构基础科目的学科总称，包括文法、修辞、逻辑、算术、几何、天文、音乐）相通的

---

① 见第二章第二节。

"六艺"（古代中国贵族所必需的礼、乐、射、御、书、数六个方面的教养），就是众所周知的。可以说在培育具有丰富精神内涵的人方面，贵国的资源比任何国家都丰富。

当然，如果把目光转向现实，贵国正处在快速发展时期，也许还存在着一些严重的教育问题，比如顾先生所说的年轻人的即时享乐问题、过于激烈的考试竞争问题等。

今天的市场经济已经演变为弱肉强食的热带雨林，我们的教育不应该只肯定那些适应市场经济运行的人，只以他们为胜者，而应该追求发扬每个人的个性，造就闪耀着多样性的和谐社会。我相信，要实现这个理想，成人社会就要以顾先生所说的对孩子的"爱"为基础，携起手来，顽强地向困难挑战。

3 "人间教育"的理念与行动

"教育要为了孩子们的幸福"

池田

创价学会第一任会长牧口常三郎先生用毕生精力写成的大作《创价教育学体系》一书出版于1930年，当时很多教师所采用的教育方法是观念性的，没有与改善儿童的实际生活联系起来。

"无疑，哲学性的教育学确实存在着，然而它对实际的教育者们起着多大的作用？有人说连从二层楼上点眼药的效果都没有，这不是一种淋漓尽致的揭露吗？"①牧口会长就是这样深深地担忧着当时停滞不前的教育。

---

① 『創価教育学体系』第一卷·第一篇「教育学組織論」第二章第四節「創価教育学樹立の必要『牧口全集』第五卷、38頁。

鉴于此，牧口会长着眼于未来，提倡纠正教师的教育方法，提出了给孩子的实际生活带来变革的新的教育学说。

《创价教育学体系》也是通过牧口会长的弟子户田城圣先生（第二任会长）在物质上和精神上两方面的努力下才出版的。书的编辑、出版以及整个资金都是户田先生一人承担的。可以说这是牧口和户田这两位同心同德的师徒共同缔造的伟业。

《创价教育学体系》全四卷是以自古而今的哲学思想为基础而构建的。其中最为重要的基石是从夸美纽斯、卢梭、裴斯泰洛齐、赫尔巴特、斯宾塞、杜威等那里继承下来的儿童中心的教育理念。为了实现这一理念，该书也从培根、洛克、休谟等的经验主义哲学和康德、迪尔凯姆、沃德等人的社会学那里接受了重视实证的研究精神。①

---

① 卢梭、夸美纽斯和裴斯泰洛齐三人皆主张教育应该顺应人的成长规律。在《创价教育学体系》中，牧口常三郎针对使学生大为叫苦的灌输式的旧式教育，提出"找出解决这种问题办法的是卢梭、夸美纽斯、裴斯泰洛齐等教育改革家的前辈们。正是由于他们，世界青少年能够摆脱牢狱般的痛苦学习而享受学校学习的快乐。这不仅和医学上的大发现一样具有重要价值，还使广泛的青少年受益，其价值是极其大的"（第四篇「教育改造論」、『牧口全集』第六卷、28～29頁）。其中，用第四篇《教育改造论》第三章第四节论述裴斯泰洛齐的功绩。认为"与当时只注重知识的灌输的教育不同，裴氏提倡通过实物教学、启发知识为目的的教育"，在教育方法上的改进研究方面可以看到其精髓的部分。还称赞裴氏钻研"教育学是建立在深厚的哲学根本原理的基础上，即建立在人性的法则的基础上的"，在自己的经验上阐释教育理论。但是批判裴氏的学生虽继承了其演绎方法，最终"陷入实际疏离的哲学"教育学。为建设科学的教育学，牧口自身讲述"从教育实践中归纳采用探索教育原理的研究方法"。德国的赫尔巴特曾拜访了裴斯泰洛齐，为其儿童教育实践所感动，并在其基础上发展出体系化的教育学。赫伯特·斯宾塞（1820—1903）主张功利主义的教育观。他认为人生的目的是追求幸福的"完整的生活"（complete living），而培养这样生活的人是教育的目的（《教育论》）。另外还论及"儿童的权利"。杜威在以下的话语中倡导教育的"儿童中心主义"："一场教育变革正在开始，这场变革的主要内容是教育的重力中心的转移，它同哥白尼的把地球中心学说改变为太阳中心学说的理论一样具有重大意义。即在教育过程中儿童就是太阳，就是中心，教育的经营、教育的组织必须围绕着这个中心来进行。"（『学校と社会』宮原誠一訳、岩波文庫、45頁）经验主义哲学如洛克的"白板"说，认为所有的知识都是后天经验所得。苏格兰哲学家大卫·休

为了综合这些理论并构建一个学术体系，牧口先生先生从康德的批判主义哲学以及与其系谱一脉相承的文德尔班和李凯尔特的新康德哲学中吸收了价值论这一主题；此外，牧口先生通过学习近代经济学，涉猎了马克思和李嘉图的客观价值说和门格尔、杰文斯的主观价值说，在此基础上，他把价值定义为生命与对象的关系。[①]

（接上页）谟（1711—1776）继承了这一学说。休谟从经验主义哲学出发，认为"教育的不同会导致人的不同"。再者，以"知识就是力量"而闻名的英国弗兰西斯·培根（1561—1626）认为，人要获得正确的知识就需要用通过反复"实验"以剥离偏见的归纳法。基于经验事实的假说，即通过实验证实假说的思想被法国奥古斯特·孔德（1798—1857）强调，被称为实证主义。孔德认为人类智慧的发展顺序是从神学阶段到形而上学阶段，再到现代实证阶段，即"三阶段规律"。创立孔德构想的新学问——社会学的是法国的埃米尔·迪尔凯姆（1858—1917）（又译为涂尔干）。在《创价教育学体系》中，迪尔凯姆的《教育与社会学》《社会学与哲学》《社会分工论》被多次引用。将社会学与教育学相关联是创价教育学的特征。如引用迪尔凯姆的话，认为"教育促进个人的社会化"（第二编「教育目的論」第三章第一节「教育の目的と社会生活」，『牧口全集』第五卷、142頁）。莱斯特·弗兰克·沃德（1841—1913）提倡以社会改良为目的的应用社会学，主张消除歧视和不平等。在社会进化论风行、适者生存、弱肉强食的非人竞争激烈的时代，主张"知性平等主义"。沃德认为"知性发展才能解决社会问题"，强烈呼吁教育机会均等。沃德是一位自学成才的大学者。

① 伊曼努尔·康德（1724—1804）通过《纯粹理性批判》《实践理性批判》《判断力批判》三书提倡批判哲学。牧口常三郎在去世前一个月写到"正在精读康德哲学"（「獄中書簡」から。1944年13日付，妻·牧口クマと牧口貞子宛てほがき。『牧口全集』第十卷，300頁）。新康德派是19世纪70年代至20世纪20年代在德国兴起的"回到康德去"的哲学流派。其中，西南德意志学派（巴登学派）的代表有文德尔班（1848—1915）及其学生李凯尔特（1863—1936）。新康德派在逻辑学、伦理学、美学、宗教哲学等哲学各个领域以"价值"进行统一考察，从此出发发展出自己的价值哲学。文德尔班将"真、善、美、圣"的普遍价值作为道德、艺术、宗教的根本。在此基础上，牧口常三郎提出"美、利、善"的价值体系。李凯尔特区别了"剥离价值的自然"和"蕴含价值的文化"，将文化体现的价值称为文化价值，将以蕴含文化价值的现象为对象的研究称为文化科学。基于此，牧口常三郎认为，自己过去所教授的地理学、教育学的研究对象都是价值现象。论述了由于"我的学问对象离不开生活"，故不能离开价值问题（「創価教育学体系」第二卷·第三篇「価値論」序、『牧口全集』第五卷、206～207頁）。经济学中，"客观价值说"指"财产＝商品中存在客观的价值"也就是"财产本身具有价值"。"劳动价值说"（"财产的交换价值＝价格"是由生产劳动量或劳动时间大小决定的）即是如此。它由英国大卫·李嘉图（1772—1823）发展，

牧口先生不仅吸收了上述西方思想家的思想，而且从东方的儒教中选取了《论语》《孟子》的内容，而且还涉及朱子学和阳明学。

牧口先生最终把佛教思想作为整合各种思想的原理。他基于释尊的言教，最后归于日莲大圣人的佛法。

牧口先生正是这样在《创价教育学体系》中进行了教育学史上罕见的对众多人物的思想和理论的归纳，其恢宏巨制有如一部思想的交响乐。

在这里，我想基于牧口会长的《创价教育学体系》简单地介绍一下我们的创价教育是什么。

牧口会长针对当时作为军国主义工具的教育的危险性为人们敲响了警钟，他主张幸福才是人生的目的，因而幸福也必须是教育的目的。

那么，什么是幸福？牧口会长认为幸福就在于"创造价值"。"创价"的意思就是创造价值。

关于价值的内容，我上次也简略地谈到了，即"美、利、善"的价值。[①]培养在实际生活中创造这些价值的人格就是创价教育的目的和使命。牧口会长将创价教育学还定义为"培养能创造作为人生目的的价值的人才之方法知识体系"[②]。

我们经常把创价教育用另一个词即"人间教育"来表达，就是因为

（接上页）卡尔·马克思（1818—1883）集其大成。与此相对的是"主观价值说"，即"价值是由人对财产所抱有的主观想法决定的"，或者说是由"每个人主观满意度的大小决定"。"效应价值说"（财产的交换是由效用＝满意度的大小决定）即是如此。它由奥地利门格尔（1840—1921）及英国威廉姆·斯坦利·杰文斯（1835—1882）提出。价值定义为生命与对象的关系："如前所陈，价值的概念意味着评价对象和主观关系。对象中与人的伸展性无关的性质不会产生价值，因此价值是人的生命和对象的相关性。"（『創価教育学体系』第二巻·第三篇「価値論」第四章第二节「関係性及関系力」。『牧口全集』第五巻、293頁）

① 参见第三章第一节。

② 『創価教育学体系』第一巻·第一篇「教育学組織論」第一章「緒論」の冒頭の言葉。『牧口全集』第五巻、13頁。

我们重视培养人格的工作。人不是由机器来制造的，国家政策也不是造就人的，人是通过人与人之间的相互作用、人格间的相互接触而得到锻炼和成长的。

使孩子们具备丰富的价值创造的能力进而自己开创幸福的人生；激发每个人本来所具有的可能性，培养在任何恶劣的条件下都能以坚韧的生命力坚持进行价值创造的人格——这就是创价教育所说的"人间教育"的目标。

顾

感谢池田先生给我介绍了创价学会第一任会长牧口常三郎先生的《创价教育学体系》一书的详细内容。从您的介绍中可以看出，牧口先生不仅是一位伟大的和平主义者，而且是一位伟大的哲学家、教育家。可惜我手头还没有《创价教育学体系》的中译本，否则我一定要好好拜读，并从中得到启示。

牧口先生认为教育的目的是"为了孩子的幸福"，真是一语中的。我们讲教育的最终目的就是使每个人的潜在能力都能得到自由充分的发展，成为一个幸福的人。童年是人一生中最无忧无虑的时期，每个孩子都应该充分享受幸福的童年。教育应该满足他们求知的需要，更应该是他们心灵发展的重要途径。可惜我们现在的教育现实是孩子享受不到这种幸福。他们为过重的学习负担所累，为学习的竞争所累，为父母的唠唠叨叨及没完没了的要求所累。为了考上大学，他们没有游戏，没有伙伴。

牧口先生认为，幸福是人生的目的，幸福就在于"创造价值"。这确实是精辟的见解。这里的"价值"当然包括物质价值，就是牧口先生说的"利"；也包括精神价值，就是牧口先生说的"善"与"美"。这也使我了解了创价学会名称的由来。

池田先生对牧口先生《创价教育学体系》的介绍，使我增加了许多知识，得到很多启示。

建立"文化人格"的六大标准

池田

回到刚才"美、利、善"的话题。牧口会长曾任小学教师和校长，他在一线为了实现孩子们的幸福而努力地工作。正因为如此，他在思考教育学的时候就不希望陷入一种观念游戏。

把"利"置于价值之中，是因为他理解"利"，也就是经济价值，对人们是何等重要。他说，在某种程度上，似乎与教育关系较少的经济活动"只要是不损害社会共同生活，在所允许的范围内，无害的利的活动本身就在无意识地为社会幸福做出贡献"[①]，指出"利"的价值创造与"善"的价值是联系在一起的。

现代人容易将暂时的快乐、物质上的丰富以及物质欲望的满足当作幸福。但是，从牧口会长的价值论看，只有物质欲望的满足绝不是真正的"利"的价值，也不能导向幸福。牧口会长所说的"利"不是指在经济上自己赚钱，而是通过它产生贡献于他人的善的价值，这才是"利"的价值。可以说，牧口会长的思想针对现代肤浅的经济至上主义敲响了警钟。

下面，我略微谈一下"创价教育"在培育创造三种价值的人方面有哪些内容。

牧口会长在论述教育的制度、方法、教材等问题时，举出了"创价教育的六大标准"。

（1）感情的理性化（具有控制）。

（2）自然的价值化（提升天生的素质，使之具有价值性）。

（3）个人的社会化（习得与社会生活相适应的行为方式）。

[①]『創価教育学体系』第一巻・第一篇『教育学組織論』第五章第三節「教育方法の区分」。『牧口全集』第五巻、102頁。

（4）个人的依法化（不是以人为标准，而是根据道理进行判断和行动）。

（5）他律的自律化（自主而非被动地进行判断和行动）。

（6）放纵的统一化（使无秩序的状态变得有规则）。[①]

通过面向这六大标准的教育，将"自然的个性"培育成"文化的人格"。所谓"文化的人格"，就是无论处于怎样的环境之中均能以一己之力创造价值的人格。只要针对蕴含着具有无限可能性的存在，面向六大标准实施扎实的教育，就能开启"文化的人格"。

另外，牧口会长根据这一思考，认为"体育和智育"是教育的两根支柱，主张以其中的智育为基础，德育、美育、利育才能成立。也就是说，在智育之中教导学生进行"美、利、善"的价值创造。[②]

在这里，体育是为了健康而进行的提高身体能力的教育；智育是提高智能和学习能力的教育；德育是掌握社会生活中的道德的教育；而美育则是追求美的价值的教育，如艺术教育；利育是为了创造经济价值的教育，如职业技术教育。

另外，下面还将提到，牧口先生在推动创价教育的时候，还提出了"创立半日学校制度""提高教育者的技能""批判灌输式教育"等问题，对整个教育提出了自己独特的思考。

这样一本站在时代前沿论述教育革命的《创价教育学体系》，现在除了日文版以外，已有英语、法语、西班牙语、葡萄牙语、越南语、印地语等十种语言的版本出版。

此外，创价教育的学堂也在世界各地生根，很多有为的人才是从这

---

① 『創価教育学体系』第三卷・第四篇「教育改造論」の卷頭に掲示されている。『牧口全集』第六卷、12頁。

② 『創価教育学体系』第一卷・第一篇「教育学組織論」第五章第三節「教育方法の区分」。『牧口全集』第五卷、96頁以下。

里起飞的。日本的创价大学于2011年迎来了创立四十周年纪念，此外还有创价学园（包括东京和大阪的创价小学、创价初中、创价高中以及北海道的创价幼儿园），2001年创办的美国创价大学和巴西创价学园在2011年也迎来创立十周年纪念。此外，韩国、中国香港、新加坡、马来西亚等地也设有创价幼儿园。

教育才是开创未来的最大力量。我作为这些学校的创办人，看到我们的毕业生度过一个创造价值的人生时是何等喜悦。

素质教育——促进人的"全面发展"

池田

刚才我简述了创价教育的历史背景、教育理念和当前的状况，这里我还有一些相关问题请教顾先生。

贵国因为"应试教育"存在很多弊端而广泛开展了"素质教育"的研究和实践。

1985年5月，邓小平在全国教育工作会议上指出"未来的经济发展，越来越取决于劳动者的素质"。当月底，中共中央发布了《关于教育体制改革的决定》，指出"改革的根本目的是提高民族素质"。我听说从这个时候开始，关于"素质"的研究得到强力推进。

素质教育的影响似乎非常深远。顾先生写道："20世纪90年代，在教育观念上影响最大的就是素质教育的推进。"[①]近年来，在日本的媒体上，也能时常看到"素质教育"这个词。

在贵国大发展的今天，素质教育究竟要培养什么样的人才？这是日本的读者很感兴趣的话题。

---

① 前揭『中国教育の文化的基盤』272頁。

联系到素质教育，顾先生论述道："今天，要培育具备创新精神和实践能力的人才，要给予儿童教育主体的地位，使儿童积极地、主动地、自主地学习。"强调"教育的本质是育人，是提高人的素质"。①

培养创造性、主体性、整体性，或者综合实施德育、智育和体育，这是否正是"素质教育"所蕴含的理想？

我曾把那种不偏于知识的全人格的教育称作"全人"教育，并强调这种教育的重要性，而且坚信知识是提高智慧的手段，主张智慧才是幸福的源泉。

从这个意义上来说，素质的结构、素质教育的基本特点和思路是什么？支撑素质教育的理论基础是什么？素质教育的目的是什么？为什么一定要实施素质教育？就这些问题，我想请顾先生再给予一些说明。

顾

其实中国一直提倡全面发展的素质教育。早在孔子时代就提出人的发展包括德、美、体、智。孔子的教育内容包括礼、乐、射、御、书、数。礼是首位，就是我们今天讲的德育为首，立德树人；乐是美育，就是提高人的情操，这其实也是为礼服务的，是礼的表现形式之一；射、御就是体育了，会射箭、会驾车，必须有强健的身体；书和数就是智育了，读经典书籍和学习数学，从而获得人生发展的知识。

中华人民共和国成立以后，一直把培养德、智、体、美、劳全面发展的人作为国家的教育方针。1957年毛泽东提出，我们的教育方针是培养有社会主义觉悟、有文化的劳动者。《中华人民共和国教育法》提出："教育必须为社会主义现代化建设服务、为人民服务，必须与生产劳动和社会实践相结合，培养德、智、体等方面全面发展的社会主义事业的

---

① 前揭『中国教育の文化的基盤』277頁、301～302頁。

建设者和接班人。"①方针非常明确，但是为什么在20世纪80年代又提出"素质教育"呢？我觉得有两个原因：一是为了消除片面追求升学率的负面影响；二是为了提高教育质量和国民素质，特别是在义务教育得以普及以后提出更高要求。

中国是一个十分重视教育的国家，在历史传统上，不论是富贵达人，还是庶民百姓，只要有条件，就会千方百计让自己的孩子求学。中华人民共和国成立以后，随着我国生产力的解放、经济的恢复与发展，人民群众求学的积极性尤为高涨。尤其是"文化大革命"以后，随着国家对知识、对人才的重视，我国教育得以迅速恢复和发展。青年求学的热情更加高涨。1977年恢复高考，当年招收27.3万人，但报考的青年达570万人。当然，这是由于积聚了十年未能得到上学机会的青年所爆发出来的求学热情。但是随后几年，一直存在着激烈的升学竞争。

为了追求升学率，有些学校不顾学生的健康，轻视道德教育，加班加点，应付考试。有的学校为了提高升学率，押题猜题，忘记培养学生成才、让学生享受人生幸福的教育本质。1981年《中国青年报》第二十二期发表了著名教育家叶圣陶②的文章《我呼吁》，呼吁社会各界关注中学生在高考重压下负担过重的问题，批判了当时中学和一部分小学片面追求升学率的错误做法。他称这种现象有如"千军万马过独木桥"，令人担忧。

---

① 《中华人民共和国教育法》，http：//www.moe.edu.cn/s78/A02/2fs_left/S5911/moe619/201512/t20151228_226193.html，2015-12-27。

② 叶圣陶（原名叶绍钧，1894—1988），中国作家、教育家、杂志编辑与出版人、社会活动家。"五四运动"时期新文学的积极倡导者。与茅盾等人一起成立了"文学研究会"。小说《倪焕之》（1930）对青年教师倪焕之与社会现实中的封建性进行的斗争做了写实性的描写。"九一八事变"以后，参加"文艺界反帝抗日大联盟"。中华人民共和国成立后，曾任人民教育出版社社长、教育部副部长、第六届全国政协副主席等职。通过对安徒生童话的介绍及其自身的创作，成为中国儿童文学的开拓者之一。

1983年12月31日，教育部颁发的《关于全日制普通中学全面贯彻党的教育方针、纠正片面追求升学率倾向的十项规定（试行）》指出，不能只抓升学，忽视对劳动后备军的培养；只抓考分，忽视德育和体育，忽视基础知识和能力的培养；只抓少数，忽视多数；只抓毕业班，忽视非毕业班；只抓高中，忽视初中等现象，要求改正。但文件发出以后，效果甚微。

1993年中共中央、国务院发布了《中国教育改革和发展纲要》，其中提出："中小学要由'应试教育'转向全面提高国民素质的轨道，面向全体学生，全面提高学生的思想道德、文化科学、劳动技能和身体心理素质，促进学生生动活泼地发展，办出各自的特色。"[①]素质教育因而成为中国的重大教育决策。

素质教育提出的第二个重要缘由是为了提高教育质量，提高国民素质。20世纪80年代以前，虽然"素质教育"一词未见于正式文件，但提高教育质量、提高国民素质是中国领导人和各级教育部门经常关注的问题。1985年5月19日，邓小平在全国教育工作会议上指出："我们国家，国力的强弱，经济发展后劲的大小，越来越取决于劳动者的素质，取决于知识分子的数量和质量。"5月27日发布的《中共中央关于教育体制改革的决定》明确指出："在整个教育体制改革的过程中，必须牢牢记住改革的根本目的是提高民族素质，多出人才，出好人才。"[②]1986年颁布的《中华人民共和国义务教育法》第三条规定："义务教育必须贯彻国家的教育方针，努力提高教育质量，使适龄儿童、少年在品德、智力、体质等方面全面发展，为培养有理想、有道德、有文化、有纪律的社会

① 《中国教育改革和发展纲要》，http://www.moe.edu.cn/jyb_sjzl/moe_177/tnull_2484.html，1993-02-13。
② 《中共中央关于教育体制改革的决定》，http://www.moe.gov.cn/jyb_sjzl/moe_177/tnull_2482.html，1985-05-27。

主义建设者和接班人奠定基础。"[①]以后其他许多文件都提到提高民族素质的问题。

"素质教育"是我国教育发展到一定阶段提出的质量要求，也是时代的要求。在我国发达地区普及九年义务教育以后，对于基础教育如何进一步提高教育质量的问题就被提上了议事日程。1990年，江苏省发布《江苏省教育委员会关于当前小学教育改革的意见（试行）》，提出："实施以提高素质为核心的教育，关键是转变教育思想，树立国民素质教育的观念。各级教育行政部门要组织学校和教师学习教育科学理论，开展素质教育的研究和讨论，并开展到家庭和社会，唤起为中华民族的未来而全面提高学生素质的公众教育意识，形成强大的舆论力量和良好的改革环境，推进小学素质教育的全面实施。"这是我国首次以政府文件的方式明确提出"素质教育"。1991年江苏省又率先召开了素质教育研讨会。

当然，从江苏省提出素质教育的背景来看，素质教育不仅是针对片面追求升学率而提出的，它与当时小学生课业负担过重也不无关系。另外，20世纪90年代初期，珠江三角洲、长江三角洲都先后提出实现教育现代化问题。教育现代化的主要内容就是提高国民素质。

因此，素质教育是在普及九年义务教育以后，教育界思考教育如何进一步提高和发展而提出的。

2010年7月颁布的《国家中长期教育改革和发展规划纲要（2010—2020年）》再一次把素质教育作为教育工作的战略主题，将其提到很高的地位。纲要提出："坚持以人为本、全面实施素质教育是教育改革发展的战略主题，是贯彻党的教育方针的时代要求，其核心是解决好培养

---

① 《中华人民共和国义务教育法》，http://www.moe.gov.cn/s78/A02/2fs_left/s5911/moe_619/201001/t20100129_15687.html，2010-01-29。

什么人、怎样培养人的重大问题，重点是面向全体学生、促进学生全面发展，着力提高学生服务国家服务人民的社会责任感、勇于探索的创新精神和善于解决问题的实践能力。"[①]这就把中国推行素质教育的目的和内容说得非常清楚了。

推进素质教育之所以那么困难，是由于社会矛盾也反映到教育领域中了。中国改革开放三十多年来，经济发展很快，过去只有少数人能够享受到上学的权利，现在变成人人都能享受受教育的权利，但教育资源不足，特别是教育发展不均衡，因而引起了激烈的教育竞争。因此，要解决这个问题，还是要扩大教育资源，促进教育公平，提高教育质量。这也就是现在制定中长期教育改革和发展规划纲要的缘由。

推进素质教育之所以困难，还在于人们的教育观念即人才观的变异。每个父母都希望自己的子女能够接受良好的教育，这是无可非议的；同时由于社会资源的分配不均，为了追求更优越的职位，父母都希望子女通过学习而出人头地，即中国传统中讲的"学而优则仕"[②]，或叫"读书做官"。但人是有差异的，不可能人人都当冠军，而有些父母不顾子女的实际情况，不遵循儿童成长的规律，只是要求学生死读书。学校老师为了满足家长的要求、上级领导对政绩的要求，加重学生的负担，逼迫学生死读书、读死书，忽视学生全面素质的提高。

这是一个社会问题，不是纯粹的教育问题，因此需要全社会的努力才能逐步解决。

---

① 《国家中长期教育改革和发展规划纲要（2010—2020年）》，http://www.moe.gov.cn/jyb_xwfb/s6052/moe_838/201008/t20100802_93704.html，2010-07-29。
② 出自《论语》子张篇第十九，是孔子的弟子子夏的话。原句为："仕而优则学，学而优则仕。"后半句容易被理解为把学问作为当官的手段，具有功利性的意思，所以不少人认为孔子是主张读书就是为了做官。

池田

感谢您对实行素质教育的背景、目的以及现存的一些问题进行阐述。您谈的内容很有价值，对许多教育相关人士深入研究教育也大有裨益。顾先生说："这是一个社会问题，不是纯粹的教育问题。"越是致力于解决问题，越会感到问题解决之难引起的愤懑羞愧之情。我能感受到顾先生的这种心情。

此外，正如您所言的"不可能人人都当冠军"一样，过度的教育竞争只会让矛盾丛生。这样，充分发挥个性的素质教育和"人间教育"就更有实行的必要了，为此整个社会价值观的转变是必不可少的。

4 终身教育——走向多样而丰富的人生

只有持续学习，人才能保持青春活力，社会才能发展

池田

我们谈了许多青少年教育的话题，但学习绝不仅是青少年的事情。在社会变得如此复杂、进步非常显著的时代里，成人如果不继续学习，将很难适应社会的变化。甚至可以说，成年以后正需要以青少年时期的学习为基础，学习和运用更为实用的知识。实际上，近年来越来越多的人就业以后，为了提高技能，继续上专门学校，有的人在退休以后还为了弥补以前学习上的遗憾而重新进入大学学习。

在讨论教育的时候，这种不限于学校教育的所谓"终身教育"的视角非常重要。不断学习的人，总是青春永驻的、美丽的人，是饱含着人性光辉的。不断学习的人是谦虚的、能感受人生喜悦的人。所以加强终身教育也是创造更加美好的社会的关键。丹麦著名教育家汉斯·亨宁森指出："'终

身教育'不仅对个人有益，对社会全体亦有益。"①

牧口先生曾在《创价教育学体系》中提倡一种"半日学校制度"，这种制度是半天读书半天工作。牧口先生认为一边培养用劳动来立足的生活感觉，一边学习知识，可以提高学习的效率。学习不仅仅是为成人生活所做的准备，其意义还在于通过养成一边生活一边学习的习惯，培养一生在任何情况下都努力自主钻研的人。

牧口先生很早就痛感建立边劳动边学习的教育制度的必要性，因为它可以使更多的人追求更为丰富多样的生活方式。

实际上，牧口会长在1905年就开始了"高等女学讲义"，这可以说是开女子远程教育之先河，因为它为不能上学的女性提供了学习机会。

牧口先生的弟子户田会长也在四十年后的1945年开始了面向初中生的数学函授教育和英语讲座。创价教育始终是在努力提供一种可以使人们有志于终身学习和不断学习的环境。

我本人也步老师的后尘，1976年在创价大学开办了"通信教育部"，可以自豪地说，由于需求旺盛，经过多年发展，这里的学生数量在日本是名列前茅的。

现在，"通信教育部"也开设了四个属经济学部、法学部、教育学部的专业，无论年龄和职业状况如何，学生在任何时候任何地点都可以自由自主地学习。有的学生为了取得幼儿园或小学、初中、高中的教师资格，一边工作一边来这里学习。

每年夏天和秋天，在创价大学校园或别的地方，我们都要办学习

---

① 汉斯·亨宁森，原丹麦阿斯科民众高等学校校长，1928年生，曾任丹麦教师教育大学协会理事长、全民民众高等学校农业学校联盟秘书长、丹麦文化协会管理委员会委员长等，并曾被丹麦教育部长任命为"教师教育新法准备委员会"第一任委员长。此处引用于池田大作与亨宁森的对话录『明日をつくる「経言らの聖業」ーデンマクと日本　友情の語らいー』潮出版社、106頁。

班。一些人虽然已经工作，仍挤出时间从世界各地来到这里互相学习。今年夏天有来自世界十七个国家和地区的约五千名学生来这里听课。

"远程教育"是终身学习的支柱，我感到通过互联网的尖端技术，远程教育今后将担负满足更多学习需求的使命。

我想请您谈谈对"终身教育"作用的看法。另外，中国在"终身教育"方面有哪些措施？今后，随着劳动的多样化，学习方法也会多样化。成人要进行有效率的学习，您认为什么方法是最合适的？

迈向终身学习——中国的四项措施

顾

池田先生谈到，终身教育是开创更加美好的社会的关键。而且牧口先生在《创价教育学体系》中就提到终身教育的必要性，认为它可以使更多的人采取更为丰富多样的生活方式。牧口先生在20世纪初就开始实施函授教育，这真是了不起的创举。牧口先生可谓是终身教育的先驱。池田先生继承牧口先生的遗志，开办了"通信教育部""暑期学校"等，通过互联网的先进技术开展远程教育，这是实施终身教育的有效途径。

中国有一个成语叫"学无止境"，还有一句俗话是"活到老学到老"，指的是一个人要不断学习才能提高个人的学问和修养。这是一种古老的朴素的终身教育思想。

今天我们讲的终身教育，已经不是那种古老的思想，而是因科学技术发展而造成生产变革的要求。现代科学技术造成生产的不断变革，工人全面流动。为了适应这种变革，人们就要不断学习。因此，终身教育思潮始于20世纪初，盛行于20世纪60年代。开始时是与成人教育、职业教育联系在一起的。随着时代的进步、教育的普及以及人们对文明的精神生活的追求，终身教育已经不只是为了谋生，而且还是人们追求自我发展的需要。终身教育正在向终身学习转变，成为人们生活的一部分，促进人的全面发展。

中国现在的做法是如《国家中长期教育改革和发展规划纲要（2010—2020年）》中提到的，要"广泛开展城乡社区教育，加快各类学习型组织建设，基本形成全民学习、终身学习的学习型社会"。[①]这是今后十年努力的方向。我想首先要把各级各类教育都纳入终身教育体系，包括正规教育与非正规教育、正式教育与非正式教育，从小学开始就要培养学生终身学习的意识和能力；其次是加强继续教育，搭建终身学习的"立交桥"，沟通非正规教育与正规教育；再次是重视社区教育，特别是老年教育；最后是开展远程教育，建设以卫星、电视和互联网等为载体的远程开放继续教育及公共服务平台，为学习者提供方便、灵活、个性化的学习条件。对于成人和老年人来说，用互联网是最便捷的方式。我是1999年，即七十岁的时候开始使用电脑，现在感到学习和写作都离不开它了。

5 教师与学生

教师才是学生"最大的教育坏境"

池田

无须赘言，学校教育中教师的作用是极其重要的。无论国家进行何种制度变革，在实际的教育现场，针对孩子实施这些制度的都只有教师。如果学生能够遇到对孩子的可能性深信不疑、满怀热情地守望孩子

[①]《国家中长期教育改革和发展规划纲要（2010—2020年）》，http://www.moe.gov.cn/jyb_xwfb/s6052/_moe_838/201008/t20100802_93704.html，2010-07-29。

的教师，那是多么幸福的事！

在此前的对话中，顾先生把教师称作学校"不可替代的资源"，提高教师的素质正是提高教育质量的关键。学校教育的成败，很大程度上取决于教师本身能力的强弱。正因如此，教师需要不断地努力完善自己的教育技能与人格。

牧口先生是这样论述教师所需要的教育技能的："教师的工作因时势之进步而变化，现代之教师自小学而大学，须对照此种变迁而深刻反思。印刷出版在进步，图书价格愈加低廉，此时仍将传授原书原本奉为本职，实为不经济至极。""须说当下对于教师工作之劳力分配，其实质作用在于指导儿童对教育材料之感应作用。""让教材自己直接跟儿童说话！"①他认为，培育儿童自主学习的能力，才是教师应有的教育技能。

牧口先生的目标是让孩子用自己的力量开发智慧，并以其智慧达至幸福。"教育"正如其字，且教且育者也。

为了培育孩子，教师自己就要努力，要把自己的新发现直接地传递给孩子。在这个过程中，孩子就能自由地成长，刚才说到的我们推动的"教育实践记录"正是为众多教师提供提高教育技能的机会。

牧口先生这样说道："（教师）不能以'应如我般卓越'之傲慢态度引导学生，而须以'不应满足作余等人物，而当以更伟大之人物为目标而前行'之谦逊态度引导学生。为此，奖励学生'与余共进，余进则汝进'，方为教师应行之正途。""学校正如苗田。小苗发育得好则最后收获多。学校正是培养人才的苗田，所以教师很重要。"②

---

① 以上几句引自『創価教育学体系』第三卷・第四篇「教育改造創」第二章第二節「教育機関」の進化創の考察」。『牧口全集』第六卷、51頁。同第三章第一節「教育の本務の進化創の考察」、同書、53頁。

② 『創価教育学体系』第四卷・第一篇第二章「教育方法創建築の基礎に横ほる先決問題」第四節。『牧口全集』第六卷、286頁。前揭『牧口常三郎箴言集』107頁。

但有的时候，因为教师比学生的经验更为丰富，所以不少教师容易认为自己什么都懂，常对儿童采取居高临下的态度。但是，这种教师形象不能促使孩子们的心独立起来，不能促使他们自发地学习。因此，还是需要教师以与学生共同学习的态度，赢得孩子们对教师的信任与敬意，这样才能有自由生动的学习。

顾

历来思想家、教育家没有不重视教师的。伟大教育家夸美纽斯把教师称为"太阳底下最光辉的职业"，再也没有比这更高的荣誉了。中国古代就把教师放在重要的位置，所谓"天地君亲师"，教师与天、地、君王、父母亲相提并论。事师如事父，这是中国的传统，孔子去世后，不少学生在孔子墓旁居丧三年，子贡守墓六年，可见对老师的尊重。

为什么人们这样尊重教师？因为教师授予学生知识，启发学生智慧，陶冶学生情操，培养学生人格。中国古代著名教育家韩愈的《师说》一直被大家列为论述教师的经典。韩愈说"道之所存，师之所存"，教师的职责是"传道、授业、解惑"。①道就是修己治国之道，用今天的理解来讲就是要培养高尚的道德品质，具有远大的理想抱负；业就是知识能力，是实现"道"的本领；解惑则是帮助学生排解知识学习和日常生活中遇到的困惑。所以教师是无可替代的职业。

现代科学技术高度发达，教育媒体众多，学生获取知识的渠道多样，老师已经不是学生获取知识的唯一来源。因此对教师的作用就产生了新的认识。有些学者就提出"学校消亡论"，认为儿童的成长可以不需要学校，当然也就不需要老师了。这种理论恐怕站不住脚，因为任何高科技产品都代替不了人的作用。师生的关系是建立在人情意识之上

---

① 韩愈（786—824），中唐时期的诗人、文学家。引自星川清孝『新釈漢文大系70　唐宋八大家文読本一』明治書院、84～95頁。韩愈认为传道、授业与解惑是教师的三大责任，同时他也主张教师没有身份之贵贱和年龄之高低，道之所存，师之所存。

的，机器代替不了人的情感和智慧。儿童的成长不只是获取某些知识，更重要的是要从一个自然人成长为一个社会人，要靠父母和年长者，特别是老师的熏陶和培养。

当然，教师也要与时俱进，正如池田先生介绍牧口先生的高见"教师的工作因应时势之进步而变化"，认为应该"培养儿童自主学习的能力"。在那个时代就提出这样的观点是十分先进的。在20世纪80年代初我就提出"学生既是教育的对象，又是教育的主体"，教师要发挥学生的主体作用。当时在中国教育界就这个问题争论了好多年，现在大家都意识到这个问题的重要性。池田先生介绍牧口先生的目标——让孩子用自己的力量开发智慧，并以其智慧达至幸福。这确是教育的真谛，值得现在的教师们铭记于心。

可惜现在许多教师还没有转变观念，教学还是以讲授、训练为主，采用的方法仍然是灌输式而不是启发式，教师不相信学生有自学的巨大潜能。这当然与现实生活中片面追求升学率有关，与简单地以书面考试成绩来评价学生有关。

从"良好师生关系"中培育更多的人才

池田

刚才谈到教育的关键在教师。下面我想谈谈教师与学生的关系。

本来，教师与学生的关系就是师徒关系——比如古希腊的苏格拉底和柏拉图的师徒关系，这种人格与人格的相互接触、相互提升的美好人际关系，不是很理想吗？

师父盼望弟子成长，用尽一切手段传授自己所知的真理，而弟子则以切切求道之心领会师父的教诲，并化为自己的血肉。为报答师父的恩情，弟子终生奋发努力。从这种师徒关系中可以见到的灵魂深处的交流，这对于师生关系是非常必要的。

顾先生在与我以前的对谈中曾说："老师对学生的爱，是超越亲子血缘的，是对民族的爱，也是对人类未来的爱。相反，学生对老师的爱，则是对老师恩情的铭记。"①在您的著作中，也曾指出"研究师生观，对于实现教育的现代化具有十分重要的意义"②，说明您非常关注教育中的师生关系。

贵国本是重视师徒关系的文化之邦。"三人行必有我师焉。择其善者而从之，其不善者而改之。"③《论语》中的这段话表达了求师学习态度的重要性。本来《论语》就是孔子和他的弟子的言行录，是他们师徒交流的记录，描述孔子是怎样训育弟子的，弟子又是怎样学习的，现在读来也是一部活剧。

另外，天台大师的《摩诃止观》基于《荀子》中的《劝学篇》所写的"从蓝而青"④，也是表达师徒关系的一句话，比喻弟子要在学问上超越老师。

前面曾谈到，我十九岁的时候遇到并师从户田先生。⑤今天的我，全是师父十年熏陶的结果。通过我自身的体验，我感到以师徒关系为基础的教育，对于世世代代培育有为人才是非常重要的。

现在正与我对谈的美国杜威学会原会长、南伊利诺伊大学的希克曼教授指出："在今天这样社会安定、物质丰富的时代，特别重要的是唤

---

① 参见第一章第五节。
② 前揭『教育：伝統と変革』105頁。
③《论语》述而篇第七。参见前揭『新釈漢文大系1論語』163頁。
④《荀子》开篇（劝学篇第一）说："君子曰：学不可以已。青，取之于蓝，而青于蓝；冰，水为之，而寒于水。"荀子持性恶说，因此强调后天努力的重要性，教导大家要不厌其学。藤井专英『新釈漢文大系5荀子上』明治書院、15頁。『摩訶止観』卷第一上中，有总结该书的章安大师灌顶的长篇序文，其中说天台大师就是"从蓝而青"。『大正大藏経』第四十六卷，1頁以上。
⑤ 参见第一章第五节。

起和称颂患难时亦能持续且能更加强劲发展的'良好师徒关系'。"教授还说："我们都有义务不断努力地成为最好的弟子和最好的老师。"①

用师徒关系来观察的话，教师能否成为学生们的师父呢？我认为，那要看一个教师是否去认真地观察学生有何种资质，是否常怀提升学生的愿望并付诸行动。我想，要做到这一点，重要的是教师本人是否有一个值得尊敬的、成为自己人生楷模的师父。

我想，当一个社会有这种师徒间美好的人际关系存在时，真正的"为了教育的社会"就实现了。

顾

师生关系是巨大的教育力量。池田先生提出"教师与学生的理想关系是'好师徒'"。师徒关系确是古代教育的传统，无论是在西方还是在东方，教师与学生之间均曾为一种师徒关系。因为当时教育是个性化的，一位老师只带领几个学生，学生也往往吃住在老师家里。自从采用班级授课制以后，这种师徒关系就淡化了。

中国传统教育很重视师徒关系。早期私学时代，学生（古时称弟子）拜师以后通常与老师生活在一起，朝夕相处，学生要像侍奉父母一样侍奉老师。孔子就说过："有事，弟子服其劳；有酒食，先生馔。"②在这种紧密的师生关系中，老师对学生的潜移默化是巨大的。

当然传统的师徒关系也有它的局限性，即缺乏开放性，不能从多方面获取知识，容易形成狭隘的派系。特别是在当今信息化、网络化时代，师生都需要有开放的心态，博采众长，才能有所创新，有所发展。孔子说："三人行，必有我师。"当然这里的"师"不是指通常的老师，

---

① 池田大作先生与两位教授的对谈「人間教育への新しき潮流—ディーイと創価教育」（教育月刊誌『灯台』2009年12月号～2011年7月号）第三次连载时的发言（2010年2月号，62頁）。

② 《论语》为政篇第二。『新釈漢文大系1論語』43頁。弟子有少者之意，先生有父母之意。

而是说可以向不同的人学到有用的知识。这是一种开放的心态。

在师生关系中还有一个问题值得讨论，就是当师生之间对某些问题的意见不同时该如何处理。哈佛大学门口写着校训："与柏拉图为友，与亚里士多德为友，更与真理为友。"[①]亚里士多德说："吾爱吾师，吾更爱真理。"但是，我觉得不要把老师和真理对立起来。老师是学生的启蒙者，是引导学生走向真理的导师。老师知道的不一定都是真理，而且总希望学生能够超越自己，即青出于蓝胜于蓝，一代人胜过上一代人，这样社会才能进步。但是没有老师的启蒙和引导，学生不可能走向真理，更不可能超越老师。当然，世界上也有无师自通的人，但他走的路就不会像有老师指引那样快捷。因此，我宁肯把那句话改为"吾爱真理，亦爱吾师"。

池田

您指出了师生关系的本质问题。"吾爱真理，亦爱吾师"真是至理名言。我想这也是顾先生从多年的实践中总结出来的。我的老师户田先生也曾说过："'先生'只不过是因为先出生才这样叫的。有句话叫'后生可畏'。你们是'后生'，所以要变得比先生更伟大。"他在晚年时还说："该教的我都教了。以后就是你们这些青年教我了。"这是老师的伟大之处。佛典把这种真挚求道的老师、学生与真理放在一起，只有"良师""贤弟子"及"良法"三位一体，才能成就祈愿，社会大难才能消除，社会建设才能顺利进行。[②]

无论如何，与伟大的老师相遇，人的才华才能开花结果。一位日本

---

① 拉丁语是：Amicus Plato, Amicus Aristotle, Sed Magis Amicus VERITAS. 英语是：Let Plato be your friend, and Aristotle, but more let your friend be truth. 用一个词表达大学的理念时通常仅用veritas（truth）。

② 原文是："良师、良檀那（即布施）、良法，三此者相济而祈，可除国土之大难。"「法華初心成仏抄」，『御書全集』550頁。

文人曾言："我以外皆我师。"①正像顾先生所言，重要的是人一生要怀有一颗从所有人身上学习的心。

创造让教师"对教育充满信心"的环境

池田

　　开创未来是教育的使命，教师正是这一使命的承担者。但现在教师对自己的教育方法不够自信的情况时有发生。比如前一节所介绍的"班级解体"的原因之一即是如此。另外，父母们也不是放心地把孩子交给学校，而是用一种严厉的目光盯着一线的教师。我感到，在这种情况下，很多教师即使非常努力地教育孩子，对孩子的指导力也会下降。

　　本来教师的地位是很高的，是值得尊敬的圣业，却陷入如此境地，实在是可悲的大问题。

　　听说中国"文化大革命"以后教师的地位也明显下降，这种影响现在是否还存在呢？您认为教师本身在创造对教育充满信心的环境方面、在提高教师自身的地位方面，哪些实践更重要呢？

　　此外，顾先生始终强调建设教师队伍的必要性："关键是教师，重点必须放在教师队伍的建设上。"②那么，提高教师素质应该采取哪些措施呢？

顾

　　教育大计，教师为本。教师的一言一行会影响学生的一生。所以说，有好的教师，才有好的教育。中国历来有尊师重教的传统。但在"文化大革命"期间，教师受到很大的摧残。"文化大革命"结束以后，

---

① 作家吉川英治（1892—1962）的座右铭。在其留下的笔墨中有"我以外皆我师也""吾以外皆吾师"等。《新书太阁记》的《大阪筑城》的章节中，有体现丰臣秀吉人生观的句子"我以外皆我师也"。

② 前揭『雑草集——顧明遠教育随筆』213頁。

经过拨乱反正，三十多年来，随着对教育的重视，教师的地位得到很大提高。但是，有的父母有另一种想法，认为子女的成长完全依靠学校、依靠教师，把自己放在顾客的位置，认为教师应该是为自己服务的，忘记了自己在教育子女方面的责任，因而引起了家长和教师之间的矛盾。这就是池田先生所说的，出现父母不放心把孩子交给学校，用一种严厉的目光盯着一线教师的情况，这在中国也是有的。

教师地位的提高要从两方面着手。一方面是提高教师的物质待遇，让教师职业成为社会上值得羡慕的职业；同时社会要奖励优秀教师，给予精神上的荣誉，让全社会敬仰。另一方面要提升教师专业化水平，使教师有较好的职业道德，敬业爱生；有精湛的教育教学能力，有较高的教育质量，值得大家尊敬。

提高教师的物质待遇和社会地位是政府的职责。教师队伍的建设主要指后一个方面，就是提高教师的素质。经过改革开放三十多年来的努力，中国教师队伍的素质有了很大提高。教师从学历上基本达到了教师法的要求，而且在逐步提高。但是实际工作水平还有待提高。在学历达到规定的标准以后，师德和教书育人的能力的提高显得尤为重要。

中国至今还没有建立教师专业标准和教师资格认证制度。因此教师队伍的建设包括了这些制度的建设，同时也包括教师在职培训的制度建设。这次颁布的《教育规划纲要》就有专门一章论述"加强教师队伍建设"（《教育规划纲要》第十七章），作为今后教育改革和发展的最重要的保障措施。《教育规划纲要》指出："提高教师地位，维护教师权益，改善教师待遇，使教师成为受人尊重的职业。严格教师资质，提升教师素质，努力造就一支师德高尚、业务精湛、结构合理、充满活力的高素质专业化教师队伍。"①这就是中国今后教师队伍建设的目标。

---

① 《国家中长期教育改革和发展规划纲要（2010—2020年）》，http://www.moe.gov.cn/jyb_xwfb/s6052_/moe_838/201008/t20100802_93704.html，2010-07-29。

第5章　教育与和平[*]
——东洋的精神文化使命

池田

"念头宽厚的，如春风煦育，万物遭之而生。"[①]

顾先生以温和慈爱之心培养后代，与您谈话如沐春风，深受感化。可我们的对谈很快就到了最后一章。

顾

池田先生通东西之学，明古今之变，博学善谈，我们的对谈涉及文化、教育诸多领域，我也获益匪浅。池田先生对于世界和平及中日友好坚持不懈的胆略和勇气，也令我深感敬佩。

池田

彼此彼此，我才感激不尽，心中更加深了对顾先生的敬重。去年（2011年）12月，创价学会的"日中友好教育交流团"访问贵国并得以和顾先生恳谈，对此我深表谢意。我听说，您当时还满怀慈爱地鼓励大家致力于东日本大地震的灾后重建，还对创价学会教育本部进行的"教育实践记录"给予了高度评价。交流团的成员们后

---

* 本章内容曾刊载于《东洋学术研究》第51卷第1号（2012年5月）。

① 洪自诚『菜根谭』神子侃·吉田豊訳、德間書店、120页。

来都一一讲述了为顾先生温暖的爱心所感动的经历。我坚信，与对中国的教育政策发挥着引领作用的顾先生的会面，已经铭刻于交流团成员的心中，这将成为他们在学校教育现场从事更为充实的教育实践的原点。

顾

能和教育本部的各位交流，是我的荣幸。交流团的诸位读了我们的对谈，表示要将我的"没有爱就没有教育，没有兴趣就没有学习"的教育信条付诸实践。能进行这样有意义的对谈，我感激不尽。

交流团的成员有从宫城县来的，给我讲了东日本大地震受灾地区的情况。我对这次大地震深感痛心。中国有句话叫"多难兴邦"，意思是国家多灾多难，人民反而会奋起为国家的繁荣昌盛而努力。

今年（2012年）是壬辰龙年，池田先生是龙年出生的吧。祝愿池田先生以及日本的诸位先生，都也如龙一样勇往向前，并祝愿灾后重建早日完成。

池田

非常感谢！"多难兴邦"是2008年四川汶川地震时温家宝鼓舞灾区人民的话，向世界传达出了对受灾人民的鼓舞。我也为贵国的不屈精神所折服。

1 中国的和平思想：孙文"三民主义"中的体现

为了"民族、民权、民生"

池田

至此，我们的书信往还从彼此的生平经历开始，就文化与文明的定义、中日两国教育的历史、教育第一线存在的问题等种种话题进行了有意义的对话。这次，作为我们对话的总结，我们来谈谈对两国未来都很重要的"教育与和平"这一话题吧。

去年（2011年），是贵国辛亥革命一百周年。辛亥革命得到广大民众的支持而推翻了清朝，在近代中国的历史上是划时代的。当时很多曾经留学日本的青年也参加到革命运动之中，可以说，辛亥革命与我国也有很深的缘分。

为了纪念辛亥革命一百周年，日本各地都召开了以辛亥革命或孙文先生为主题的研讨会或展示会。日本企业家梅屋庄吉先生[①]曾经长期对孙文先生给予无私的支持。作为纪念活动的一部分，贵国向梅屋的家乡长崎县赠送了梅屋夫妇与孙文先生的铜像。

今年是日中邦交正常化四十周年。值此之际，我也决心与后辈青年一道，坚定地沿着两国友好的道路继续前进。

什么是在贵国得以传承的和平思想？这里，我想基于孙文先生的"三民主义"做一些思考。

我自很小的时候，就对打破了近代中国黑暗的孙文先生充满了崇敬之

[①] 梅屋庄吉（1869—1934），日本实业家，生于长崎。1895年在香港开照相馆时与孙文相识，并为其革命热情所感染，相约"君举兵则我举财相助"，后来果真给了巨额的资金支持，金额大抵相当于现在的一两兆日元。梅屋在电影产业方面也十分活跃，是日本活动写真株式会社的创始人之一。辛亥革命发生后，梅屋派遣摄影队制作革命的纪录片，并将其收益赠予孙文。庄吉之妻（1875—1947）也积极促成孙文与宋庆龄（1893—1981）的婚姻，给孙文夫妻以生活上的支持，孙文的结婚喜宴正是在东京新宿百人町的梅屋庄吉家中举行的。孙文死后，为向后世彰显其功绩，庄吉向中国赠送了四尊孙文铜像，现存于广州（中山大学与黄埔军校旧址）、南京和澳门。其后，随着中日关系恶化，庄吉为两国友好而奔走，却被宪兵队传唤并受到了非国民待遇。笃信"富贵在心"的庄吉后来留下遗言："给孙文之支持乃因年轻时盟约之所为，一切不宜外道。"所以很长时间，庄吉支持孙文的细节均不为外界所知。此外，庄吉还支持过菲律宾和印度的革命家。

心。在二十岁前后，《孙文传》①就是我的爱读之书，常常摆在我的书架上。

"三民主义"是集民族主义、民权主义和民生主义于一体的政治思想。早在1905年，它就作为中国同盟会②的纲领被提出来了，此后经过辛亥革命的激荡而得到了进一步的发展。孙文先生在去世的前一年（即1924年），以"三民主义"为主题连续发表了几次演讲，这些演讲已被译成日文，在日本也广为人知。

顾

辛亥革命在孙中山先生的领导下，不仅推翻了清政府，结束了几千年的封建帝制，而且开启了中国社会的伟大变革。孙中山先生是中国民主革命的伟大先驱。因此，纪念辛亥革命和缅怀孙中山先生的崇高革命精神是联系在一起的。去年（2011年）10月10日，北京召开了隆重的纪念大会，国家领导人及各界代表三千多人出席了大会。会上时任国家主席胡锦涛做了重要讲话，对孙中山先生做出了极高的评价，认为"孙中山先生是伟大的民族英雄、伟大的爱国主义者、中国民主革命的伟大先驱"，并且号召全国人民隆重纪念辛亥革命一百周年，"就是要学习和弘扬他们为振兴中华而矢志不渝的崇高精神，激励海内外中华儿女为实现中华民族伟大复兴而共同奋斗"。③当天，中国各地也举行了各种纪念活动，报纸杂志刊登了

---

① 改造社1931年出版，是《伟人传全集》的第22卷，作者王枢之。这部名著基于作者的实际体验于1950年由岩波书店再版。铃江言一（1894—1945），笔名王枢之，中国革命史研究家。1919年3月前往北京，"五四运动"引起他的共鸣，从此参加中国革命。中日战争爆发后他又为和平奔走。还著有《中国无产阶级运动史》（1929年出版，后来石崎书店以《中国解放斗争史》的书名再版）、《中国革命的阶级对立》。

② 中国同盟会1905年以推翻清朝为目的在东京成立。当时称中国革命同盟会，是基于为革命进行大同团结这一认识而成立的统一组织，合并了以孙文为核心的兴中会（广东系）、光复会（浙江系）、华兴会（湖南系）等，以孙文为该会总理。同盟会提出了将三民主义具体化的四大纲领：驱除鞑虏，恢复中华（即"民族主义"），创立民国（即"民权主义"），"平均地权"（即"民生主义"）。

③ 参见人民网（日语版），2011年10月10日。

纪念辛亥革命和缅怀孙中山先生的文章。

我是从小受孙中山先生"三民主义"的思想教育长大的。我在中小学上学时，每逢周一早晨，第一个活动就是在孙中山先生的遗像前默哀，背诵"总理遗嘱"。"余致力国民革命，凡四十年……革命尚未成功，同志仍须努力。"[①]这个遗训至今还深刻地印在脑海中。

孙中山先生不仅是一个推翻旧世界的革命者，而且也是新世界的建设者。他主张实业建国，要把中国建设成民主富强的国家。据学者研究，孙中山一开始对清政府抱有幻想，1894年曾经上书给清政府军机大臣李鸿章[②]，批评洋务运动追求坚船利炮是舍本求末，提出了只有通过振兴实业、发展经济才能救中国的经济纲领，但是被李鸿章弃之不理。1895年甲午战争惨败使孙中山认清了清政府的腐败和无可救药，于是决然走上了以武力推翻清王朝的革命道路。但他认为革命的根本目的是谋求中国的独立和富强。他大声疾呼"亟救斯民于水火，切扶大厦之将倾"，提出了民族、民权、民生的"三民主义"政治主张。所谓"民族"，就是要废除帝国主义列强用坚船利炮强迫中国签订的不平等条约，谋求中华民族之独立；所谓"民权"，就是要推翻清王朝的专制统治，建立共和民主政体；所谓"民生"，就是要发展实业，建设富强的国家，改善人民大众的生活。

[①] 外务省调查部编『孫文全集』下卷、原書房、907頁。

[②] 李鸿章（1823—1901），清朝政治家。19世纪60年代以后推进旨在改革清朝的洋务运动。甲午战争（1894年7月—1895年3月）结束后，作为全权钦差大臣在《下关条约》（中国称《马关条约》）上签字。在战争前夕的1894年6月，二十八岁的医生孙文曾上书李鸿章，提出约八千字的政治改革案，并要求见面，但未能实现。上书中提出，欧洲富强的根本不仅在于"坚船、锐炮、坚垒、强兵"四者，而在"人尽其才""地尽其利""物尽其用""财通其流"，此四事方为富强之道、治国之本，提出要复兴中国，应建立培育人才的教育制度，振兴农业、矿工业与商业。

始于"修身"，终于"平天下"

池田

谢谢您提纲挈领的清晰说明。您从少年时代到现在，仍在内心铭记孙文先生为了人民、为了祖国而不断燃起革命之火的呐喊，我深受感动。

表面上看，"三民主义"与来自欧美的德谟克拉西（民主主义）密切相关。但孙文先生的本意却不是简单地引进或移植外国的政治思想。与此相反，孙文先生认为只有从中国丰富的精神风土中才能找到"三民主义"的真正源泉。事实上，孙文先生的"三民主义"演讲追求以民为本的新的社会体制，整篇都被深深地打上了中国传统的高尚的理想主义与和平主义思想的烙印。

在辛亥革命期间，从皇帝退位至民国建立，是一场不流血的过渡。孙文先生认为，之所以能够实现"不流血的过渡，原因在于中国人爱好和平。爱好和平是中国人的一大品德。世界最爱好和平的当属中国人"；他还断言，"中国人数千年爱好和平，全乃天性使然"。[1]

作为"中国人具有爱好和平天性"的例子，孙文先生介绍了古往今来中国人所继承的孟子的话。那是孟子回答战国时期梁惠王之子襄王"究竟谁能统一天下"（"孰能一之"）的问题时所做的回答。孟子说："不嗜杀人者能一之……今天下牧民之君，诚能行此仁政，民皆延颈望欲归之，如水就下，沛然而来，谁能止之。"[2]这鲜明地表达了儒教思想的核心——仁爱思想与德治主义。

继而，孙文先生还就修己治国的主题，谈到了儒教原理的八条

---

[1] 『三民主義（上）』安藤彦太郎訳、岩波文庫、92頁、123頁。
[2] 内野熊一郎『新釈漢文大系4孟子』明治書店、25～26頁。

目——格物、致知、诚意、正心、修身、齐家、治国、平天下。《大学》就曾提出："物格而后知致。知致而后意诚。意诚而后心正。心正而后身修。身修而后家齐。家齐而后国治。国治而后天下平。"[①]孙文先生在此基础上阐发说："人之发展自内而外。只有从一人之内部开始，才可发展至'平天下'"。我年轻时读《孙文传》，就对阐述这一原理之处感铭至深，当时还写了读书笔记。以一人之内部变革为起点，以实现社会安定，构筑世界和平——"革命之父"这一基于中国传统思想的信念，与我们佛法者所追求的"人间革命"的思想是有深深的共鸣的。

孙文先生以上述中国固有的和平思想为基础，主张实行"大同之治"，这是"三民主义"讲演的一个结论。所谓"大同之治"，当然无非是《礼记》所倡导的理想社会。[②]没有利己主义，人与人普遍地建立了稳固的信任，人人都可以安心地生活——孙文先生正是以这种大同世界为目标而立下革命之志的。

"民最贵，君最轻"

顾

池田先生提到，孙中山先生的三民主义也来源于中国文化的和平思想。的确是这样。中国传统文化讲求和平、讲求道义。《论语》一书中讲到"义"的地方就有二十四次。他在评论他的弟子子产时说："有君子之道四焉：其行己也恭，其事上也敬，其养民也惠，其使民也义。"[③]这体现了孔子对一个人的人格要求。孟子主张"民贵君轻"，他说："民

---

① 『新釈汉文大系2　大学　中庸』44～45頁。
② 『三民主义（上）』124頁、136頁。前文已有论述，见第二章第四节。
③ 公冶长篇第五。『新釈漢文大系1　论语』112～113頁。

为贵，社稷次之，君为轻。"①《孟子》第一章讲孟子见梁惠王，王问他：
"您老不远千里而来，对我的国家有什么利益吗？"孟子回答："王何必
说到利益，只要讲仁义就好了。"有一次孟子去见齐宣王，齐宣王问他：
"听说周文王有狩猎场纵横七十里，老百姓说它太小；我的狩猎场纵横
只有四十里，老百姓还嫌它太大，这是什么道理？"孟子说："周文王
的狩猎场，割草打柴的去，打鸟捕兽的也去，同老百姓一同享用，所以
老百姓认为它太小。而我刚到齐国边界时就听说齐国首都郊外的狩猎场
纵横四十里，谁要杀害了里面的麋鹿，就等于犯了杀人罪。这是把方圆
四十里的陷阱设在国中，老百姓自然会说它太大了。"当然，他重视民，
也还是为了君王更好地统治。所以他说"诸侯之宝三：土地、人民、政
事"；又说"得乎丘民而为天子"。②但"民贵君轻"的思想反映了孟子的
民本思想。孙中山的三民主义确实继承和发扬了中国文化传统中的道义
和民本思想。

池田

　　您的解释使我们更清晰地认识到作为贵国精神基础的《论语》《孟
子》是如何注重道义和人民的。这些历经两千多年而传承下来的领袖形
象、和平建设理念以及对人类善性的坚信，都为孙文先生所继承，也成
为革命的原动力，这不恰恰证明了哲学、思想的强大生命力吗？

　　孙文先生经过辛亥革命而成为中华民国的临时大总统，但仅仅两个
多月就辞职了。接下来的大总统袁世凯以强大的武力为后盾，用尽权谋术

---

① 『新釈漢文大系4孟子』491頁。孟子与惠王的对话参见该书第7～8页，与宣王的对话
　　参见该书48～49页。
② 『新釈漢文大系4孟子』501頁。

数，最后逆时代而动，当了皇帝。[①]孙文先生却因反袁斗争而流亡海外，在反反复复的艰苦斗争之后，孙文先生终于在1925年留下"革命尚未成功"的遗言而去世，可以说是壮志未酬身先死。

"至诚而不动者，未之有也。"[②]时至今日，孙文先生依然深受中国人民的爱戴。

孙文先生作为"中国革命之父"受到尊敬是理所当然的，孙文先生如严父般高洁的精神与行动不也正是人们景仰的楷模吗？对此，我也想请顾先生谈谈您的见解。

顾

孙中山先生受到全中国人民的尊敬，是因为他是中国民主革命的先驱，他领导中国人民推翻了压在头上的封建帝制，建立了民主共和国。虽然辛亥革命的成果被袁世凯窃取了，中国没有改变半殖民地半封建的社会性质，但毕竟开辟了革命的新道路。中国共产党接过了孙中山的革命火炬，终于推翻了封建主义和帝国主义两座大山。没有孙中山领导的辛亥革命，也就没有今天的新中国。

孙中山先生之所以受到中国人民的尊敬，还在于他的爱国主义精神。他率先发出"振兴中华"的呐喊，而且身体力行，实践了"吾志所向，一往无前，愈挫愈奋，再接再厉"的誓言，推动中国走向世界。

孙中山先生之所以受到中国人民的尊敬，还在于他具有世界的眼光，绘制了振兴中华的建国蓝图。虽然他的理想并未实现，但他发展实

---

① 袁世凯（1859—1916），清末民初的军人、政治家。甲午战争失败后，在中国推动陆军现代化，并以其军事力量为后盾，曾任清政府要职。辛亥革命后，曾任中华民国临时大总统、第一任大总统。1915年复辟，即位"中华帝国"皇帝。翌年在反帝制运动中倒台。

② 前揭『対話の文明——平和の希望哲學を語る』186頁。

业的思想一直为中国人民所继承和发展，而且在中国共产党的领导下逐步成为现实。

拯救颓废的世道要用"文化之力"

池田

我曾与孙文先生的母校——香港大学——的校长、历史学家王赓武博士[①]进行过八次对谈，我们围绕教育观、历史观以及孙文先生的生平进行了讨论。王博士去年在一份英文报纸上发表文章说，有"四大历史遗产"决定了中国改革的方向。[②]

在"四大历史遗产"中，第三大遗产就是"在中国人的意识中最早点燃现代性火花"的代表人物孙文先生的思想。孙文思想"在学习外部世界的同时，也含有主张肯定中国传统价值的开明的要素"。他指出这种民族主义的前提，包括"尊重民主主义的理想"以及"把贫苦大众从千年来的低等身份中解放出来"。我再次感到孙文先生在贵国占有重要的地位，其理想与思想也将永远传承下去。

---

① 王赓武，代表亚洲水准的国际知名学者。其专业为历史学，但在哲学、经济学与文学等方面也有很深的造诣。1930年生于印度尼西亚，幼时在马来西亚学习，十九岁入新加坡马来亚大学学习经济与历史，先后获学士、硕士学位。后到伦敦大学留学，二十七岁成为哲学博士。其后在母校马来亚大学、澳大利亚国立大学执教，1986年任香港大学校长。在香港曾任公害环境问题顾问委员会主席、文艺家协会主席、行政局议员等。1988年以后，与池田大作共有八次对谈。曾任新加坡国立东亚研究所所长。
② 参见第二章第三节。

此外，主张兼爱非攻的墨家①，歌颂反战精神的杜甫②诗歌，这些传承下来的精神遗产也仍活在贵国的现实之中。

当然，在现实的历史之中，在治乱兴亡的反复过程中，贵国也有过武力斗争的时代，也存在过很多暴君，也有元代那样不断发动领土扩张战争的时期。

佛法中有"斗诤言讼"之说，在纷争、斗争不曾断绝的社会中，人会动用善恶，成为两义性的存在。③在现代社会，经济快速发展的背面又

---

① 墨家为中国战国时代的诸子百家之一，因墨子（公元前5世纪至公元前4世纪，应活跃于孔子之后、孟子之前的时期）而兴盛。墨子批判儒家的仁爱是优先爱自己相近的人的有差别的爱，这种差别正是天下之害的根源。他认为，平等地爱所有人（"兼爱"）才是天的意志，主张由此而互相增进福利（交利）并实现人人幸福的"天下大利"。在战国时代，墨子反对战争，主张"非攻"。不仅否定对他国的侵犯，而且为了阻止侵略，他还致力于小国防卫，根据对方需要而负责城寨补修等土木工事、防卫兵器的开发与制造、防卫战役的指挥等。他还学习了守城所需的建筑、冶金、医术、农业等高级技术，学习了洞察人心的学养和为说服他人之用的逻辑学。因墨家守卫之坚固而有"墨守"之说。还有一说认为因其修筑工事及制造器具时，木匠大量使用墨水，故称"墨家"。墨家在战国时代具有与儒家相当的势力，但在秦统一中国后逐渐消亡。在晚清博爱主义受到关注以前被长期遗忘。

② 杜甫（712—770），盛唐时期的诗人。李白被称为"诗仙"，杜甫则被称为"诗圣"。杜甫科举未及第，故很久未能仕官，仕官不久又卷入战乱与政争而无法继续为官，一生过着辛酸动荡的生活。其诗多咏社会实际，故被誉为"诗史"。他的不少诗也慨叹战争的悲苦，其中描写安史之乱时期（755—763）社会生活的"三吏""三别"很有名（"三吏"为描写官吏征用年轻人当兵的《新安吏》，描写士兵因战乱失败而大量溺亡的《潼关吏》，描写因男丁不足而征用老婆婆当兵的《石壕吏》；"三别"为描写婚后不久丈夫就被征到战场的新娘之苦的《新婚别》，描写儿孙战死、与妻别离的出征老人的《垂老别》，描写战士因兵役而未能成婚、回乡后看到母亲遗骸早已腐烂的《无家别》）。在此前的作品《兵车行》中，杜甫抒发了他对不顾人民死活而穷兵黩武的统治者的愤怒。池田大作先生在北京大学的第二次演讲《迈向和平的王道——我的考察》（1984）中，曾提到这首诗。（前揭『21世纪文明と大乗仏教』283～284頁。『池田全集』第一卷、360～361頁。）此外，杜甫还有大量的厌战和反战的诗歌，如歌咏"国破山河在"的《春望》即其中一首。

③ 《大集经（大方等大集经）》第五十五卷有此论述。其说将释尊灭后的时期以五百年为单位进行了划分，这是对第五个五百年的描写："于我灭后……次五百年，我于法中斗诤言讼，白法隐没……"（『大正大藏経』第十三卷、363頁、上・中）

有拜金主义、利己主义的蔓延，还有道德的滑坡。

我们必须以"文化之力"克服这种人性危机。我认为，其中教育之力是相当重要的。我坚信，修身、齐家、治国、平天下——律己以提升人格，使家庭和地方安定，进而使国家与社会走上和平大道，皆应由教育开始。

贵国的中山大学是孙文先生去世前一年创建的，在这所大学，他的"三民主义"讲演有十六次之多。

现在中山大学与创价大学也签有合作交流协议，彼此的交流已经非常深入。1996年，我曾在东京欢迎王珣章校长，当时我们谈到，孙文先生在身体已经衰弱的情况下，还满怀激情地向中山大学的学生们呼吁要和世界人民团结起来。三年后，我还被任命为中山大学孙中山研究所的名誉所长，我当时写了一首题为《中国的黎明，革命的伟人——献给伟大的孙中山先生》的诗赠送给该所。

孙文先生当时这样对学生说："凡国家之强弱，以其国学生之程度便可知。""如以道路之开垦为喻，则余为披荆斩棘者，诸君则为架桥布石者，诸君之责任远超余矣。"[①]"革命之父"寄予教育的期望是多么的深切！对青年的期待是多么的高远！

在思索这些问题的时候，作为从事教育与和平事业的一分子，我想大声疾呼："青年们，向孙文先生的伟大精神学习！"

顾

孙中山先生是一位爱国主义者，将一生奉献给了复兴中华的伟大事业。同时，他视野广阔、思想开放。正如马敏教授说的，他"享年五十九岁，却有三十一年的时间先后在十四个国家和地区活动，堪称

---

① 外务省调查部编『孙文全集』中卷、原书房、318～319页。

'世界公民'"。①

　　孙中山先生的革命事业受到许多国际友人的支持，特别是日本友人的支持。1998年我曾经参观了神户的孙中山纪念馆②，感触良多。没有日本友人的帮助，辛亥革命恐怕难以成功。其实，在中日两国关系史上，从中国唐朝开始，中日交往就有许多佳话。日本侵华战争只是历史长河中的一个插曲，希望中日两国人民能正视历史，吸取教训，永远友好下去。

　　今天，青年们需要从优秀的文化传统中汲取营养，正确地对待历史，从历史中吸取经验教训。同时，要开阔视野，面向世界，吸收世界上一切优秀的文明成果，为世界和平而努力。

2　佛教的和平思想：《立正安国论》中的体现

池田

　　"日本的侵华战争只是历史长河中的一个插曲"——面对顾先生的宽宏大量，我不禁感激涕零。日本人永远也不能忘记历史的教训，必须正确地告诉青年。

---

① 马敏：《孙中山实业思想的启示》，载《光明日报》，2011-10-01。
② 在明石海峡大桥旁边的神户市垂水区舞子公园内，展品主要为孙文与日本特别是与神户有关的遗物与遗墨，其前身是侨居神户的中国贸易商人吴锦堂（1855—1926）的松海别墅中的"移情阁"。孙文于1913年3月正式访日，造访了松海别墅，在那里参加了神户中国人及政界和财界同仁欢迎午餐会。两年后，吴锦堂建了八角三层的楼阁并命名为"移情阁"，1983年，为纪念中日邦交正常化十周年，"移情阁"被捐赠给兵库县，第二年11月12日（孙文生日），作为"孙中山纪念馆"向普通民众开放。因修建明石海峡大桥，孙中山纪念馆又经拆卸修复工程于2000年移至现址。2005年改称"孙文纪念馆"。孙文纪念馆是日本现存最早的混凝土砌块建筑，属于日本国家级和县级重点保护文物。

"没有比战争更残酷之事，没有比战争更悲惨之事。"这是我作为毕生事业而写的小说《人间革命》开始的一节（现在我仍以《新·人间革命》为题从事写作）。这部小说是我1964年12月在冲绳开始写的。冲绳与广岛、长崎一样，是在第二次世界大战中日本人伤亡最多、日本本土战事最惨烈的地方。

这部小说的序阐明了贯穿全书的主题：发生在一人身上的伟大的人间革命，将会使一国完成宿命的转换，进而亦可使全人类宿命的转换成为可能。

所谓"人间革命"，是我的恩师户田先生对我们的运动方向或目的的一种概括性称谓，其含义是人人要变革自我的内在精神与生命，确立永不倒塌的幸福之境。有了人自身的变革，世界的变革才有可能。我想这与刚才所说的孙文先生的和平思想是有深深的共鸣的。创价的弟子们都坚定不移地相信，我们要追求以自我为对象的人间革命，并将此善推而广之，进而实现社会安定及世界和平。

宗教成为"统治人民的手段"是一大悲剧

顾

池田先生的《人间革命》我拜读过多次，真是一部呼吁和平的宣言书。"人间革命"即改变人的观念，变革自我，确立幸福的人生；从而改变全人类的命运，促进世界和平。先生的《新·人间革命》开宗明义地提出："人要常为人们的幸福，为和平，发出勇敢的呐喊，发出睿智的话语。总之，要行动。活着就是战斗。"[1]先生为和平而呐喊，尤其是对中日世代友好，先生倾注了全力，不屈不挠，令人钦佩。

---

① 第十三卷「金の橘」の章。『新·人間革命』聖教新聞社、7頁。聖教ワイド文庫版、7頁。

创价学会是信奉佛教的团体。我对宗教没有研究，但是我总觉得，所有宗教（当然邪教不能称宗教）的创始人都是因为遇到许多人间不解的难题，为了解救人间的苦难而劝人为善、主张和平的。后世发生的宗教之争、教派之争，甚至发生宗教战争，是宗教的始祖们始料未及的。因此回归宗教的本义，就是要与人为善，祈求和平。

我的一位研究生沈立博士，他皈依佛教，精研佛法。我就让他从教育学的视角来看佛教，研究佛经的教育意义。于是他的博士论文就是《觉人教育——佛教教育论》，论述了佛教的产生，其教育意义、教育内容、教育方式、教育机构等。我为了指导他写论文，也读了一些佛学的著作。我感觉到，佛教是一个从善的宗教。它不求名不求利，只为普度众生，使人都到极乐世界。佛教传到中国以后，与中国文化相结合，对儒学产生了很大影响；同时佛教吸收了儒家思想，自身也得到很大发展，从小乘佛教演变为大乘佛教，宣扬人人皆能成佛。沈立博士引用了您在《我的释尊观》中的一段话："我愿向世人推荐人类罕见的思想巨人乔达摩·佛陀——他既没有特别激烈的理论或狂热的宗教教义，更没有气势磅礴的宏大哲学体系；相反，他以令人惊叹不已而又极为平常的语调，运用多种易于理解的譬喻和故事，将人们内在的灵魂唤醒。但这决不意味着他缺乏深邃的思想。佛陀正是这样的伟人，他以简洁明白的语言，通过平淡无奇的谈话，扬弃了传统的思想观念，引导人们从黑暗走向光明。"[1]

佛教在中国有广泛的信徒。讲中国文化不能不讲到佛教在中国的传播。当然，去寺庙烧香拜佛的不一定都了解佛陀的思想，但是都知道要与人为善，践行善事。

---

[1]『私の釈尊観』文藝春秋、1~2頁。

池田

且不说我的著作，您肯定佛教旨在拯救众生、使人人幸福，的确完全如此。佛教所倡导的目的，也集约于这一点。

令人心痛的是，纵观人类历史，宗教对立常常丧失"为了人"的本意，而与政治和经济的利害得失搅在一起，成为引起纷争和战争的重要原因。绝不能让宗教成为束缚人的权威和教条，不能让宗教成为使人民受苦的邪恶手段。所以，要有具有开放精神的"对话"，而其基础正是教育。我们的运动重点也在这里，与此同时，我们还重视不断砥砺人格的"人间革命"实践。我认为绝不能改变宗教的原点——为了人。

我们所信奉的日莲大圣人，在1260年7月向当时的镰仓幕府最高领导人北条时赖①提交了谏晓之书《立正安国论》，其后大圣人自己也几度抄写此文，后来又加以若干修改，此文终于成为日莲佛法中最重要的典籍。

前面也提到过，"立正安国"这一标题体现了大圣人的理想与追求。②所谓"立正"，即是把正确的生命尊严思想和哲理作为人类精神的中心和社会的根本。也就是说，统御人之"恶生命"（亦可称之为魔性与兽性）而确立内在的善性，发现心中慈悲与共生的智慧。现在我们就称之为"人间革命"。这意味着，只有以"立正"为基础才能实现"安国"即社会安定与民众幸福的目的，其方向与贵国的先哲们所追求的"修

---

① 北条时赖（1227—1263），镰仓幕府第五代"执权"（1246—1256年在职）。北条时赖排除了三浦氏、千叶氏等其他有势力的"御家人"（即与将军直接保持主从关系的武士），确立了北条氏专制体制。另一方面，为了争取其他御家人的支持，他缩短了御家人的"京都大番役"（即对京都的警备）服务期限，制定了可以公正而迅速地裁决御家人领地争端的"引付"制度。北条时赖辞去执权出家以后仍然参与幕政，导致执权（时赖的义兄北条长时）和得宗（北条氏惣领嫡流时赖）之间的分离，从而开辟了由执权体制向北条得宗体制过渡之路。

② 参见第二章第四节。

身、齐家、治国、平天下"的方向是相同的。

进而，大圣人提出："欲一身之安稳，需祷四表之静谧。"[①]所谓"四表之静谧"就是令社会安治。就是说，要想自己幸福，也必须实现地区与社会的安泰。

中国传统文化的核心是"爱人"

顾

日莲大圣人出来向当时的幕府谏言，提倡佛法，讲解《法华经》，也是为了普度众生。心正才能国立，确与中国"修身、齐家、治国、平天下"的思想有某些相似之处。

中国儒家学说也是以人为本、劝人为善的。孔子思想的核心是一个"仁"字。《论语》中解释"仁"字就有一百零四次。总的解释就是"仁者爱人"。孔子曰："弟子入则孝，出则弟，谨而信，泛爱众，而亲仁。"[②]孔子周游列国，就是宣传一个"仁"字，劝说各国君主恢复周朝的礼节，施仁政于民，建立和谐的社会。

孟子主张"性善说"，认为仁、义、礼、智四种道德规范是人的本性。虽然当时学界对孟子的性善说有争议，如荀子主张性恶说，告子主张不恶不善说，但最后都主张通过教育使人为善。刚才池田先生还提到，墨子更是主张"兼爱"，无差别地爱所有的人。

可见中国传统文化把爱人作为核心，爱人就是和平。因此和平思想渗透到中国人的心灵中。

---

① 『御書全集』31頁。
② 学而篇第一。前揭『新釈汉文大系1 论语』21頁。

池田

"爱人"是顾先生在教育现场所宣示的信条。思想必须有体现它的楷模存在，才能发出不朽的光芒。从这个意义上说，孔子正是一个把理想落实到行动上的人，他的实际行动便是培育其衣钵的继承人，这令我感触很深。我觉得培养了许多后继者的孔子是注重行动之人。"仁"这个字就蕴含了深深的哲理，孔子的学说更成为万人行动的规范。在这点上，我感受到了他作为人类教师的伟大智慧。

日莲大圣人在自己一生中，始终践行"立正安国论"。"立正安国论"是我们和平运动永远的方针。这一理论指出，并非仅靠打坐修习佛法就能"立正"，而是应该祈求社会的太平，从自己做起，付诸行动。这种有力的实践论一直铭刻于我们心中。顺便说一下，大圣人在这本书中多次用"圆"字代替"国"或"國"字来表示国家的意思，可见他有把民众作为社会根本的思想。①我们坚信，"立正安国"的精神，将超越时代与地方的局限，有助于实现世界人民的幸福与和平。

3　环境教育与和平

顾

当今世界之所以不太平，就是有些国家、有些人总想当全世界的领袖，把自己的价值观强加于人。同时见利忘义，争夺资源，为了一己之利，把别的民族置于水深火热之中而不顾。因此，要求世界和平，就要"和而不同"，讲求双赢、多赢。经济全球化已经把全人类绑在一条船上，

----

① 《立正安国论》中用的"国"字共有七十二个，其在约百分之八十即五十七个使用这一特殊造字（"圆"）。而"国"中的"玉"有"王"的意思，"國"中的"或"有以手持戈护卫国土之意。

只有同舟共济，共同克服人类遇到的种种危机，人类才不至于毁灭。

每个人都能绽放自我才是"和平"

池田

我深表赞同。创价教育之父牧口先生曾呼吁世界应该从军事的、政治的、经济的竞争时代向"人道的竞争"时代转变，而且无论是个人还是社会，都不能只顾自己利益，"要为他人着想，要选择既有利于他人又有利于自己的方法"①。

不断扩大的经济、军事等硬实力的竞争并不意味着人们的幸福。牧口会长展望了这样的一个时代：大家都在"如何才能使人们幸福，如何创造和平"这一点上竞争，共同实现有利于大家的"共赢"。

那么，幸福的社会、和平的社会是指一种什么状态？对此，我想谈谈自己的看法。

我刚才所介绍的《立正安国论》把社会的理想状态称作"四表之静谧"。所谓"四表"，即"东西南北"；所谓"静谧"，即一种安静平衡的状态。"四表之静谧"就是指社会安定、世界和平。这本书将"立正安国"的理想社会描绘为"羲农之世""唐虞之国"②。所谓"羲农之世"就是中

---

① 『人生地理学』第三十章「生存竞争地论」第二节「生存竞争形式の变迁」。『牧口全集』第二卷、399頁。
② "羲农之世"即伏羲氏与神农氏教民的时代。伏羲氏和神农氏自古以来被列入三皇五帝之"三皇"中（但谁是"三皇"中的另一人则众说纷纭，有女娲说、祝融说、黄帝说）。此二人可谓神话学上的"文化英雄"，与希腊神话中的普罗米修斯，中美洲神话中的羽蛇神（Quetzalcóatl），日本神话中的大国主命、少彦名命一样，将种种文化与制度教与民众。伏羲观察天地人之法理而发明了八卦，还教人结网捕鱼，给人以火种教人烹饪，还教人饲养家畜、文字与乐器（三十五弦之瑟），并建立了婚姻制度。神农则教人农业与医药，传授制作锄与锹的方法、五谷栽培法、土地利用法、药草利用法、毒草分辨法等，教人以百草之效能。他还教人如何进行交易（"市"）。神农

国古代的伏羲时代和神农时代，伏羲氏结网教民众捕鱼，神农氏则是传说中教人们农耕技术的帝王。这意味着，有良好的生活环境、人们得以过上富裕生活的社会，就是"羲农之世"。日莲大圣人论述说，当"立正安国"实现之时，便"风不坏枝，雨不碎壤，世若羲农"[①]。

《论语》中就可见"唐虞"之名："舜有臣五人，而天下治。武王曰：'予有乱臣十人。'孔子曰：'才难，不其然乎？唐虞之际，于斯为盛。'"（舜有贤臣五人，则国家可以治理得很好。武王曾说："我有十名可治天下之乱的良臣。"孔子对此评论说："人才难得，不正是这样吗？但尧治世的唐、舜治世的虞，比周武王的时候人才还要多呢！"）。[②]这里明确说，孔子本来把武王时代的周朝作为典范，但他认为唐虞时代有更多的有为之才。

而日莲大圣人所胸怀的和平理想，不仅是指不存在诉诸武力的暴力状态，而且是指生活环境良好、与自然环境关系和谐、人们的能力得到充分发展的社会。

日莲大圣人之所以写《立正安国论》，起因是1257年（正嘉元年）

（接上页）氏传说是牛首人身，在日本自古以来就受到尊崇。《御书全集》中有"一天安稳，无异于神农之昔"（1031页，「曽谷人道殿許禦書」）之句，可见也把神农时代描绘成和平理想世界。"羲农之世"表达的是在迈向文明的过程中民众在物质与精神上都取得极大进步的时代。"唐虞之国"是指唐尧和虞舜二人所治理的国家。尧和舜都是传说中的圣人，都被列为三皇五帝中的"五帝"之中（关于五帝也有不同说法），尧起初为唐侯，成为天子之后以陶为都，故亦称"陶唐氏"。虞舜因以虞为都，故亦称"有虞氏"。尧被看作黄帝的子孙，其仁德如天子，智慧若神明。虽然舜只是一个贫穷受苦的普通劳动者，但被尧发现，尧经摄政后还将帝位禅让于舜。舜虽受其父和继母虐待，但始终孝顺，人望极高。舜也施行善政，把位子又让与成功治理洪水的禹。尧与舜均不像后世那样实行世袭制，这是他们作为圣人而得到长期尊崇的原因之一。

① 「如说修行抄」、『御书全集』502页。
② 泰伯篇第八。『新釈汉文大系1 论语』188～189页。

发生了一次"正嘉大地震"①。书的开头对饱受涂炭之苦的民众做了生动的描写:"天变地夭,饥馑疫疠,遍满天下,广布地上。牛马毙巷,骸骨充路,召死之辈,既逾大半,不悲之族,敢无一人。"②可以说,这种故事并不遥远,我们人类今天也还面临着自然灾害、战争、贫困、饥饿以及环境问题等种种难题。

东日本大地震还引发了核泄漏的严重问题,必须举全国之力帮助灾区的人民,我们还必须严格进行安全性检测,认真讨论将来如何应对。我在今年(2012年)1月发表的倡言中,呼吁应转变政策以做到不依赖于核电。

总之,我坚信,如果没有与广义的自然环境的和谐,今后就不可能实现人类和平。

顾

池田先生从和平谈到环境。的确和平与环境密切相关。只有环境和谐才有人类和平。这里说的和谐包含人与自然的和谐,人与人的和谐。

科学技术的快速进步,给人类带来了丰富的物质财富,但同时也带来了对环境的严重污染。人类对环境的认识很差。工业革命两百多年来给环境造成的破坏竟然无人觉察,直到20世纪80年代后期才被有识之士

---

① 发生于正嘉元年八月二十三日(1257年10月9日),震级为7.0～7.5级,震源在北纬35.2度、东经139.5度的关东南部(国立天文台编『理科年表』)。因震中心在相模湾内及镰仓附近,因此受灾程度很大。《吾妻镜》中有以下记载:"戌刻大地震。有音。神社佛阁均一宇皆无。山岳颓崩,人屋颠倒,筑地皆悉破损,处处地裂水涌,中下马桥附近地表裂破,中有火焰燃出,色青。"其后,直至九月余震依然不止。《吾妻镜》记载十一月八日再次发生与八月二十三日相同规模的地震:"十一月八日己未大地震,如去八月廿三日。"
② 『御书全集』17页。

推到台前。这时，地球上空已经出现了臭氧空洞[1]，地球气候变暖，使得人类感到生存的威胁，才开始重视起环境问题来。这次日本的核泄漏更是给人类敲起了警钟，警告人们要敬畏大自然。

人类生活在大自然之中，是大自然的一分子。人类必须利用自然，改造自然，使自然为人类的生存和发展服务。但人类必须懂得自然的发展规律，在不破坏自然发展规律的前提下利用自然、改造自然。

中国环境思想——天人合一

池田

当前，贵国正在全力建设和谐社会，2006年，中国共产党中央委员会第十六届第六次全体会议发表了2020年的发展目标。其中提到，"缩小城乡的发展差距""树立良好的道德风尚，培育和谐的人际关系"，还指出"使资源的利用效率得到明显提高，使环境问题明显好转"。[2]

贵国拥有世界最大规模的人口，2030年贵国人口将增至十四亿[3]，加上经济的快速发展，自然环境无疑将因此承受巨大的压力。温室效应、二氧化碳及污染物排放等问题将日益突出，随着人口的增加，水资源的

---

[1] 臭氧层的密度较高，特别是距离地面25千米处密度最高。臭氧层可以吸收射向地球的紫外线，保护地球上的生物免受其害。但20世纪80年代初，科学家观察到南极上空的臭氧层已经变得稀薄，成为"臭氧层空洞"。关于臭氧层空洞的成因，一般认为是自20世纪60年代，人类开始使用自然界本不存在的氟利昂（广泛用于冰箱和空调中的制冷剂、电路等的清洗剂、靠垫和氨甲酸酯等的发泡剂、喷雾器中的喷雾剂等）等含氯化学物质，此类物质大量生产并排入大气中后，导致分解臭氧的氯原子增加，加速了臭氧层的破坏。人们担心臭氧层破坏使射到地球的紫外线增加，导致皮肤癌和白内障的增加，给浮游生物以打击，导致农作物减产等。为努力使臭氧层空洞消失，对氟利昂生产进行全面禁止的规定也开始逐步实施。

[2] 人民网（日语版），2006-10-12。

[3] UN, *World Population Prospects：The 2010 Revision*，New York，2010.

压力也将日益增大。

日本在战后高度经济成长时期也发生了严重的公害问题，至今还有很多饱受痛苦的受害者。如何应对气候变暖当然也是一项紧迫的课题。还有，偏远地区和山区人口迅速减少，凋敝现象非常严重。

不知中国的教育一线是如何思考和实施环境教育的？在环境领域还存在哪些问题？日本教育也需付出自己的努力。

顾

为了发展生产，早日摆脱贫困，许多地方发展工业，特别是化工业，造成河湖污染、森林破坏。到了20世纪90年代初才逐渐觉悟起来，政府着手治理污染，整治环境。特别是结合2008年奥运会在北京的召开，政府大力宣传治理环境的重要性，使市民都提高了认识。同时，环境教育也开始被重视起来，被纳入了学校的课程。有些地方还结合当地的自然、工农业生产情况，把环境教育的内容编写成地方教材和校本教材。

但是，中国还是一个发展中国家，工业化尚未完成，城镇化正在加速进行，中国人口已达13.7亿，而且还在继续增长。环境污染问题还很严重，国民的环保意识还不强，例如城市的垃圾分类处理就十分困难。因此，一方面政府要加大力度。中共十七大提出要建设资源节约型、环境友好型社会。政府已经在《京都议定书》框架内制订了减排节能计划。另外要加强环境教育，让儿童从小认识保护环境的重要性；同时要加强市民的环保教育，结合城市的文明建设，把环境治理好，使之成为优美、舒适的宜居城市。总之，环境教育是一项长期任务，真正把环境治理好，保护人类的生存家园，还是任重而道远。

池田

这真是世界大国的一项大工程。

贵国的人们是如何考虑环境和人的关系的？我想起我与人称"国学

大师"的季羡林先生以及与哈佛大学的杜维明教授对"天人合一"思想的讨论。"天"是古代中国提出的一个重要概念，是人们的世界观。比如说，如果承天命的天子失德，则天命也随之更改，从而开始新的王朝，这种易姓革命的思想在日本也广为人知。"天"曾经具有一种人格神的性质，但它又逐步具有了表示自然界运动规律的非人格的意义。

季羡林先生明确地说："'天'就是大自然，'人'就是人，'合'就是相互理解、结为友谊、互不敌对。""人与自然界充满了不可回避的矛盾。但正因为有矛盾，所以就必须解决。矛盾解决了，就达到了和谐。"[①]另外，儒教复兴的旗手杜维明教授指出，"中国思想的精华就是'大同思想'，就是儒学的'天人合一'哲学"；但他认为，"天人合一"中的"人"并不是从属于绝对的"被创造物"，而是积极地、创造性地参与宇宙和自然的"共同创造者"。[②]

这两位的思想属于两代人，他们的经历也不同，但他们都从传统的"天人合一"思想中发展出了丰富的智慧。人固然要对自然抱有敬畏之心，但我想也应对人的巨大可能性抱有信心，要百折不挠地直面问题，这对于解决环境问题是不可或缺的。

顾

中国哲学中本来就有"天人合一"的思想。中国人早就认识到人与自然要和谐相处，并且把它作为最高的道德准则。《易经大传》中就讲道："有天地，然后有万物；有万物，然后有男女；有男女，然后有夫妇。"[③]老子说："道大，天大，地大，人亦大。域中有四大，而人居其一焉。人法地，地法天，天法道，道法自然。"[④]老子说的"道"，就是

---

① 『东洋の智慧を语る石』95页。『池田全集』第百十一卷、440页。

② 『对话の文明——平和の希望哲学を语る』215页、222页。

③ 今井宇三郎『新释汉文大系63易经下』明治书店、1803页。

④ 阿部吉雄他『新释汉文大系7老子庄子上』明治书店、52～53页。

基本法则，基本法则也必须遵循自然的发展规律，强调天地人都要尊重自然。宋代思想家张载明确提出"天人合一"的命题，认为人是自然的一部分，人与自然要和谐发展。

佛教的环境思想——"依正不二""一念三千"

池田

您再次通过经典谈到了"天人合一"的概念。

我以前曾说过，创价学会第一任会长牧口常三郎出版了论述人与环境的深刻关系的大著《人生地理学》。

在地理学研究中，牧口会长的问题意识是这样的：把握"地与人如何相涉"之事实，方可解决如何观察周围各要素之问题。①这里将自然与人这两者相互影响的不可分的关系作为了前提。

这部作品是牧口会长接触日莲佛法之前写的，但在思想上却是相通的。日莲大圣人说："依正不二，身土不二。"②"正报"与"身"是经营生命活动的主体或人，而"依报"与"土"则是其身所依赖的环境和土壤，两者并非别物，而是一体不二。日莲大圣人还说："众生有所用心，则土亦有所用心；心清则土清。"③因此佛法不是把人与外界割裂开来考虑问题，而是促使人积极构建良好的环境世界。可以说，这与"天人合一"的儒教思想也是息息相通的。

日莲大圣人灵活地运用天台大师基于《法华经》所提出的"一念三千"法门。一念三千的法理是说，众生的生命（一念）容纳或具足三千诸法（即现象世界之一切），这个三千诸法也包括了"国土"（即众

---

① 「诸论」第三章「如何周围を観察すべきか」。『牧口全集』第一卷、28页。
② 「三世诸仏総勘文教相癡立」、『御书全集』563页。
③ 「一生成仏抄」、『御书全集』384页。

生所住之环境）的含义。这是一个明确阐释有情（人类等有感情意识者）与非情（即没有意识与感情的草木国土）关系的法理。所谓"佛界"包括了有情和非情的生命。天台宗的中兴之祖妙乐也说："法身应普遍，何需隔无情。"[1]意思是佛之生命（法身）应不止于有情，还应推广至无情。众生（有情）和草木国土（非情）虽然显现为两种现象，但是其根源和基础却是不可分的，我坚信，这种共生的思想对于今后推进可持续发展是很有启发意义的。

在现代社会，人们经常忘却了人与自然的关系，肆无忌惮地开发自然，从而导致了异常气象和温室效应。现在已是将共生的思想提升到时代精神的高度的时候了。

教育要使人有地球成员的自觉

顾

创价学会创始人、第一任会长牧口常三郎1903年出版的《人生地理学》，过去我没有读过，池田先生提到以后，我特地到北京师范大学图书馆去借阅。图书馆告诉我，1907年的中译本已经作为善本书珍藏，只能在图书馆借阅，不能借出图书馆，但借到了2004年出版的由复旦大学陈莉、易凌峰老师翻译的新版本，书中还有池田先生2002年为英文版写的前言。我读了受益匪浅，这不仅是讲人与环境的地理学，而且是一本人生的百科全书，是一本人生教育学著作。它不是简单地介绍地球上的山脉大河、海洋陆地，而是处处与人生联系起来，而且还讲到人与社会、人与国家的关系。它还批判了旧式的教育。牧口先生说："我们周

---

[1] 妙乐大师·湛然（711—782），天台宗第六祖。引自『摩诃止観輔行伝弘决』第一の二，『大正大蔵経』第四十六卷、152页上。

围充满了丰富的事例和信息，但令人震惊的是，如此多的人，特别是教师，忽略了这种基本又意义深远的观察法，而只坚持死记书本知识。"①这本书虽然写于一百多年以前，但今天读来仍有亲切感，仍有重要的教育意义。

读了这本书，我想起了1992年我对福岛大学附小的访问。我曾四次访问福岛县，那里有我的很多朋友。福岛的秀丽风景和文化教育给我留下的印象令我至今难忘。当时，他们的地理课改成了地球课。我问老师有什么区别？他告诉我说，过去地理课只客观地讲授地理现象，现在的地球课则把人作为地球的一员，把人与地球联系起来——人要保护地球。那天，三年级的小朋友还表演了他们自己创作的保护环境的节目，使我印象深刻。据说这是日本文部省特别批准试点的。不知道这项改革有没有推广普及？这所学校在大地震中有没有损坏？我颇为挂念，遥祝他们平安。

池田

非常感谢您还专门借了《人生地理学》，我想牧口先生以及渴望将恩师的哲学向世界推广的户田先生都会感到十分欣慰！

感谢您挂怀依旧在困境中的福岛县孩子们，我再度感受到了顾先生的慈爱之心。据当地的消息，您所担心的福岛大学附属小学在先前的大地震中没有受到很大灾害，去除放射性物质的工作也已完成，现在孩子们都在健康地学习。

另外，"地球科"是当时文部省安排的一个实验项目，利用三年时间，尝试将科学、社会科、家庭科合并且重分为"地球科"和"人间

①［日］牧口常三郎：《人生地理学》，9页，上海，复旦大学出版社，2004。其主旨为："即便乡土这有限的地区，也网罗有无限的材料，反映着广阔天地。基于对乡土的观察，可说明万国地理复杂现象之概略。而如若疏于对人的直接经验世界之乡土的观察而仅赖于书本，则如沙上之建楼阁。"

科"，将图工、音乐并为"表现科"。这种尝试在三年内就结束了，从2000年开始，全国小学开始逐步施行"综合学习时间"。福岛大学附属小学在"综合学习时间"中的实践，比如通过当地火山吾妻山了解地球机理，其实是把以前"地球科"实验项目的经验利用起来了。

出身于福岛县并为中日友好尽力的诗人草野心平咏道："想携手时须携手，万倍之力来自万倍之人。朋友啊，快活起来！苦难使我们相连。"①

顾先生始终关心着我们，世界人民始终支援着我们，这些都是福岛人民迎来明媚春光的有力支持。

4　把东亚打造成和平的模范地区

"共生伦理"跃动的文化

池田

刚才我们通过孙文先生的思想、日莲大圣人的"立正安国"思想，可以看到在日中两国的精神传统与文化之中存在着创造和平的关键性构想。

我认为，这种精神文化不仅存在于中国和日本，而且共同存在于东亚汉字文化圈。关于这一点，我曾于1992年在中国社会科学院以《21世纪与东亚文明》为题做了演讲。②我强调，东亚文化与精神具有一种可被称为"共生伦理"的特点。所谓"共生伦理"，其基调是强调和谐而不是对立，强调统一而不是分裂，强调"我们"而不是"我"，它是一种

---

① 引自诗《给同志》。『草野心平全集』第三卷、筑摩书房、321页。
② 1992年10月14日。收于『21世纪文明と大乘仏教』、『池田全集』第二卷。

追求人与人、人与自然共生互助、共同繁荣的心理倾向。提倡促进和谐的"共生伦理"的社会，其所培养的人不是基于自我中心的，而是具有尊重对方、肯定对方和互助合作的人格特点。

培育这种"共生伦理"的思想基础，自古以来就在东亚各国和地区得到传承，存在于儒教、大乘佛教、道教、神道之中。前面提到的孙文的理想"大同之治"或"天人合一"，都是不以对立的眼光看待自己与他者、"我"与"我们"以及人与自然，而是坚持它们之间的共存与和谐。这无疑都源自儒教等中国的传统思想。佛教讲"缘起"，也就是说，所有的事象均因缘而起，即由于各种原因与条件的相互关联而发生，这种观点与那种把万物的根源都归结于唯一的造物主的想法是不同的。从缘起的思想看，万物均是相互结合、相互支持、不可分离、相互影响的。这些思想成为培育东亚人的"共生伦理"的精神土壤，也是应该继承的面向未来的重要精神财富。

前面顾先生说道："东亚国家应该团结起来为世界和平做贡献。"[1]我也几度提议，应构建由日本、中国、韩国等国家和地区构成的"东亚共同体"，这也是我为增进东亚的相互信任与友谊所付出的实际行动，因为我认为，东亚地区的发展是对世界和平、安定与繁荣的重大贡献。

顾

刚才我们谈了环境与和平的话题，没有良好的生态环境就没有和平，反过来，没有和平就不可能有良好的生态环境，如果天天在打仗，哪里来的良好的生态环境？

无论是中国古代思想家的"天人合一"，还是孙中山的"三民主义"，还是日莲大圣人的"立正安国"，都是倡导和平的。这些伟人的思想不仅影响到中国和日本两个国家，而且影响到整个东亚文化圈。我经

---

① 参见第二章第一节。

常讲，东亚文化圈的价值观与西方文化不同，我们研究教育不能不研究奠定教育基础的文化背景。当然，文化不仅影响教育，也影响着人们的其他社会活动。池田先生提出东亚文化与精神具有"共生伦理"的观点是有道理的。东亚文化总是把统一、和谐、互助、集体放在第一位。中国儒家的"修身、齐家、治国、平天下"，说明一个人的学习修养最终要安平天下；儒家讲"义"，义者，可以简单地解释为了集体的利益可以牺牲个人的利益。以前我提到过的《礼记·礼运篇》中的大同歌充分反映了儒家追求天下大同，也即世界和平的理想。在东亚文化中占有重要地位的佛教与道教，都有这种世界大同的理想。这种世界大同的理想从现实情况来看只是一个遥远的理想，但正是由于有了这个理想，我们才要去追求世界和平，为和平而奋斗。

致力于构建环保抗灾等"应对共同问题的合作机制"

池田

要实现世界和平，东亚的稳定和繁荣是极其重要的。各国首脑以各种形式提出过建立东亚共同体的构想，虽然究竟哪些国家参加到这个共同体中来还会有不同意见，但东亚正探索与东盟在经济、政治、安全保障等领域加强交流与合作的方式。这个东亚共同体在政治层面将发展到何种程度是今后要研究的课题，但我认为在共同体中不应有弱国屈从于一部分强国的不平等的情况，各国均应为平等的关系，充分尊重对方的文化与历史，在任何情况下均以对话为基础，以共存共荣的关系为根本。

经过长期的争霸、争夺资源与权力，欧洲在经历了多次战争之后，终于在20世纪后半叶成立了欧盟（EU）。虽然现在有财政危机等多种问题，但毕竟在构建永久和平的道路上向前迈出了一大步，这是很多人的感受。即使我们东亚无法建立与欧盟完全一样的区域共同体，但我想具有共同文化传统的各国在加强相互合作和在建立和平纽带的过程中将开辟世界性的和平之路。

东亚地区正在持续强劲地发展。我在2005年发表的倡言中也曾阐述过，要使东亚区域共同体的建立成为可能，各国就要在环境问题、人力资源开发、灾害对策等三个具体领域特别加强合作，同时努力促进各国间的相互信任，这是非常重要的。例如，在环境问题领域，就可以缔结促进自然与人的和谐关系的协定，促进建立防止环境污染的网络；在人力资源开发领域，随着人口的增加，应建立防止水不足的水资源保障机制，预防那些在世界中流行的病毒；在灾害对策领域，可以建立重灾时相互支援、重建灾区的体制。在推进建立这种相互合作的体制、加深信任的过程中，共同体的基础就会慢慢形成。实际上，东亚的合作正在稳步地发展着，这次日本发生东部大地震时，贵国等许多东亚国家就对我们进行了无私的支援。这些国际支援对日本人民而言是最宝贵的激励，日本人民由衷地感谢。我们也会在别的国家发生困难的时候与他们互相合作，伸出援手。我在衷心感谢各国支援日本的同时，深切地感到建立这种机制的必要性。

此外，我在2006年发出了构建"日中环境伙伴关系"的倡议。①其三个要点是防止环境污染、向节能循环型社会转变和开展深化理解环境问题的教育。我想，当前重要的是，在地理上和文化上相近的日中两国为

---

① 此倡议为池田先生在2006年10月7日北京师范大学授予池田大作名誉教授仪式上发表感言时所说。池田在感言中说，日中两国已签订了《日中环境保护合作协定》，"日中友好环境保护中心"的活动也在进行之中，为加速这一潮流，提议要"基于百年之后的长期展望，构建全面有效的'日中环境伙伴关系'"，以防止环境污染、向节能循环型社会转变和环境教育这三点为基柱，同时也与韩国合作，推进环境调查、技术合作、人员交流与人才培养。

了解决这些环境问题，需要在人员交流和技术合作等方面加强协作，并取得具体的成果。

顾

世界大同实在太遥远了，但我们是不是可以从共同文化圈做起？欧盟的建立给人一种启示，东亚是否也可以建立一个共同体？这个设想已经几次在中日与东盟国家首脑会议上被提出。2002年"10+3"（东盟十国+中日韩三国）领导人会议上就通过了东亚研究小组（EASG）提出的建立"东亚共同体"的报告。2003年《东京宣言》也确认了建立"东亚共同体"的目标。在2009年东亚峰会上，时任中国国务院总理的温家宝提出了建立"东亚共同体"的原则。"东亚共同体"是地理邻近的东亚各国希望通过中长期相互合作和一体化进程而形成的一个紧密整体。它建立在共同利益和地区认同的基础上，以区域经济一体化为基石，通过自由贸易区经济共同体结成联盟，并非排他性集团，不针对区域外国家。建立"东亚共同体"正好与池田先生提出的以"共生伦理"为基础建立东亚共同体的构想相一致。现在对这个设想各国的认识还有分歧，尚在酝酿讨论中，我们期待它早日实现。

中日友好是东亚和平的基础

池田

毫无疑问，作为东亚和平的关键，有着长期友好历史的中日两国应该紧密地合作。我在1968年发表的"日中邦交正常化"倡言中，对长期采取敌视中国政策的日本政府提出要正式承认中国，要实现邦交正常化。我还主张要促进中国加入联合国，促进对华经济和文化交流。当时，日本国内外对于我的倡言的反响是十分强烈的，日中交流的前辈松村谦三高度评价说："我们得到了百万大军的支持。"①但同时受到的非难中伤也很多，还有恐吓电话与恐吓信②，日本政府里也有人批判说："池田会长的发言是政府外交的障碍。"但对于这些批判我是早有思想准备的，我确信，日中邦交正常化不仅对于日本而言，而且对于亚洲局势向和平方向发展而言都是向前迈了一大步。在这一日中关系的倡言中，我要表达的并不仅是促进政府间的外交谈判，而是强调人与人交流的必要性。如果能开辟肩负未来的两国青年相互对话、共同交流的道路，则两国间的万代友好便成为可能。

我自己则从1974年以后十次访问贵国，同时致力于创办创价大学等教育机构以及民主音乐协会、东京富士美术馆、东洋哲学研究所等学术、音乐、美术团体，推进文化和教育交流。

刚才说过，今年（2012年）是日中邦交正常化四十周年。现在，贵国已是世界大国，政府间无论出现何种变化，日中经济交流和民间交往都在不断地加强。

我强烈地希望以日本和中国间稳固的友好为基础，创造东亚和世界的和平，所以我始终全身心地投入到培养年轻的和平旗手。寄希望于青年，把未来托付给青年，除此以外没有其他构筑万代和平的办法。现在有很多青年胸怀和平与和谐的理想，去贵国学习知识、孕育友情，开辟世界友好之路，这对我而言是无上欣喜之事。

---

① 这是松村谦三针对池田倡言的评语，此话也传到池田大作耳中。松村在1969年9月八十六岁时退出政坛，结束了他的议员生涯，并宣布从此将集中精力致力于中日两国关系的改善，这是他"毕生的愿望"。半年后的1970年3月11日，池田大作在东京涩谷会见了松村，松村强烈希望池田访华。九天后，松村实现了他第五次也是最后一次访华，得到了周恩来总理的接见，并向周恩来总理介绍了池田大作。会见的在座者向池田转达："总理说：'请向池田会长问好！热烈欢迎他访华。'"

② 参见第一章第七节。

正视历史方能构建信任关系

顾

前面我们曾提到，中国传统文化中的一个哲学思想就是"和而不同"。①冀求世界和平，就要坚持"和而不同"。20世纪50年代周恩来总理提出"和平共处五项原则"，这是"和而不同"在国际关系中的具体反映，影响十分深远。这五项原则是：互相尊重主权和领土完整，互不侵犯，互不干涉内政，平等互利，和平共处。

如果各国都能遵守和平共处五项原则，国际上就没有解决不了的问题。可惜许多国家的领导人为了本国的利益，甚至为了党派斗争、政权斗争的利益而不能恪守这五项原则，使得国际乱象丛生。连年不断的地区战争使千万家庭家破人亡，流离失所。因此，和平是当务之急。

如果说"东亚共同体"一时还难以建立，那么中日两国应首先联合起来，担负起繁荣东亚的责任。中国和日本是隔海相望的邻邦，几千年世代友好，不能因为近百年中的摩擦对抗而把几千年的友谊毁于一旦。中国人重视历史，记住历史，就是为了以史为鉴，更友好地发展。可能许多日本朋友不解，为什么中国人揪着日本侵华战争不放？是不是总在制造"反日""仇日"的情绪？确实有一位日本记者这样问过我。我说，完全不是的。我们天天在宣传中日友好。每年纪念抗日战争是为了不忘记历史。我们不仅纪念抗日战争，而且也纪念鉴真和尚赴日，纪念藤野先生与鲁迅的友谊，在纪念辛亥革命一百周年时不忘日本对孙中山的帮助。这些都是历史。记住了历史，就会知道我们今天应做什么，不应做什么。特别是要让青年人了解历史，使中日友好能够持续下去。如果中日两国能友好相处，互助互利，共同发展，就会像矗入了一根镇海神

---

① 参见第二章第一节。

针，能镇住世界任何风浪，维护世界和平。

中日友好的基础是建立互信。当前中国人和日本人之间还存在不信任感。中国人对日本内阁和议员参拜放有战犯灵位的靖国神社不理解，日本人对中国老提侵华战争不理解。其实若大家都正视历史，记住历史的经验教训，坚持和平，反对战争，就能相互理解。

要巩固中日两国的友谊，就要坚持和平共处五项原则，互相尊重，互惠互利，一切通过协商和平解决。要大力发展经济合作，繁荣市场，改善民生。只有安民乐业，世界才有和平。要大力开展文化教育的民间交流与合作。文化交流是沟通人们思想的最好途径，教育是建构和平的桥梁。正如池田先生所说的，我们要用文化教育搭起和平的金桥。让我们大家努力吧!

5 培育世界公民

胸怀智慧、勇气与慈悲的"地球民族主义者"

池田

我非常赞成用文化和教育搭建"和平之桥"，这正是我们对话的主题。我将竭尽全力使这座桥更加牢固。

如果从长远的角度来看历史，可以说当今世界的大潮流是在和平与共生的道路上前进。为了使这一潮流加速，我们应将人类的智慧集结起来。

以互联网为代表的科学技术发展与交通基础设施建设，使各国与外国的交流都更为容易。但重要的是，要使共存共荣的思想在这一基础上生根，就必须培养青年具有"一个世界"的认识，也就是说，培养世界公民是人类应该追求的目标。

我之前也提到，创价学会第一任会长牧口常三郎在一百多年前民族主义兴盛的时代就在《人生地理学》中强调说，人们应当有"乡土民""国民""世界民"的多重自觉。①我的恩师、第二任会长户田城圣也大声疾呼："我的思想是地球民族主义！"②他说此话，是在第二次世界大战结束以后、东西冷战正趋于激化的1952年，至今已有六十年了。在那个人们还拘泥于国家、民族、宗教、意识形态差异的时代，他从人类的立场出发，认为人应该具有成为人人所生活的地球上的世界公民的自觉，这才是创造和平的关键。

1996年我在美国哥伦比亚大学演讲时，列举了世界公民的三大要素：第一，深刻认识生命之相关性的"智慧之人"；第二，并非恐惧和拒绝人种、民族和文化的差异，而是尊重和理解这种差异并将其作为成长资粮的"勇敢之人"；第三，无论远近，对在任何地方受苦之人都抱以同情与协助之心的"慈悲之人"。③我认为，人类应在相互关联、互受恩惠的价值观的基础上追求与他者的和谐。

那么，以这一点为前提，应以怎样的教育培养世界公民呢？

我举些我们的例子吧。日本有些地方为了反思过去，尝试让了解战争的老一辈谈他们当时的体验，在大多数人没有经历过战争的今天，这种努力越来越重要了。我们创价学会早就积极开展了这种运动。我们自1974年就开始出版的《留给不了解战争的世代》目前已经出到十八卷，

---

① 参见第一章第一节。

② 这是户田城圣1952年2月17日在约四百人参加的创价学会"第一次男女青年部研究发表会"上的即席发言，他说："如果要说我自己的思想，那绝对没有共产主义，也绝对没有美国主义。应该是东方民族主义，但归根结底，是地球民族主义。"（『户田城圣全集』第三卷、圣教新闻社、460页）户田说此话时，东亚正处在朝鲜战争（1950年6月至1953年7月）的旋涡之中。

③ 1996年6月13日的演讲《对"地球公民"教育的一个考察》。引自『池田全集』第百一卷、420~421页。

这套书收集了三千多人的战争经历。①特别是日本也是世界上第一个受到原子弹轰炸的国家，所以也收集了核武器如何恐怖方面的证言。此外，我们还以妇女为核心举办了创造和平文化论坛，举行向一般市民普及知识的展示活动，推进各种形式的和平教育。

和平问题以及亟待解决的环境问题，都是全人类的课题。我与贵国学术界大师饶宗颐博士也曾谈到这一话题。饶宗颐博士说："最重要的课题是如何爱护地球。大量消耗能源的时代已经开始威胁人类，现代人对地球资源的浪费是惊人的，环境不断恶化，这是对肆意破坏大自然的

---

① 《留给不了解战争的世代》（第一部与第二部）是创价学会名誉会长池田大作为回应"为后世保存战争证言集"的要求而开始推动出版的反战出版物，它被誉为"现代和平万叶集"。从1974年出版的第一卷《被击碎的珊瑚岛》（冲绳编）开始，经过十一年的时间，共完成全十八卷，涵盖所有都道府县，收集三千四百余人的战争体验证言与手记，采访的人数更在两倍以上，四千余人参与了编辑。其中不仅包括空袭和学童疏散的记录、战时民众生活、从殖民地撤退等被害体验，而且还有作为加害者的证言。和歌山县青年部编辑的《中国大陆的日本兵》就是关于日本兵在中国都干了些什么的证言集。很多士兵决定将这些史实永远藏在心里，它们便成为讳而不言的过去，这给采访带来了极大的困难。有一位终于答应接受采访的士兵此后却常常在夜里发出痛苦的呼喊。但整个证言集还是本着"为了真正的中日友好，就要真诚地面对那些不愿面对的历史"的宗旨而得到推动。此外，妇女部妇女和平委员会编辑的反战系列《怀着和平的愿望》从1981年出版第一卷《在那颗星之下》（撤退编），经过十年共出版全二十卷，收集了四百七十一篇宝贵的证言，而从事采访和编辑工作的人几乎都没有过相关经验，她们一边从事家务和育儿，一边迎接了这一工作的挑战。其后，妇女和平委员会编辑的《冲绳——创造和平》、女子部的女性和平文化委员会编辑的《No More War——女儿们眼见的战火》等也相继出版。2003年，冲绳和长崎的青年部从系列证言中又精选出一部分出版了《命宝——冲绳战，痛恨的记忆》《对和平的祈祷——长崎，恸哭的记录》。广岛青年部再次进行了新的采访，出版了《飞舞起来吧，广岛之蝶！——来自核爆地的留言》。这些反战出版物被摘译为英语、德语、法语和罗马尼亚语等，在海外也引起了广泛的反响。2006年，妇女部女性和平委员会将遭受核爆和经历冲绳战的战争体验证言制作成DVD《怀着和平的愿望》，并基于此又制作了五种语言的精选核爆体验证言DVD《怀着和平的愿望——广岛与长崎，女性们的核爆体验》，它们作为宝贵的音像记录，在学习和平活动中发挥了积极作用。

一种惩罚，我们必须下决心改变这种状况，绝对不能放松。"①

在经济发展的同时，资源的枯竭化已经愈发严重，我们将如何应对？我们要发展节能技术，向再生利用型社会转变，但更重要的是要促进每个人的自觉，这是自不待言的。环境教育涉及多种层次，我们国际创价学会与其他的非政府组织共同合作，向联合国呼吁开展"可持续发展教育十年"活动②。这一活动自2005年开展以来，以展示和演讲等形式开展了"启蒙运动"。

此外，日本还开展各种活动，作为身边的日常教育。如为使资源得以有效利用而进行的垃圾分类，开展到森林捡垃圾及清扫、植树等运动，以教育孩子们有爱护自然之心。创价学园的中小学和创价大学还有爱护萤火虫、培育樱花莲花等自然保护活动。在关西的创价学园于十几年前就参加了美国航天局（NASA）的教育项目，这个项目是世界各国

---

① 饶宗颐，汉学家、书画家、诗人，在佛学、儒学、考古学、敦煌学及语言学等多个领域均有丰硕成果。1917年生于广东省。香港中文大学名誉教授，香港大学名誉博士。曾任美国耶鲁大学、法国国立社会科学高等研究院、法国索邦大学、日本京都大学客座教授。法兰西学士院为表彰其中国研究的业绩而授予他"朱利安奖"。中国国务院国家古籍整理委员会顾问。引文引自对话录『文化と芸術の旅路』潮出版社、382～383页。

② 联合国的决议"可持续发展教育十年"（2005—2014）是通过"将可持续发展的原则、价值观与实践纳入教育与学习的所有侧面"来促进人们的行为变化，它是2002年在南非举行的"环境发展峰会"（关于可持续发展的世界首脑会议）上通过的。为了准备这次会议，联合国多次召开准备会议，并向世界上的非政府组织征求意见。国际创价学会（SGI）以池田大作会长的历次倡言为基础提出了意见书。在印度尼西亚举行的峰会第四次准备会议上，该提案被写进《实施计划》的最终草案之中。相关意见在池田大作先生向峰会提交的环境倡言《面向地球革命的挑战——教育，为了可持续发展的未来》中也有体现。在峰会上，日本政府吸收了国际创价学会等诸多非政府组织的意见而成为提案国，提案在联合国总会上得到了通过。后来，国际创价学会作为提案团体积极普及环境教育，并为此在世界各地推进"变革的种子——地球宪章与人类的可能性"环境展等各种展示活动。国际创价学会还参与制作并支持环境电影《静悄悄的革命》。2012年6月联合国在巴西举行"可持续发展会议"（里约＋20），池田大作会长在给会议的倡言《迈向可持续发展的地球社会的大道》中，将当时"可持续发展教育十年"继续加以发展，提出了从2015年开始实施"面向可持续发展的地球社会的教育项目"。

的中学生远程操作国际宇宙空间站的照相机对地球进行拍照的活动，同学们分析他们自己拍到的地球照片，并举办环境保护展示会。

不仅在日本国内，我们还把环境教育推展到世界各地，如在南美的巴西设立的亚马孙自然环境研究中心和创价大学自然环境研究中心，研究如何防止森林被进一步破坏、如何保护森林和环境。特别是亚马孙自然环境研究中心积极推动植树造林，该中心与政府部门合作，让公立学校的学生每周到保护区一次，进行环境教育。

我介绍了我们的一些实践，可以说，把环境作为青少年身边的问题而对他们进行教育，在今后是愈发重要了。

我举了一些通过和平教育及环境教育来培养世界公民的例子，此外，我还谈过语言教育是非常重要的[①]。顾先生认为要培养世界公民，什么是最重要的呢？

顾

前面我介绍了我国的《国家中长期教育改革和发展规划纲要（2010—2020年）》，它把优先发展教育、提高国民素质放在战略地位。对青年的要求包括具有服务国家服务人民的社会责任感，勇于探索的创新精神和善于解决问题的实践能力。纲要还要求扩大教育开放，培养大批具有国际视野、通晓国际规则、能够参与国际事务和国际竞争的国际化人才。现在全国都在贯彻落实纲要，许多学校也提出了培养"世界公民"的主张。

创价学会的历届领导人都提倡培养"世界公民"，是非常有远见的主张。池田先生身先士卒，到处宣传和平，提出"世界公民"应是"智慧的人""勇敢的人""慈悲的人"，并且借用经历战争苦难的老一辈的亲身体验来教育青年，做了十分有意义的事情。创价大学做的这一切都值得我们学习和借鉴。

---

① 参见第三章第五节。

互联网使世界成为小村庄

池田

谢谢您对我们的深刻理解。

现在，互联网对社会的影响力在增大，网络技术的进步日新月异，人们的沟通方式也因此而改变。网络的发展对教育也产生了影响，您在《中国教育的文化基础》中对此多有论及。对孩子们而言，网络的好处是可以在任何时候自由地学习，也可以向全世界表达自己的思想，亦可非常容易地与外国的人进行交流。与千里之外的人进行即时在线交流，这些通信技术使"天涯若比邻"成为现实，这是非常可喜的。但事物也有另一面，顾先生在著作中谈到"长时间的人机对话，对青少年的身心发展产生了恶劣影响"，为我们鸣响了警钟。因此，我们必须关注依赖技术的交流存在的"陷阱"。在日本，越来越多的沟通是以邮件为媒介的，但无法开展与人的直接而生动交流的孩子却在增多。孩子们在邮件中可以自由地表达自己的心情，但一旦真人出现在自己面前，却无法顺畅地表达自我。有的孩子无法体会人与人直接交流的乐趣，结果愈发躲避与人的交往，只喜欢在非常狭小的空间中独自生活。

无论在什么时代，无论科学技术如何发达，人心与人心相联系的最好方法还是在现实中的相会和对话。请顾先生谈谈，从"培养世界公民"的角度出发，网络技术带来了哪些正面和负面的影响？

日本与贵国都进入了老龄社会，但我想无论年龄高低，任何人都应以青年之心充满生机地活着。以前在讨论"继续教育"的时候，我记得顾先生说您是七十岁以后开始学电脑的。您活得那么青春，有什么秘诀吗？

顾

池田先生谈到当前网络技术的问题。网络技术日新月异，信息快速传递，互联网无孔不入，已经改变了我们的生活。互联网已经把人类带进一个小小的村落。在这个村落里，人们的政治生活、经济生活、文化生活都互相紧密相连。但是任何技术都具有两面性，看掌握在谁的手里和如何运用它。先进的技术掌握在恐怖主义分子手里就变成战争的武器，掌握在有良知的科学家手里就会成为改善民生的工具，给人们带来幸福。因此我们希望科学家不要滥用技术，坚守科学的伦理。

就教育而言，互联网正在改变教育的性质、教育内容、教育方式和师生关系等教育的各个方面。互联网有利于师生沟通，有利于学生自由学习，特别是有利于远距离交流。现在许多名牌大学把课程挂到网上，便于世界各国大学生在网上学习，促进了教育的国际化。

丰富"人与人的直接交流"

顾

但是互联网给青年学生带来的负面影响也不可忽视。首先，信息不等于知识。互联网上的许多信息，如暴力、色情、欺骗等信息对青少年有害无益。其次，许多青少年迷恋网络游戏，荒废学业。曾有报道，有个别少年几天几夜玩游戏，结果猝死在网吧。再次，就是像池田先生所说的，经常性的人机对话后，青少年反而不会与人对话。互联网本来是一个开放世界，但是它把人封闭起来，使之脱离现实社会。最后，就中国学生而言，整天使用电脑，连中国汉字都不会正常书写。所以，我经常对教师讲，不要迷信技术，要科学地、恰当地运用信息技术，任何人机对话都代替不了人的情感的交流。教师还是要以自己的知识魅力和人格魅力影响学生。

互联网有利于国际交流，互通教育信息，互听各校开设的课程，互相讨论和研究问题，这些都有利于"世界公民"的培养。但是更重要的还是要面对面地交流，这样才有感情上的交融。

池田先生提到老龄社会。互联网也有利于老年人的学习和交流。中国已经步入老龄社会。老年人最害怕寂寞，喜爱交流。现在许多城市都设计了便于老年人休闲和交流的场所。例如杭州西湖边上有许多茶室，许多老年人都结伴在那里喝茶、聊天，其乐融融。也有些老年人利用互联网了解国际时事，查看新闻报道，和网友聊天。但老年人不宜长期坐在电脑边，还是要多活动，才有利于健康。我过去觉得年纪大了，新的技术很难掌握，后来因为要与住在国外的女儿通话，再加上电脑技术越来越人性化，所以开始学电脑，现在似乎已经离不开它。用它写文章很方便，与朋友通信交流也很方便，用微博可以和许多网友，特别是青年人交流关于教育的看法。

6　给中日青年的寄语

要坚韧不拔！

池田

　　我与顾先生的谈话不约而同地涉及了与青年人的交流。这正是开启未来的关键，要相信青年、团结青年、保护青年，要与青年对话，要培养伟大的青年。半个世纪以前，印度总理尼赫鲁访问日本时说："青年是'明日之世界'！"[1]我当时深受感动。

　　明日之世界是青年的。如果青年对未来抱有希望并生机勃勃地向

---

① 贾瓦哈拉尔·尼赫鲁（1889—1964），印度独立后的第一任总理。1952年10月，与女儿英迪拉·甘地（1917—1984，曾任印度总理）一起访日。创价学会池田名誉会长日记（1952年10月7日）记："印度总理尼赫鲁访日中。在庆应义塾大学和早稻田大学关于世界和平与人类爱的演说中，高呼'青年是明日之世界！'"（『若と日の日记』、『池田全集』第37卷、174页）

前，那么这个社会必定获得大发展。您谈谈您对肩负未来的青年们有什么特别的期望吧。

我曾让汤因比博士说一句对下一代的建议，博士说："要坚忍不拔！"今天，如果我请顾先生讲一句忠告或指示，您会说什么呢？

怀有"爱心"和"斗争之心"

顾

这一章我们讨论了环境教育与和平问题，这两大题目都是关系到人类未来生存的问题。解决这两大难题恐怕要靠几代人的智慧，特别是青年人的智慧。毛泽东1957年在莫斯科对中国留学生演讲时说："世界是我们的，也是你们的，但是归根结底是你们的。你们青年人朝气蓬勃，正在兴旺时期，好像早晨八九点钟的太阳。希望寄托在你们身上。"说得非常确切。我们这一代人经过战争的洗礼，知道战争给人民带来的苦难，知道和平的可贵。现代青年，特别是中日两国青年，没有经受过战争的苦难，不知道和平来之不易，因而不知道珍惜和平幸福的生活。现在有些青年和别人吵架，动不动就会动刀杀死对方；还有些青年遇到一些挫折就自残自杀，不知道爱惜生命，实在让人吃惊。因此教育就是十分重要的一件事。

我在2005年北京师范大学举办的第二届世界比较教育论坛上做了《国际理解与比较教育》的讲演，提出："为了人类的觉醒，我们迈出的第一步的就是国际理解。国际理解是国际和平的基础。"[①]同时又提出教育是国际理解最好的途径。世界是多极的，文化是多元的，只有互相理解才能和平共处。教育要撒播和平的种子，不要撒播仇恨的种子；教育

---

① 顾明远：《国际理解与比较教育》，载《比较教育研究》，2005（12）。

要搭建和平的桥梁，不要构筑仇恨的鸿沟。

2010年11月27日我校国际与比较教育研究院举办了国际理解教育论坛，并成立了国际理解教育研究中心。参加论坛的有来自日本、韩国、美国的学者。我在论坛上再次做了题为《教育是沟通和理解的桥梁，是播送和平的种子》的发言。我说："21世纪以来人类遇到种种危机。文明冲突的理论不能解释危机的缘由，更不能化解危机。人类应该认识到，文化是多元的、互相吸收的，只有互相沟通、互相理解才能共生。教育是沟通和理解的最好途径，是和平的种子。"这和池田先生的共生伦理是一致的。

中国近几年来社会语言中运用最多的一个字就是"爱"，大家都在提倡每个人向社会、向他人献出爱心，这样社会就有了温暖，有了和谐。在世界范围内也应该提倡献爱心，关心弱势群体。当然，这只是一种空想，在当今国际竞争如此激烈、局部战争如火如荼、强权国家随意干涉弱势国家内政的恶劣环境下，讲爱心、讲和平是一种奢望。但人类不能忘记和平，因此就要斗争，为和平而斗争。所以应像池田先生所说的，不仅要培养"慈悲的人"，还要培养"勇敢的人""智慧的人"。下面一句话之前也引用过："人要常为人们的幸福，为和平，发出勇敢的呐喊，发出睿智的话语。总之，要行动。活着就是战斗。"[①]赠给青年一个"爱"字，希望"爱满天下"。

池田

这是来自您长年的教育经验和对青年真正的爱的话语。"人间教育"才是发挥能力、陶冶人格，最终构筑繁荣和安定的社会的原动力。我自身也以"人生的所有事业是教育"为指针，全力奋斗。

不培养下一代的人才，未来就没有发展。除育人外别无他途。因

---

① 见本章第二节。

此，教育的胜利是未来的胜利。我也想尽余生之力和顾先生一道构建"为教育的社会"。

我坚信通过这次对谈，顾先生意味深长的话语必定能够给予年轻的读者们开启未来的智慧。要永远巩固中日两国"友好的金桥"，为未来世界架起"和平之桥"，我相信通过"人间教育"，成为世界公民的模范青年将会不断涌现。我想可以以这种信念来对我们的对谈做总结。

顾

池田先生注重教育，期待青年成为世界和平的种子、中日友好的使者。我也满心期待着青年们能够继承我们的事业，高举和平友好的旗帜，勇敢地向前迈进。最后，我想向为此次对谈付出努力的相关人员表达我衷心的感谢。

后　记

　　"以文会友，以友辅仁"——这是年轻时就印刻在我心中的《论语》中的句子。学文可以交人结友，而在求"文"和切磋交友的过程中，人性放出了光彩。

　　今天，我回首与敬爱的顾明远先生的七度往复书信中进行的愉快的对话，感到无上欣喜与充实。樱莲菊梅在四季之中花开花落，宣告着春夏秋冬的轮转，这些年来，每每顾先生的鸿书飞来，都令我得到珍贵的启发与思索的机会。在此，我表示衷心的感谢！

　　这种越洋书信的交流还令我想起大文豪鲁迅先生与出生于岛根县的中国文学研究家增田涉的交往。增田在年轻时于上海师事鲁迅先生，回到日本后便开始翻译鲁迅作品，每遇疑问便给鲁迅先生写信，提了很多问题。弟子的热情得到了回报，鲁迅先生的回信有时省掉了时令问候和近况报告，却都是详细的注释。这些往返多次的"对话"，正有如青年鲁迅在留学仙台时恩师藤野严九郎先生为他细心批改听课笔记时的师生交流。鲁迅先生是把这种珍贵的学恩报于对后学的奖掖之中。增田回忆鲁迅先生时说："（他）爱青年，总是站在青年的一边，从不惜伸出援手。"[①]这与顾先生所倡导的"没有爱就没有教育"的"人间教育"之风

---

① 增田涉『鲁迅の印象』角川书店、221页。

是何其一致！我与顾先生的对话，正是分享对未来青年的希望。本书正诞生于此。

顾先生曾长期担任中国教育学会会长这一要职（现任该会名誉会长），在世界教育界也发挥着重要的影响，在这本以教育为主题的对话录中，顾先生以那些包含经验与知识的字字句句，为我们开了一个大讲堂。

2011年3月11日发生了东日本大地震，顾先生也寄语灾区青年"多难兴邦"，对日本青年予以鼓励。顾先生说："人的一生总会遭遇到灾难，一帆风顺的人生很少，总会或多或少地遇到一些挫折。"顾先生列举了自己人生中的两大苦难：一是日军侵略，二是"文化大革命"。顾先生在幼小时，家乡受到了日军的野蛮破坏，所幸受到了伟大母爱的庇护，但顾先生说那个时代的恐怖还常常出现在梦中。而在"文化大革命"中，顾先生遭到来自同事和自己信任的学生的批判，又下乡劳动，其中遭遇到的苦难也是难以言表的。但顾先生能在逆境中奋起，并在中国教育界举起了演奏雄浑乐章的指挥棒。他对于所有这些经历，却都抱有一种感激之情。他说："这些经验使我保持正直，坚定了我不为外物所动的信念。"在佛典中有"烧石成灰，烧金成真金"[①]的说法，顾先生的话正是经受了自我锤炼而成"真金之人"的至理名言，他用他自己的人生证明了教育的制胜法宝。

在这本书中，我们也谈到了美国哲学家杜威博士的教育思想，杜威在"五四运动"前夕来到中国，对现代中国教育有着巨大的影响。20世纪的大教育家陶行知先生也是杜威博士的弟子，我们还谈到他把杜威博士的"学校即社会"的思想发展为"社会即学校"。如果说教育的本质在于磨砺人格的话，那么也可以认为，整个社会也正是教育"人"的学

---

① 「兄弟抄」、『御书全集』1083页。

校，教育并非只是一种手段，更是目的本身。这些在中国已经得到深化的教育思想，其视角与我近年来提倡的"把为了社会的教育转向为了教育的社会"的观点是不谋而合的。通过与顾先生的对话，我得以更为鲜明地展望这一方向，这令我非常欣喜。

本书的书名定为《和平之桥》，其中有我个人所感。1974年，在我第一次访华时，我曾说要建造一座庇荫子孙、坚如磐石的和平友好"金桥"。"桥"这个词凝结了我对多少年来所力行的和平交流的思想感情。而"金"则是永恒的象征，为了亚洲，为了世界，中国和日本绝对需要携起手来，因此必须是不朽不灭的和平友好"金桥"。而支撑这座金桥的，是教育交流，是文化交流，是人民的交流，是青年的交流。

在日中邦交正常化四十周年的喜庆日子里，本书终于付梓。如果我们的对话能为延绵万代的和平友好金桥打下一块基石的话，我将感到无上欣喜。

最后，我向做了大量幕后工作的北京师范大学的高益民先生表示深深的谢意，向在连载时出色完成翻译工作的大江平和先生、创价大学以及东洋哲学研究所等为本书出版而在中日双方进行的编辑翻译中尽力的女士们和先生们表示衷心的感谢！

池田大作

2012年7月3日

译者后记

池田大作先生是享有盛名的社会活动家和思想家，他长期致力于和平、文化和教育事业，曾获联合国和平奖等多项荣誉。2006年，译者随时任北京师范大学副校长的葛建平前往东京，参加在创价大学举行的北京师范大学授予池田大作先生"名誉教授"称号仪式，得以见到池田先生。授予仪式盛况空前，这是池田先生所接受的第二百个大学名誉称号，我国国务委员唐家璇、教育部部长周济、对外友好协会会长陈昊苏、中日友好协会会长宋健均发了贺电，日本首相安倍晋三、前任首相小泉纯一郎等也发了贺信（以上人员所在职位均为2013年6月时的情况——编者按）。此外，南非前总统曼德拉、苏联前总统戈尔巴乔夫等政要，诺贝尔奖获得者等世界文化名人也都通过各种方式表示了祝贺。池田先生面对四千余名青年发表了满怀激情的演讲。此次庆典给我留下了极深的印象。

恩师顾明远先生是我国著名教育家，从教六十余年来做过小学教师、中学教师和大学教师，也教过小学教师、中学教师和大学教师。特别是改革开放以来，顾明远先生全面推动了中国的教育学科建设，并以学者身份参与了国家教育改革与发展的许多重大决策，还不辞辛劳地走遍全国各地指导中小学教育实践。顾明远先生曾任中国教育学会会长、世界比较教育学会联合会共同会长等很多职务，但他始终坚持教师本色，只强调自己是个"教育老兵"。译者二十七年前考入北京师范大学后，有机会聆听顾先生为全校学生开办的讲座，因仰慕先生的道德文章，于1993年投考于顾先生门下，得以时时受其德化，闻其教诲，此乃终生之幸。

两位先生在对话之前就通过对方的著作而相识，并彼此怀有敬重之心。

2008年，正值顾明远先生八十寿辰暨从教六十周年之际，池田先生专程写来热情洋溢的贺信，并派人参加了庆典。而为了参加同年在北京师范大学举办的"和平与教育——池田大作思想国际研讨会"，顾明远先生也专程从外地赶回北京并在会上发表了题为《教育是沟通和理解的桥梁，是播送和平的种子》的讲话。两位先生于2009年开始以笔谈的方式进行对话，历时三年余。每次书信往还，他们都彼此感慨像是遇到了老朋友，感到谈得非常自然，非常投缘。由于前述的因缘，在两位先生对话的过程中，笔者有幸承担了联络及池田大作先生书简的日译汉工作，从而直接体会到了两位先生态度之恳切、治学之严谨、学识之渊博、见地之深刻。

两位先生的对话录由东洋哲学研究所在其主办的《东洋学术研究》杂志上先后分七次连载，连载时池田先生针对顾先生回信又进行了相关的回应，并请顾先生确认。2012年7月，东洋哲学研究所在两位先生的支持下将对话录以『平和の架け橋——人間教育を語る』为题结集出版。东洋哲学研究所在出版对话录的过程中做了大量工作，如为了增进日本读者的理解，加入了大量的解释性注解，还插入了大量生动鲜活的照片，因此受到了读者的欢迎，该书出版后很快又加印了一次。

在此，仅就翻译中的若干问题向读者做简要说明。第一，关于体现池田大作先生基本思想的若干核心概念的译法。本书书名中的"人间教育"（日语即"人間教育"）是基于"人间主义"（日语为"人間主義"）的理念提出的。池田大作先生的"人间主义"常对应于humanism，它可对应于"人文主义""人道主义""人本主义""人性主义"等多种汉字概念，鉴于这些概念的含义既有相通之处又有微妙差异，故在文中均直接采用"人间主义"。日语的"人间教育"同样具有多重内涵，从根本上说，它是指以个体人为出发点的、通过改变每个人的生命状态以达到发展和解放所有人的目的的教育，这种思想与古今中外所有强调"人"的重要性、以"人"为旨归的教育思想是一致的。经顾明远先生提议，中文也直接沿用"人间教育"，以体现这一思想对"人"的彰显。此外，冉毅教授等中国大陆学者将"人间革命"译为"人性革命"，而鉴于上述理由以及香港已有池田大作先生的《新·人间革命》译本，故此处同样直接采用"人间革命"的译法。第二，日文版对对话的内容进行了若干增删以适合日本读者的需要。译为中文时，原则上日文版的内容保持不变，但为适合中国读者需要，个别地方适当恢复了原始对话或进行了少量改动。第三，为使中国读者了解日文版的风貌，中文版在可能的范围内保留了原书中的注释，少量注释根据中国读者的需要进行了删改。注释中引用的日文文献原则上援用原有标记形式，以利读者查找原文。

承蒙出版社的大力支持，两位先生对话录的中文版得以顺利出版。在此过程中，得到了创价大学川上喜彦先生、上野理惠女士，创价学会国际出版部和东洋哲学研究所诸先生，以及各位编辑的鼎力支持，在此表示衷心的感谢！北京师范大学研究生张其炜同学参加了部分脚注的翻译、正文部分内容的补译及书稿的校对工作，在此表示感谢！因译者水平有限，难以准确生动地再现两位先生的深厚学养与传神妙语，恳请两位先生、学界同仁及读者们批评指正。

高益民

北京师范大学国际与比较教育研究院

2013年6月28日

图书在版编目(CIP)数据

顾明远文集/顾明远著 . —北京：北京师范大学出版社，2018.10

ISBN 978-7-303-23976-4

Ⅰ．①顾… Ⅱ．①顾… Ⅲ．①教育理论－理论研究－中国－现代－文集 Ⅳ．①G52-53

中国版本图书馆CIP数据核字（2018）第176353号

| 营　销　中　心　电　话 | 010-58805072 58807651 |
| 北师大出版社高等教育与学术著作分社 | http://xueda.bnup.com |

GUMINGYUAN WENJI

出版发行：北京师范大学出版社　www.bnup.com
　　　　　北京市海淀区新街口外大街 19 号
　　　　　邮政编码：100875
印　　刷：北京盛通印刷股份有限公司
经　　销：全国新华书店
开　　本：710mm×1000mm　1/16
印　　张：30.5
字　　数：395 千字
版　　次：2018 年 10 月第 1 版
印　　次：2018 年 10 月第 1 次印刷
定　　价：1980.00 元（全 12 册）

策划编辑：陈红艳	责任编辑：齐　琳　张筱彤
美术编辑：李向昕	装帧设计：王齐云　李向昕
责任校对：段立超　陈　民	责任印制：马　洁